Réussir ses aquarelles

« Paysages marins »

Édité par

www.hachette-collections.com

Cet ouvrage est une édition partielle de l'encyclopédie *« Réussir ses aquarelles »*,
publiée par Hachette Collections.

Maquette de couverture : Graph'M
Illustration de couverture : Yann de Renty
Vignettes de couverture : Théo Sauer, Béatrice Boulingre, Christophe Pradal, Agnès Durand
Illustrations : Isabelle Arslanian, Joëlle Bondil, Béatrice Boulingre, Dorothée Duntze, Agnès Durand, Sophie Lebel, Marianne Le Vexier, Sonia Paolini, Pierre Pasquereau, Catherine Perdriaud, Bénédicte Peyrat, Christophe Pradal, Yann de Renty, Théo Sauer
Directeur de collection : Dominique Foufelle
Rédaction : Sylvie Albou-Tabart, Isabelle Arslanian, Joëlle Bondil, Nathalie Chahine, Jérôme Erbin, Dominique Foufelle, Sophie Lebel, Marianne Le Vexier, Sonia Paolini, Bénédicte Peyrat, Christophe Pradal, Yann de Renty, Théo Sauer

Imprimé par Mateu Cromo (Espagne)
Achevé d'imprimer : mai 2005
Dépôt légal : juin 2005
ISBN : 2-84634-429-9

DU CÔTÉ DES LOISIRS

Réussir ses aquarelles

« *Paysages marins* »

HACHETTE
Collections

Sommaire

Introduction à l'aquarelle 6
L'aquarelle dans tous ses états 8
Aqua... l'élément eau 10
Bien utiliser ses couleurs 11
Comment tendre sa feuille 12
Mélanges et superpositions. 14
La technique du papier sec 16
La technique humide. 17
Les mélanges en technique humide 18
La technique mixte 20
Le lavis uniforme 22
Le lavis dégradé. 24
Le lavis polychrome. 26
La mer et les vagues. 28

La méthode « Réussir ses aquarelles » 32

Ports et mouillages pittoresques 34
Le port de Saint-Tropez 36
Les cabanons du Vieux-Port de Marseille. 42
Le port de Sainte-Maxime 48
Le port de Honfleur. 54

Le vieux port de La Rochelle 60
Mouillage dans le golfe de Porto 66
Le port de Porquerolles 72
Pinasses devant la dune du Pilat 78
Régate au large des îles de Glénan 84
En rentrant de la pêche 90

Plages et bords de mer 96
Cabanes de pêcheurs sur l'île d'Yeu 98
Collioure, vue du port 104
Les planches de Deauville 110
Le rocher de la Vierge à Biarritz 116
Le phare de l'île de Ré 122
Les remparts d'Antibes 128

De la côte sauvage à l'arrière-pays 134
La pointe des Poulains à Belle-Île 136
Les falaises d'Étretat 142
Plongée dans une calanque à Cassis 148
Coucher de soleil sur la pointe du Raz 154
Les marais salants de Noirmoutier 160
Chevaux et taureaux en Camargue 166

Au fil de la rivière 172
Le pont d'Arc 174
Promenade sur le canal du Midi 180
Auvers par la rivière 186

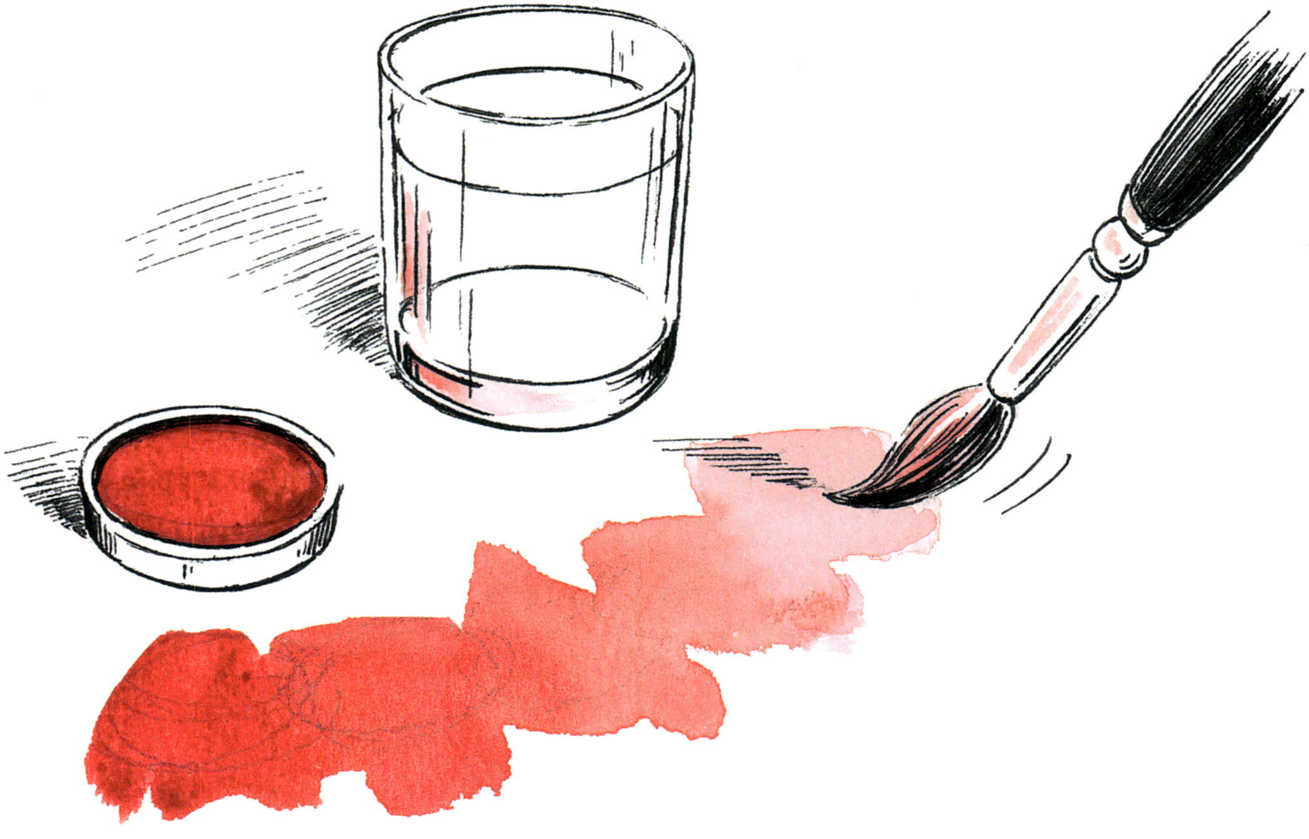

Introduction à l'aquarelle

Grâce à la méthode « Réussir ses aquarelles », cet ouvrage vous permet de réussir, sans difficulté, de superbes aquarelles de paysages marins et de rivière. Aucune connaissance spécifique en dessin ou en aquarelle n'est requise. Il suffit de bien suivre les étapes de réalisation et les conseils indiqués pour chaque modèle.

Toutefois, pour tous ceux qui n'ont jamais fait d'aquarelle, nous proposons un petit cours d'introduction, qui leur permettra de connaître les bases de la technique et de s'entraîner au préalable s'ils le souhaitent.

Alors, à vos pinceaux...

L'aquarelle dans tous ses états

On trouve l'aquarelle sous trois formes : les godets, les tubes et les pigments, auxquels s'ajoutent les crayons et pastels aquarellables.

Les godets

Ils sont pratiques pour une utilisation à l'extérieur. Diverses présentations sont possibles suivant le fabricant : des godets ronds, rectangulaires, conditionnés dans des boîtes de diverses formes, etc. Les qualités et les prix sont variables. Pour les professionnels ou les « mordus », on peut trouver des couleurs « extra-fines » de très bonne qualité, stables dans le temps. Mais elles sont assez chères.

Pour les débutants ou les amateurs, il existe des godets à des prix nettement plus abordables. Mais attention aux boîtes très bon marché ! Elles sont souvent de qualité médiocre, car la force colorante de leur pigment est très faible.

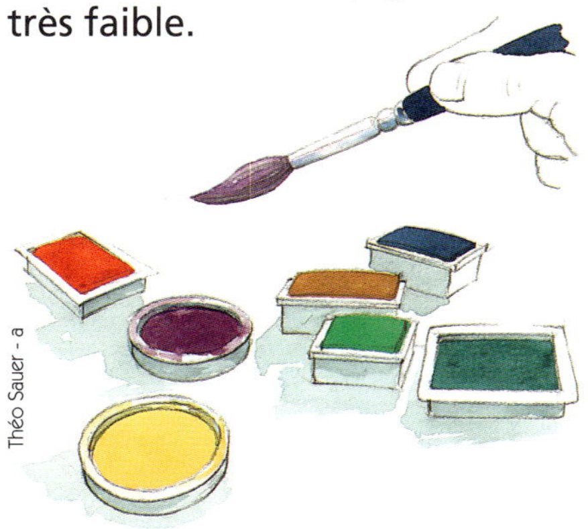

▲ **Les godets, les demi-godets et les pastilles sont adaptés aux divers besoins des usagers. Ils conviennent notamment pour une utilisation à l'extérieur.**

Les tubes

Ils servent à la préparation de grandes quantités de mélange coloré. Ils sont semi-liquides et se diluent rapidement quand on les mélange sur une palette. Ce sont des couleurs de bonne qualité.

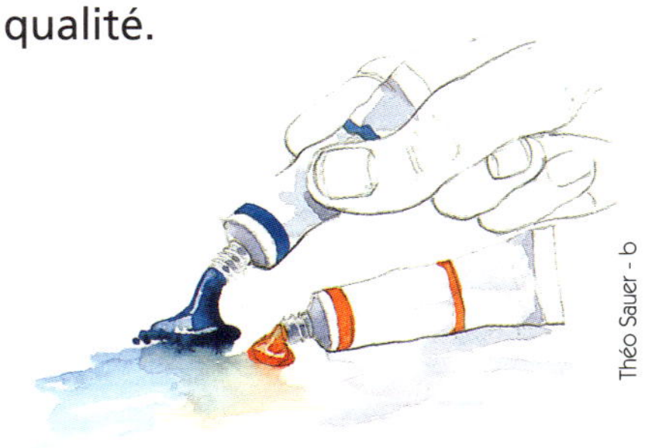

▲ **Les tubes offrent des couleurs semi-liquides de qualité satisfaisante.**

Les pigments pour aquarelle

C'est un moyen économique pour ceux qui ont de grandes surfaces à travailler. Ils servent à fabriquer sa propre aquarelle. Chacun fait plus ou moins sa « cuisine » et a ses petits secrets de composition.

Voici un exemple de recette pour une couleur : une part de pigment spécial aquarelle, une demi-part de gomme arabique, une part de miel ou de sucre liquide et quelques gouttes d'un agent conservateur.

Mélangez le tout avec une spatule et conservez ce mélange dans un récipient clos. On peut y ajouter de la glycérine pour augmenter la transparence de l'aquarelle. La gomme arabique se trouve prête à l'emploi ou sous forme de paillettes (à dissoudre dans de l'eau).

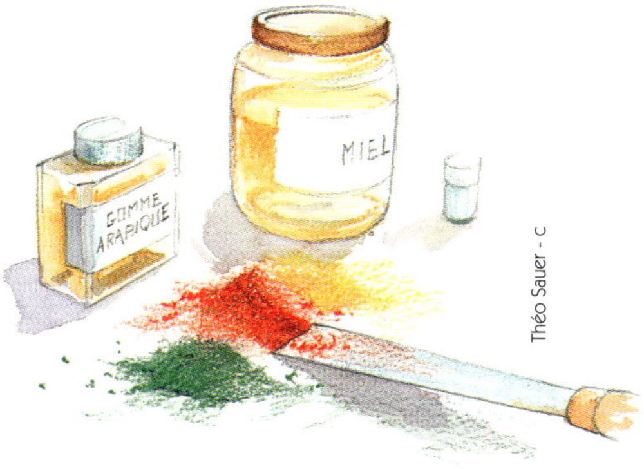

▲ **Avec du pigment spécial aquarelle, de la gomme arabique, un peu de miel et un agent conservateur, on peut facilement fabriquer sa propre aquarelle.**

Évitez le dessèchement

Pour empêcher vos couleurs de s'assécher, rebouchez systématiquement vos tubes après usage ou refermez le couvercle de votre boîte à godets. Ce petit geste vous évitera de gâcher vos aquarelles.

Crayons et pastels aquarellables

Ils apportent des éléments linéaires qui complètent l'aquarelle par leurs détails précis, incisifs et lumineux.

Les crayons

On les utilise secs pour mettre des détails en valeur. Ils peuvent servir pour réaliser un croquis de base, qui est ensuite rehaussé par des jus colorés. Dans la peinture humide, ils se dissolvent en partie. Cet effet peut être intéressant à exploiter.

Les pastels

Ils s'utilisent comme les crayons, mais conviennent moins bien pour les détails. En revanche, on peut les utiliser pour couvrir de plus grandes surfaces.

La technique mixte

Marier les diverses présentations permet un jeu d'effets intéressant. On tire de chacune le meilleur parti. Pas besoin de crayon graphite pour réaliser l'esquisse ! Utilisez le crayon aquarellable pour dessiner les contours. Avec les pastels, mettez les valeurs en place puis, à l'aide de votre pinceau, mouillez les parties concernées. Les traits vont se dissoudre, et vous pourrez les transformer en lavis colorés. Après séchage, reprenez certaines zones sous forme de hachures. Enfin, soulignez les détails importants avec la pointe de vos crayons.

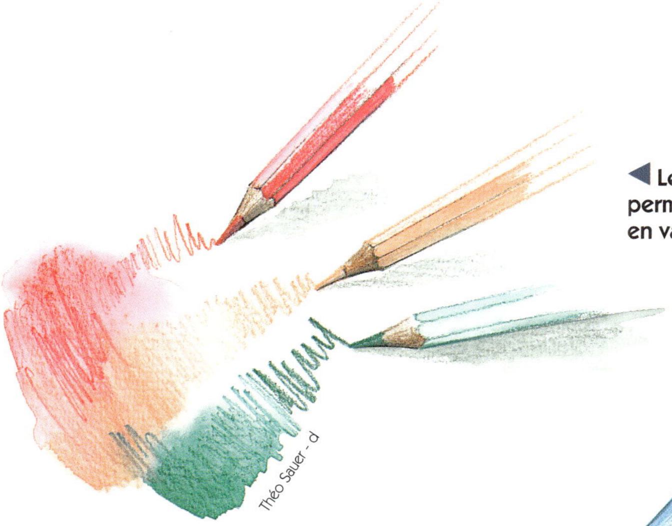

◀ **Les crayons aquarellables permettent de mettre en valeur des détails.**

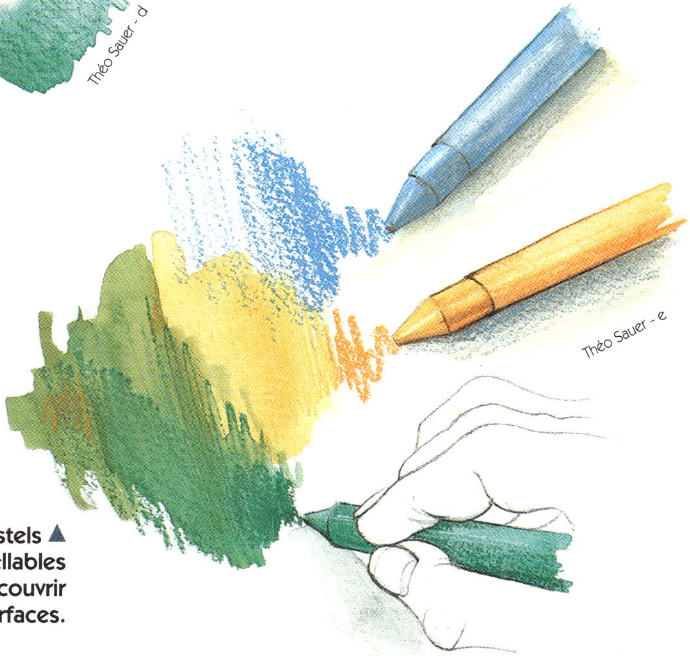

Les pastels ▲ aquarellables permettent de couvrir de plus vastes surfaces.

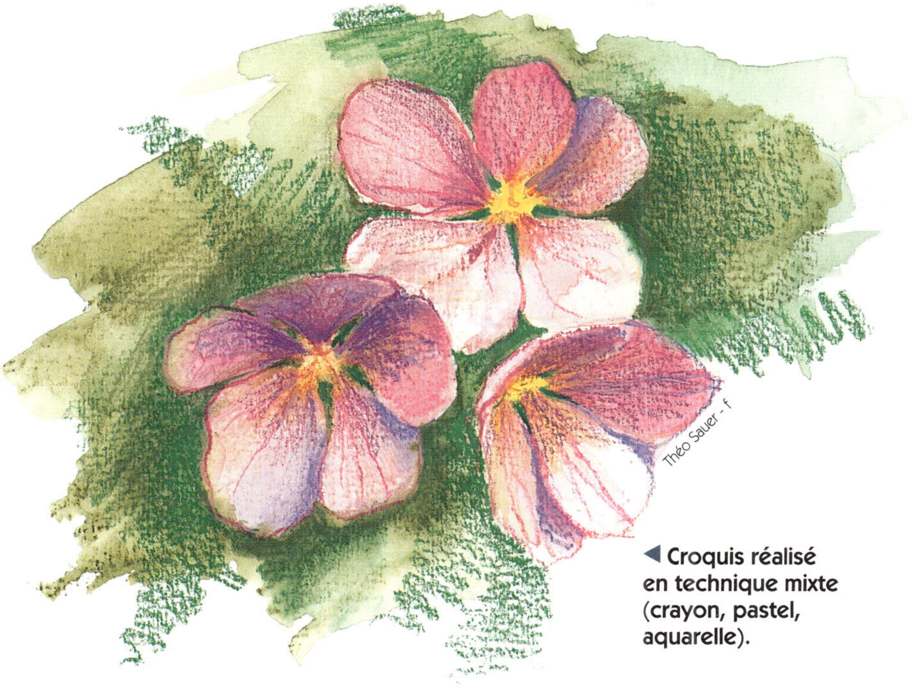

◀ **Croquis réalisé en technique mixte (crayon, pastel, aquarelle).**

Aqua... l'élément eau

Légère, lumineuse, imprévisible... Ces qualités, qui font tout le charme de l'aquarelle, sont liées à sa composante essentielle : l'eau (*aqua,* en latin).

La transparence

L'utilisation de l'eau est omniprésente dans l'aquarelle. Elle est synonyme de transparence et de limpidité. Pour bien appréhender la notion de transparence, il est nécessaire de comprendre cette technique. La feuille blanche, généralement utilisée comme support, a une importance capitale car elle remplace la couleur blanche utilisée dans d'autres techniques, telles que la gouache, la peinture à l'huile ou l'acrylique.

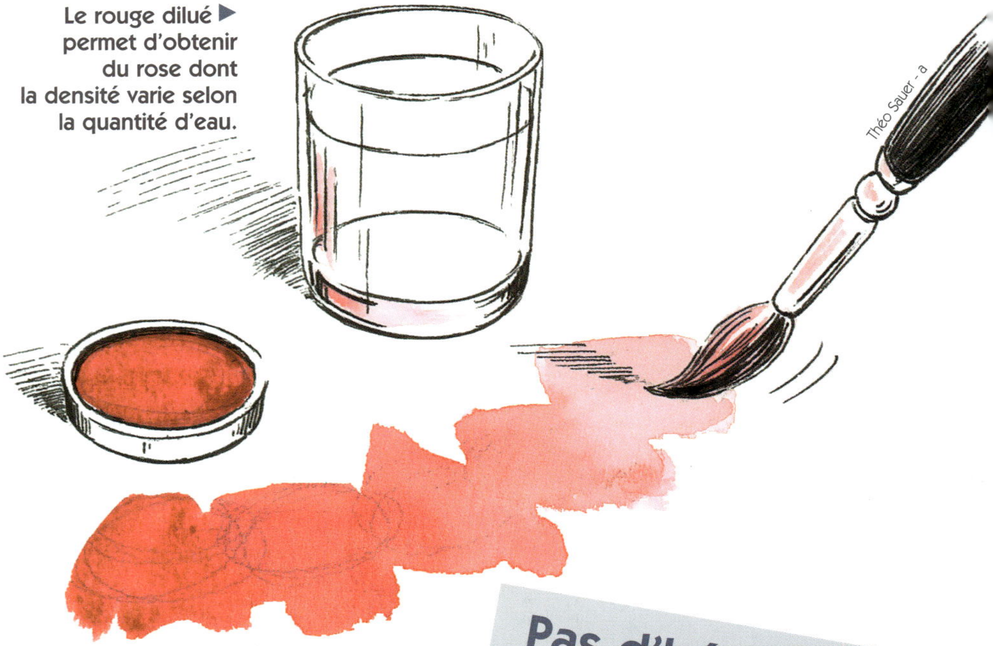

Le rouge dilué ▶ permet d'obtenir du rose dont la densité varie selon la quantité d'eau.

Théo Sauer - a

Maîtriser le blanc

Plus la couleur est diluée avec de l'eau, plus elle laisse transparaître le blanc de la feuille : ce « mélange », que l'on peut qualifier d'« optique », n'est en fait qu'illusion. Mais c'est lui qui nous procure cette impression de légèreté inégalée, cette qualité vibratoire. C'est là que réside le défi de l'aquarelle : c'est-à-dire maîtriser le blanc.

Cette transparence va donc modifier la couleur. Prenons l'exemple du rouge : si l'on ajoute de l'eau, il se transforme en rose. La densité de ce rose va alors varier avec la quantité d'eau ajoutée, ce qui permet de réaliser des dégradés subtils.

Papiers

Il existe une grande variété de papiers aquarelle (pur chiffon, satiné, grain torchon, grain fin...) et de grammages (de 180 à 850 g/m²) dans le commerce. Vous apprendrez rapidement à choisir le papier le plus adapté à votre projet. Sachez néanmoins que plus le grammage est élevé, plus le papier est épais et cher. En outre, les papiers chiffons sont plus résistants que les autres mais aussi plus onéreux et plus difficiles à travailler lorsqu'on débute, car leur grain est très prononcé.

Pas d'hésitation

En aquarelle, votre main doit diriger votre pinceau de la manière la plus sûre possible pour donner un effet très naturel.

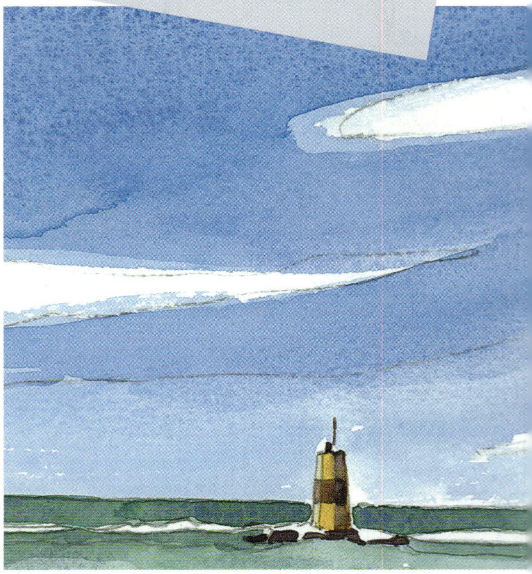

Dans ce ciel, les nuages sont suggérés ▶ par le blanc du papier. Remarquez aussi que vous obtenez un ciel plus ou moins dense grâce à un bleu plus ou moins dilué. C'est le mélange optique de la couleur et du blanc du papier.

Théo Sauer - b

Bien utiliser ses couleurs

À présent, vous allez tester les effets de la dilution d'une couleur avec l'eau et découvrir la richesse des tonalités d'une gamme.

Le matériel de base

- des couleurs : godets ou tubes ;
- 1 palette à godets ;
- 1 pinceau moyen : n°s 6 à 10 ;
- 1 gros pinceau : n°s 16 à 20 ;
- 2 récipients d'eau ;
- du papier pour aquarelle ;
- du papier absorbant ;
- des feuilles blanches pour procéder à des essais

Préparer la couleur

Mouillez votre pinceau dans un récipient d'eau pure et déposez-le sur une pastille de couleur. Mélangez. Plus vous insisterez, plus il se chargera de couleur.
Déposez le mélange ainsi obtenu dans un des godets de la palette. Répétez l'opération si vous en désirez une plus grande quantité.

Éclaircir…

Pour éclaircir une couleur, il suffit d'ajouter de l'eau.
Testez toujours vos couleurs sur une feuille blanche. Rincez bien votre pinceau dans l'autre récipient prévu à cet effet.
Recommencez l'opération avec une autre couleur.
Avec deux couleurs, vous pouvez créer toute une série de tons intermédiaires. Procédez par tâtonnements et toujours avec de petites quantités de couleur.

L'eau

Ayez toujours de l'eau propre à portée de pinceau. Cela vous permettra d'éviter les mélanges malencontreux dans les godets ou d'altérer votre mélange avec un résidu de couleur dont votre pinceau était chargé. Deux récipients pour l'eau sont donc tout indiqués.

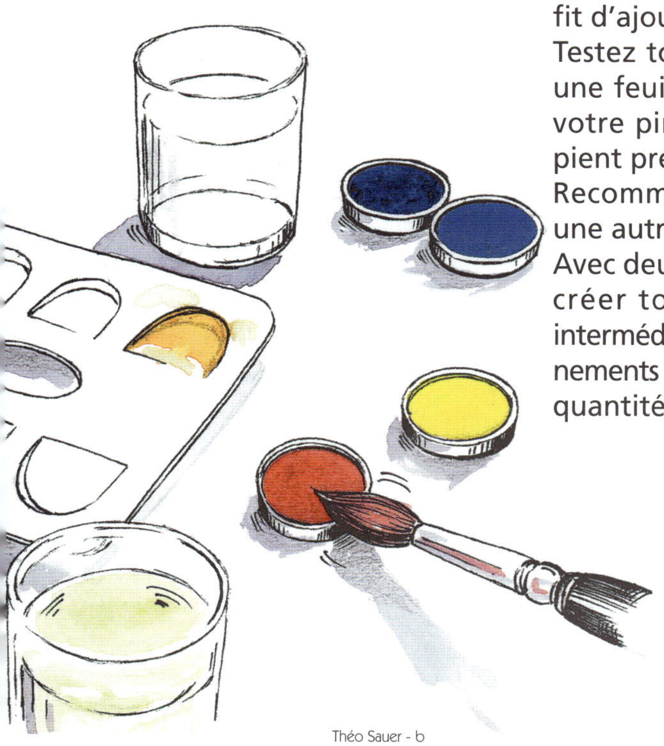

Théo Sauer - b

◀ **Voici les éléments de base pour réussir votre aquarelle : une palette, deux récipients d'eau, des couleurs et un pinceau…**

Théo Sauer - d

▲ **Les tons intermédiaires entre le rouge et le jaune passent par l'orange, du plus soutenu au plus clair.**

Comment tendre sa feuille

Pour éviter que le papier ne gondole sous l'effet de l'eau, il est conseillé de tendre sa feuille avant de commencer à peindre.

Le matériel

- 1 planchette en contre-plaqué de 40 x 50 cm (une simple chute fera l'affaire). Elle servira à tendre des feuilles jusqu'au format A3 ;
- du papier gommé ;
- 1 éponge ;
- 1 feuille de papier aquarelle ;
- 1 récipient d'eau pure.

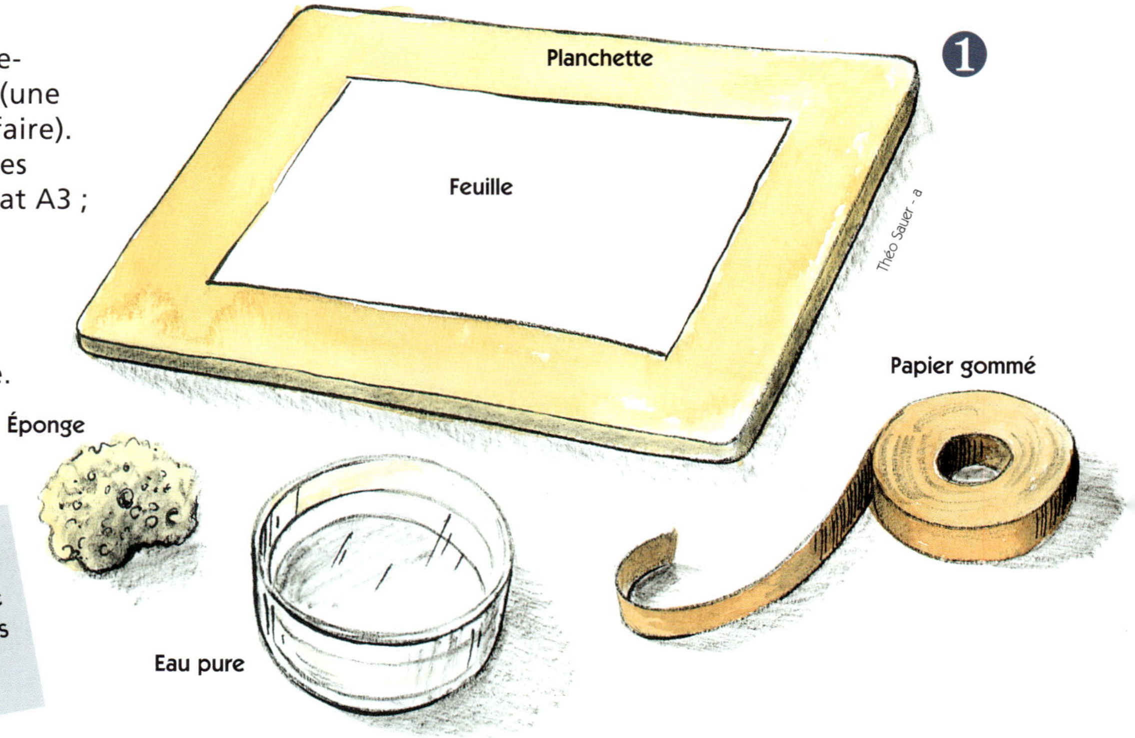

Astuce

Pensez à garder une marge égale sur les quatre côtés de la planchette.

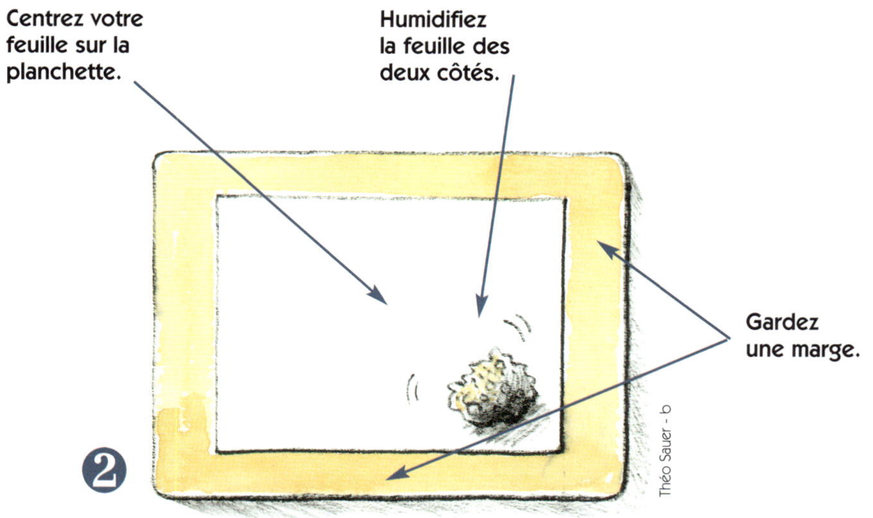

Les étapes

❶ Découpez quatre bandes de papier gommé (une pour chaque côté de la feuille), d'une longueur un peu supérieure à celle des côtés de la feuille.

❷ Humidifiez votre feuille uniformément des deux côtés avec une éponge que vous tremperez dans l'eau froide. Appliquez bien la feuille sur la planchette en appuyant régulièrement, toujours à l'aide de l'éponge, afin d'éviter les bulles d'air entre les deux surfaces.

❸ Humidifiez vos bandes de papier gommé sur le côté brillant (côté encollé), en commençant par les longueurs.

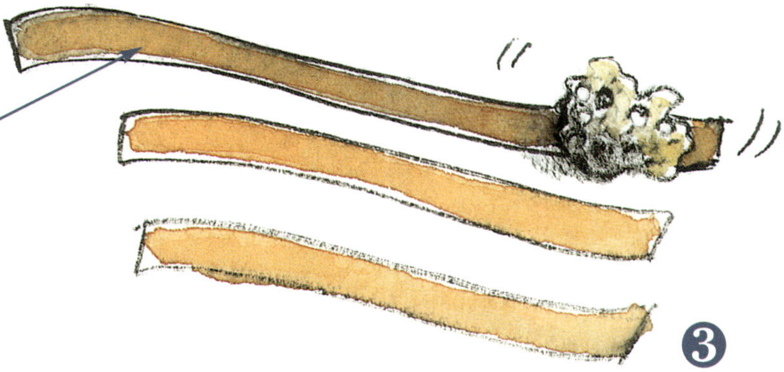

Humidifiez le côté brillant, qui est le côté adhésif.

❹ Appliquez-les, l'une après l'autre, sur votre feuille mouillée, bien tendue, en recouvrant le papier de 1 à 2 cm de chaque côté.

Recouvrez la feuille sur 1 à 2 cm.

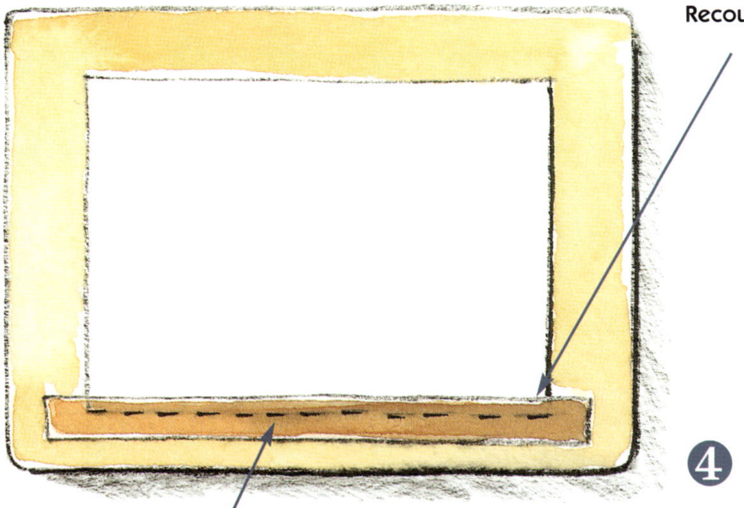

Collez les bandes de papier gommé.

Le papier gommé

C'est une sorte de ruban en papier kraft dont le recto est enduit de gomme (comme les timbres) qui, une fois humidifiée, devient adhésive. De ce fait, il ne se décolle pas à l'eau comme un ruban adhésif standard et « suit » le papier lors du séchage. Il en existe de diverses largeurs (une largeur de 5 cm est idéale), en vente dans la plupart des papeteries.

❺ Laissez bien sécher votre papier avant de commencer à peindre.

Conseil

Quand votre tableau sera achevé, laissez de nouveau bien sécher avant de couper votre feuille au cutter, le long des bords intérieurs du papier gommé.
Pour cela, utilisez si possible une règle métallique.

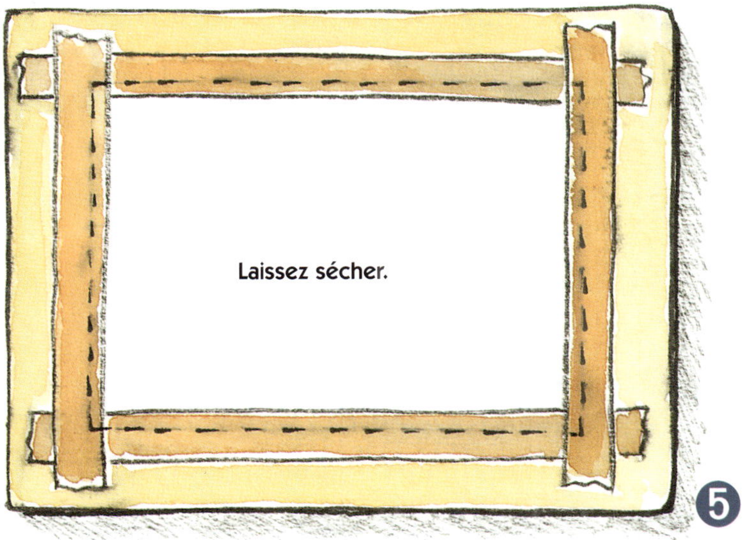

Mélanges et superpositions

Pour mélanger les couleurs, vous pouvez préparer les mélanges à l'avance, dans les godets de la palette, ou superposer les teintes directement sur le papier.

Mélanges en godets

Préparez des mélanges colorés avec les trois couleurs primaires : le rouge, le bleu, le jaune.
Prenez un peu de peinture jaune, déposez-la dans un godet vide. Prenez la même proportion de rouge, ajoutez-le au jaune. Mélangez. N'oubliez pas de rincer votre pinceau entre deux opérations.
Recommencez avec le jaune et le bleu, et enfin avec le rouge et le bleu.
Vous avez créé trois nouvelles teintes : orange, vert et violet. Ce sont les couleurs secondaires.

Vocabulaire

Couleur primaire : couleur ne pouvant être obtenue par le mélange d'autres couleurs. Il y en a trois : ce sont le rouge, le bleu et le jaune.
Couleur secondaire : couleur obtenue à partir du mélange de deux couleurs primaires : ce sont l'orange, le vert et le violet.

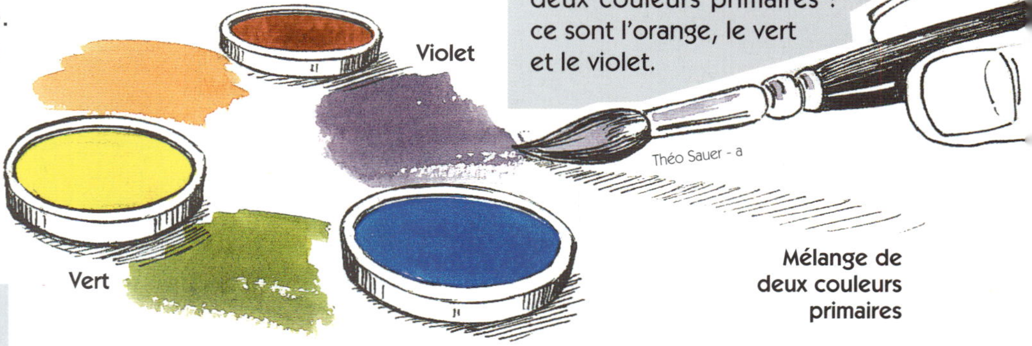

Mélange de deux couleurs primaires

Incliner la feuille

Il est conseillé, lorsque vous travaillez, d'incliner légèrement la feuille. Cette manipulation permet à votre teinte de se répartir régulièrement, évite que certaines zones ne soient plus mouillées que d'autres, et empêche la formation de taches dues à une accumulation de mélange coloré sur certains endroits non contrôlables (creux formés par le papier qui gondole, par exemple).

Remarque

Les réactions sont variables en fonction des couleurs et des pigments utilisés.

Les cernes indésirables

Essayons de comprendre comment se forment les cernes ou autres taches indésirables. À cette fin, nous allons utiliser un mélange bleu-vert obtenu à partir de bleu et d'une pointe de jaune bien dilué (ou un mélange approchant). La feuille est posée bien à l'horizontale. Procédons à des essais avec le pinceau plus ou moins chargé de mélange coloré.

Dans les parties qui sèchent lentement, le bleu a l'air de prendre le dessus en chassant le jaune.

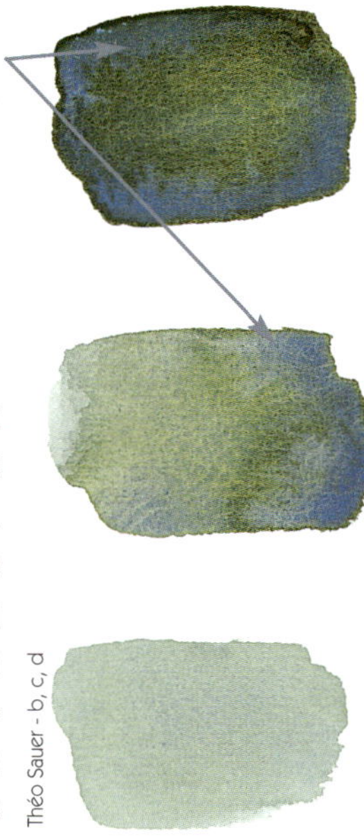

◀ Pinceau gorgé de mélange : les pigments ont tendance à se concentrer sur les bords et forment un contour (cerne).

◀ Pinceau moyennement chargé : le résultat n'est pas uniforme car le séchage n'est pas régulier.

◀ Pinceau peu chargé : l'effet est parfaitement maîtrisé, le séchage est rapide et régulier.

Les couleurs superposées

À cause de la transparence des couleurs, il est impossible de recouvrir une couleur par une autre. En revanche, la superposition de deux couleurs va créer un mélange optique qui donnera naissance à une nouvelle couleur.
Le fait de superposer une troisième couleur sur le premier mélange obtenu ne fera qu'assombrir celui-ci, même si la dernière couleur est plus claire.

▼ Du bleu sur du jaune donne du vert.

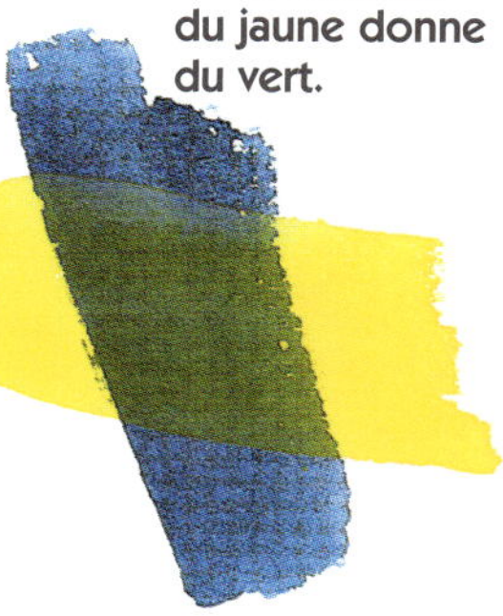

▼ Du bleu sur du rouge donne du violet.

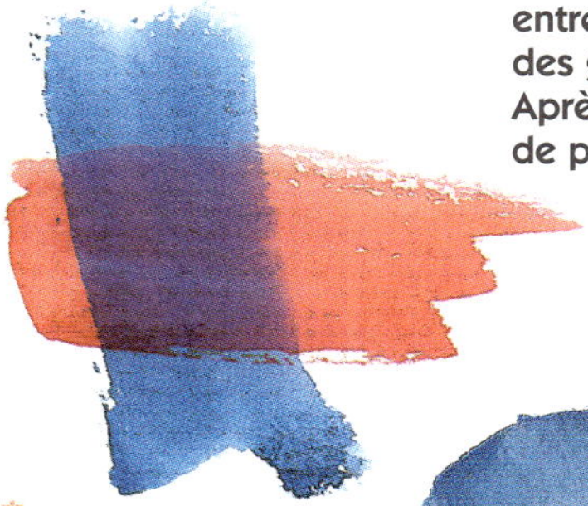

▼ Avec une troisième couleur, vous n'obtenez plus une couleur pure, mais vous entrez dans la gamme des gris, bruns, ocres, etc. Après, tout est question de proportions.

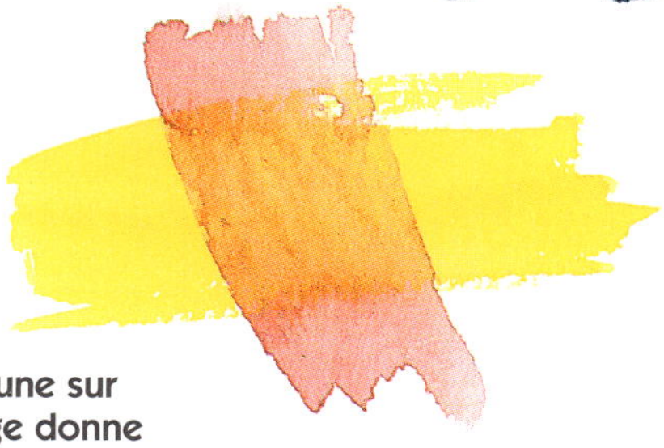

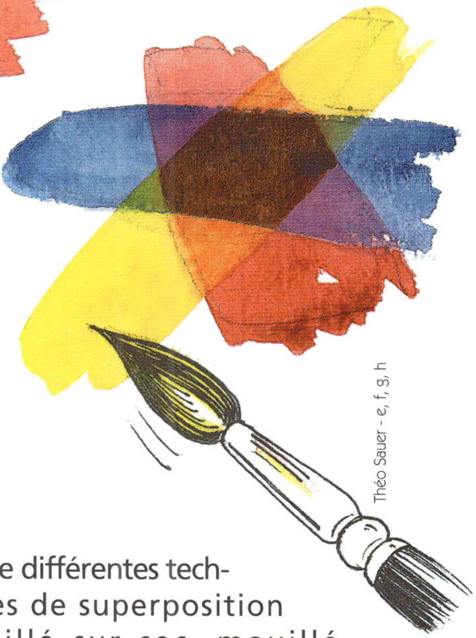

▲ Du jaune sur du rouge donne de l'orange.

Conseil

Pour superposer une couleur à une autre, il faut essayer de l'appliquer rapidement, sans insister, de façon à éviter le mélange des deux teintes. Attention ! Ne repassez jamais le pinceau deux fois sur la même surface.

Pour bien comprendre le principe, entraînez-vous sur une feuille blanche et laissez sécher entre deux étapes.

Il existe différentes techniques de superposition (mouillé sur sec, mouillé sur mouillé...).

Comment tenir votre pinceau

Pour réaliser des petites surfaces et des détails

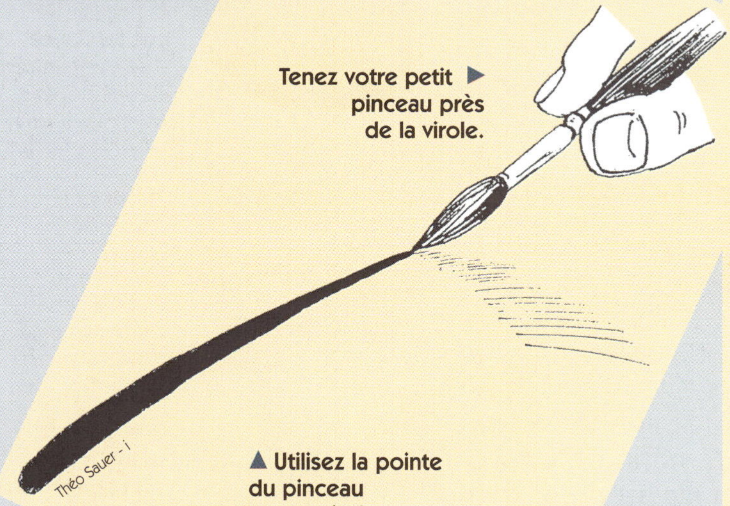

Tenez votre petit pinceau près de la virole. ►

▲ Utilisez la pointe du pinceau pour peindre.

Pour réaliser des grandes surfaces

▼ Inclinez bien le pinceau pour utiliser tout le faisceau de poils.

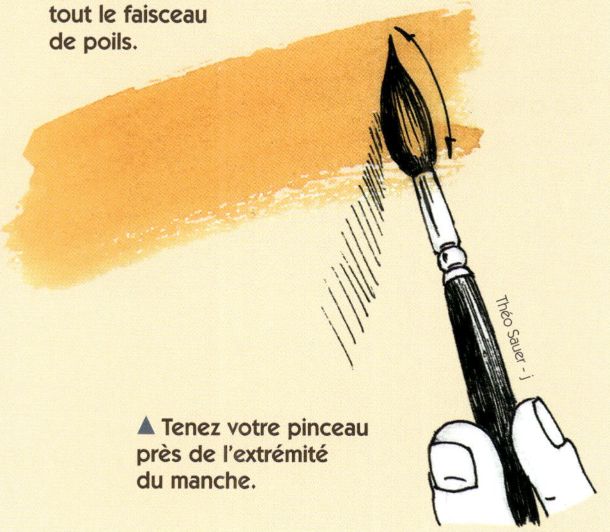

▲ Tenez votre pinceau près de l'extrémité du manche.

La technique du papier sec

Le papier sec (ou « mouillé sur sec ») est le procédé de superposition le plus facile à maîtriser. Il consiste à laisser sécher chaque zone de couleur avant d'en superposer une autre.

Après avoir appliqué la première couleur, laissez sécher. Avant de poser la deuxième, observez bien votre feuille. Si vous remarquez une certaine brillance, c'est qu'elle est encore humide : attendez avant de passer la deuxième couche de couleur. La technique du papier sec permet de foncer progressivement le ton en posant une couche sur l'autre, jusqu'à obtention de la teinte souhaitée. Dans cette technique, il est important de connaître la réaction de votre couleur avec le support ; elle dépend aussi bien de la charge du pinceau en mélange coloré que de la qualité du papier. Les exemples ci-dessous ont été réalisés avec un papier à grain moyen.

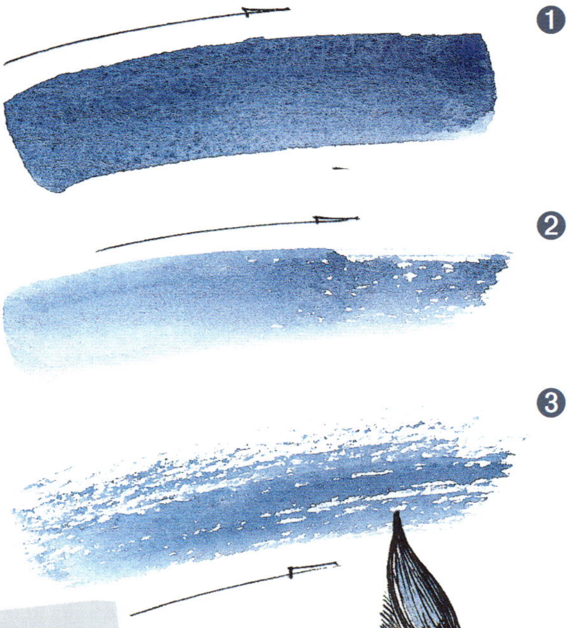

❶ Le pinceau est très chargé. La surface est lisse, régulièrement remplie, les bords sont nets.

❷ Le pinceau est légèrement chargé. La couleur est régulière au départ mais discontinue vers la fin. Les bords sont nets, puis s'effritent.

❸ Le pinceau est sec. La couleur accroche en surface. Les bords sont irréguliers.

Astuce

Pour gagner du temps, vous pouvez utiliser un sèche-cheveux, mais de façon progressive pour ne pas risquer d'abîmer votre couleur.

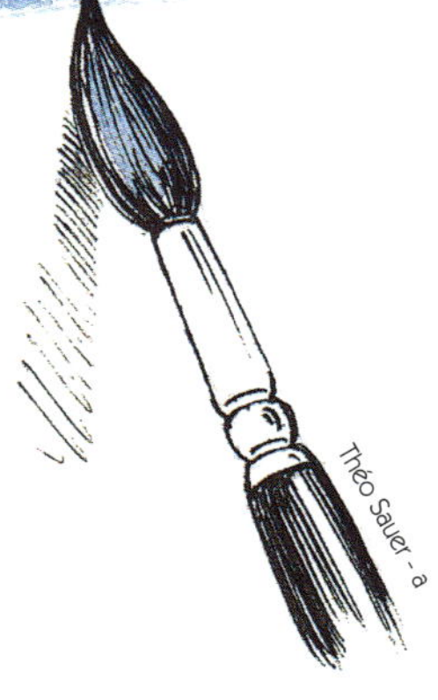

Entretenez vos pinceaux

Nettoyez-les toujours après utilisation. Lavez la touffe de poils à l'eau savonneuse, puis rincez-la à l'eau tiède.
Reformez ensuite la pointe, avant de les ranger dans un pot, à la verticale, touffe en l'air.
Si, par mégarde, vous avez laissé votre pinceau dans l'eau et que la touffe est déformée, déposez du savon sur vos doigts et redressez la pointe. Celle-ci, en séchant, durcira et permettra aux poils de retrouver leur position initiale. Avant de réutiliser le pinceau, il suffira de le rincer à l'eau claire.

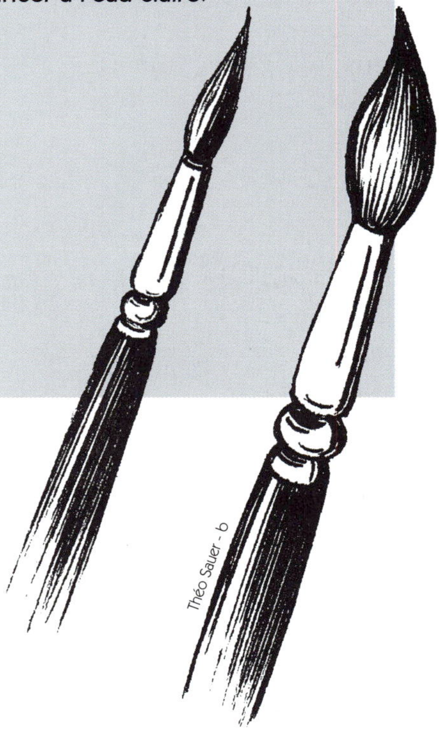

La technique humide

Elle consiste à appliquer la peinture sur un papier humecté à l'eau ou sur un lavis humide. Elle permet une multitude d'effets, relatifs au degré d'humidité de la feuille.

Sur une surface très mouillée

Le résultat est difficile à contrôler. L'apport de peinture sur ce type de surface se répand aussitôt en fusionnant avec tout ce qui se trouve autour. Les teintes se dispersent instantanément, créant des effets très aléatoires : dégradés légers, flous, vaporeux… En séchant, toutes ces teintes perdront encore de leur intensité. Les pigments se déplacent souvent vers les bords extérieurs. Cette technique est conseillée pour rendre des ambiances de brouillard, de pluie, des ciels nuageux, les reflets de l'eau.

Sur papier détrempé

Théo Sauer - c

▲ **Les pigments migrent vers les bords extérieurs. Leur rencontre avec l'eau crée des zones très floues et de beaux effets de dispersion. La touche de peinture est incontrôlable.**

Sur une surface humide

L'effet est plus maîtrisable car les couleurs se dispersent moins vite. Néanmoins, le résultat reste flou et imprécis.

Pour éviter que les couleurs ne paraissent fades et délavées, il est conseillé de préparer une grande quantité de mélange coloré (plus de peinture).

Sur papier humide

Théo Sauer - d

▲ **On distingue plus facilement la touche du pinceau, mais les bords sont imprécis.**

Conseil

En technique humide, utilisez un papier épais (si possible, de plus de 300 g). Sinon, tendez votre feuille comme indiqué pages 12-13. Placez votre feuille bien à l'horizontale pour éviter la migration des couleurs vers le bas.

Remarque

Dans la technique humide, il est difficile de conserver des zones toutes blanches car les pigments migrent dans tous les sens. Pour ce faire, on peut utiliser deux méthodes.

La première consiste à ne pas mouiller les parties qui doivent rester vierges.

La seconde méthode implique l'utilisation de toute une série de fournitures pour garder en réserve des blancs de la feuille (gomme liquide, cire, ruban adhésif).

Sur une surface légèrement humide

Le lavis se répand uniformément, les contours sont nets, les couleurs saturées. Cette technique est souvent utilisée pour remplir des zones complètes (groupes d'arbres, pans de murs…).

Sur papier légèrement humide

Théo Sauer - e

▲ **Les bords peuvent être légèrement échancrés, mais la touche reste précise.**

Les mélanges en technique humide

Nous allons à présent observer la façon dont les couleurs se mélangent sur papier mouillé et réaliser toute une série d'exercices pour bien comprendre les effets obtenus.

Préparez d'importantes quantités de rouge carmin, de jaune indien et de bleu de cobalt ; elles serviront pour l'ensemble des exercices. N'hésitez pas à saturer vos coloris afin d'éviter une perte de tonalité due à la diffusion des pigments ainsi qu'au séchage. En raison du caractère aléatoire de la dispersion des couleurs, il est pratiquement impossible de parvenir à un résultat identique à celui obtenu dans les exemples ci-dessous.
L'important est d'observer ce qui se passe en suivant les indications correspondant à chaque exercice.

Les effets de dispersion

Humidifiez trois feuilles identiques avec une éponge ou un gros pinceau propre. Déposez une grosse goutte de jaune sur une moitié de la première feuille (1), puis sur une moitié de la deuxième (2). Procédez de même avec le bleu (sur les parties vierges des surfaces 2 et 3) et le rouge (sur les surfaces vierges 1 et 3).
Toutes ces opérations doivent être effectuées rapidement pour éviter que les couleurs et les surfaces ne sèchent.

Puis déposez une petite goutte de jaune, de rouge et de bleu sur les surfaces opposées correspondantes (regardez les exemples). Observez comment les couleurs se dispersent et réagissent sur surface humide.
En fait, les mélanges ne se font pas régulièrement. Une couleur ajoutée aura toujours tendance à chasser la teinte du dessous par sa dispersion.

Vocabulaire

Couleur saturée : une couleur est dite saturée lorsqu'elle est pure (utilisée avec très peu d'eau dans l'aquarelle).

❶

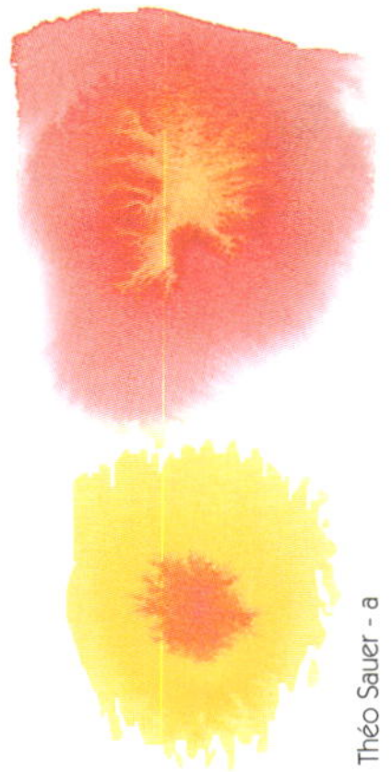

▲ Constatez comme le jaune irradie sur le rouge humide. En revanche, le rouge se diffuse plus régulièrement sur le jaune.

❷

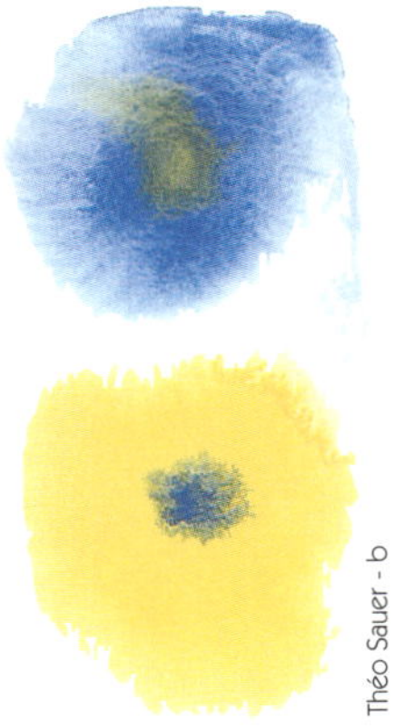

▲ Voyez comme le jaune se transforme rapidement en vert sur le bleu humide, alors que le bleu reste dominant sur le jaune.

❸

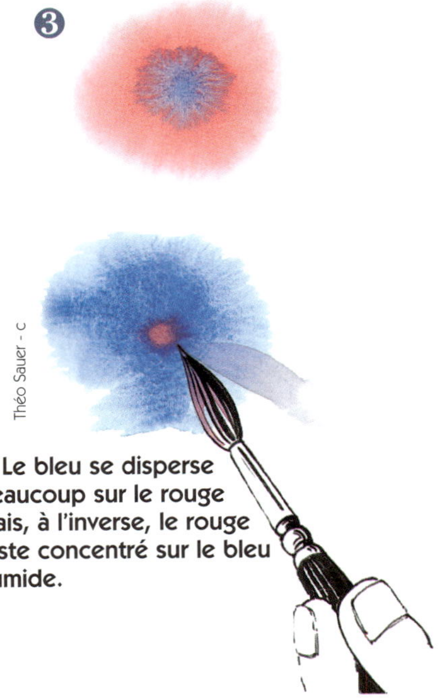

▲ Le bleu se disperse beaucoup sur le rouge mais, à l'inverse, le rouge reste concentré sur le bleu humide.

les variations d'humidité

Mouillez une surface à l'aide d'une éponge ou d'un pinceau. Recommencez l'opération si nécessaire. La surface doit paraître presque détrempée (4). Simultanément, humidifiez une deuxième surface sans excès (5), puis une troisième qui, elle, sera humectée très légèrement avec une éponge (6). Aussitôt, chargez votre pinceau de mélange coloré jaune que vous allez appliquer successivement sur les trois surfaces en petites touches sans couvrir toute la zone. Rincez votre pinceau et observez ce qui se passe. Chargez votre pinceau de rouge et déposez quelques touches sur chaque surface colorée. Voyez comme la peinture se mélange et réagit selon le degré d'humidité de la feuille. Laissez sécher.

Un mélange uniforme

Nous allons observer à présent comment réagissent une couleur déposée et une couleur mélangée sur un fond coloré humide (7). Humidifiez modérément une feuille à l'aide d'un pinceau ou d'une éponge. Chargez ensuite votre pinceau de mélange coloré bleu et appliquez-le sur votre fond humide en dessinant une forme rectangulaire (balayage de gauche à droite). Puis déposez trois petites gouttelettes de rouge d'un côté. Sur l'autre moitié, mélangez le reste de rouge du pinceau avec le fond bleu, directement sur la feuille. Laissez sécher.

▼ Sur un papier détrempé, les couleurs se dispersent très vite jusqu'aux limites de la zone mouillée. En séchant, la peinture forme une ligne nette sur chaque côté.

❹

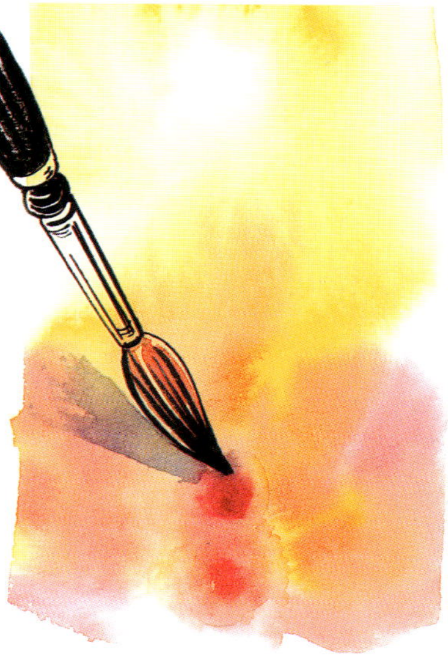

Théo Sauer - d

▼ Sur une surface moyennement humide, le résultat garde son caractère flou, aléatoire.

❺

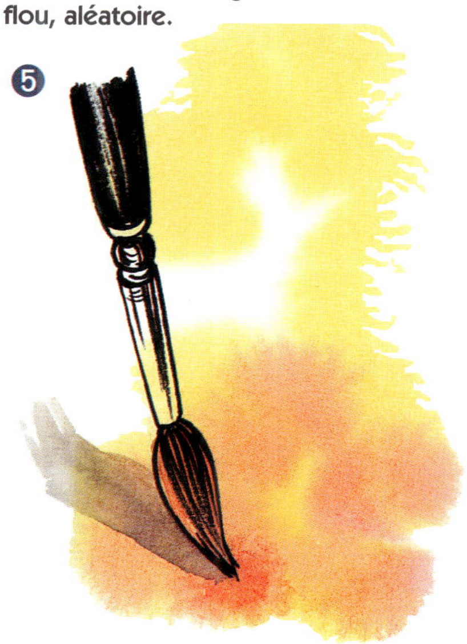

Théo Sauer - e

❻

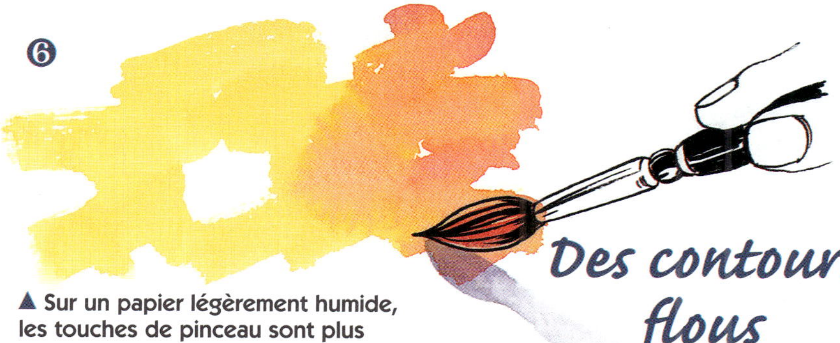

Théo Sauer - f

▲ Sur un papier légèrement humide, les touches de pinceau sont plus nombreuses pour permettre aux couleurs de se fondre.

Bon à savoir

Certains effets de la peinture encore humide sont temporaires. En séchant, les effets changent, certaines couleurs se dissocient. Avec la pratique, on arrive à anticiper les résultats.

❼

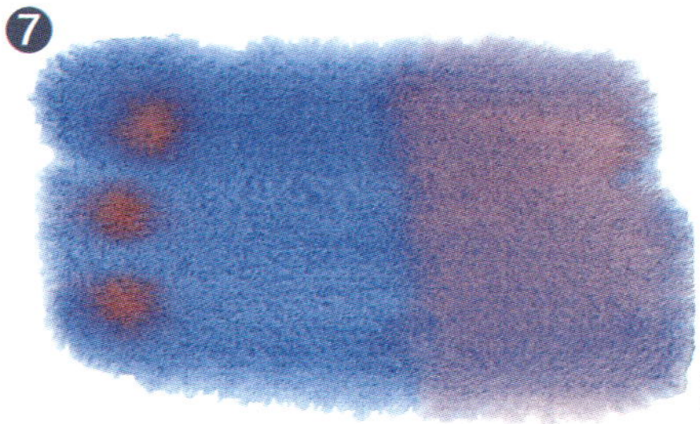

Théo Sauer - g

▲ Pour que les couleurs se mélangent bien sur la feuille, il ne suffit pas de les déposer l'une sur l'autre. Il faut faire plusieurs allers-retours sur la surface pour obtenir une certaine uniformité.

Des contours flous

Sur une nouvelle feuille humide, appliquez un fond jaune en formant un rectangle. Rincez votre pinceau et chargez-le de rouge que vous allez mélanger sur le jaune en faisant un rectangle plus petit. Reprenez du mélange coloré rouge et appliquez-le en formant une figure rectangulaire encore plus petite. Observez comment les contours de ces trois rectangles se dispersent et se fondent (8).

❽

Théo Sauer - h

▲ Une forme précise avec des lignes nettes est impossible à réaliser sur une surface humide. Les teintes s'éclaircissent en séchant.

La technique mixte

Elle repose sur l'art d'utiliser, au bon moment et dans leur contexte approprié, les deux techniques fondamentales de l'aquarelle : la technique sèche et la technique humide.

Revenons tout d'abord à nos techniques de base...

La technique sèche

C'est la plus facilement contrôlable. Elle n'est que superpositions de lavis et de touches colorées précises. Par sa netteté, elle sera utilisée pour rendre les premiers plans, tous les sujets à détails, l'architecture, etc.

La technique humide

Elle est plutôt réservée aux éléments aqueux (brouillard, pluie, formes fluides et floues...) et pour traduire le lointain dans l'arrière-plan. Regardons ces deux exemples d'un même sujet. En fait, tous les deux manquent de profondeur à cause de leur uniformité. C'est justement grâce à la technique mixte que l'on pallie ce défaut, et que l'on donne plus de vie à un tableau.

Astuce

Sachez que plus vous mélangez les couleurs entre elles, plus vous perdez de fraîcheur, de spontanéité.

Mode d'emploi

La méthode la plus simple consiste à commencer par la technique humide et à retravailler certains endroits par-dessus en technique sèche.
Il est également possible de réhumidifier certains endroits, puis de nouveau de retravailler la surface avec un pinceau sec, et ainsi de suite. Procédez ainsi jusqu'à ce que vous obteniez un résultat satisfaisant.

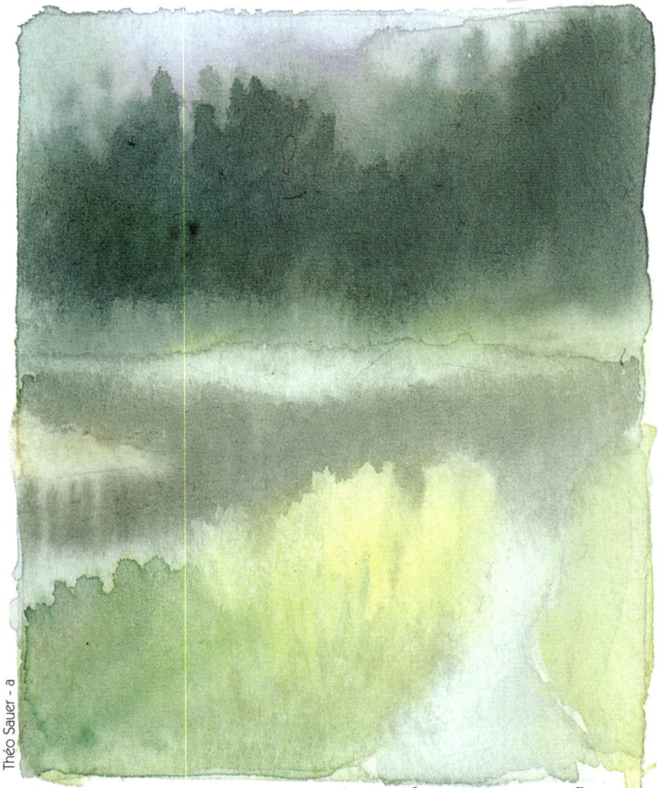

Théo Sauer - a

▲ Technique humide : le croquis est léger, vaporeux, flou. Il fait penser à un temps brumeux.

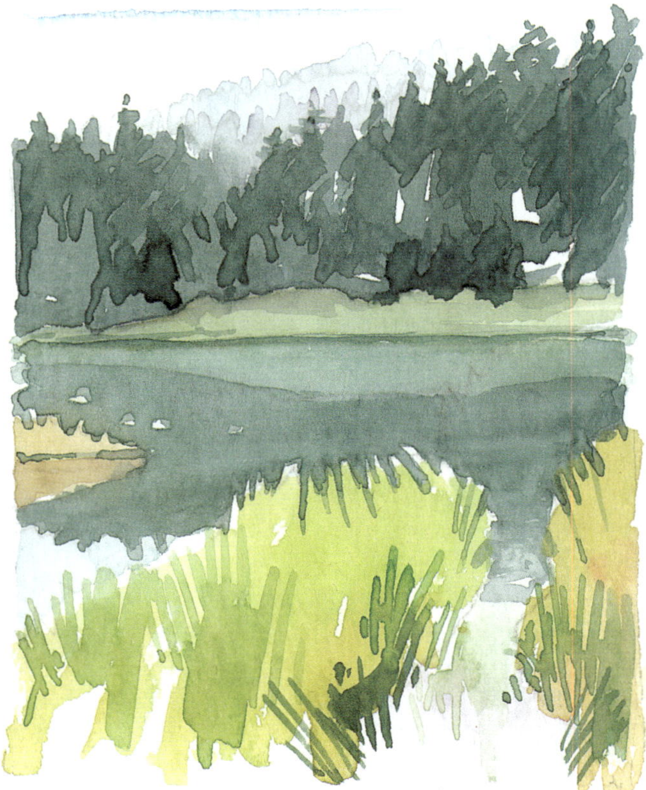

Théo Sauer - b

▲ Technique sèche : le croquis est net, précis. Il fait penser à un temps clair.

Exemple

Voici un exemple d'aquarelle réalisée en technique mixte : suivons-le pas à pas pour bien comprendre la façon dont le travail progresse. Les couleurs utilisées pour cet exemple sont le jaune, le bleu, le rouge, le vert-bleu, la terre d'ombre.

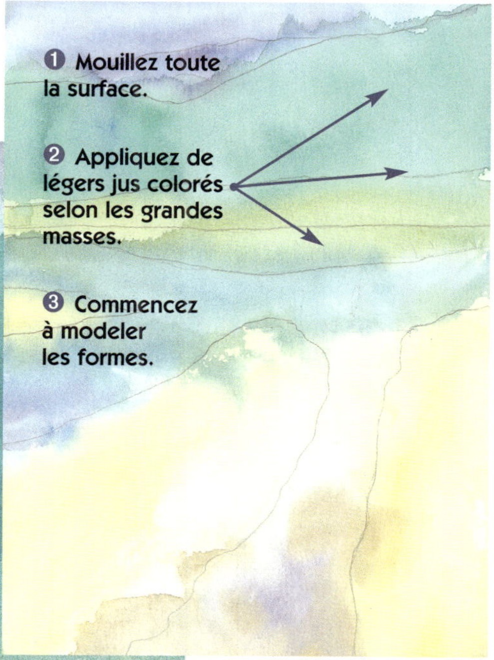

Théo Sauer - c

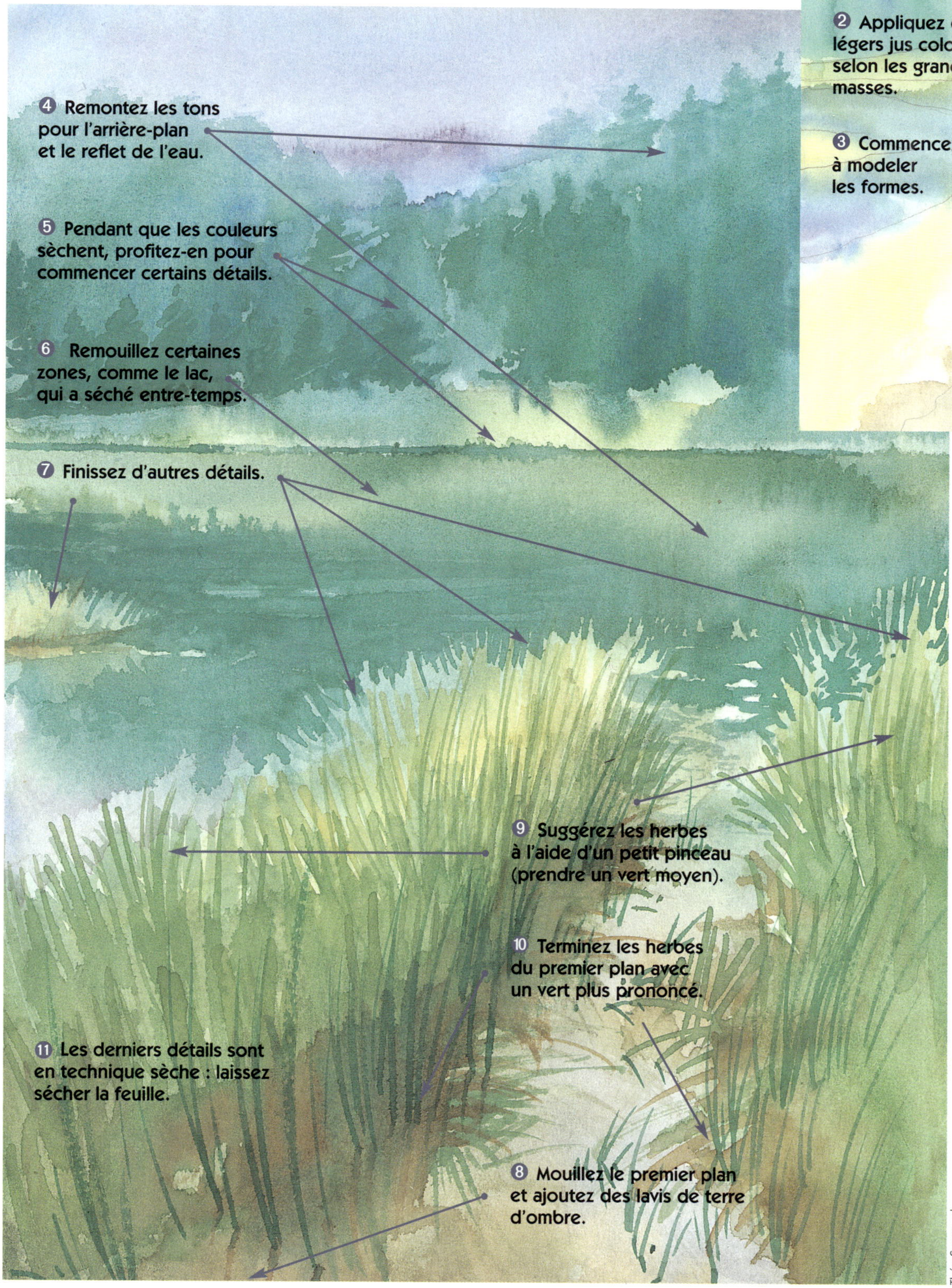

Théo Sauer - d

Le lavis uniforme

Le lavis uniforme est une dilution de couleur unie qui est appliquée soit sur de petites zones, soit sur une surface entière pour donner une certaine tonalité à l'ensemble du tableau.

Les trois types de lavis

Les lavis légers, uniformes, en dégradés subtils ou riches en nuances, sont à la base de la technique de l'aquarelle. Ils donnent à votre tableau non seulement une unité, mais également une atmosphère.
Il existe trois types de lavis, qui sont développés dans les pages suivantes : uniforme, nuancé ou polychrome, dégradé.

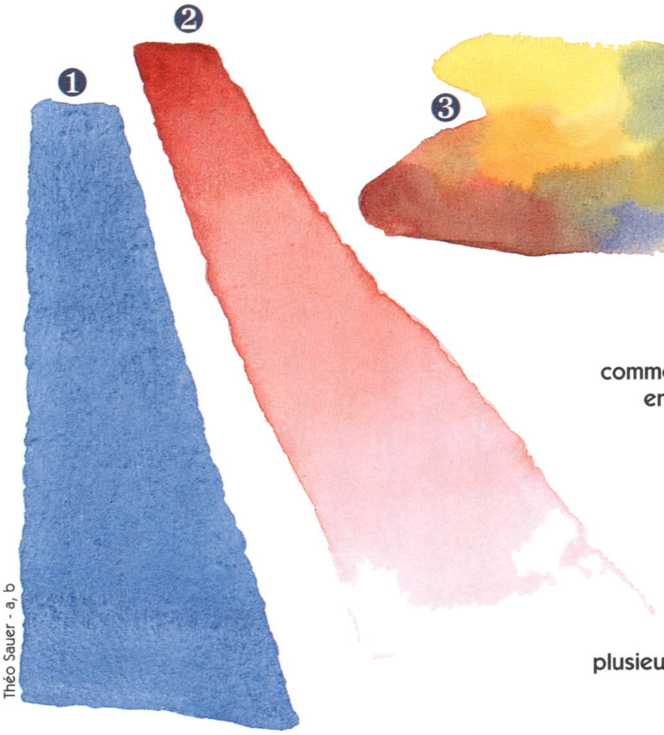

❶ Le lavis uniforme, par lequel nous allons commencer, est le plus utilisé en raison de sa simplicité de mise en œuvre.

❷ Le lavis dégradé : une seule couleur est utilisée, qui varie en intensité.

❸ Le lavis nuancé : plusieurs couleurs se fondent.

Sur une petite ou moyenne surface

Préparez assez de mélange coloré pour remplir toute votre surface. Plus le lavis est dilué, plus il est clair. Pour qu'il soit plus soutenu, ajoutez de la couleur.
Utilisez un papier de 200 g minimum pour éviter qu'il ne se boursoufle trop une fois mouillé.
Fixez la feuille avec un adhésif ou avec des punaises sur un support rigide (planchette en contreplaqué, carton lisse et épais...). Prenez un gros livre, ou une autre cale, et placez-le sous le support de telle sorte que votre feuille soit inclinée de 10 à 20° environ.
Trempez votre pinceau dans le mélange de manière à bien le charger et, sans hésitation, commencez à appliquer votre couleur en haut à gauche en tirant un trait régulier vers la droite.
Quand vous arrivez en bout de zone, ne soulevez pas votre pinceau mais revenez vers la gauche en chevauchant légèrement votre trait précédent.
Parce que votre feuille est inclinée, les deux zones vont se mélanger régulièrement.
Il se formera, en bas de cette nouvelle zone, une bande de mélange coloré qu'il s'agira d'alimenter avec votre pinceau pour éviter que la peinture ne sèche.

Conseil

Préparez suffisamment de mélange sur votre palette avant de commencer à appliquer la couleur.

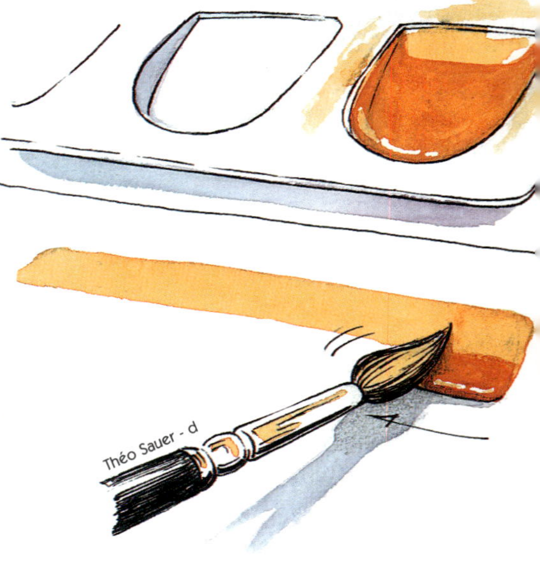

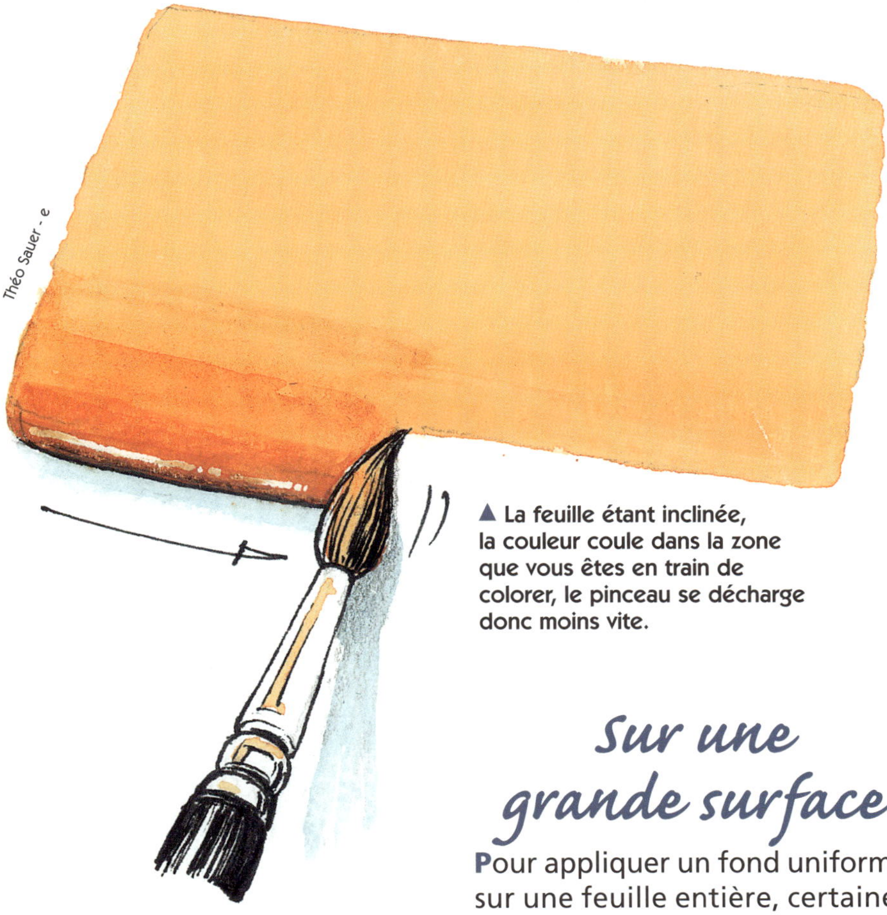

Théo Sauer - e

▲ La feuille étant inclinée, la couleur coule dans la zone que vous êtes en train de colorer, le pinceau se décharge donc moins vite.

Le choix des couleurs

Pour ces croquis, nous avons choisi une couleur secondaire : l'orange. Pour vous exercer, vous pouvez essayer d'autres teintes, le résultat sera toujours un lavis uniforme.
Le choix de la couleur dépend de l'atmosphère que vous souhaitez exprimer. Pour traduire une impression de chaleur, de joie, optez pour une teinte chaude (jaune, orange). En revanche, pour dégager un sentiment de sérénité, choisissez une couleur froide (bleu, violet).

Sur une grande surface

Pour appliquer un fond uniforme sur une feuille entière, certaines conditions doivent être respectées :

- utiliser un papier de 300 g ou plus (pour des papiers de moins de 300 g, il est impératif de tendre la feuille) ;
- utiliser un très gros pinceau ou une éponge ;
- travailler rapidement, sans s'arrêter, sans revenir en arrière.

Attention ! Il ne faut pas que l'eau ruisselle. Procédez en répétant les opérations précédentes jusqu'au bas de votre surface à remplir. Si vous devez reprendre du mélange pour alimenter votre pinceau, attendez d'être arrivé à l'extrémité, gauche ou droite, de la surface.
Il ne faut jamais revenir en arrière car cela aurait pour conséquence la formation de taches et d'imperfections dans le lavis.
Si, une fois arrivé en bas de votre surface, il vous reste beaucoup de peinture sur votre feuille, absorbez-la avec précaution à l'aide de votre pinceau, que vous aurez préalablement essuyé avec un chiffon. Laissez sécher pour mieux apprécier le résultat final.

Vocabulaire

Pinceau chargé : plus le pinceau est gonflé d'eau pure, de mélange ou de couleur liquide, plus on le dit « chargé ».

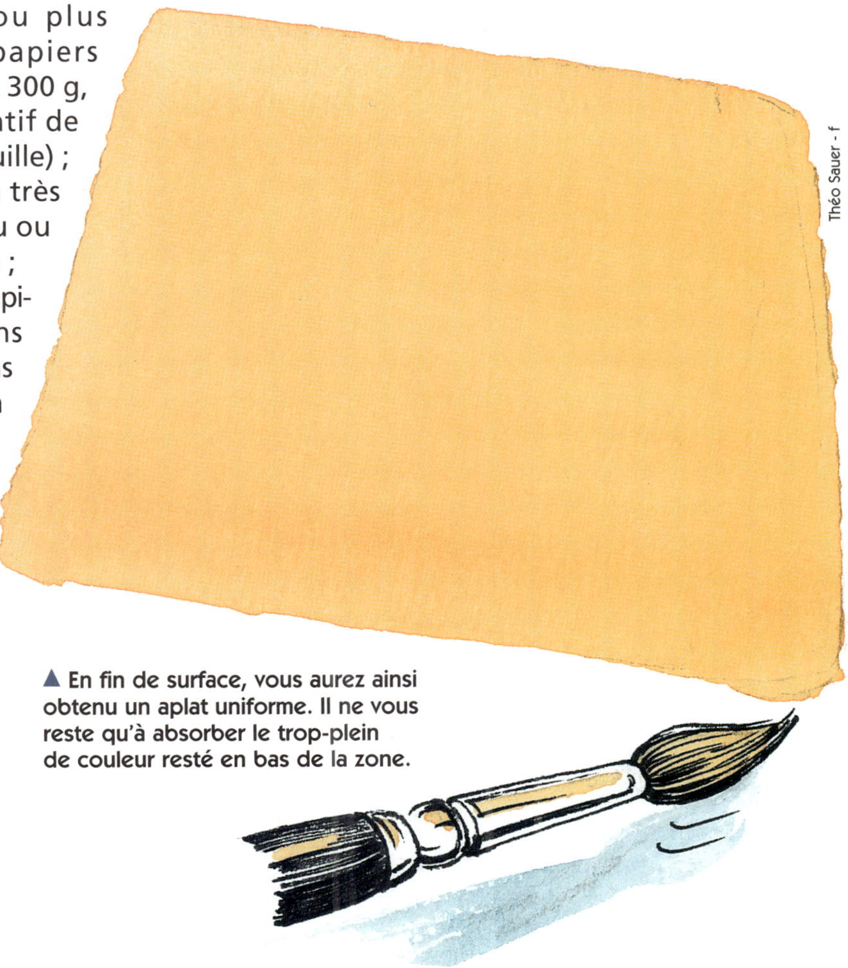

Théo Sauer - f

▲ En fin de surface, vous aurez ainsi obtenu un aplat uniforme. Il ne vous reste qu'à absorber le trop-plein de couleur resté en bas de la zone.

Conseil

Pour obtenir un lavis aussi uniforme que possible, travaillez calmement, avec confiance et sans vous arrêter.

Le lavis dégradé

Le lavis dégradé consiste à utiliser une seule couleur en faisant varier son intensité. Il permet de donner de la profondeur à un ciel ou de réaliser certains fonds.

Vous avez appris à maîtriser la technique du lavis uniforme. Il fallait pour cela préparer une dilution de couleur et l'appliquer sur toute la surface.
Dans la technique du dégradé, il s'agit de transformer le lavis de façon très régulière – sans accrocs, ni striures – pour obtenir une variation de la tonalité presque imperceptible.

L'eau, toujours…

Pour faire varier une couleur du sombre au clair, il faut ajouter de l'eau. Diluer une couleur a pour but de la rendre transparente. Cette transparence n'est autre que le blanc du papier qui se mélange optiquement à la couleur en la transformant. Il va de soi que plus on ajoute d'eau, plus la teinte s'affaiblit, donc s'éclaircit.
Il existe deux méthodes pour réussir un dégradé : sur fond sec ou sur fond humide. Tout dépend de votre sujet.

Sur fond sec

On optera pour cette première solution si l'on souhaite réaliser des dégradés sur de petites surfaces. Sur un papier sec, il faut travailler rapidement, avec méthode, afin d'éviter de légères imperfections.
Cette technique convient parfaitement pour peindre un ciel légèrement nuageux, qui autorise de petites irrégularités.

Sur fond humide

On préférera cette méthode, qui permet plus d'homogénéité dans le rendu, pour représenter un beau ciel bleu. Pour réussir un dégradé très régulier, on humidifie légèrement la surface avec une éponge pour faciliter la répartition de la couleur.
Sur fond très humide, le lavis deviendra quasiment transparent.

▲ Lavis dégradé sur fond sec. On peut observer quelques petites irrégularités.

▲ Lavis dégradé sur fond peu humide. On remarque plus d'homogénéité et de régularité dans le rendu.

▲ Lavis dégradé sur fond très humide. La couleur se fond dans le blanc de la feuille.

À vous de jouer...

Réalisez un dégradé sur fond humide

Utilisez une cale pour incliner votre feuille de 10° à 20° environ. Prenez votre gros pinceau et dans un des godets de la palette, préparez une petite quantité de mélange coloré qui correspondra à la valeur la plus foncée de votre lavis.
Humidifiez votre surface avec une éponge. Trempez votre pinceau dans le mélange coloré et commencez à appliquer votre couleur en partant en haut à gauche, vers la droite, de manière régulière (**A**).
Chevauchez le trait précédent. À mesure que votre pinceau se décharge, trempez-le dans l'eau pour éclaircir progressivement le ton (**B**).
Il s'agit de remplacer, au fur et à mesure, la couleur du pinceau par de l'eau pure. Le mélange « eau + couleur » se combine simultanément sur le pinceau et sur la feuille en une nouvelle teinte de plus en plus claire (**C**).
Travaillez avec méthode.
Faites un aller-retour de pinceau sur la feuille, ajoutez une goutte d'eau en trempant légèrement la pointe du pinceau dans l'eau pure.
Refaites un aller-retour, reprenez de l'eau, etc.
Si vous désirez fondre votre dégradé dans le blanc de la feuille (**D**), le pinceau sera chargé uniquement avec de l'eau quand vous arriverez en bas de la surface à remplir (**E**).

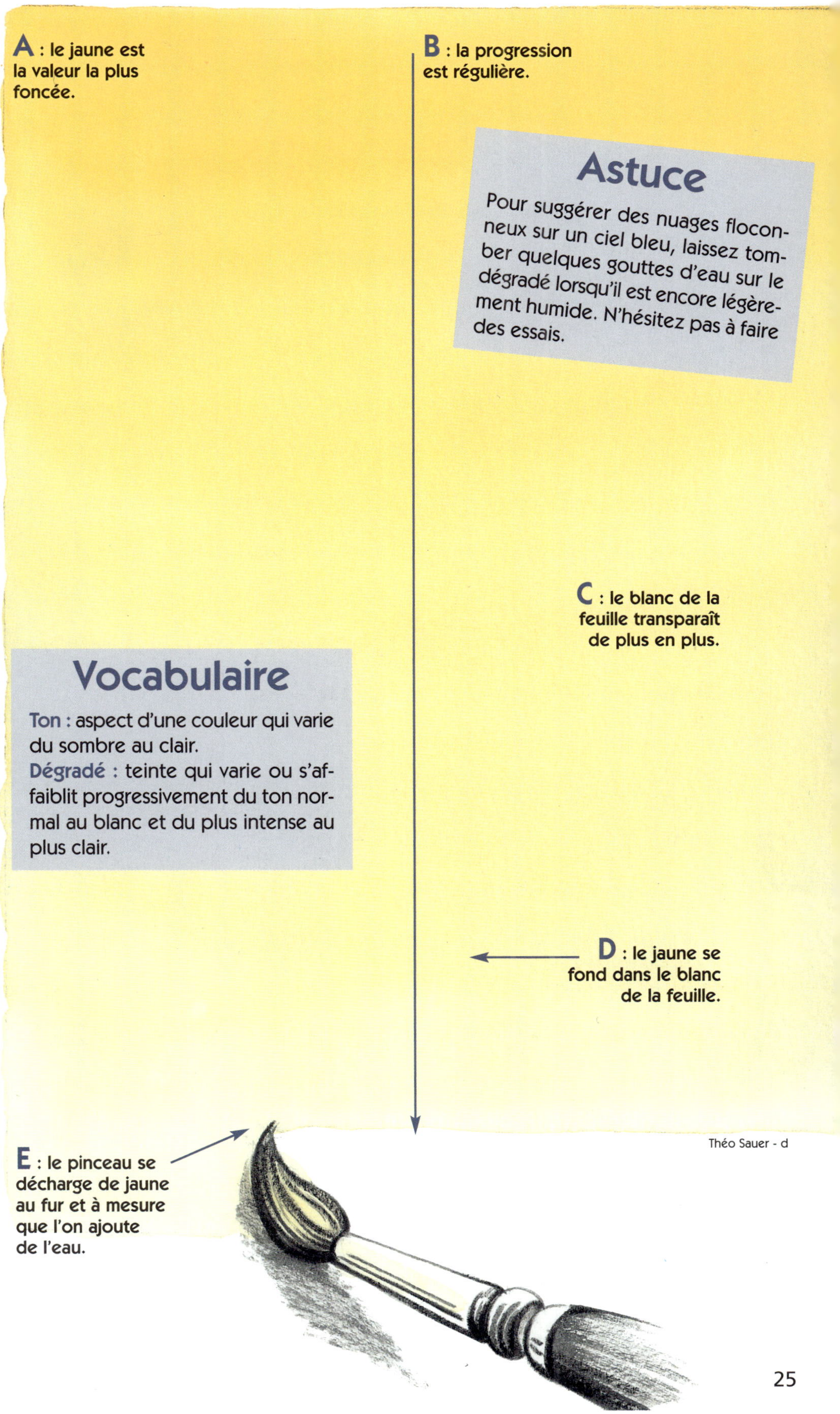

Théo Sauer - d

Astuce

Pour suggérer des nuages floconneux sur un ciel bleu, laissez tomber quelques gouttes d'eau sur le dégradé lorsqu'il est encore légèrement humide. N'hésitez pas à faire des essais.

Vocabulaire

Ton : aspect d'une couleur qui varie du sombre au clair.
Dégradé : teinte qui varie ou s'affaiblit progressivement du ton normal au blanc et du plus intense au plus clair.

Le lavis polychrome

Un minimum de technique, un peu de doigté et l'aide du « hasard heureux » : voilà les ingrédients nécessaires à la réussite de votre lavis polychrome.

On l'appelle aussi « lavis nuancé ». C'est une combinaison de plusieurs couleurs en technique humide.
Comme nous avons pu le voir, il est pratiquement impossible de « diriger » un lavis en technique humide. Cependant, avec un peu d'expérience, on pourra le maîtriser : soit en inclinant le plan de travail dans un sens ou dans un autre ; soit en absorbant le trop-plein de peinture ; soit en jouant sur le degré d'humidité de la feuille.

La méthode

Elle consiste à humidifier votre feuille et à poser en touches irrégulières une première teinte sur le fond, puis à déposer une autre couleur sur la première en les laissant s'interpénétrer.
Essayez de modeler votre forme avec des couleurs plus concentrées pour remonter les tons dans les zones d'ombre.

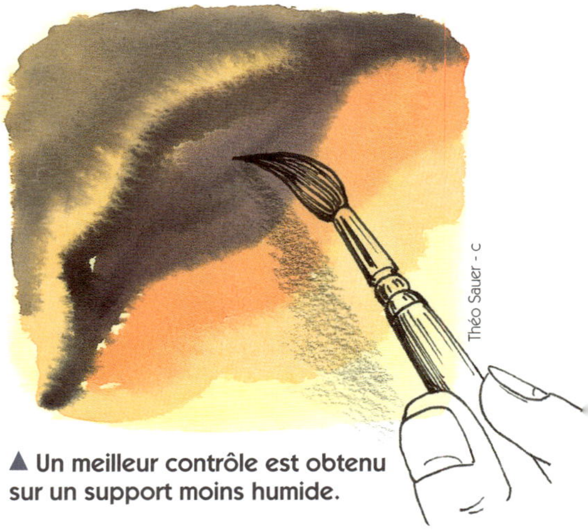

▲ **Un meilleur contrôle est obtenu sur un support moins humide.**

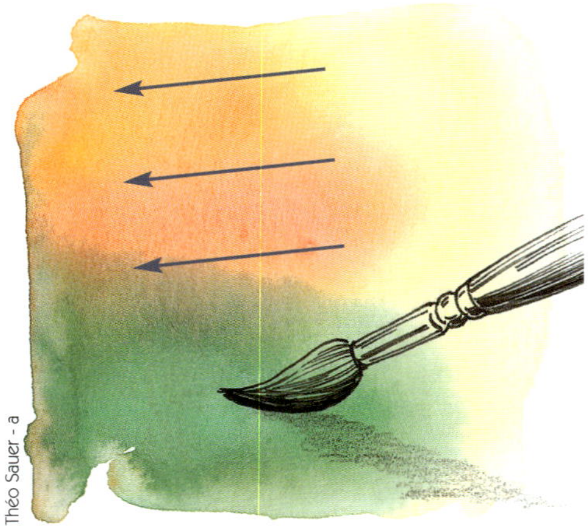

▲ **L'inclinaison du plan de travail permet un meilleur contrôle du lavis polychrome. Sur cet exemple, le plan est incliné vers la gauche.**

Le nuancier

Le nuancier est un tableau permettant de passer graduellement d'une couleur à une autre et de visualiser ainsi un certain nombre de tons intermédiaires. Dans un premier temps, travaillons avec une gamme de coloris très simple : du jaune au vert bleuâtre.
En vous aidant du modèle, essayez de construire un nuancier entre ces deux couleurs, en le décomposant en tons intermédiaires. Dans la technique humide, les tons intermédiaires sont formés par la fusion de deux couleurs.

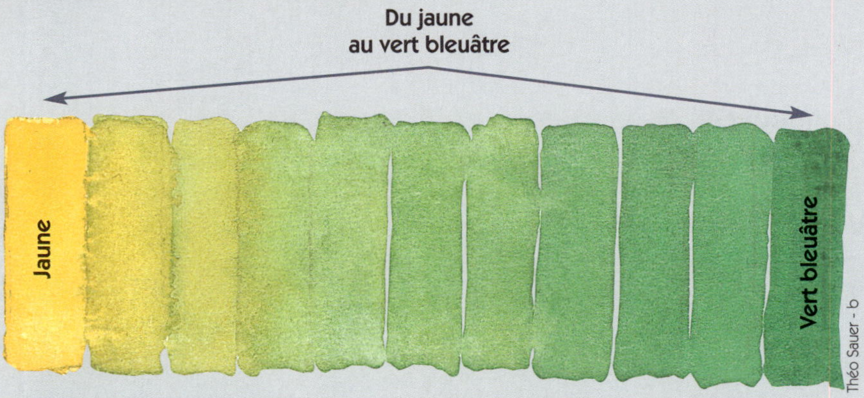

▲ **Le nuancier du jaune au vert bleuâtre fait apparaître toute une série de tons intermédiaires.**

Absorber la peinture

En cours d'exécution, il est facile d'absorber la peinture encore fraîche. Certaines couleurs sont plus tenaces que d'autres, car elles possèdent de fortes propriétés colorantes. Pour absorber le trop-plein de peinture, on pourra utiliser : du papier absorbant ou buvard, un chiffon, une éponge, un pinceau (rincé à l'eau propre et séché). À vous de choisir la méthode qui vous convient le mieux.

Exerçons-nous !

Voici un exemple de lavis polychrome allant du jaune-vert au rouge violacé.

Pour réaliser cette feuille, prenez les teintes du modèle ou choisissez votre nuancier, en procédant cependant dans le même ordre.

Mouillez la surface intérieure de la feuille à l'aide de votre gros pinceau (essayez plusieurs degrés d'humidité).

Procédez par étapes, puis laissez sécher.

Plus vous ajoutez d'eau, plus les teintes sont transparentes.

N'oubliez pas que vous avez une couleur omniprésente, qui est le blanc : celui de la feuille. Laissez-le transparaître : c'est un des principaux charmes de l'aquarelle.

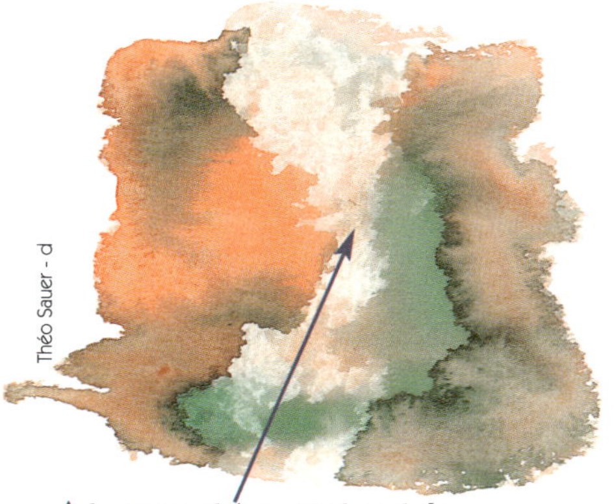

Théo Sauer - d

▲ La zone claire est absorbée à l'aide d'un chiffon humide.

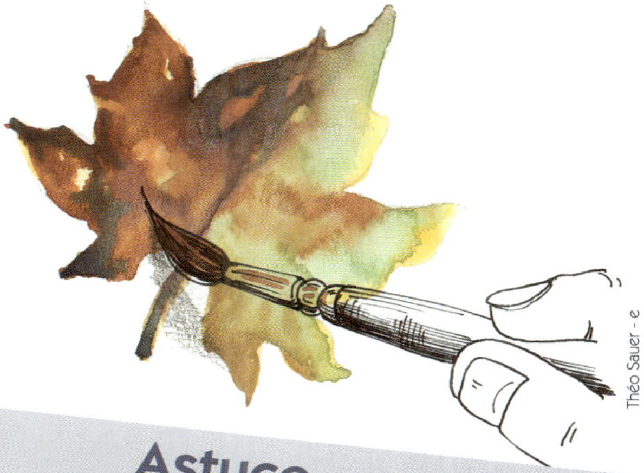

Théo Sauer - e

Voici un exemple de lavis polychrome réalisé avec un nuancier plus important (du jaune-vert au rouge violacé). ▶

Astuce

Si vous ressentez le besoin d'assombrir un endroit (par exemple, le côté gauche de la feuille qui est dans l'ombre), remouillez cette zone puis ajoutez des verts plus foncés.

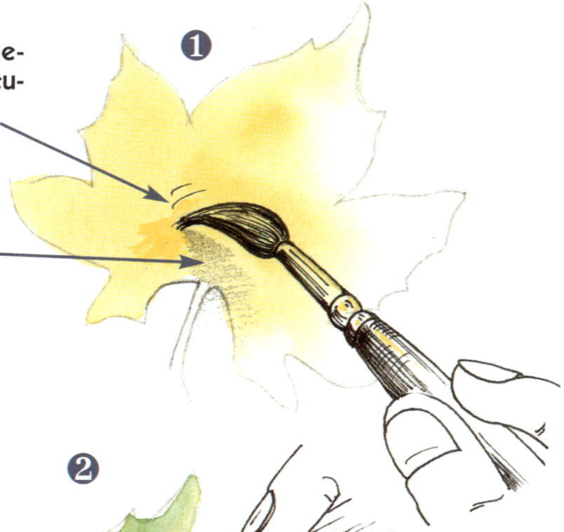

❶ Humidifiez uniquement la surface intérieure de la feuille.

Appliquez les teintes en commençant par les plus claires.

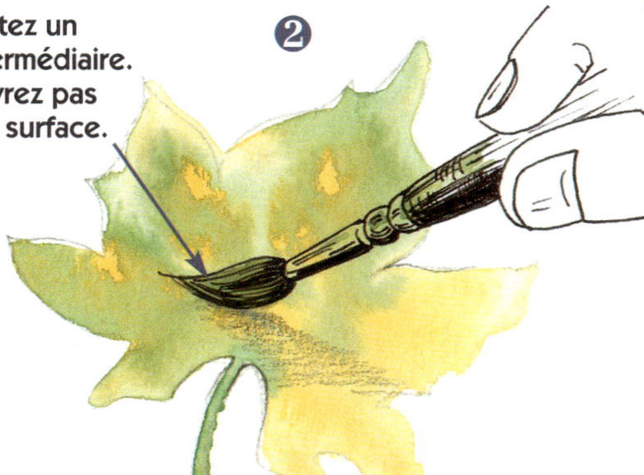

❷ Ajoutez un vert intermédiaire. Ne couvrez pas toute la surface.

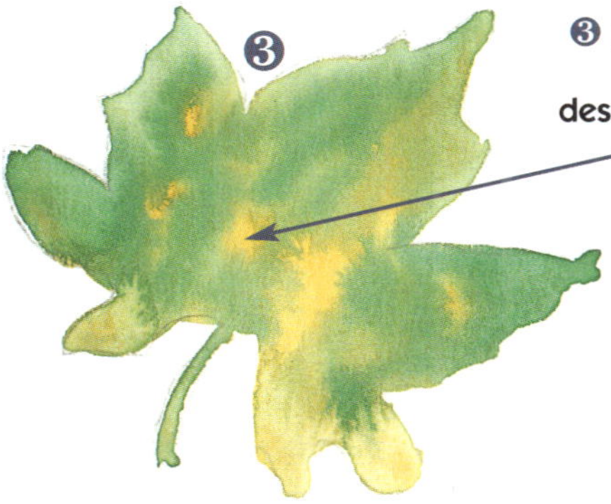

❸ Modulez votre forme avec des verts toujours plus foncés.

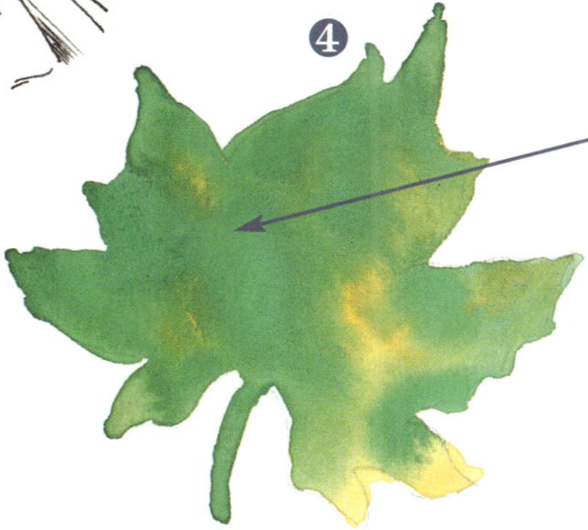

❹ Appliquez des verts plus foncés pour remonter les tons.

Arrêtez-vous à l'étape précédente si vous estimez que les nuances sont assez soutenues.

Théo Sauer - f, g, h, i

La mer et les vagues

Peindre la mer constitue un passionnant défi pour l'aquarelliste. Calme, agitée ou déchaînée, en un éclair elle peut changer de visage en restant toujours belle, forte et fascinante à la fois.

Observez attentivement la mer avant de commencer à peindre. Les vagues s'enroulent et s'écrasent inlassablement sur le rivage. Néanmoins, dans cette constante mouvance, vous finirez par découvrir des motifs qui se répètent et, finalement, par des gestes simples et rapides, vous allez la figurer avec assurance.

T. S. - a

◄ Mer calme par beau temps, technique sèche. Les rehauts pourraient également suggérer une mer écumante.

Une mer calme

Le plus souvent, un simple lavis dégradé suffit à rendre le calme de l'eau. Suivant l'atmosphère que vous désirez obtenir, vous allez utiliser la technique sèche ou la technique humide.
Ensuite, vous pourrez y inclure des effets intéressants selon l'état de la mer (légèrement ridée, avec des petits frémissements en surface, etc.).

Mer calme par temps gris, technique sèche. Étape n° 1 : posez un premier lavis de fond. Laissez sécher. ►

T. S. - b

T. S. - c

◄ Étape n° 2 : chargez votre pinceau avec une valeur plus foncée. Faites des essais sur un brouillon, afin de décharger le pinceau. Quand celui-ci est presque sec, procédez à un balayage horizontal afin de déposer la teinte plus foncée sur le relief du papier.

Technique sèche

La mer n'est pas nécessairement rendue par la technique humide. Par beau temps, le soleil se reflète dans la mer. Un balayage très énergique à sec est une méthode rapide qui permet d'obtenir les petits rehauts blancs.
Par temps gris, les nuages se reflètent dans l'eau. Il faut alors travailler la mer en deux couches légères superposées, à sec.

Conseil

N'essayez pas de représenter les mille et une vaguelettes par une infinité de touches : le résultat serait bariolé et trop chargé.
Il vaut mieux poser vos surfaces avec discernement, en touches rapides. En clignant des yeux, vous arriverez à sélectionner les grandes masses importantes et vous trouverez avec évidence les gestes nécessaires pour représenter la mer.
N'oubliez pas que l'eau n'est pas bleue, mais transparente. Elle reflète fidèlement les différentes couleurs ambiantes (ciel, rivage, arbres, bateaux...).
Adaptez votre technique en fonction de l'état de la mer.

Une seconde approche, qui demande un travail un peu plus poussé, consiste à appliquer une première couche de fond.
Avec la pointe de votre pinceau, travaillez ensuite la mer en touches horizontales, colorées.
Il va de soi que plus vous vous éloignez, plus les traits s'amenuisent pour ne faire finalement qu'un seul lavis à l'horizon. L'effet est moins spontané.

▼ **Mer calme par temps gris, technique sèche, seconde méthode.**

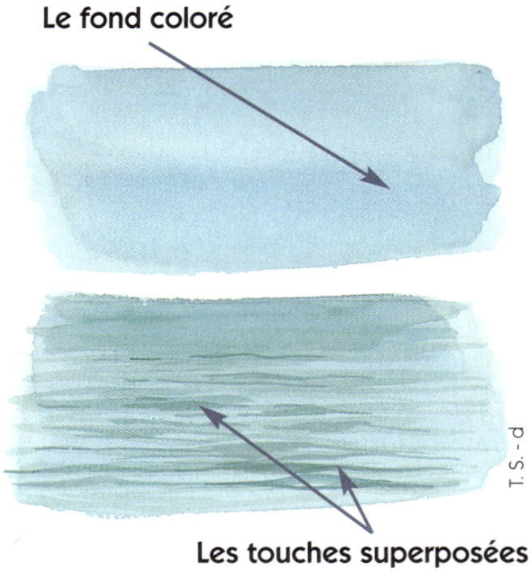

Technique humide

Optez pour cette technique si vous désirez traduire une ambiance brumeuse. Utilisez de simples dégradés sur un support humide pour obtenir des effets de flous. En travaillant sur un fond très humide, vous allez obtenir une aquarelle à la fois légère et fluide.

◀ **La technique humide permet de restituer une atmosphère brumeuse. Ciel et mer se confondent. La ligne d'horizon n'existe plus.**

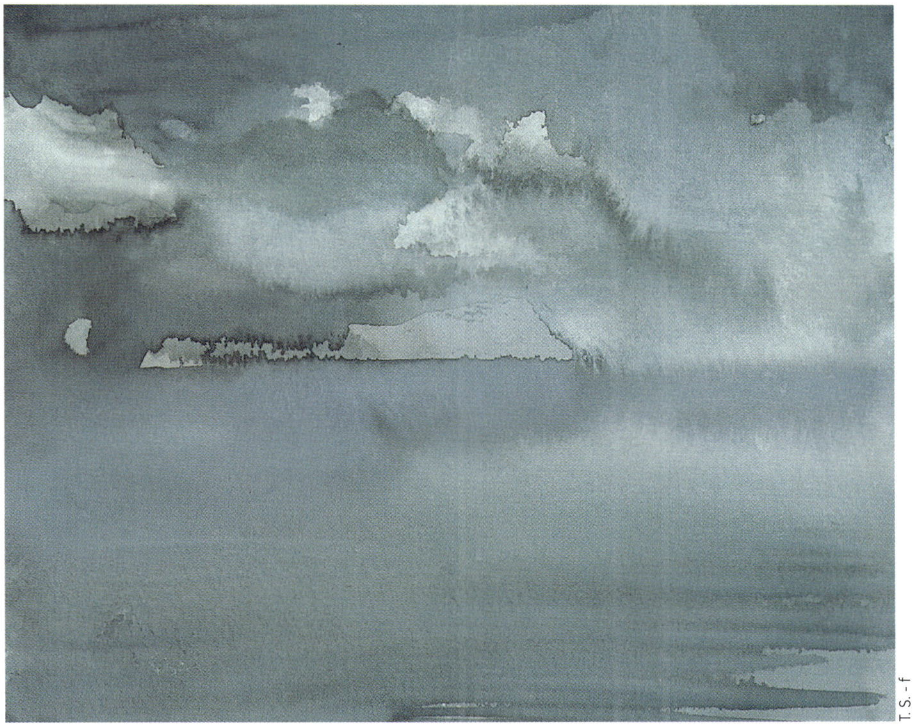

▲ **Posez sur le papier humide des valeurs foncées. Laissez l'humidité former des « taches » dans le ciel, puis absorbez la couleur pour créer des nuages menaçants.**

Observez les vagues

Imprégnez-vous du spectacle des vagues en observant attentivement la façon dont elles apparaissent et disparaissent. Si vous comprenez leur fonctionnement, vous arriverez, avec un peu d'expérience, à les représenter de mémoire sans trop de difficulté. Vous allez probablement remarquer que leur parcours se reproduit toujours selon le même principe : la vague se forme en pleine mer et son onde se rapproche progressivement de la côte. Elle se soulève au fur et à mesure que les fonds sont moins importants. Il se forme une crête blanche qui roule, se retourne et se transforme en écume blanche avant de mourir sur la grève. C'est au moment où les crêtes se forment qu'elles sont les plus intéressantes à peindre. Quand les vagues s'élèvent, elles paraissent presque transparentes sous les crêtes.
Elles nous offrent de très belles couleurs, entre le turquoise et le vert émeraude.

Une mer agitée

Toute l'énergie et la puissance de la mer et des vagues doivent transparaître dans votre peinture. Associez diverses techniques, utilisez des gestes dynamiques pour traduire les mouvements de l'eau. En aquarelle, il faut penser à laisser des réserves pour l'écume et les crêtes. Remarquez que le blanc recèle de subtiles nuances (ocre, bleu, rose) et que la couleur de la mer est intimement liée aux conditions atmosphériques.

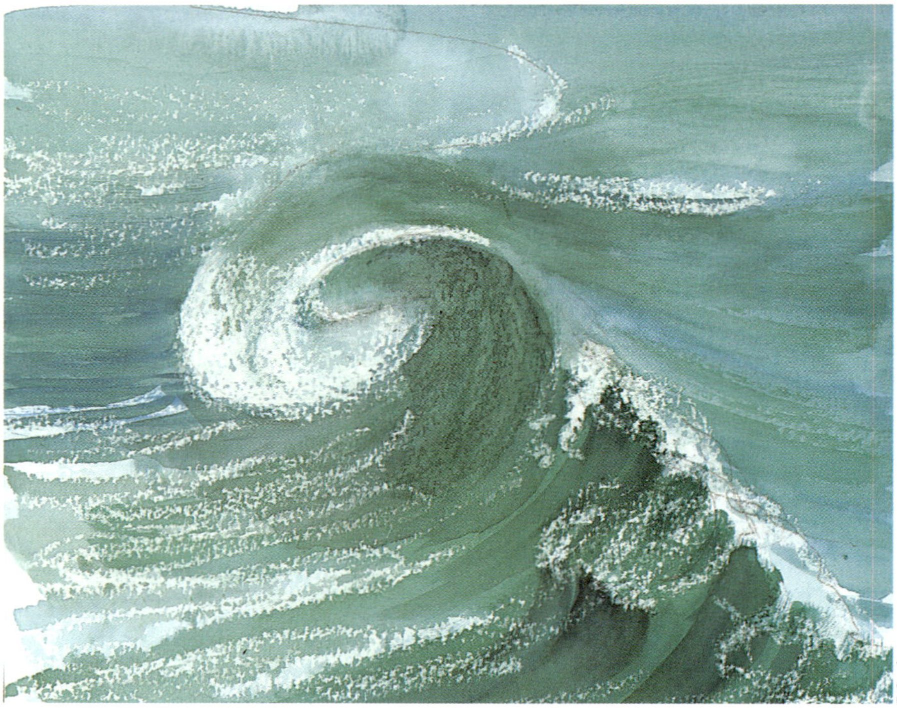

T.S. - b

Pour reproduire une vague qui « roule », ▶ posez des tons plus soutenus dans le creux de celle-ci.

Bon à savoir

Lorsque vous utilisez de la gomme liquide, servez-vous de vieux matériel. Savonnez généreusement vos pinceaux et lavez-les soigneusement après utilisation. Malgré tous ces conseils, la gomme risque de s'accrocher dans les poils. Essayez alors de l'ôter manuellement. Servez-vous d'un tire-ligne pour tracer des traits à la gomme.

Nul besoin de dessiner des détails au crayon : tracez simplement les grandes lignes. Quand vous peignez les vagues, commencez par réserver les blancs avec de la gomme liquide ou avec de la cire pour figurer les vagues à l'horizon.
Après le passage du bleu le plus clair, réservez des zones dans les creux des vagues avant de foncer ces dernières.

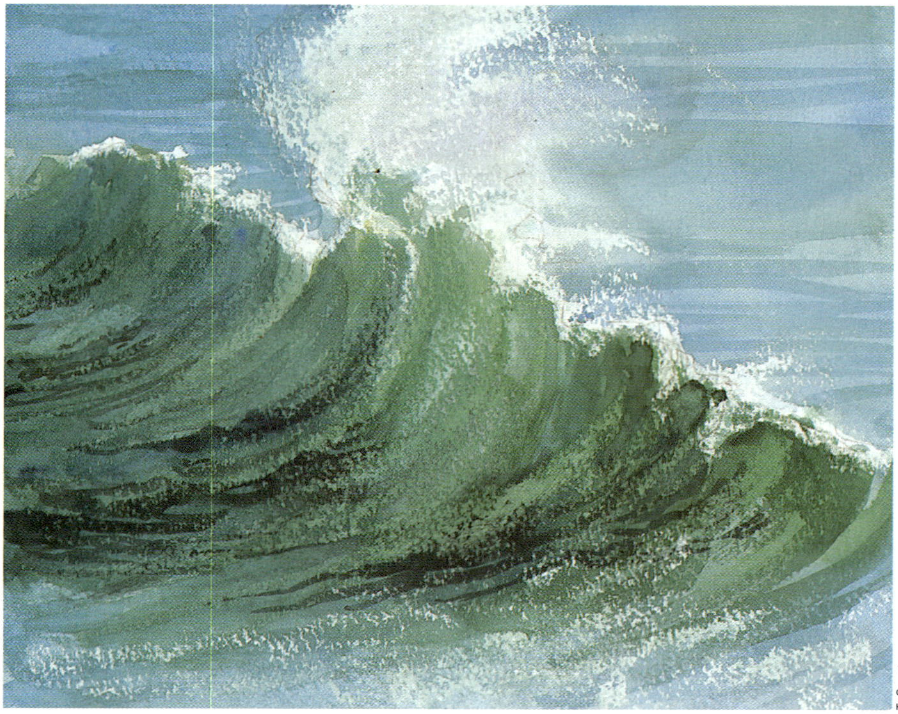

T.S. - a

◀ Pour reproduire une vague qui se forme, réservez les zones d'écume et la crête avec de la cire. Maniez votre pinceau avec souplesse et posez des lavis très transparents. Utilisez beaucoup d'eau. Suivez les courbes du cheminement de l'eau avec vos touches de couleur. Laissez sécher. Passez une deuxième couche de cire dans les zones à assombrir. Posez les tons dans les zones d'ombre. Avec un fer à repasser et un papier buvard, absorbez la cire. Vous pouvez alors éventuellement faire des retouches.

Une mer déchaînée

Une mer démontée est un spectacle fantastique. Mais, en dépit des précautions que vous pourrez prendre, vous installer à proximité pour la peindre sur le vif s'avère très dangereux, sinon très inconfortable. Un bon conseil : imprégnez-vous du spectacle et gardez les images fortes en mémoire. Vous les retrouverez facilement plus tard, au moment de travailler la scène en atelier. Mieux, vous y ajouterez des impressions personnelles complémentaires, qui vont diriger votre travail. Au besoin, ayez recours à des photos. Réservez l'écume et les crêtes des vagues avec la gomme liquide. À l'aide d'un vieux pinceau, posez rapidement la gomme liquide et finissez par des projections (gouttes, éclaboussures, embruns). Travaillez la mer en osant utiliser quelques « valeurs fortes » pour suggérer la tempête. Ayez des gestes dynamiques pour insuffler de l'énergie à votre travail. N'ayez pas peur de déborder des contours. Ajoutez des effets de grattage, des projections.

Avis de tempête !

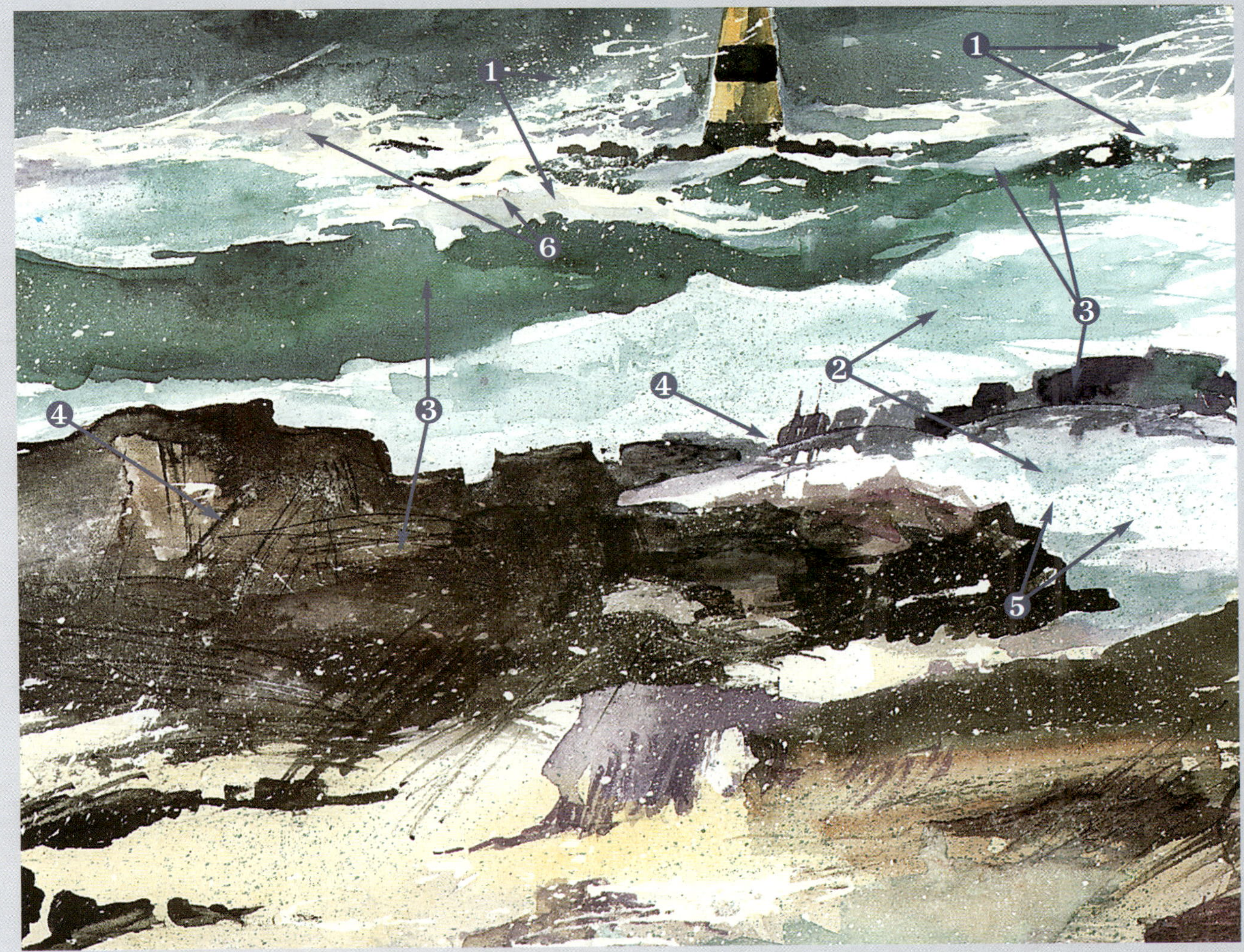

❶ Réservez les blancs à la gomme liquide (pinceau et projections).
❷ Posez les couches transparentes.
❸ Foncez les tons pour d'autres parties de la mer, ainsi que pour les rochers.
❹ Ajoutez des éléments graphiques en grattant dans la peinture humide.
❺ Complétez par quelques projections, avant de retirer les zones masquées.
❻ Retravaillez certains blancs pour leur donner plus de volume.

La méthode « Réussir ses aquarelles »

Grâce à « Réussir ses aquarelles » et à sa méthode unique et infaillible, faites-vous plaisir et étonnez-vous en réalisant de superbes aquarelles, sans difficulté ni apprentissage !

Pas besoin de savoir dessiner ni de maîtriser la technique de l'aquarelle : il suffit de choisir son modèle et de suivre la méthode de réalisation étape par étape. Vous verrez alors votre aquarelle s'élaborer progressivement sous vos yeux.

Les couleurs

Voici les 24 couleurs utilisées dans cet ouvrage pour réaliser tous les modèles proposés. Nous les avons numérotées de 1 à 24 pour plus de clarté. Reportez-vous toujours à cette gamme pour sélectionner vos couleurs.

Le nom des couleurs indiqué sous chaque pastille correspond à celles de la marque Pelikan. Mais il existe de nombreuses autres marques d'aquarelles de très bonne qualité sur le marché : à vous de choisir selon votre sensibilité et votre budget. Pour obtenir un résultat optimal, nous vous conseillons bien sûr d'utiliser des nuances identiques ou proches de celles que nous vous indiquons ci-dessous.

1 Rouge carmin	2 Bleu de cobalt	3 Jaune indien	4 Terre d'ombre naturelle	5 Bleu de Prusse	6 Vert bleuâtre
7 Terre de Sienne brûlée	8 Rouge vermillon	9 Violet	10 Jaune citron	11 Vert émeraude mat	12 Bleu outremer
13 Chair	14 Bleu turquoise	15 Ocre jaune	16 Gris de Payne	17 Orange	18 Rouge indien
19 Vert jaunâtre	20 Brun Van Dyck	21 Cendre verte	22 Rouge permanent	23 Jaune	24 Noir de bougie

Les symboles

Ces symboles, placés à chaque étape, vous indiquent comment faire vos mélanges de couleurs, et avec quelle quantité d'eau.

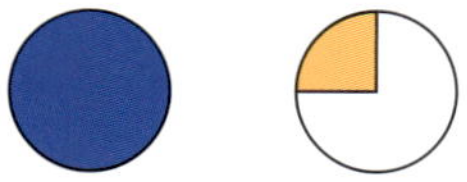

Ces petites pastilles vous indiquent quelles couleurs utiliser, et dans quelles proportions, pour réaliser le mélange nécessaire à l'étape en question.

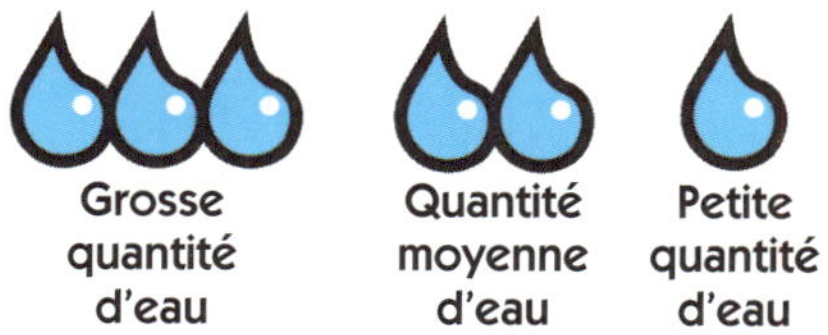

Mode d'emploi

1 Reproduisez l'esquisse choisie sur du papier aquarelle. Vous pouvez soit la photocopier, soit la recopier à main levée si vous avez un bon œil.

Vous pouvez garder le format initial ou bien l'agrandir ou le réduire, selon vos envies.

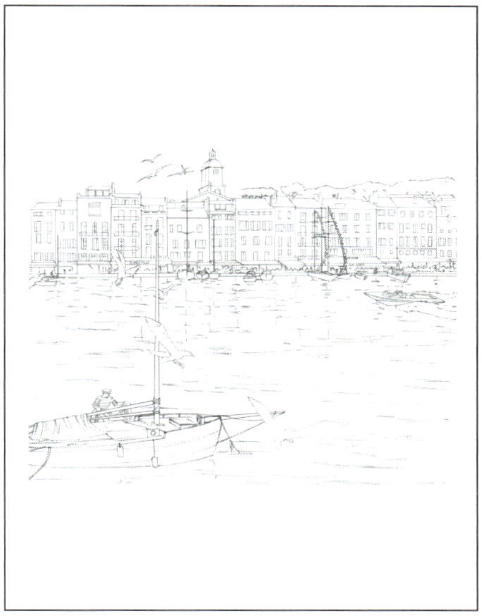

Astuce

Si vous utilisez du papier aquarelle épais, vous aurez du mal à le faire passer dans une photocopieuse. Pour obtenir une esquisse fidèle à l'original, vous pouvez utiliser la technique du calque. Petit rappel : posez une feuille de papier calque sur l'esquisse. À l'aide d'un crayon à papier, tracez les contours du dessin par transparence. Retournez ensuite la feuille et repassez sur l'envers de votre dessin les traits au crayon à papier (de préférence une pointe grasse). Une fois terminé, retournez à nouveau le calque, posez-le sur votre feuille de papier aquarelle, et repasser à nouveau sur les traits à l'aide d'une pointe sèche cette fois.

2 Commencez par bien lire les conseils préliminaires.

Une introduction sur l'aquarelle proposée.

Des conseils généraux ou sur une technique ou une étape en particulier.

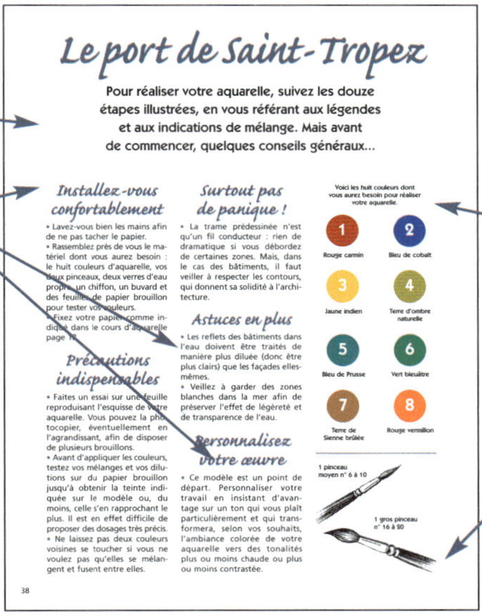

Le port de Saint-Tropez

Pour réaliser votre aquarelle, suivez les douze étapes illustrées, en vous référant aux légendes et aux indications de mélange. Mais avant de commencer, quelques conseils généraux...

Installez-vous confortablement

• Lavez-vous bien les mains afin de ne pas tacher le papier.
• Rassemblez près de vous le matériel dont vous aurez besoin : le huit couleurs d'aquarelle, vos deux pinceaux, deux verres d'eau propre, un chiffon, un buvard et des feuilles de papier brouillon pour tester vos couleurs.
• Fixez votre papier comme indiqué dans le cours d'aquarelle page 12.

Précautions indispensables

• Faites un essai sur une feuille reproduisant l'esquisse de votre aquarelle. Vous pouvez la photocopier, éventuellement en l'agrandissant, afin de disposer de plusieurs brouillons.
• Avant d'appliquer les couleurs, testez vos mélanges et vos dilutions sur du papier brouillon jusqu'à obtenir la teinte indiquée sur le modèle ou, du moins, celle s'en rapprochant le plus. Il est en effet difficile de proposer des dosages très précis.
• Ne laissez pas deux couleurs voisines se toucher si vous ne voulez pas qu'elles se mélangent et fusent entre elles.

Surtout pas de panique !

• La trame prédessinée n'est qu'un fil conducteur : rien de dramatique si vous débordez de certaines zones. Mais, dans le cas des bâtiments, il faut veiller à respecter les contours, qui donnent sa solidité à l'architecture.

Astuces en plus

• Les reflets des bâtiments dans l'eau doivent être traités de manière plus diluée (donc être plus clairs) que les façades elles-mêmes.
• Veillez à garder des zones blanches dans la mer afin de préserver l'effet de légèreté et de transparence de l'eau.

Personnalisez votre œuvre

• Ce modèle est un point de départ. Personnaliser votre travail en insistant d'avantage sur un ton qui vous plaît particulièrement et qui transformera, selon vos souhaits, l'ambiance colorée de votre aquarelle vers des tonalités plus ou moins chaude ou plus ou moins contrastée.

Voici les huit couleurs dont vous aurez besoin pour réaliser votre aquarelle.

1 Rouge carmin
2 Bleu de cobalt
3 Jaune indien
4 Terre d'ombre naturelle
5 Bleu de Prusse
6 Vert bleuâtre
7 Terre de Sienne brûlée
8 Rouge vermillon

1 pinceau moyen n° 6 à 10

1 gros pinceau n° 16 à 20

38

Pour chaque modèle, la gamme couleur est indiquée.

Les types de pinceaux nécessaires à la réalisation du modèle sont signalés.

3 Suivez les instructions étape par étape. Au total, il y a 12 étapes pour chaque aquarelle.

Des conseils spécifiques en fonction des difficultés ou des particularités de l'étape à réaliser.

Les couleurs, et leur proportion, ainsi que la quantité d'eau utilisée sont indiquées.

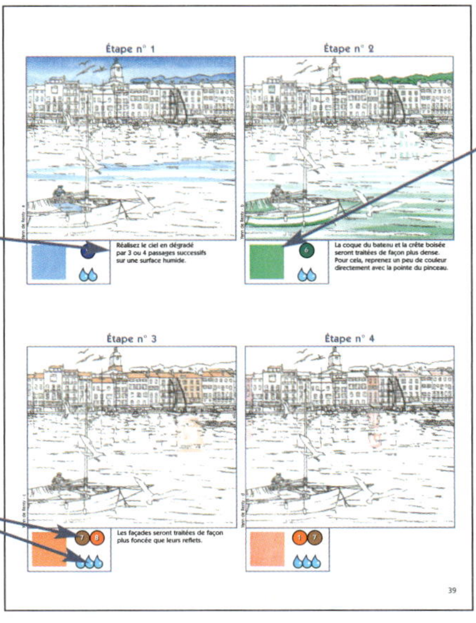

Étape n° 1

Réalisez le ciel en dégradé par 3 ou 4 passages successifs sur une surface humide.

Étape n° 2

La coque du bateau et la crête boisée seront traitées de façon plus dense. Pour cela, reprenez un peu de couleur directement avec la pointe du pinceau.

Étape n° 3

Les façades seront traitées de façon plus foncée que leurs reflets.

Étape n° 4

39

Chaque étape correspond à un mélange de couleurs précis, à appliquer sur une zone déterminée.

Aller plus loin

Si vous désirez approfondir vos connaissances sur le matériel, les différentes techniques et l'utilisation des couleurs pour l'aquarelle, vous pouvez vous reporter à l'ouvrage *Plaisir de peindre à l'aquarelle*, publié dans cette collection.

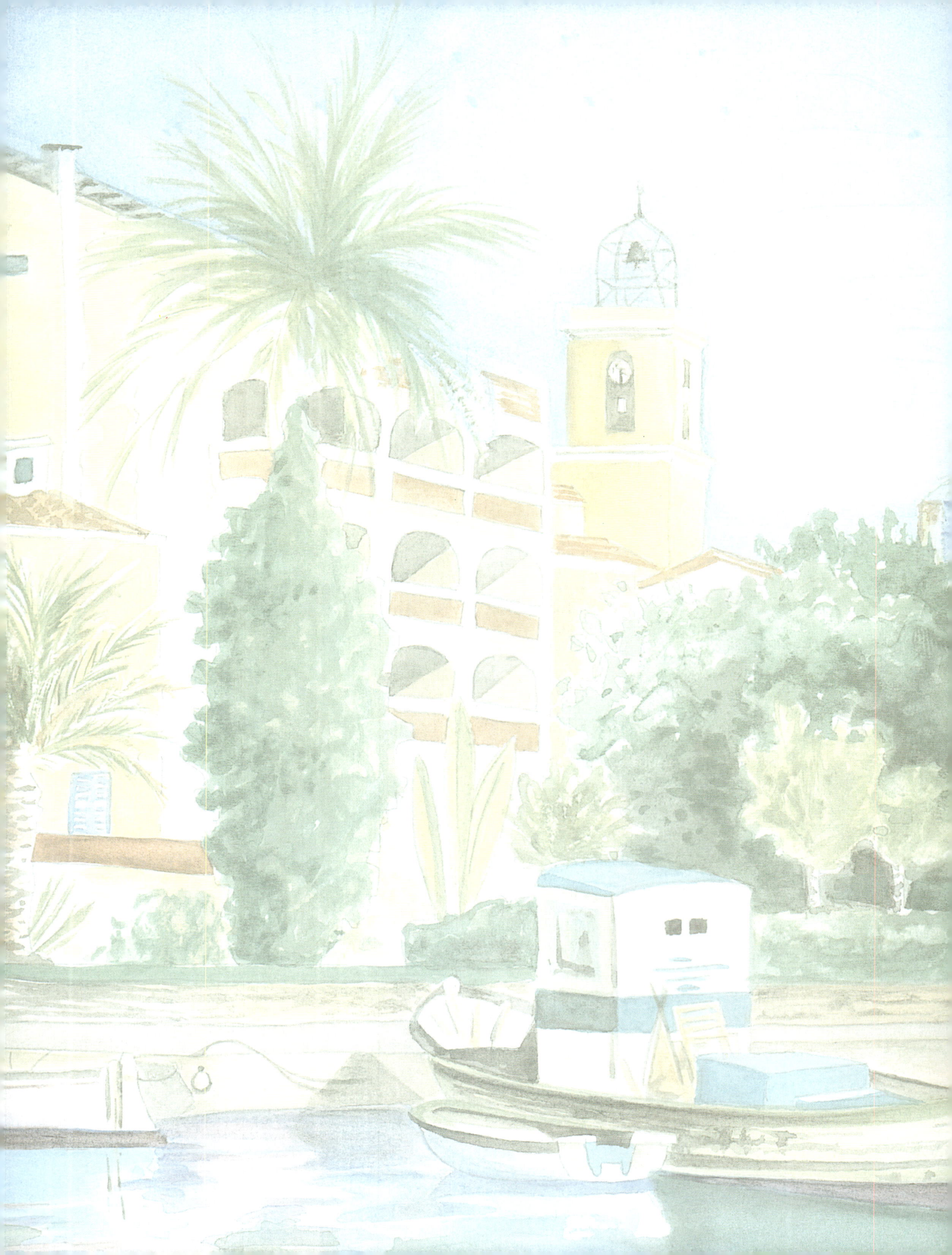

Ports et mouillages pittoresques

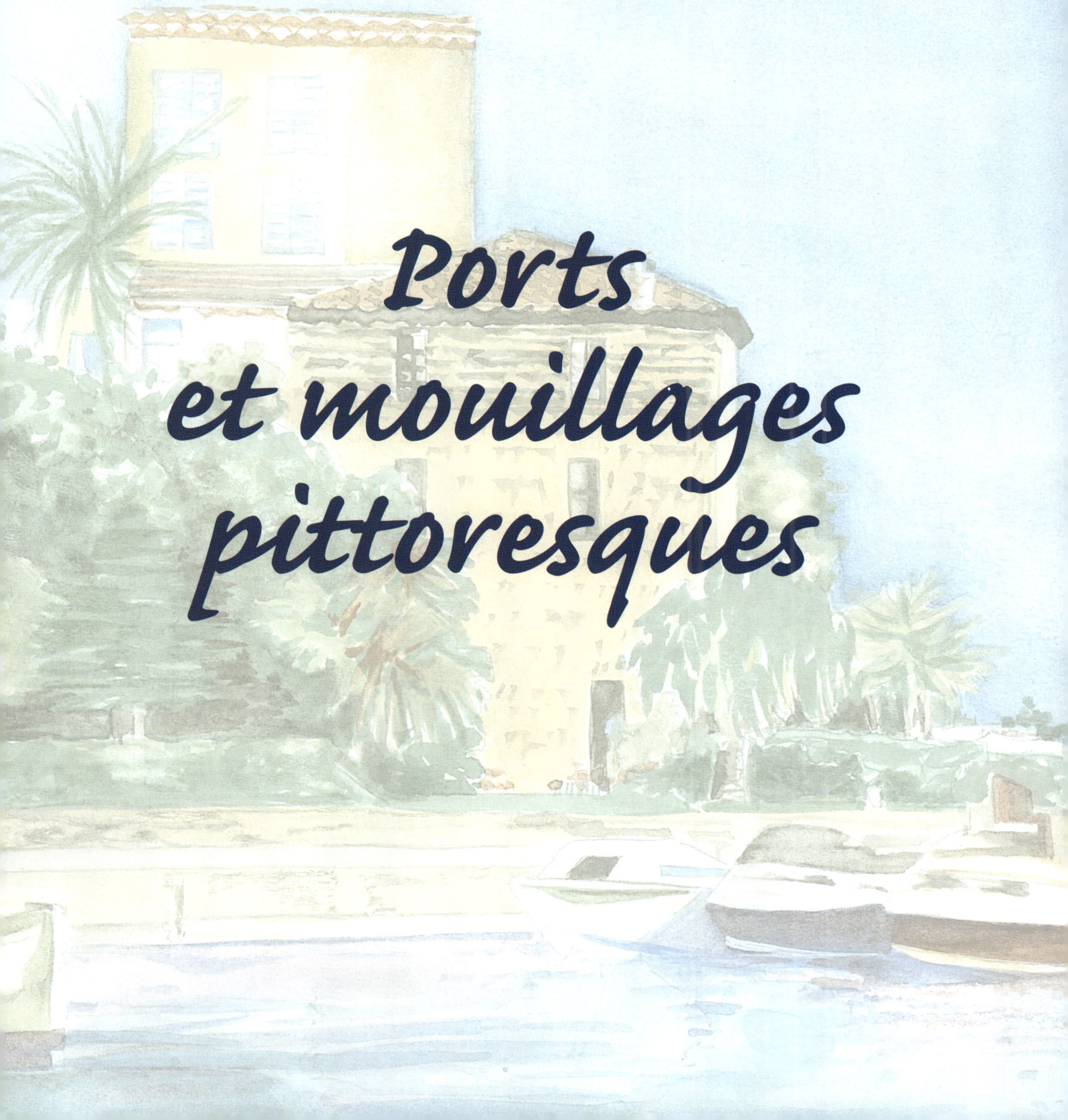

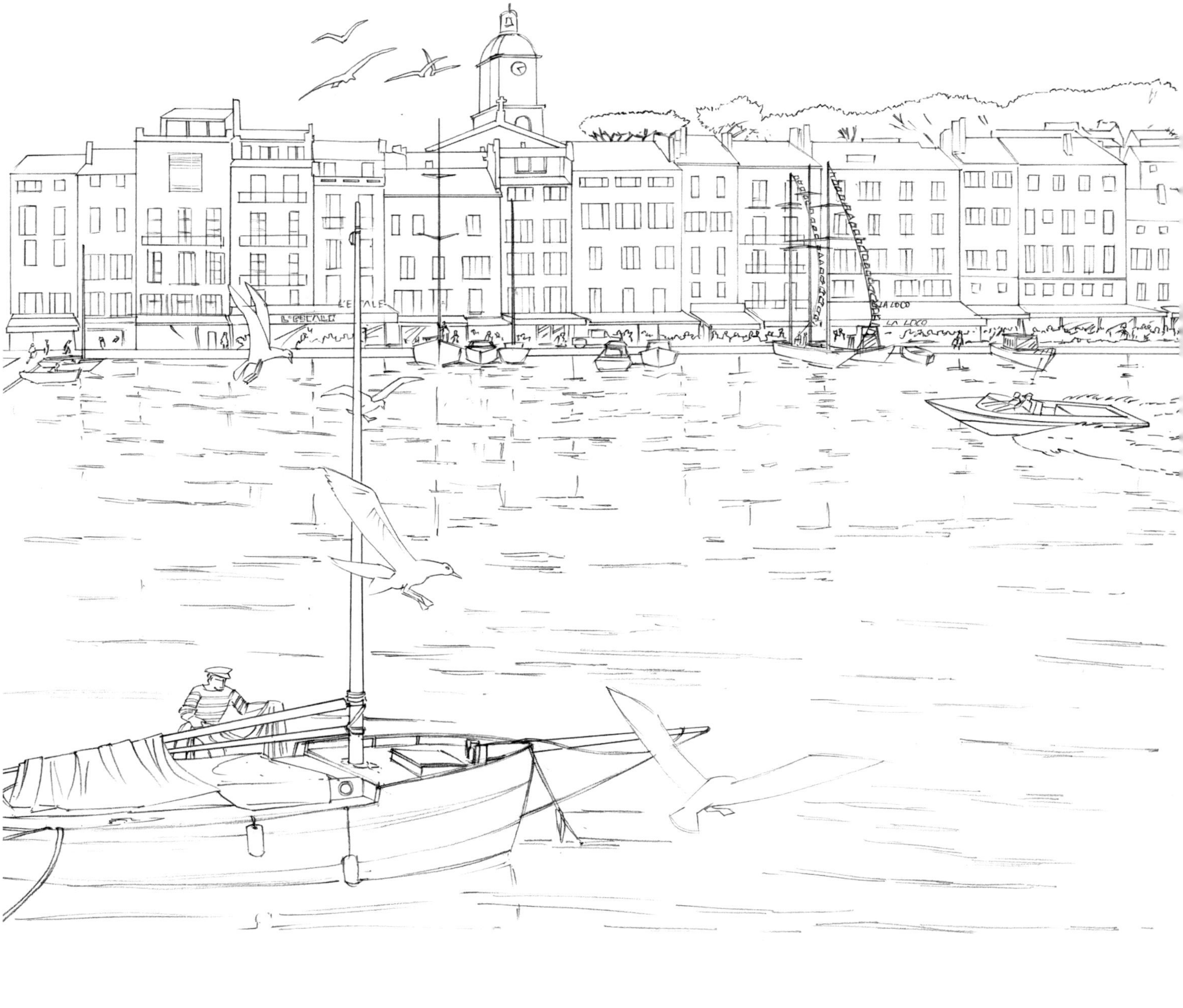
LA LOCO
LA LOCO

Le port de Saint-Tropez

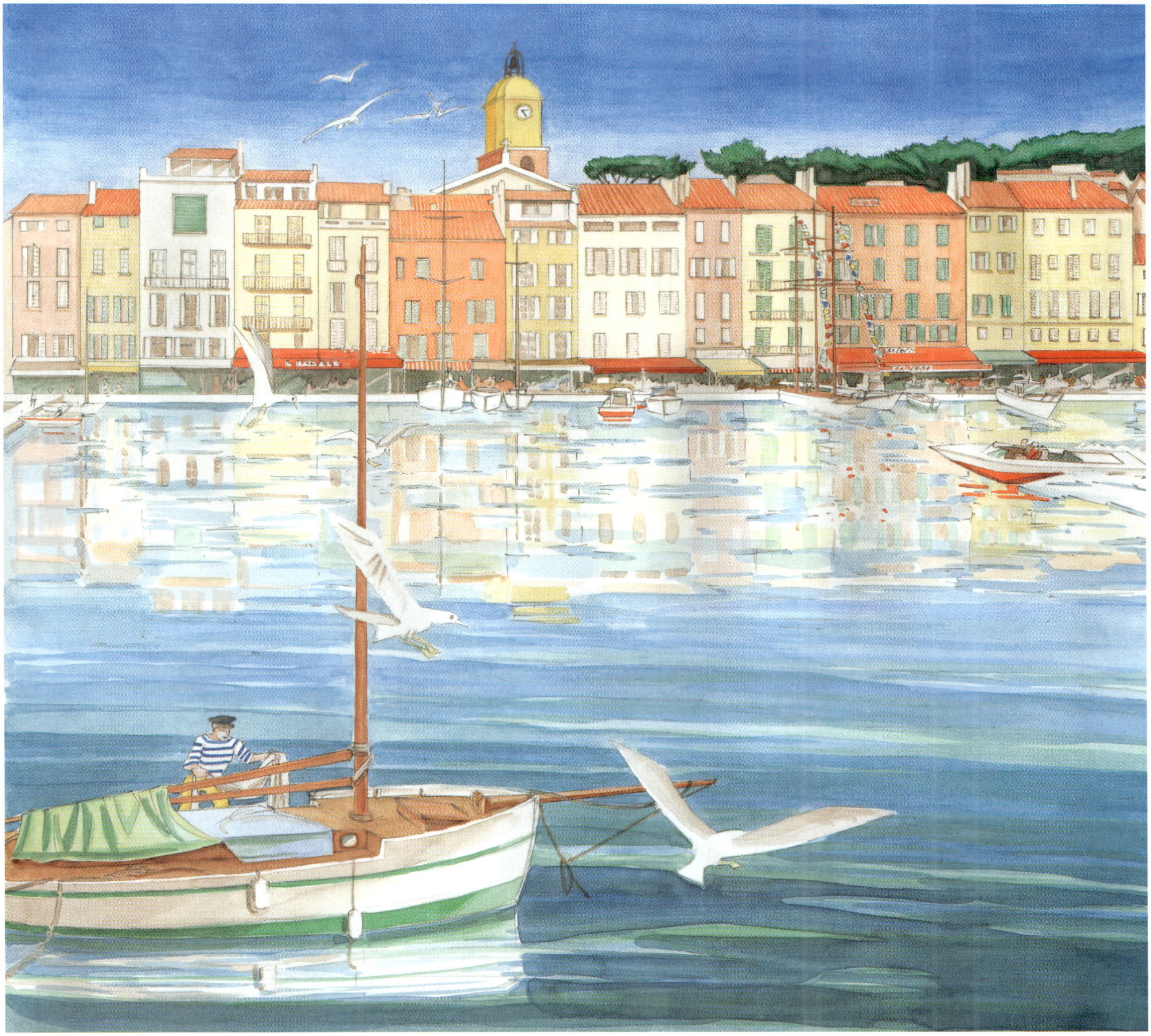

Yann de Renty - a

Le port de Saint-Tropez

Pour réaliser votre aquarelle, suivez les douze étapes illustrées, en vous référant aux légendes et aux indications de mélange. Mais avant de commencer, quelques conseils généraux...

Installez-vous confortablement

• Lavez-vous bien les mains afin de ne pas tacher le papier.
• Rassemblez près de vous le matériel dont vous aurez besoin : le huit couleurs d'aquarelle, vos deux pinceaux, deux verres d'eau propre, un chiffon, un buvard et des feuilles de papier brouillon pour tester vos couleurs.
• Fixez votre papier comme indiqué dans le cours d'aquarelle page 12.

Précautions indispensables

• Faites un essai sur une feuille reproduisant l'esquisse de votre aquarelle. Vous pouvez la photocopier, éventuellement en l'agrandissant, afin de disposer de plusieurs brouillons.
• Avant d'appliquer les couleurs, testez vos mélanges et vos dilutions sur du papier brouillon jusqu'à obtenir la teinte indiquée sur le modèle ou, du moins, celle s'en rapprochant le plus. Il est en effet difficile de proposer des dosages très précis.
• Ne laissez pas deux couleurs voisines se toucher si vous ne voulez pas qu'elles se mélangent et fusent entre elles.

Surtout pas de panique !

• La trame prédessinée n'est qu'un fil conducteur : rien de dramatique si vous débordez de certaines zones. Mais, dans le cas des bâtiments, il faut veiller à respecter les contours, qui donnent sa solidité à l'architecture.

Astuces en plus

• Les reflets des bâtiments dans l'eau doivent être traités de manière plus diluée (donc être plus clairs) que les façades elles-mêmes.
• Veillez à garder des zones blanches dans la mer afin de préserver l'effet de légèreté et de transparence de l'eau.

Personnalisez votre œuvre

• Ce modèle est un point de départ. Personnaliser votre travail en insistant d'avantage sur un ton qui vous plaît particulièrement et qui transformera, selon vos souhaits, l'ambiance colorée de votre aquarelle vers des tonalités plus ou moins chaude ou plus ou moins contrastée.

Voici les huit couleurs dont vous aurez besoin pour réaliser votre aquarelle.

1 Rouge carmin
2 Bleu de cobalt
3 Jaune indien
4 Terre d'ombre naturelle
5 Bleu de Prusse
6 Vert bleuâtre
7 Terre de Sienne brûlée
8 Rouge vermillon

1 pinceau moyen n° 6 à 10

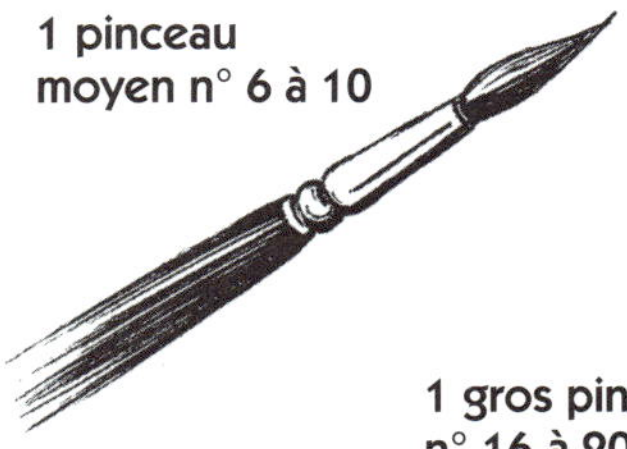

1 gros pinceau n° 16 à 20

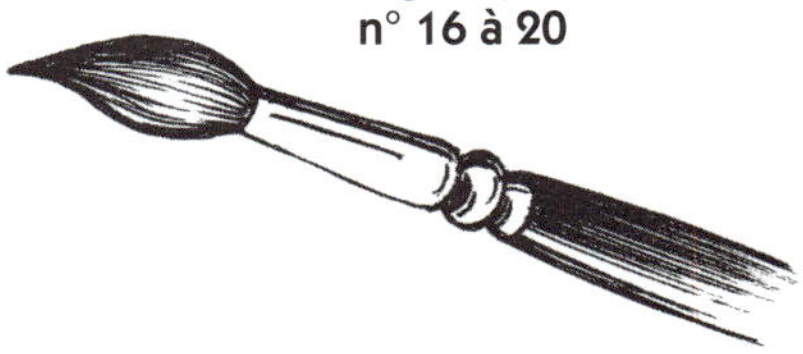

Étape n° 1

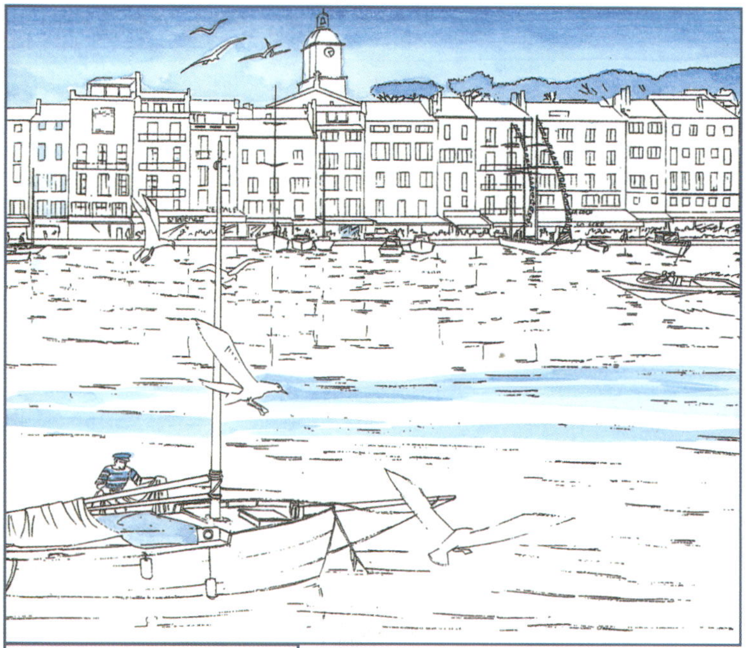

Yann de Renty - a

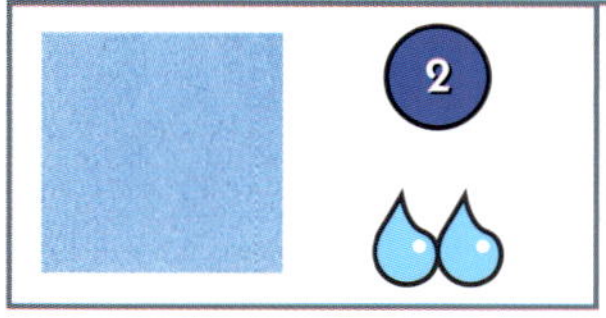

Réalisez le ciel en dégradé par 3 ou 4 passages successifs sur une surface humide.

Étape n° 2

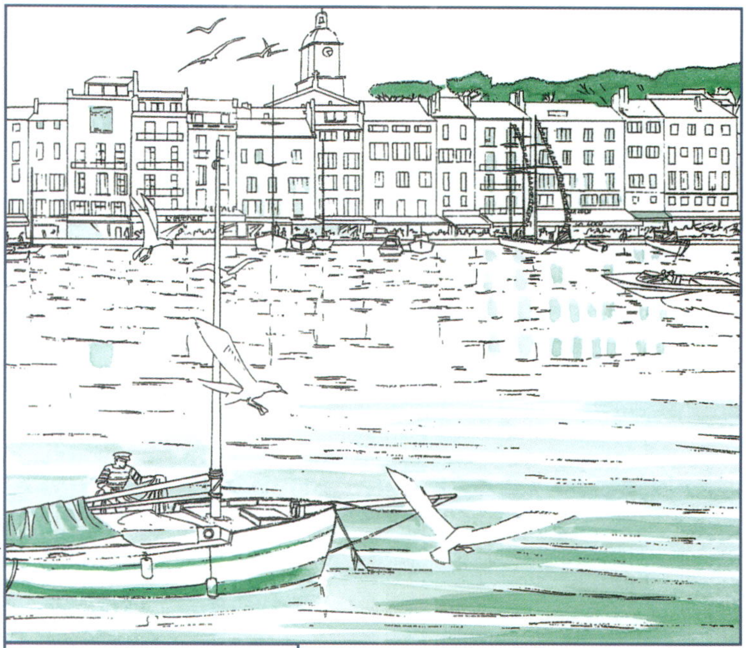

Yann de Renty - b

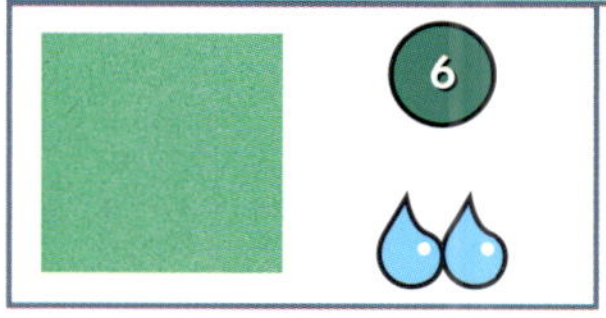

La coque du bateau et la crête boisée seront traitées de façon plus dense. Pour cela, reprenez un peu de couleur directement avec la pointe du pinceau.

Étape n° 3

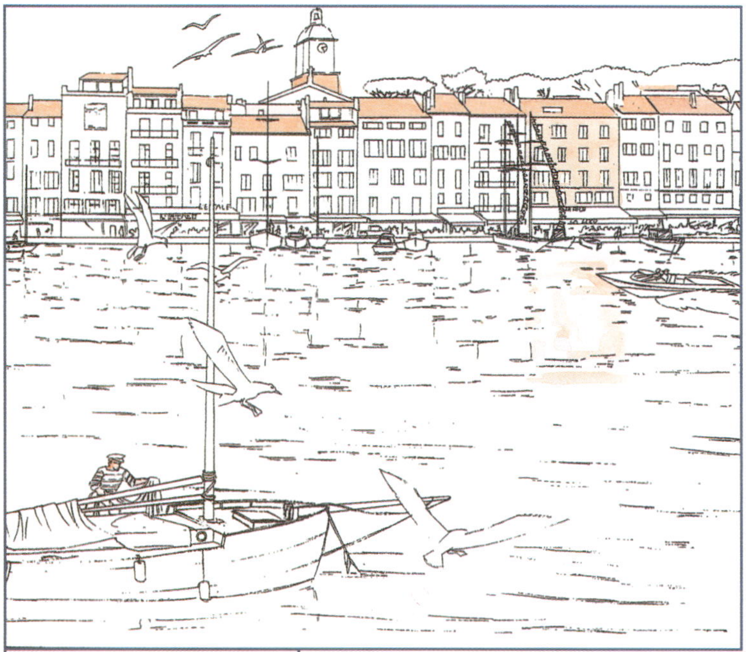

Yann de Renty - c

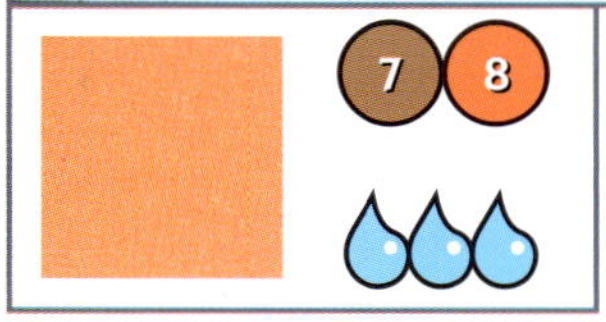

Les façades seront traitées de façon plus foncée que leurs reflets.

Étape n° 4

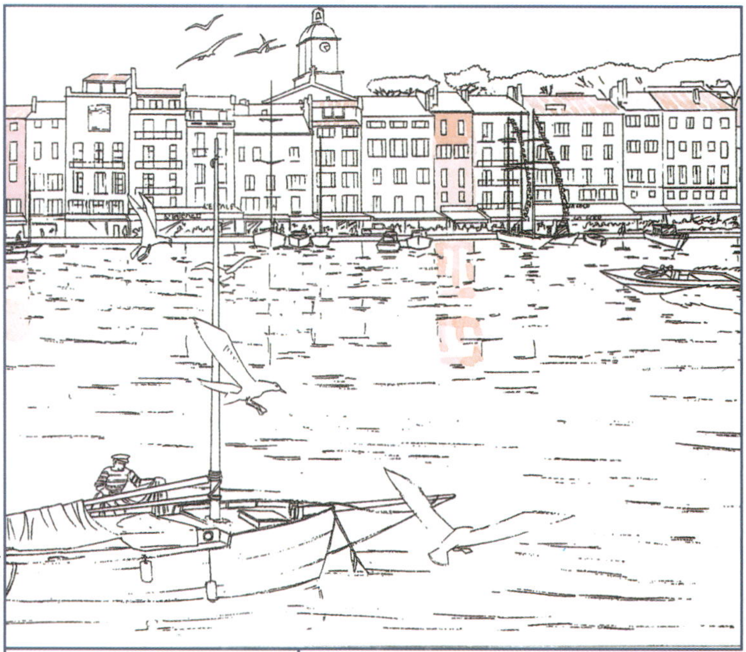

Yann de Renty - d

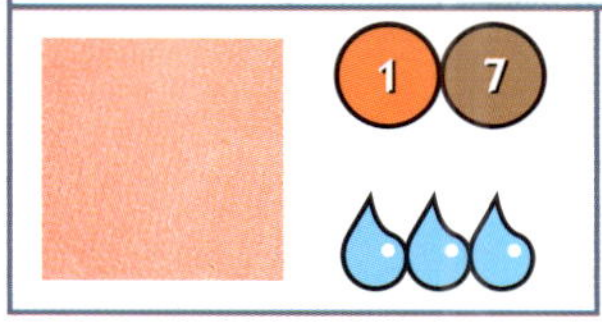

Étape n° 5

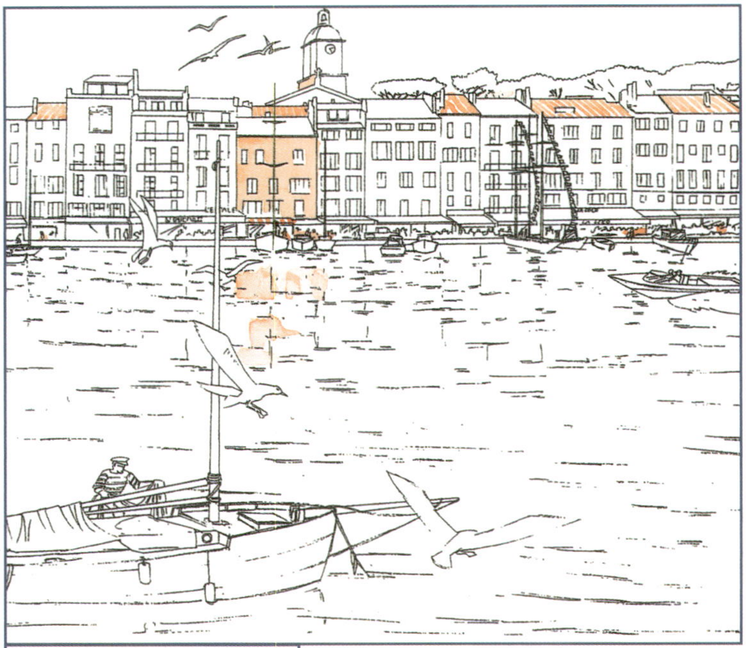

Yann de Renty - a

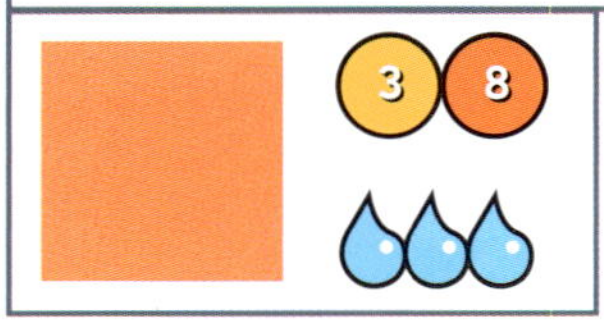

Étape n° 6

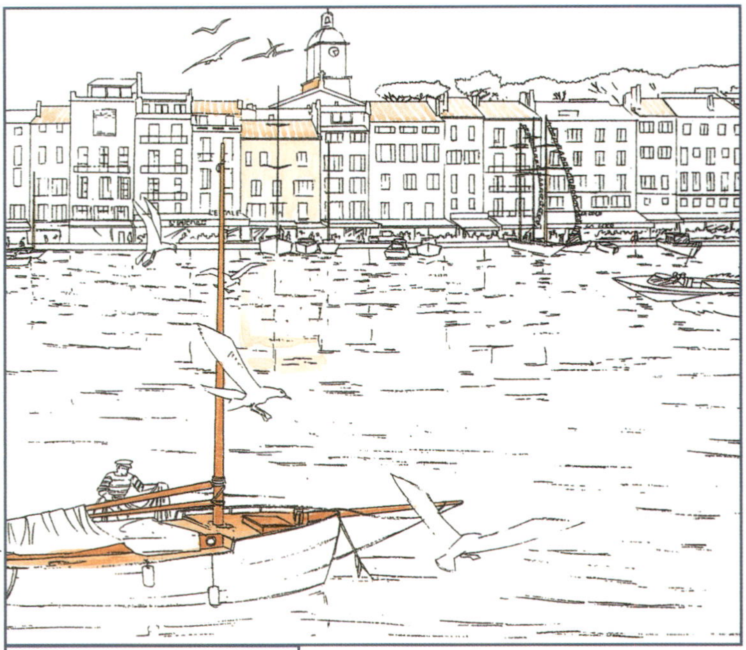

Yann de Renty - b

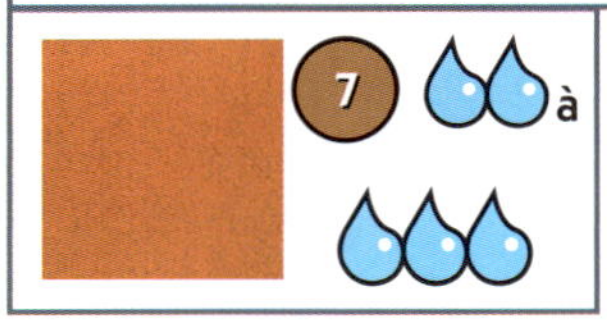

La couleur est à utiliser de façon beaucoup moins diluée pour le bateau, notamment le mât.

Étape n° 7

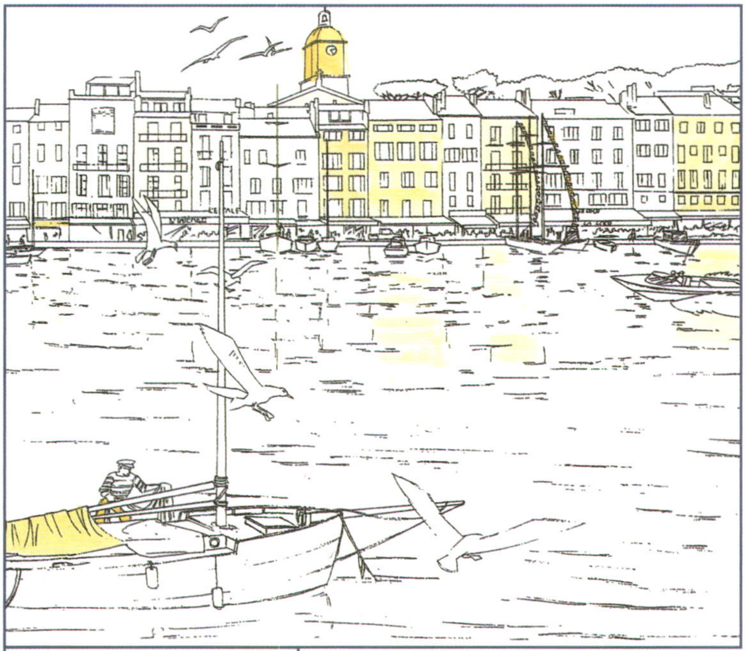

Yann de Renty - c

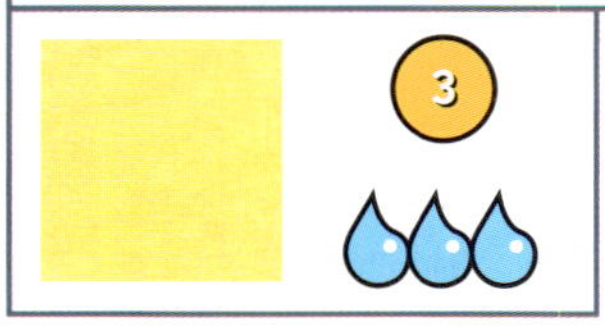

La face gauche du clocher doit être plus foncée. De la même intensité que le pantalon du pêcheur.

Étape n° 8

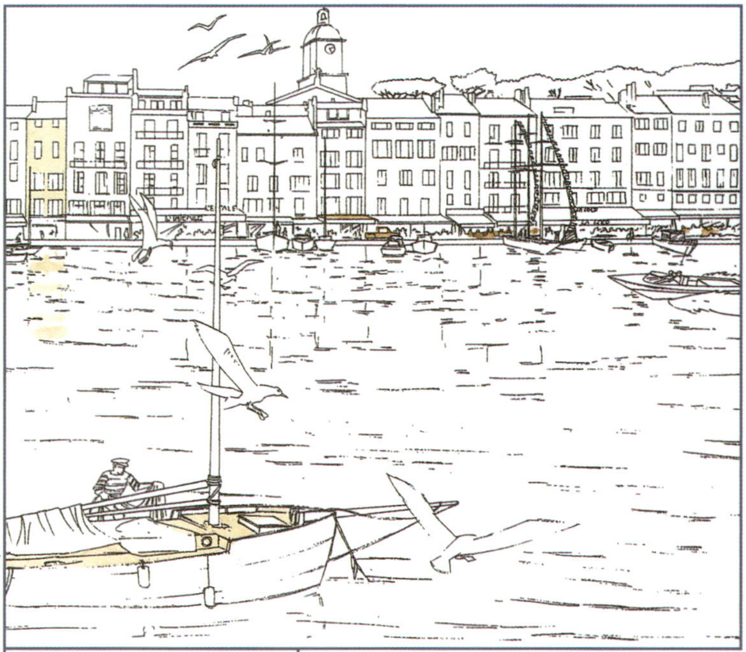

Yann de Renty - d

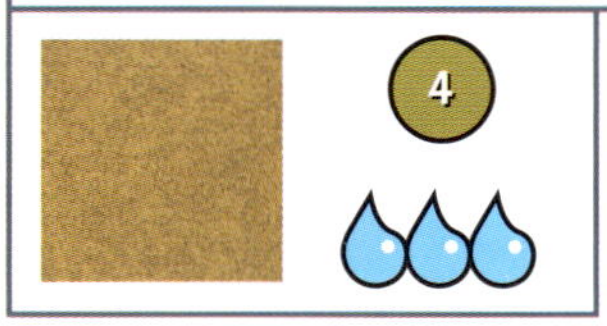

Étape n° 9

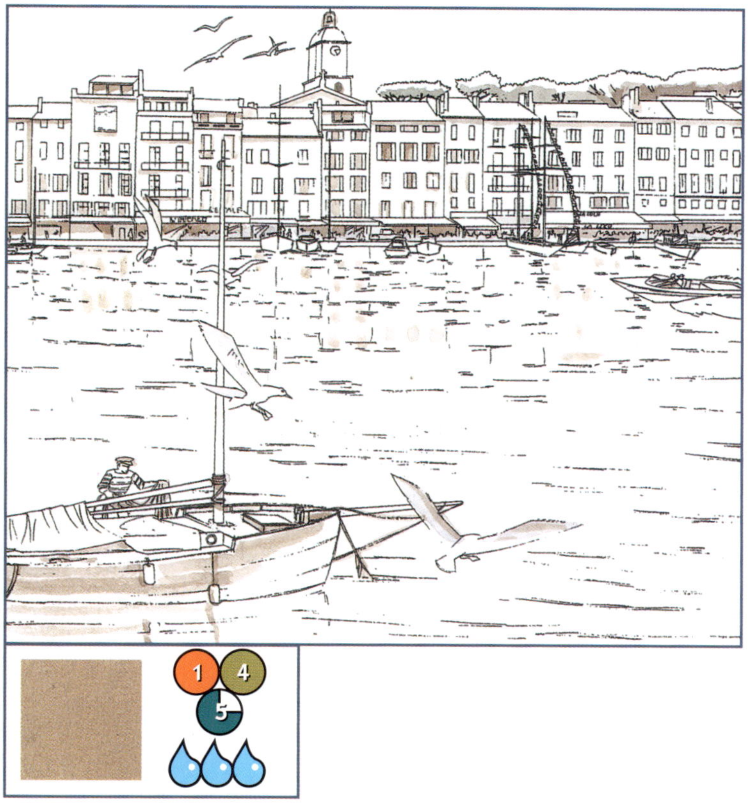

Étape n° 10

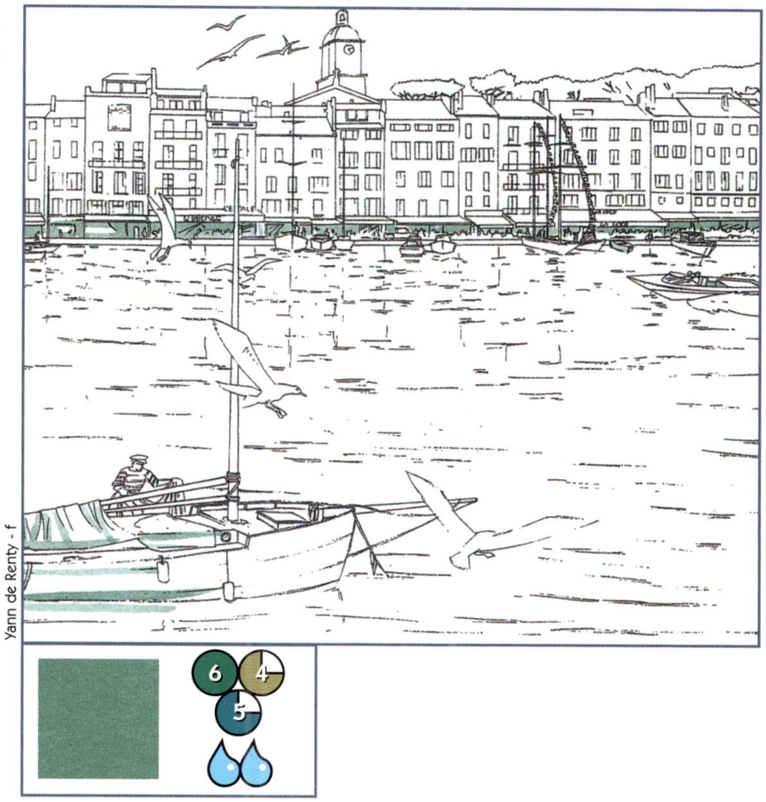

Étape n° 11

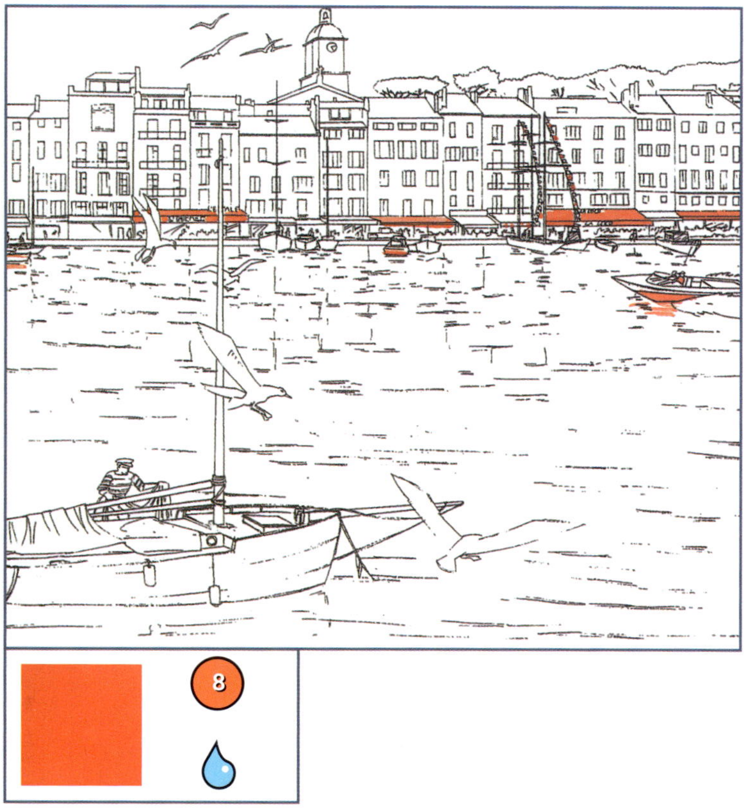

Étape n° 12

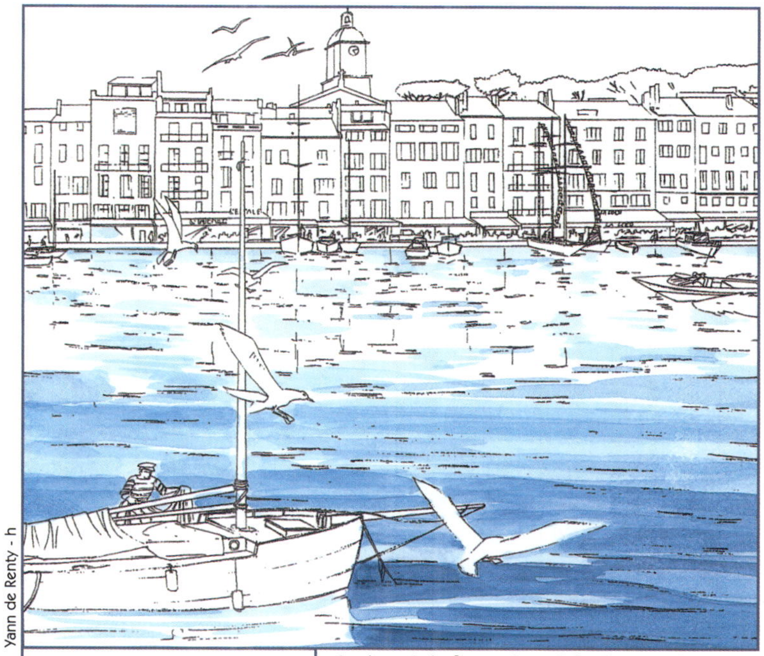

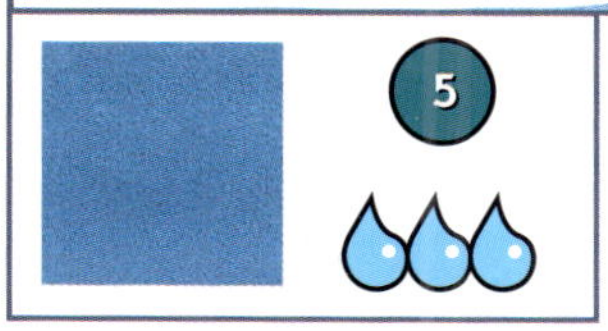

Le jus doit être plus clair dans le fond, plus foncé en bas de la feuille. Attention à ne pas recouvrir entièrement la mer. Laissez des zones blanches comme sur le modèle afin de préserver l'effet de légèreté et de transparence.

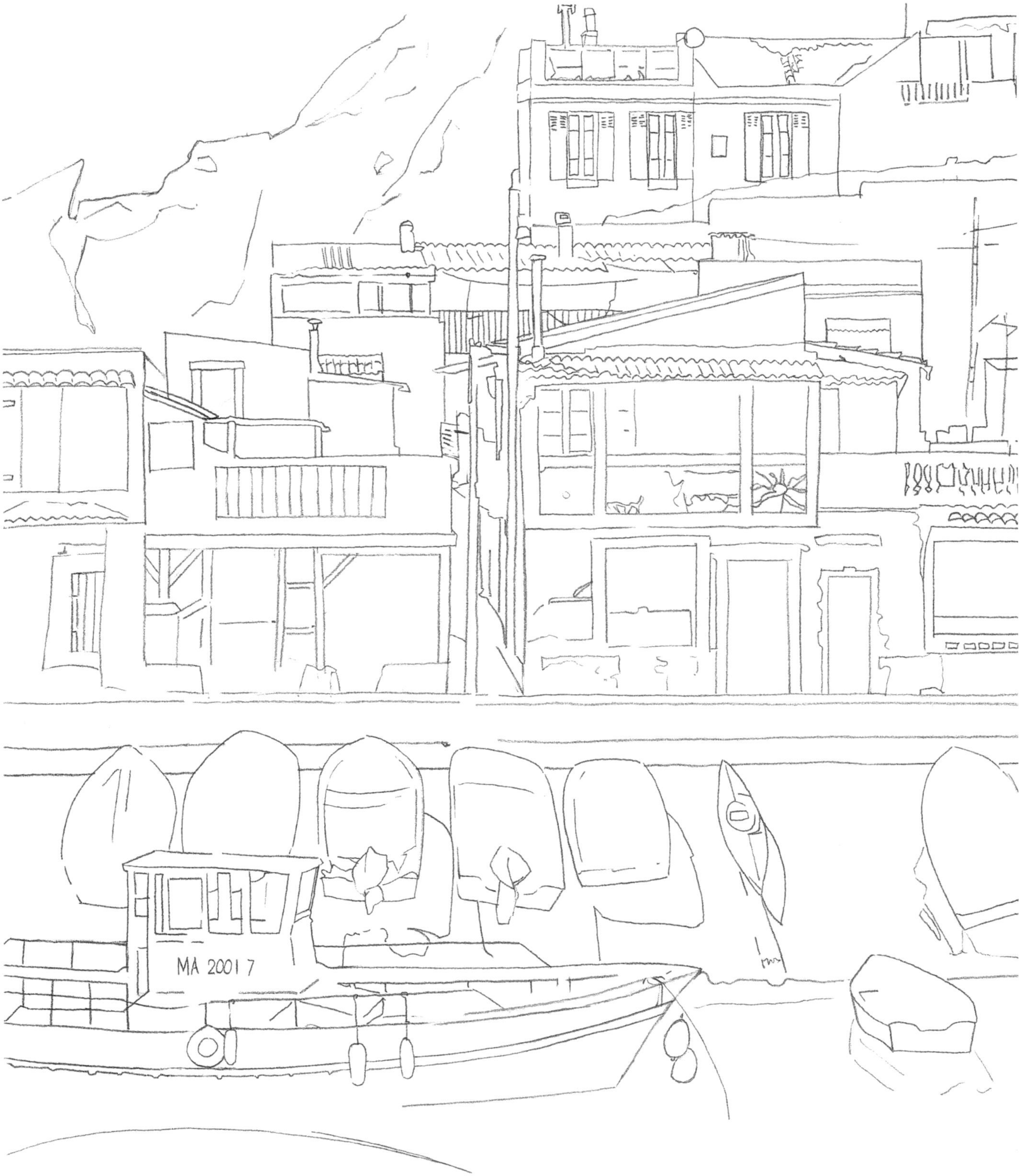
MA 2001 7

Les cabanons du Vieux-Port de Marseille

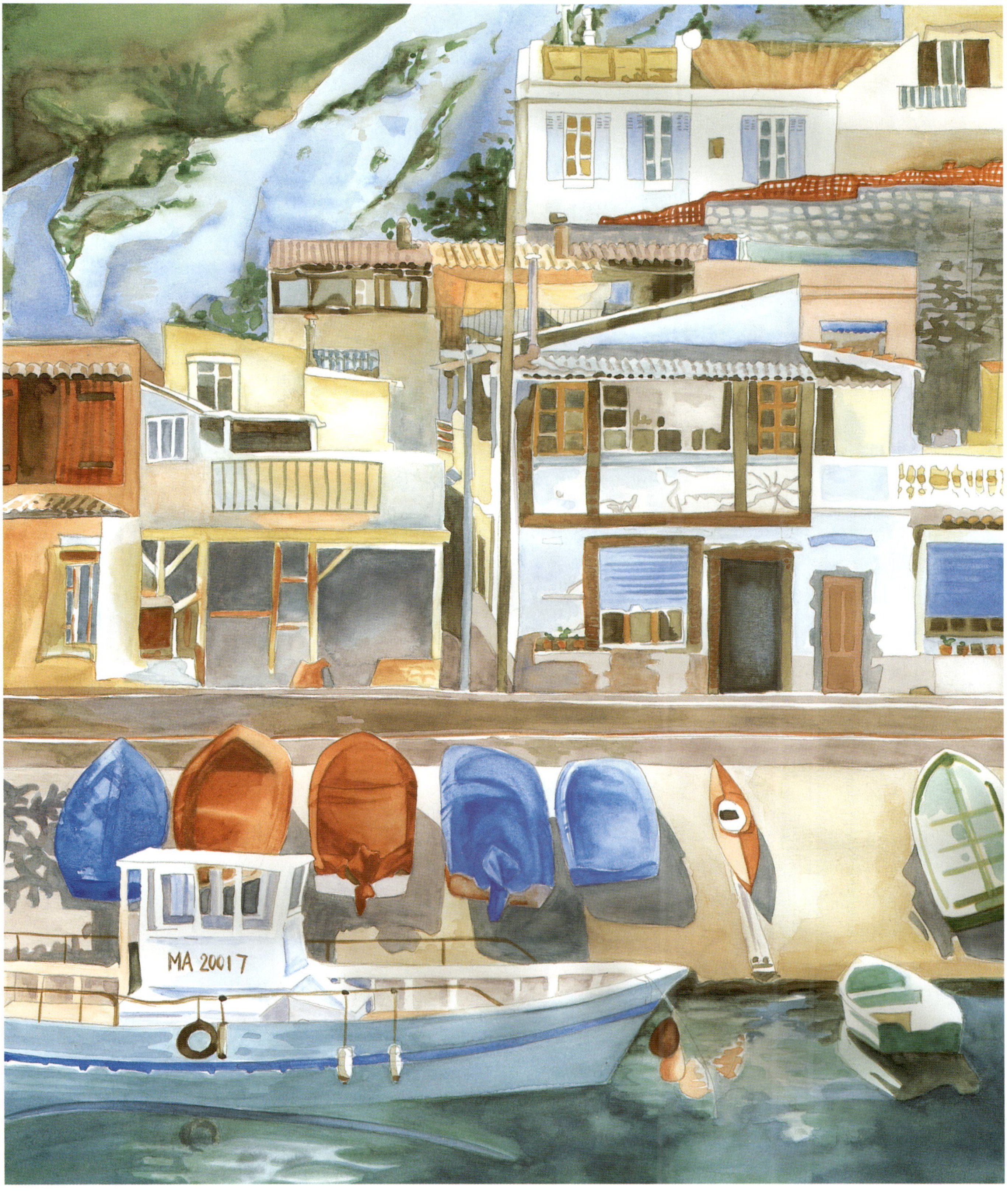

Agnès Durand - a

Le Vieux-Port de Marseille

L'enchevêtrement des cabanons marseillais rayonne de couleurs dans une harmonie pastel. Avec une palette restreinte, pour créer l'unité, jouez de la superposition des couleurs et des dégradés.

Pour réaliser cette aquarelle il vous faudra travailler de nombreux lavis dégradés. Vous pouvez vous reporter aux cours d'aquarelle (p. 24) si vous désirez revoir cette technique.

Jouez avec les couleurs

- Pour obtenir l'harmonie variée des maisons, vous effectuerez un travail par superpositions, de deux ou trois couleurs parfois. Cela donne des teintes variées avec, toutefois, du fait des couleurs communes, une certaine unité.
- Jouez sur les lavis pour les dégradés. Afin que les différents passages s'harmonisent parfaitement, faites « courir » suffisamment les dégradés. En d'autres termes, soignez les endroits où chacun des mélanges, alors fortement délavé, se superpose à un autre mélange.
- Les valeurs et dominantes de couleur restent importantes pour trouver l'unité de l'ensemble de l'aquarelle.

Fignolez les dégradés

- Quasiment tous les mélanges sont utilisés en dégradés. La structure des barques, le drapé des housses couvrant les bateaux à moteur, le coin de verdure et l'eau se traitent suivant le même procédé…
- Appliquez d'abord la couleur la plus intense.
- Patientez un peu, puis progressez avec le même mélange, de plus en plus clair.
- Vous devez ensuite lier ces surfaces souples les unes aux autres, en repassant sur l'ensemble avec un pinceau imbibé d'eau claire.

Préservez la transparence

- Pour les éléments naturels en arrière-plan, notamment, alternez la couleur avec un passage d'eau pure entre deux étapes, pour laisser transparaître la couleur du dessous. Cela nuancera vos teintes et apportera du relief.
- Cette aquarelle très vive, à l'image du caractère passionné des Méridionaux, est en fait réalisée avec un nombre assez limité de couleurs : procédez par petites touches pour bien rendre cet éclat.

À présent, c'est à vous de jouer !

Voici les huit couleurs dont vous aurez besoin pour réaliser votre aquarelle.

1 Rouge carmin

3 Jaune indien

4 Terre d'ombre naturelle

5 Bleu de Prusse

7 Terre de Sienne brûlée

9 Violet

11 Vert émeraude mat

12 Bleu outremer

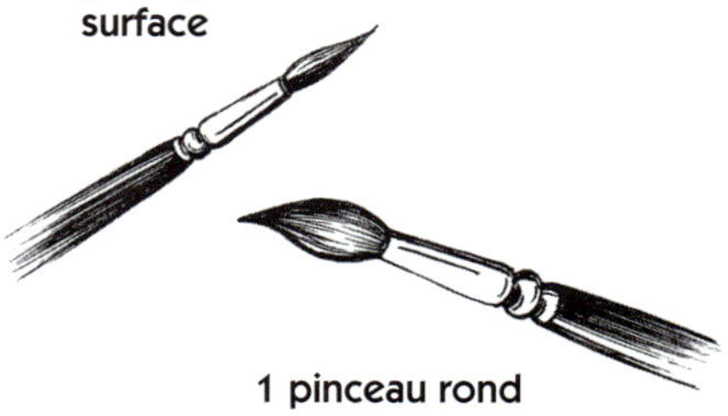

Étape n° 1

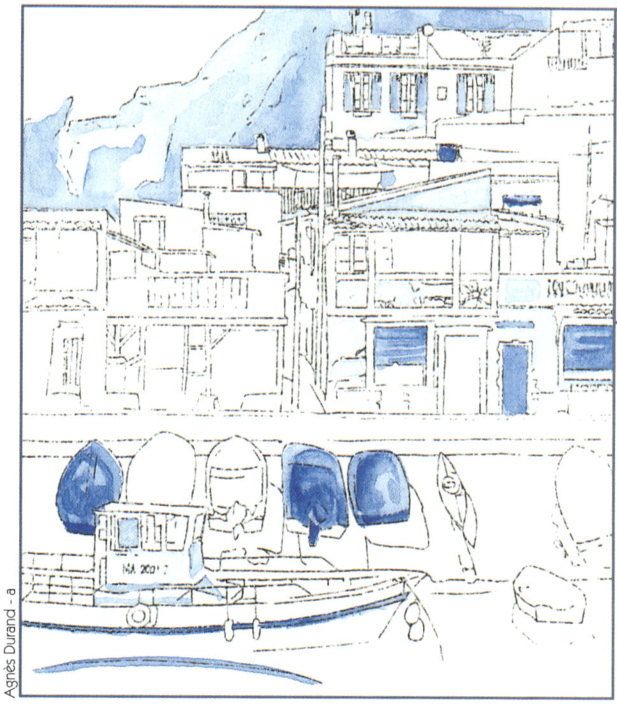

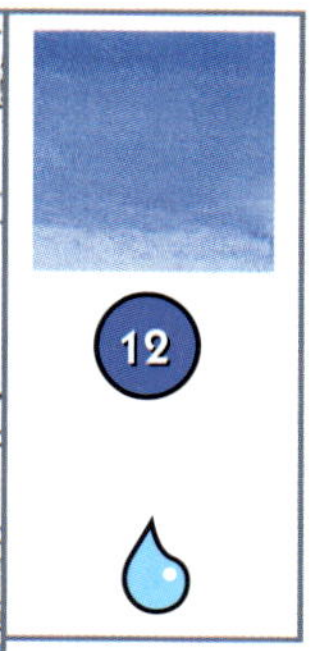

Cette couleur vous servira à nuancer les housses des barques. Et, en la diluant plus ou moins, vous traduirez le relief des montagnes, la luminosité de la cabine du bateau...

Étape n° 2

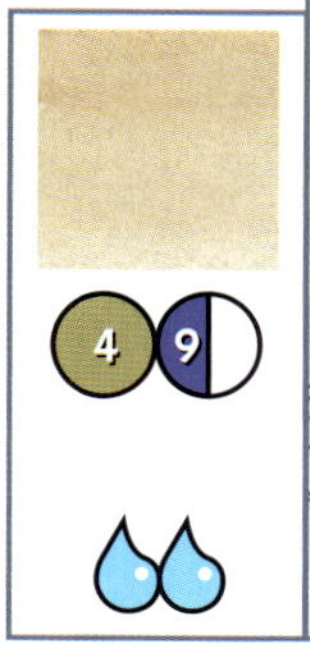

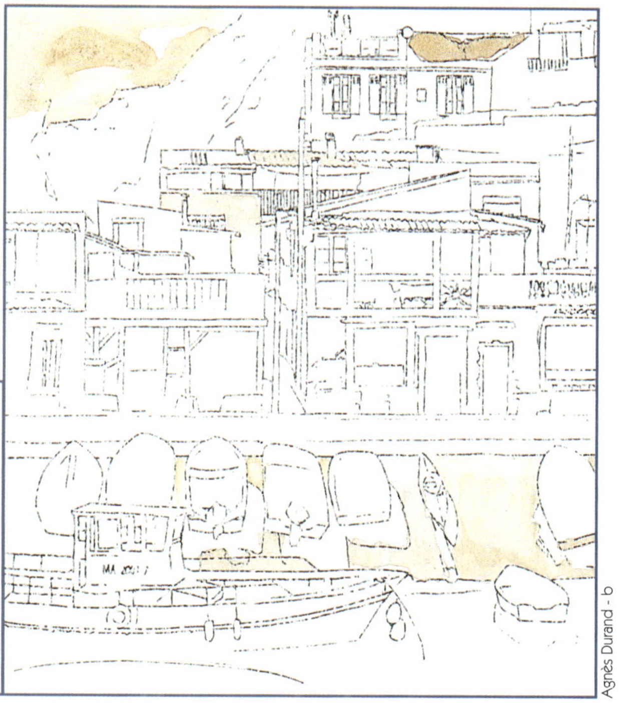

Jouez sur les nuances en diluant plus ou moins la couleur.

Étape n° 3

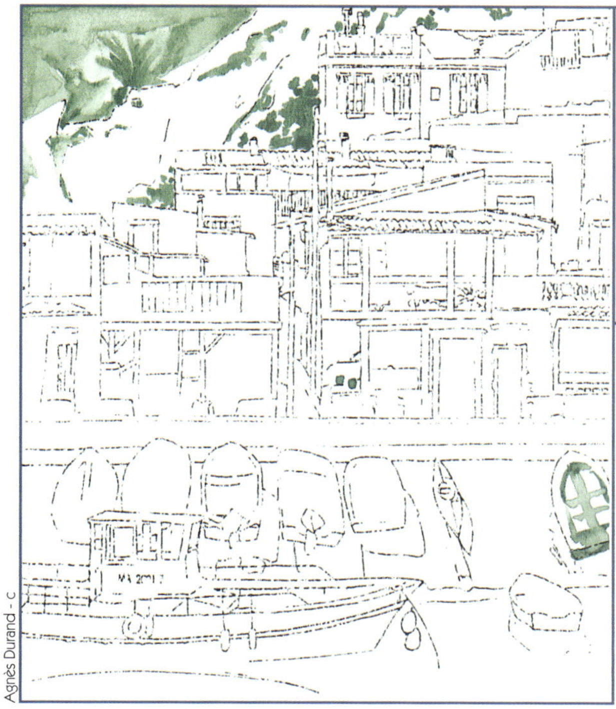

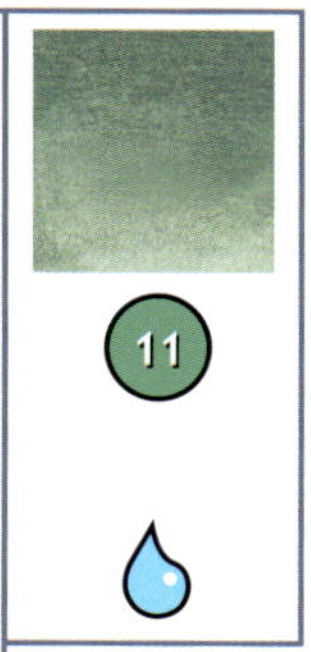

Nuancez ce coin de verdure en passant un pinceau d'eau pure sur les parties les plus rosées à préserver.

Étape n° 4

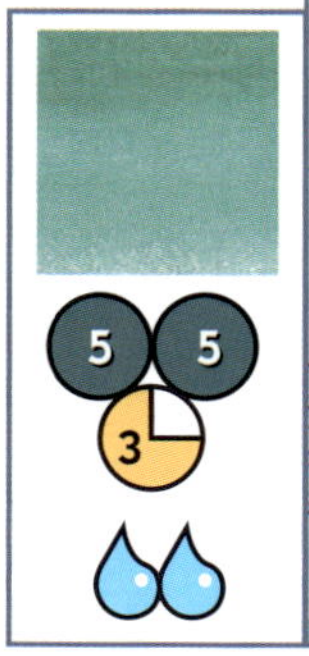

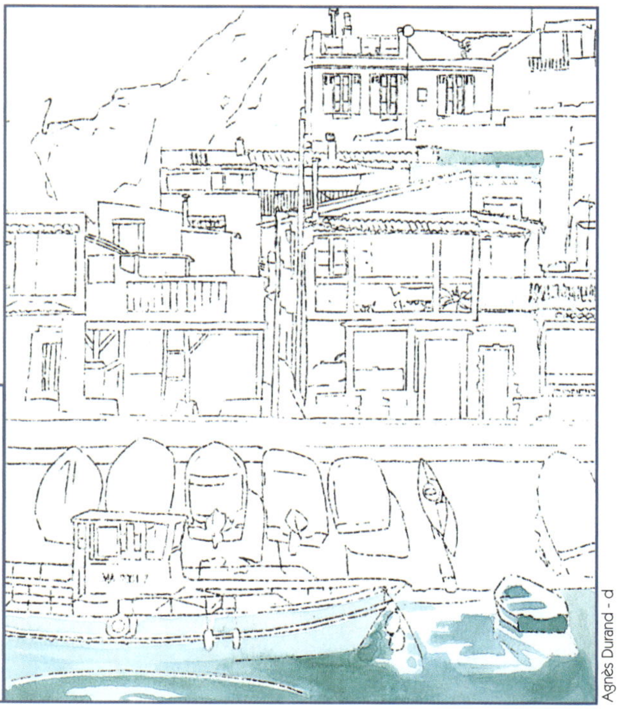

Ce mélange servira principalement à créer les reflets de l'eau. Cette étape est associée à la suivante et, surtout, à l'étape n° 9.

Étape n° 5

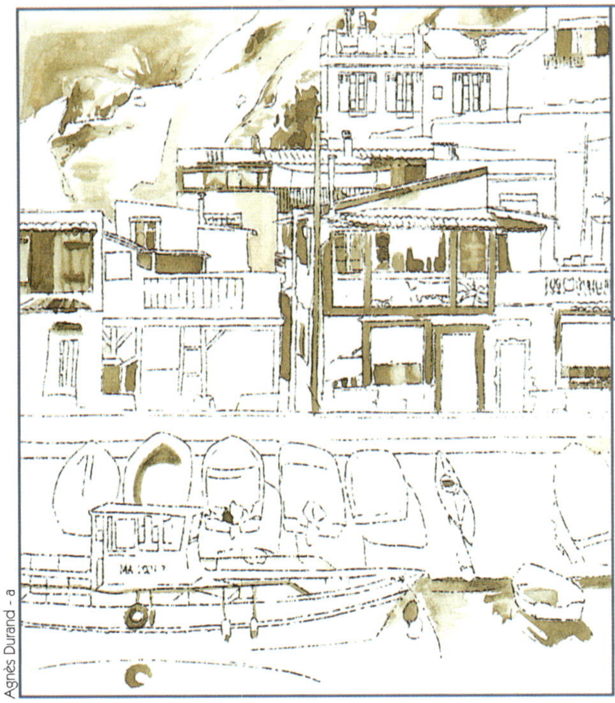

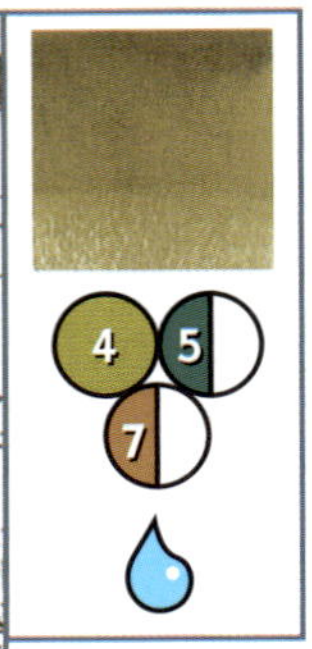

Dégradez à peine les ombres sur l'eau. Pour les autres zones concernées, nuancez par transparence.

Étape n° 6

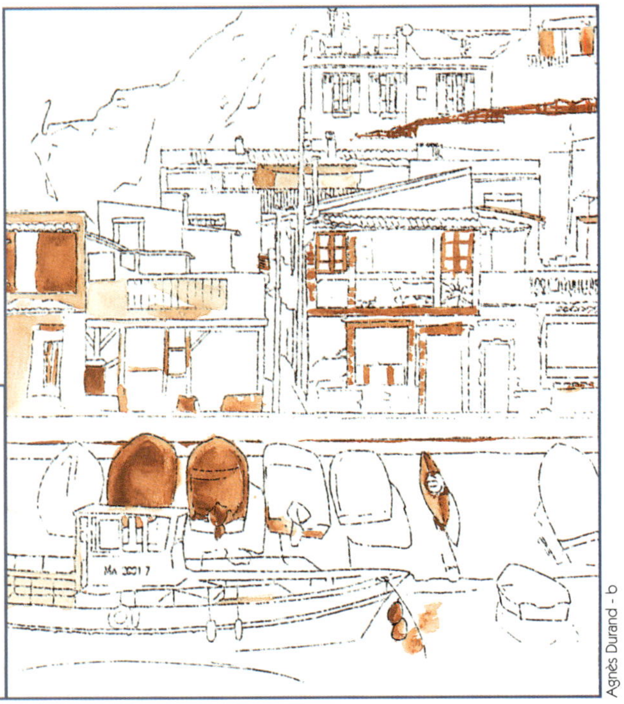

Cette couleur apporte la gaieté méridionale et sert de base pour d'autres nuances.

Étape n° 7

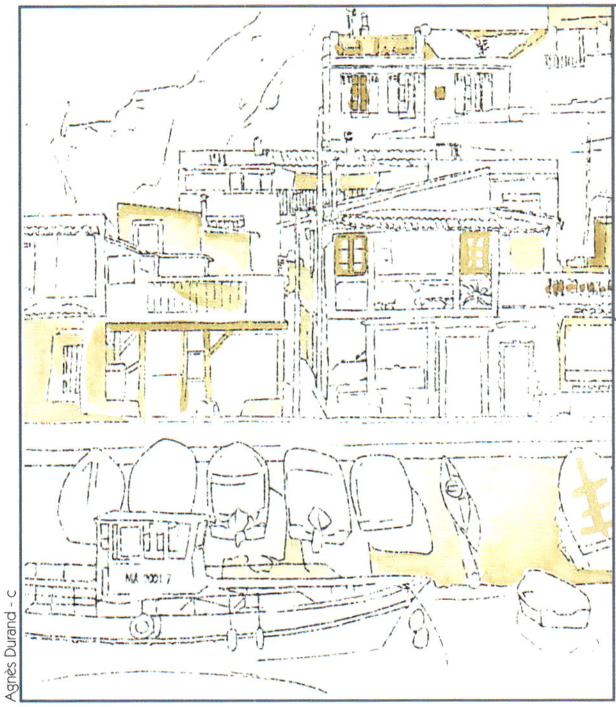

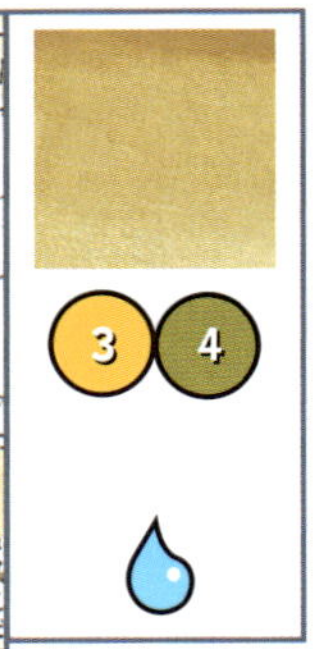

Étape n° 8

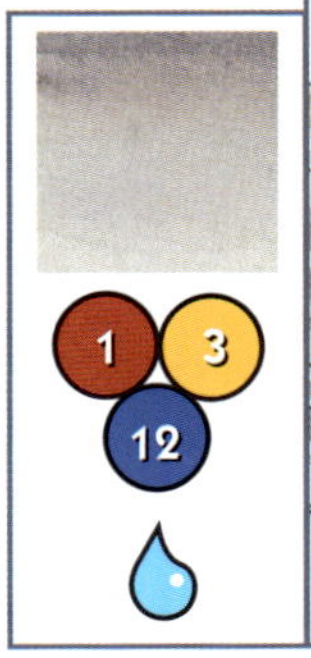

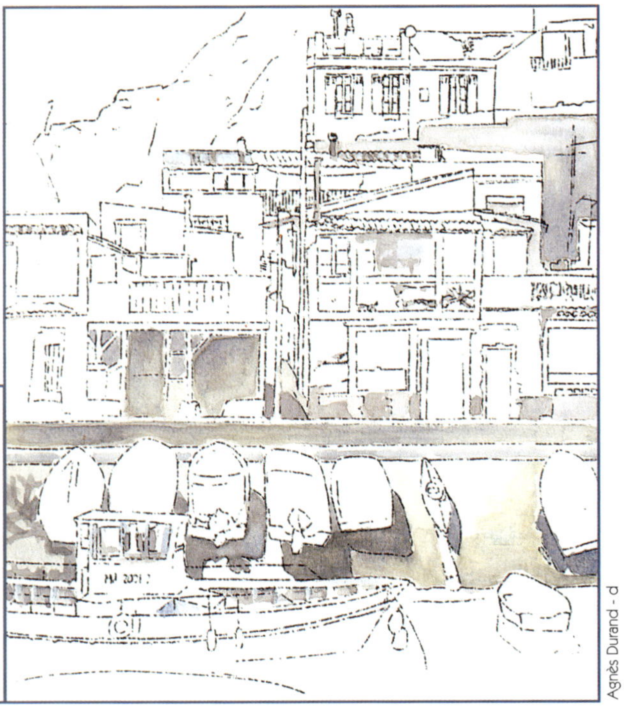

Ce gris violacé vous permettra de créer des ombres légèrement roses, faisant « chanter » les autres couleurs.

Étape n° 9

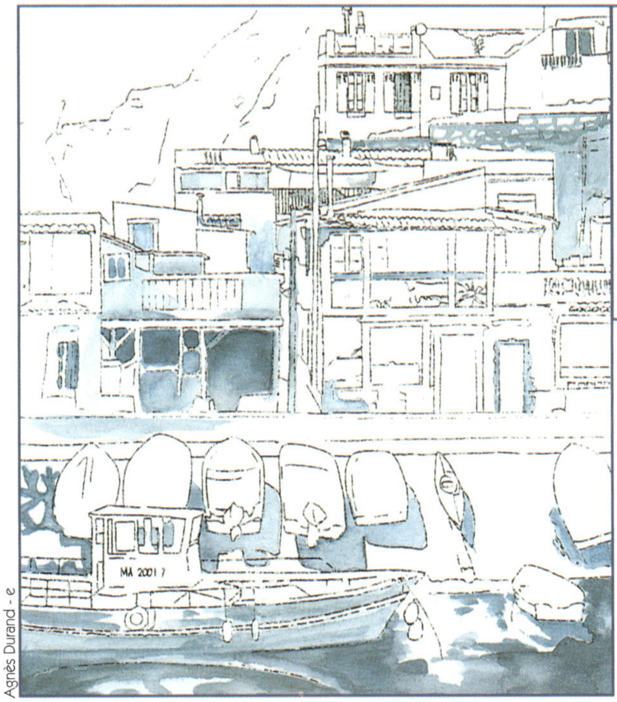
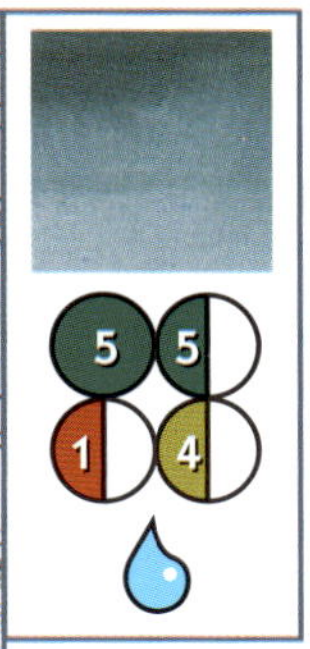

Agnès Durand - e

Nuancez toutes les parties ombrées, puis travaillez les reflets par zones plus foncées, à dégrader très vite avec davantage d'eau.

Étape n° 10

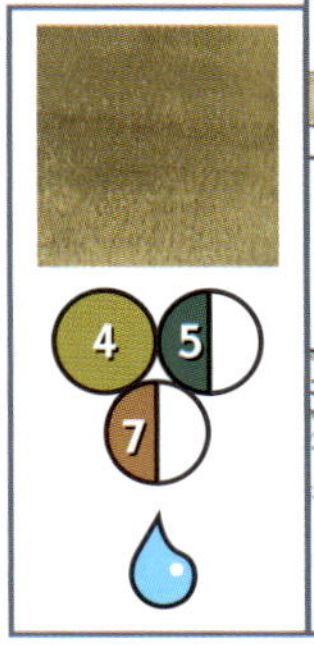

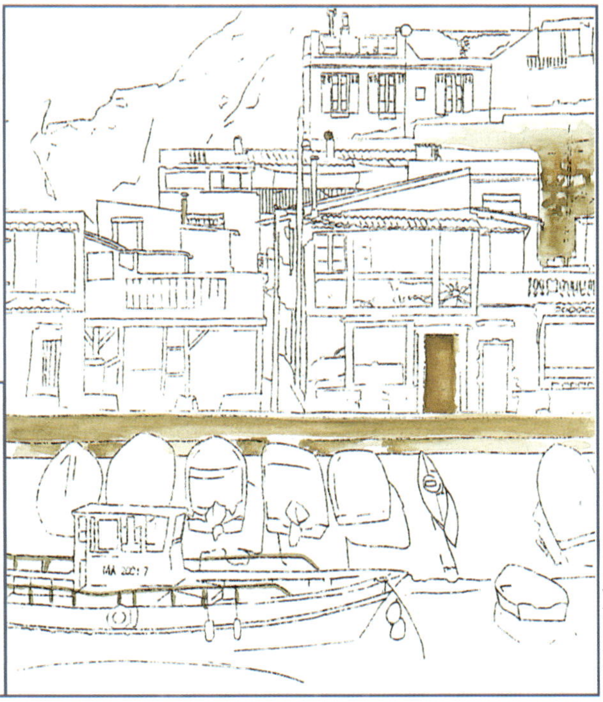

Agnès Durand - f

Vous pouvez revenir sur la porte une fois sèche avec un pinceau d'eau pure, pour révéler la première couleur.

Étape n° 11

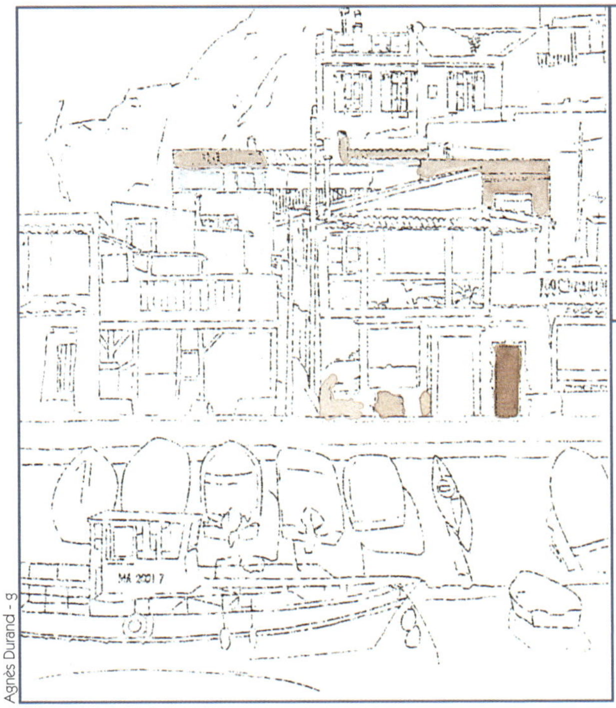
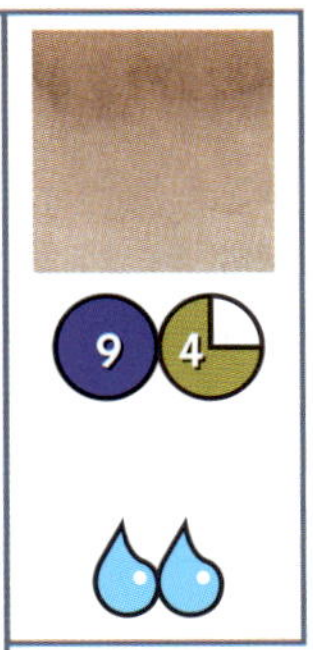

Agnès Durand - g

Cette étape, ainsi que la suivante, donne son unité à l'aquarelle.

Étape n° 12

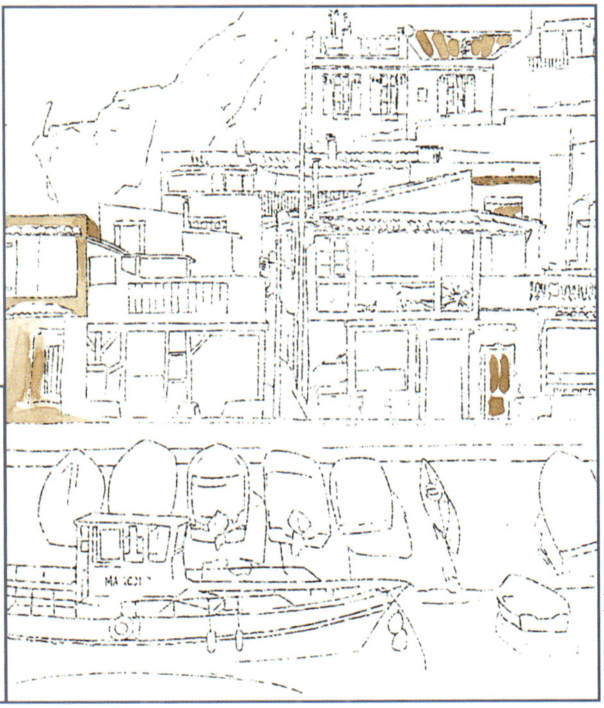

Agnès Durand - h

Vous pouvez jouer sur les différents graphismes pour les toits de tôle ou de tuiles, avec des rehauts d'autres couleurs, ou des retraits à l'eau pure.

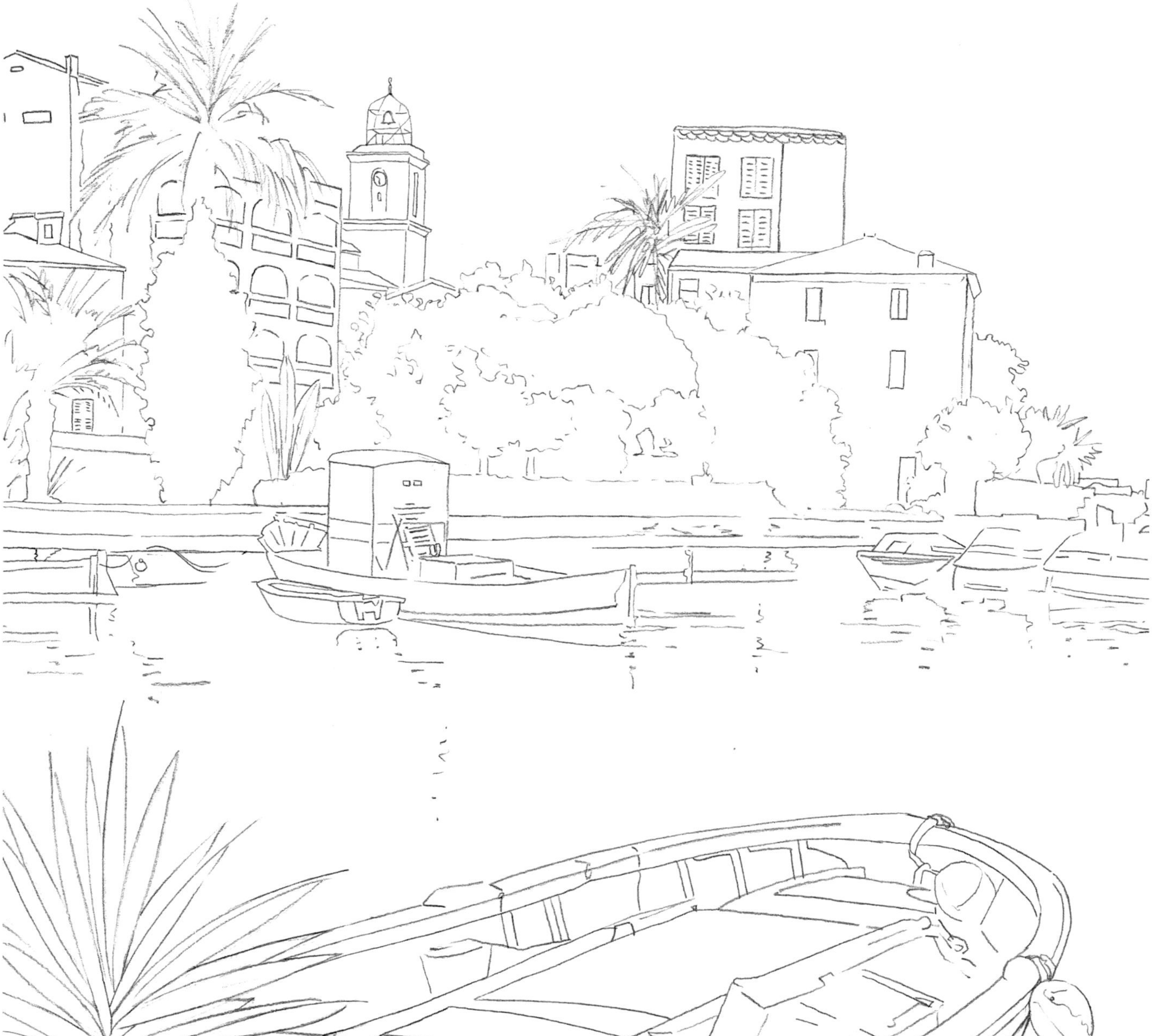

Le port de Sainte-Maxime

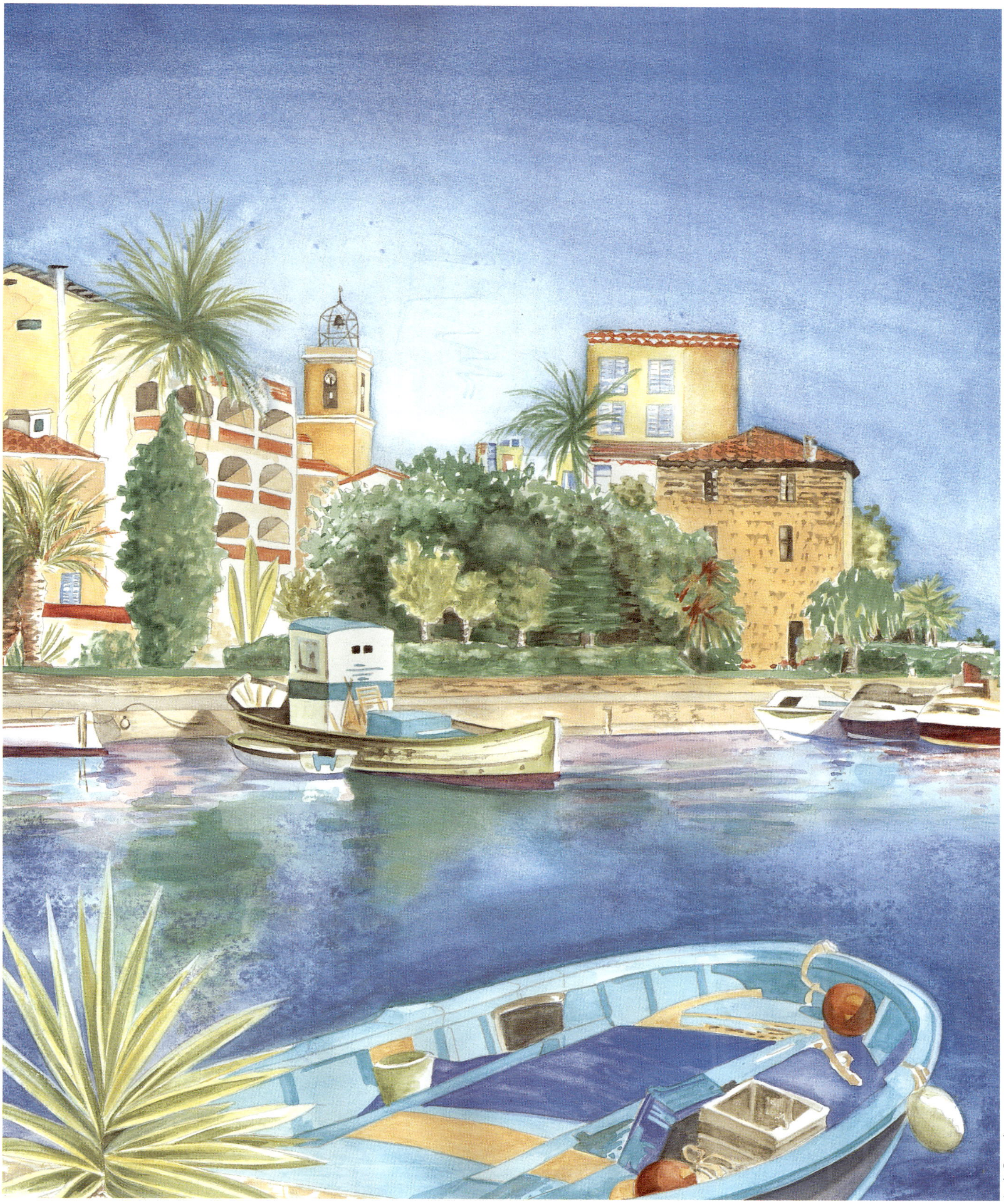

Agnès Durand - a

Le port de Sainte-Maxime

Cette aquarelle gorgée de soleil
vous invite à jouer avec la palette des bleus.
Instruction de départ :
donnez-vous en à cœur joie !

Installez-vous confortablement

• Lavez-vous bien les mains afin de ne pas tacher le papier.
• Rassemblez près de vous le matériel dont vous aurez besoin.
• Fixez votre papier comme indiqué dans le cours d'aquarelle p. 12.

Préserver des blancs

• Vous aurez besoin de la technique de masque à la gomme pour préserver le yucca du premier plan.
• Surtout, n'oubliez pas d'utiliser un vieux pinceau pour l'application de la gomme.
• Si vous craignez de déborder en passant un jus sur le ciel (étape n° 1), vous pouvez préserver aussi toits et clocher découpant la surface. Mais attention ! Ne faites votre dégradé que lorsque le masque est parfaitement sec.

Les nuances de l'eau

• Les étapes nos 6 et 7 sont consacrées au traitement de l'eau.
• Pour ces deux phases, procédez de la même façon... Diluez très fortement le mélange, intensifiez progressivement, attendez quelques instants, puis revenez avec un pinceau d'eau pure, pour obtenir les nuances les plus claires.

Les frissons de l'eau

• Si vous le souhaitez, vous pouvez affiner l'étape n° 7 en la terminant sur quelques coups d'éponge, qui rendront efficacement les frissons de l'eau.
• Nous avons appliqué le mélange pur, en « monotype », en tamponnant légèrement.
• Adaptez votre propre technique à votre dégradé. Mais faites d'abord des essais sur d'autres fonds, pour choisir l'éponge dont la texture correspond au rendu souhaité.

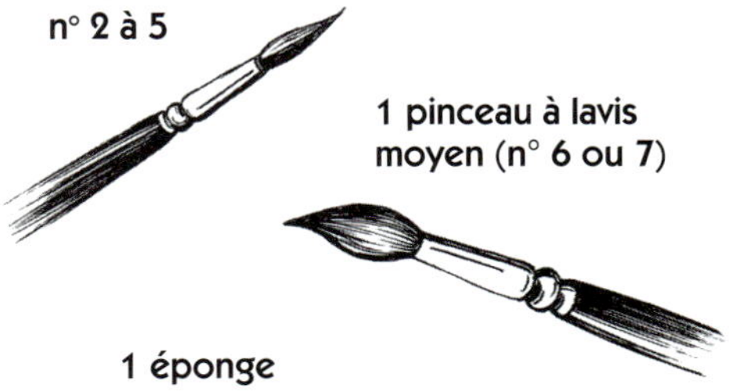

Voici les quinze couleurs dont vous aurez besoin pour réaliser votre aquarelle.

- 1 Rouge carmin
- 2 Bleu de cobalt
- 3 Jaune indien
- 4 Terre d'ombre naturelle
- 5 Bleu de Prusse
- 6 Vert bleuâtre
- 7 Terre de Sienne brûlée
- 10 Jaune citron
- 11 Vert émeraude mat
- 13 Chair
- 14 Bleu turquoise
- 15 Ocre jaune
- 18 Rouge indien
- 20 Brun Van Dyck
- 23 Jaune

Étape n° 1

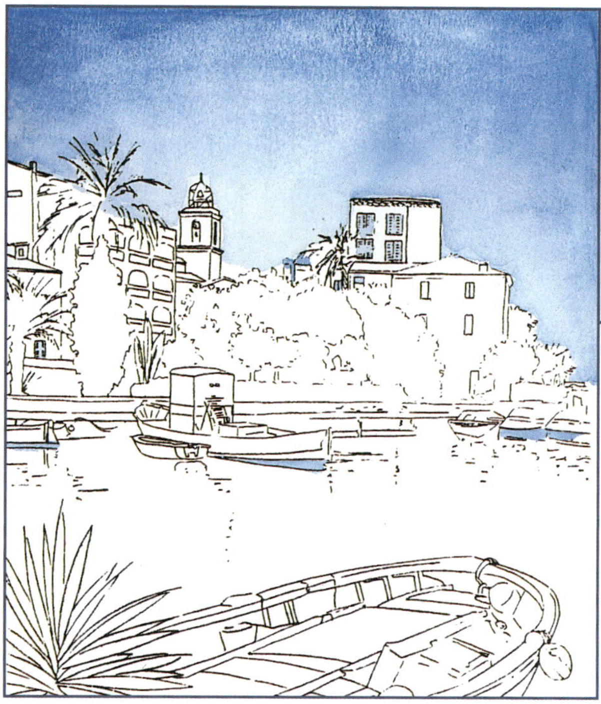

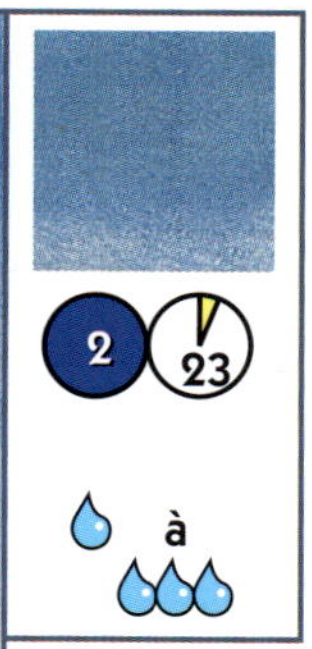

A.D. - a

Après avoir humidifié légèrement votre surface, faites votre dégradé de haut en bas.

Étape n° 2

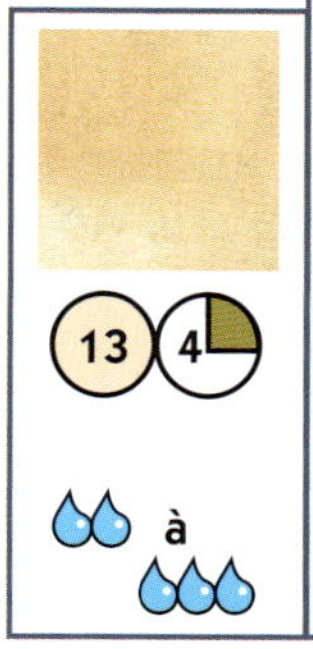

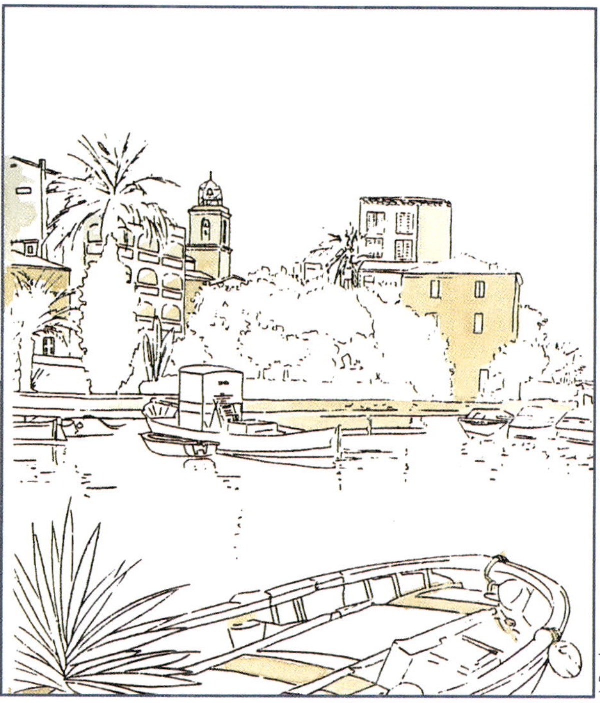

A.D. - b

Ce mélange nuancera principalement les différents bâtiments, le quai... Il faut jouer en transparence avec l'ocre jaune de l'étape suivante et le sépia de l'étape n° 11.

Étape n° 3

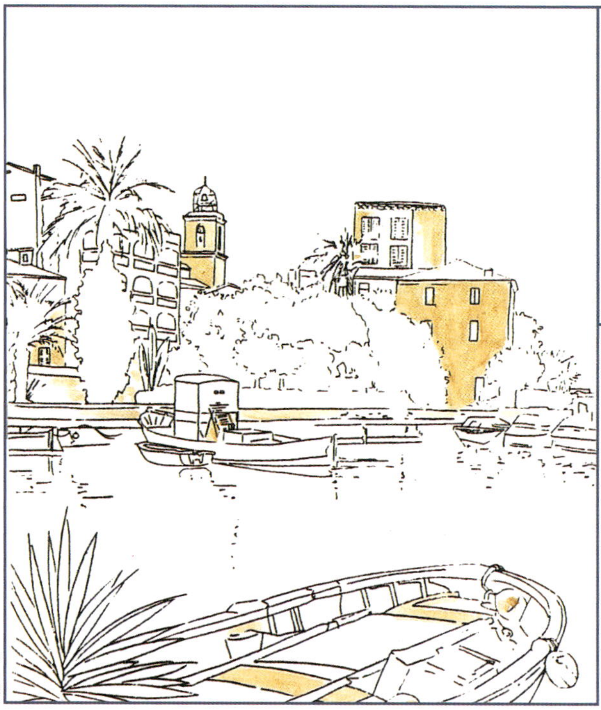

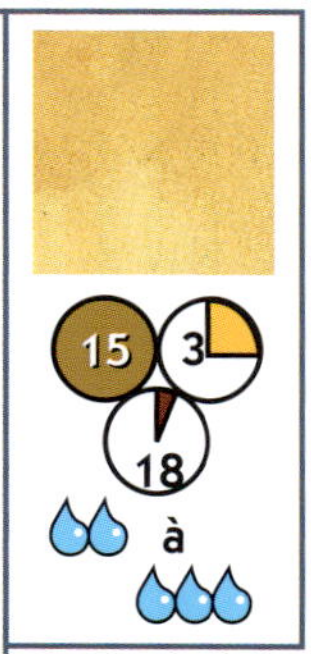

A.D. - c

Étape n° 4

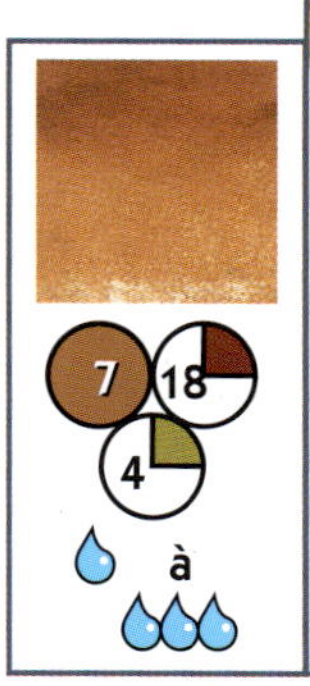

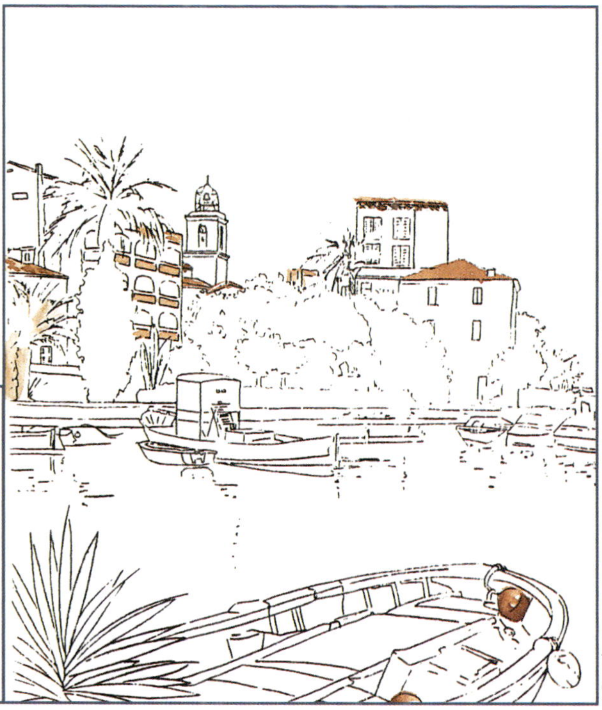

A.D. - d

Étape n° 5

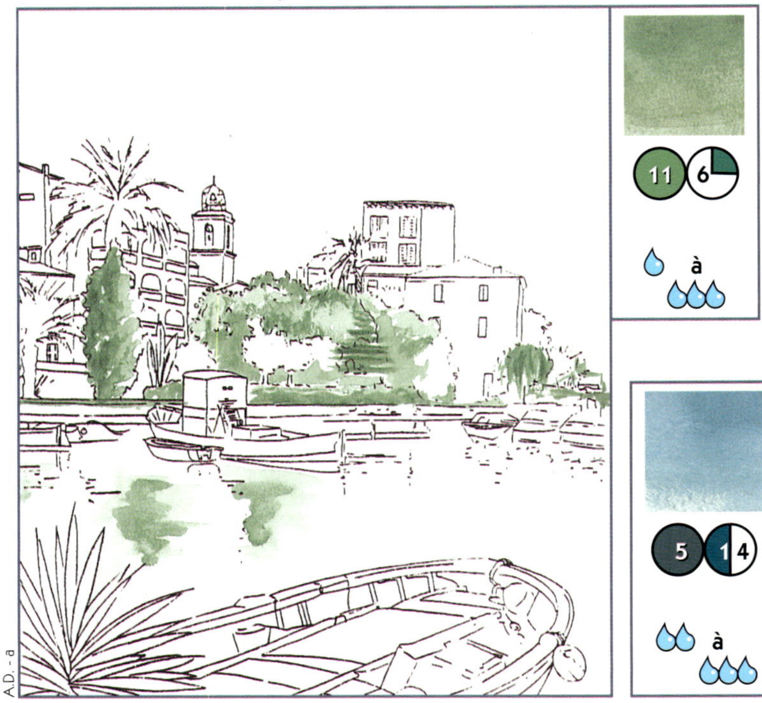

Créez les différentes valeurs et les dégradés en variant la touche, pour personnaliser chaque arbre. Conservez un peu de ce mélange, qui vous resservira pour l'étape finale.

Étape n° 6

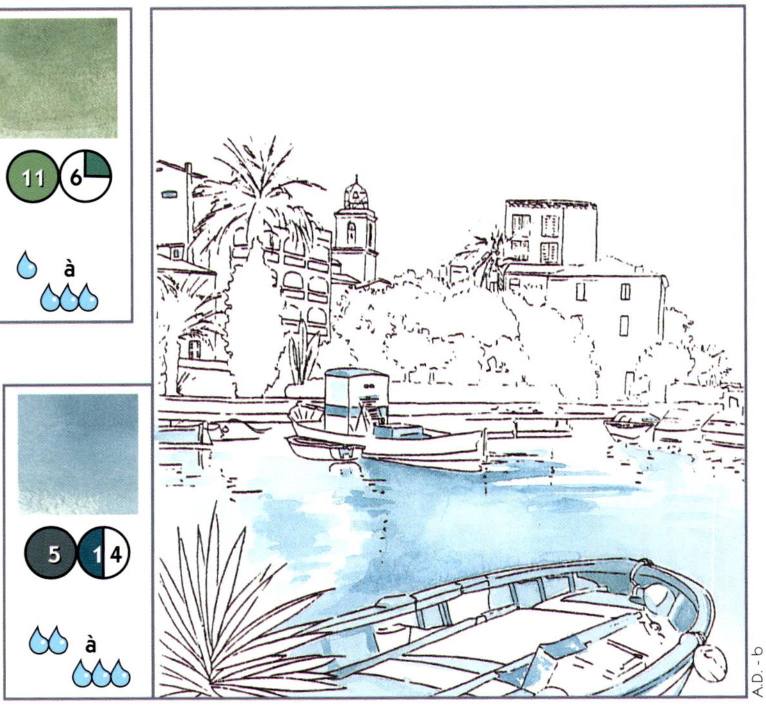

Procédez comme expliqué dans les conseils p. 50.

Étape n° 7

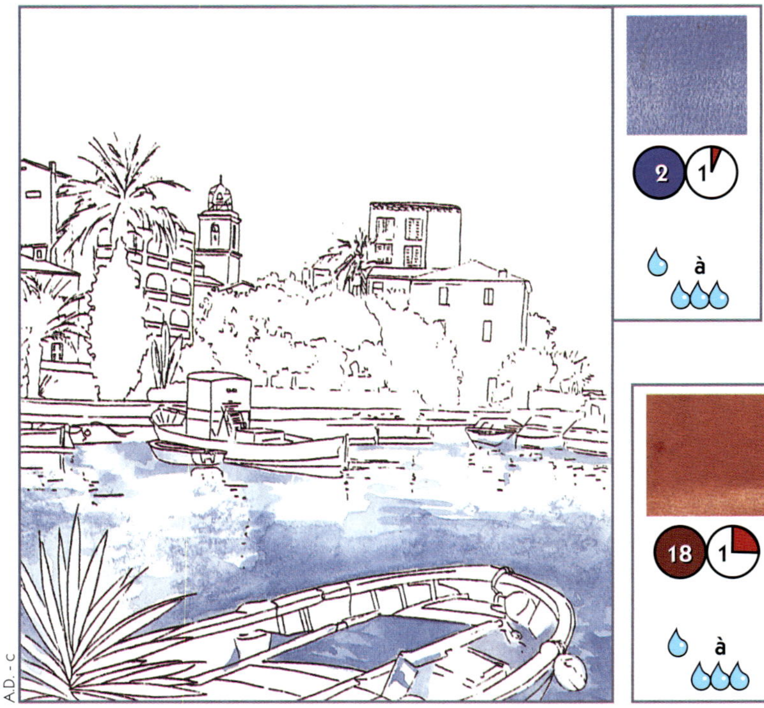

Si vous le souhaitez, c'est à cette étape que vous créerez les frissons de l'eau à l'aide de l'éponge.

Étape n° 8

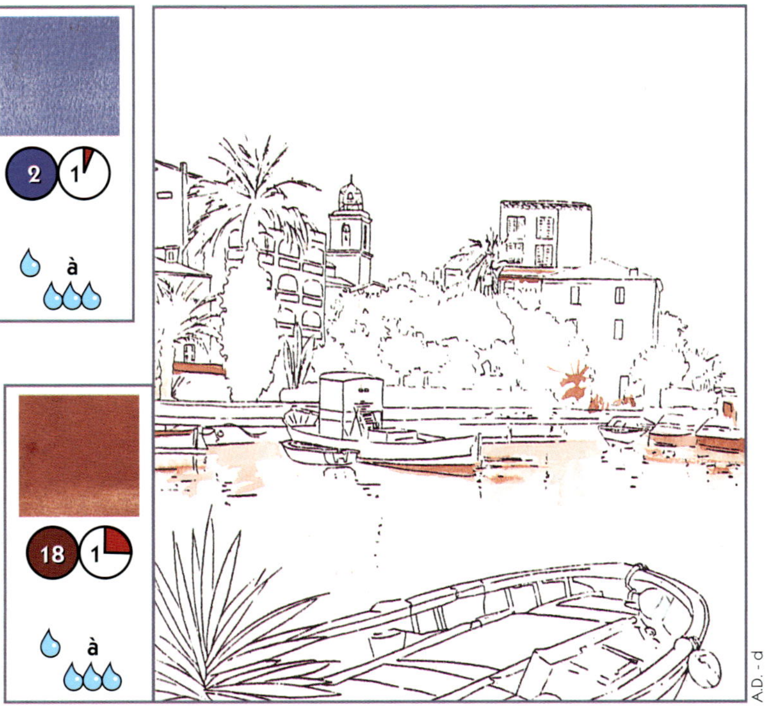

Ces pointes de couleurs vives, jouant l'effet de la couleur complémentaire, sont à utiliser avec parcimonie.

Étape n° 9

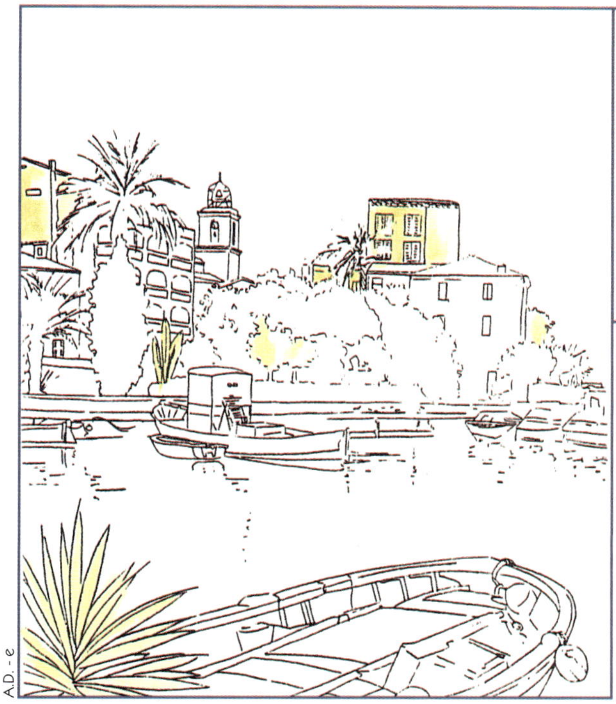

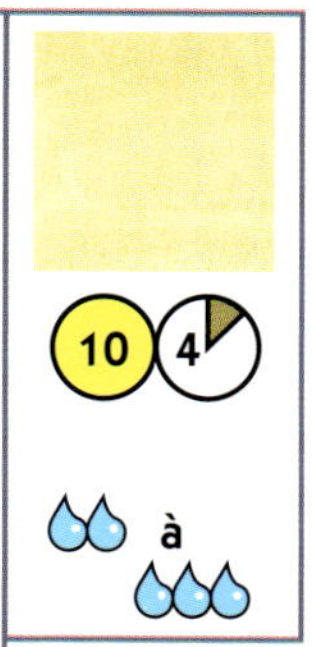

Finissez de nuancer de soleil les différents bâtiments, puis enlevez la gomme à masquer pour travailler le bord des feuilles du yucca se détachant sur l'eau.

Étape n° 10

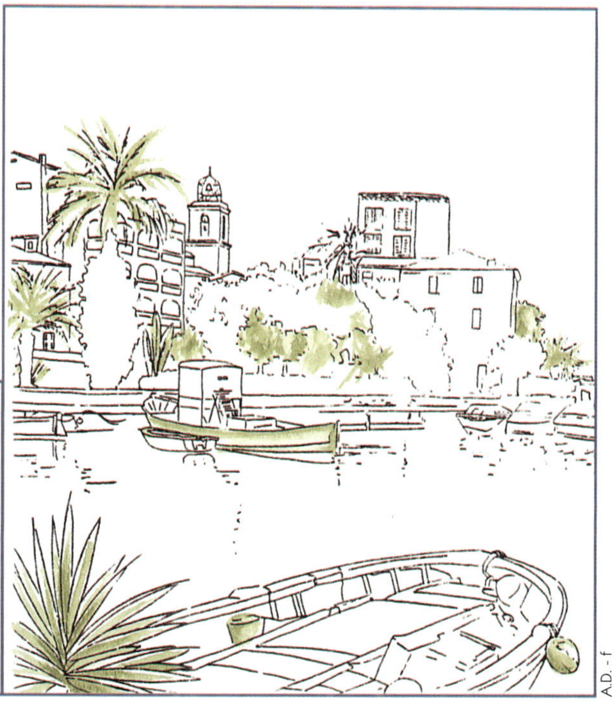

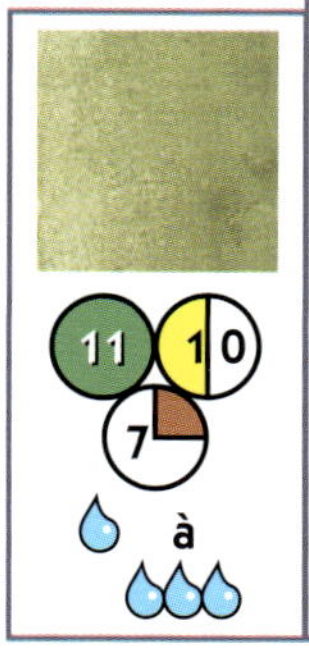

Procédez pour les arbres comme à l'étape n° 5. Puis travaillez d'un geste rapide, avec votre pinceau n° 2, du centre vers l'extérieur, pour donner une légèreté à vos palmiers.

Étape n° 11

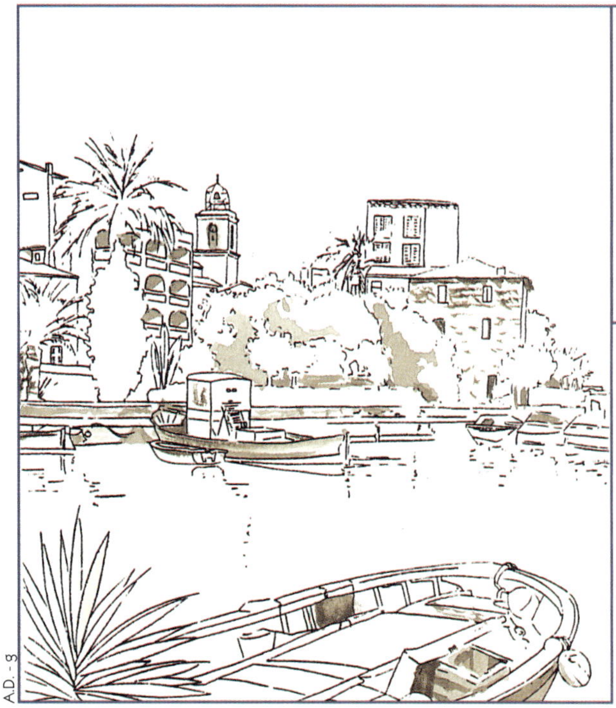

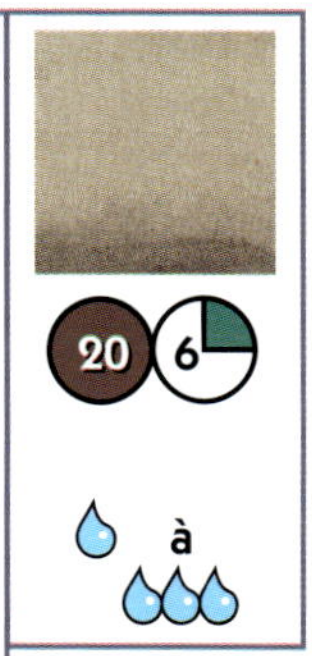

Ce mélange, passé en différentes valeurs, correspond principalement aux zones d'ombre.

Étape n° 12

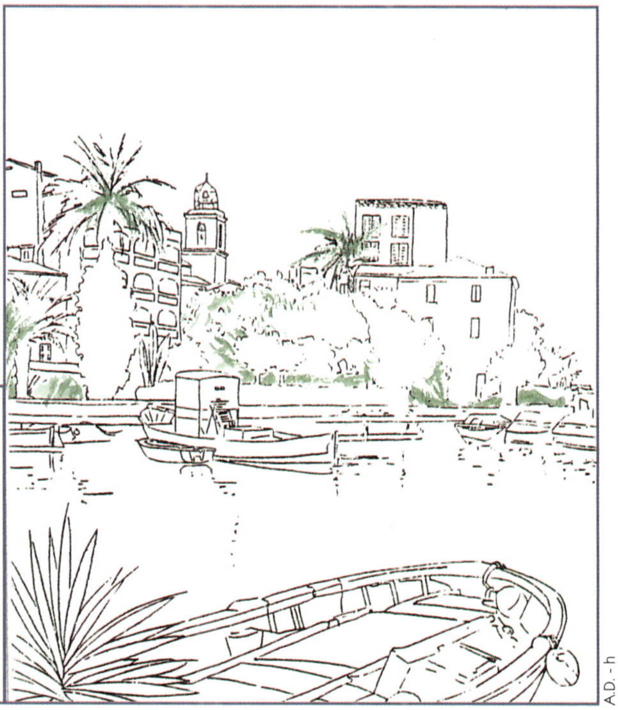

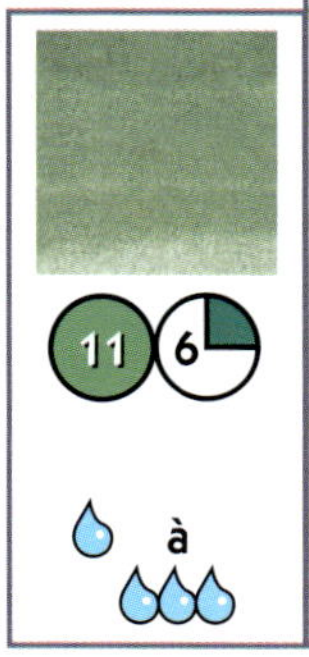

Posez quelques touches d'une main légère, pour parfaire l'ensemble du feuillage.

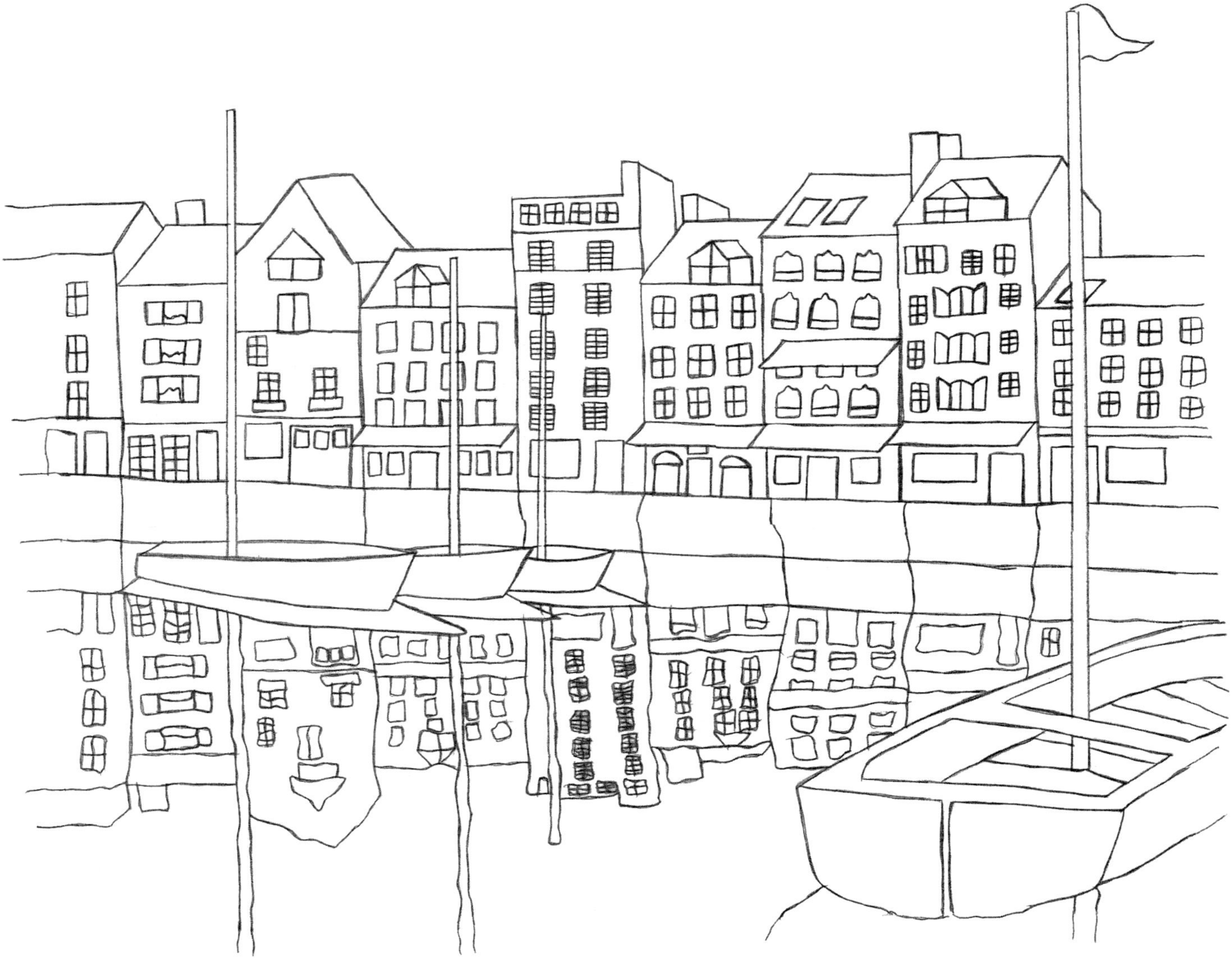

Le port de Honfleur

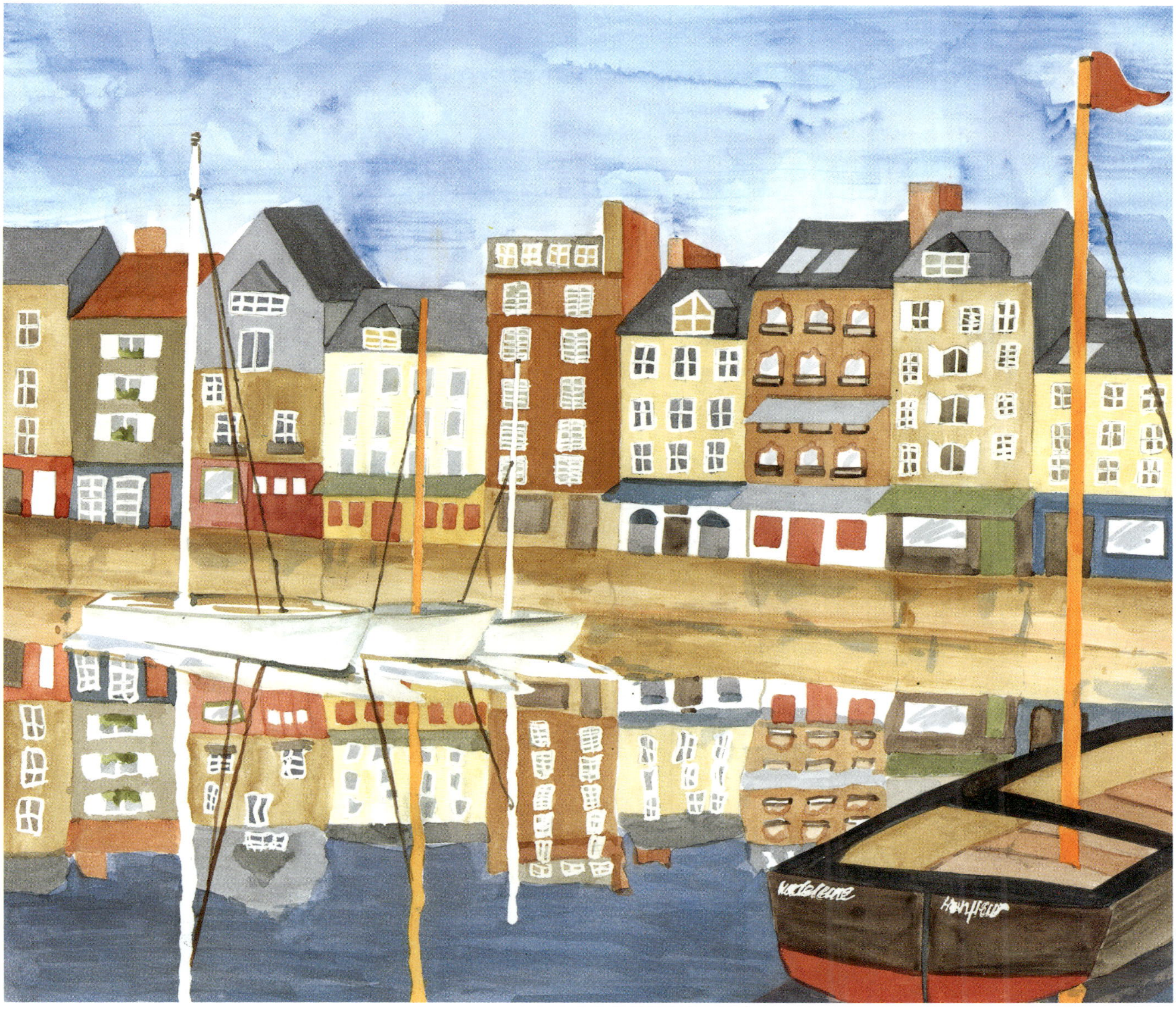

Béatrice Boulingre - a

Le port de Honfleur

Cette aquarelle du petit port normand va vous permettre d'utiliser la gomme liquide, pour les détails des maisons, tout en jouant sur les tonalités de couleur pour les reflets de l'eau.

Conservez les blancs

Pour cette auarelle vous allez devoir appliquer la technique du masque à la gomme liquide.

• Achetez un petit flacon de fluide de masquage. Vous l'appliquerez au pinceau sur les surfaces à préserver avant de commencer. Reportez-vous au modèle ci-dessous. Attendez que le fluide sèche avant de travailler l'aquarelle.

• Utilisez un vieux pinceau que vous réserverez à cet usage, car la gomme peut s'accrocher aux poils, en dépit du bon nettoyage que vous effectuerez dès la fin de son utilisation.

• Ce n'est que lorsque vous aurez terminé votre aquarelle que vous enlèverez la gomme, en frottant délicatement votre feuille du doigt. Vous passerez alors la dernière couleur (étape 12).

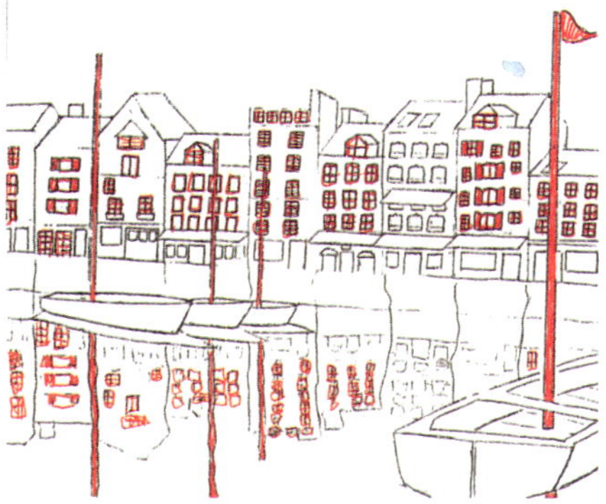

Osez les nuances

• Avec une même couleur, créez de multiples nuances en l'appliquant plus ou moins diluée (étapes n°s 1, 2, 3, 6 et 9).

• Vous pouvez également superposer des couches pour accentuer les couleurs. Inspirez-vous du modèle, mais n'oubliez pas qu'il s'agit d'un fil conducteur : vous pouvez l'interpréter selon votre inspiration, en intensifiant certaines teintes plus que d'autres.

• Soignez les reflets. Commencez par peindre les maisons sur le port. Posez, immédiatement après chaque maison, la couleur de son reflet un peu plus diluée.

• Pour donner un léger mouvement à l'eau du port, vous la retravaillerez en traçant des traits horizontaux se chevauchant.

Personnalisez votre œuvre

• Lorsque votre aquarelle sera terminée, ajoutez, selon votre idée, de petites touches brunes et grisées sur la pierre du bassin.

• Avec la gomme à masquer, en début de parcours, vous pouvez également donner un nom au bateau du premier plan.

• N'omettez pas de tracer les haubans des bateaux dans des couleurs sombres.

Voici les onze couleurs dont vous aurez besoin pour réaliser votre aquarelle.

1 Rouge carmin

2 Bleu de cobalt

3 Jaune indien

4 Terre d'ombre naturelle

5 Bleu de Prusse

6 Vert bleuâtre

7 Terre de Sienne brûlée

8 Rouge vermillon

9 Violet

11 Vert émeraude mat

12 Bleu outremer

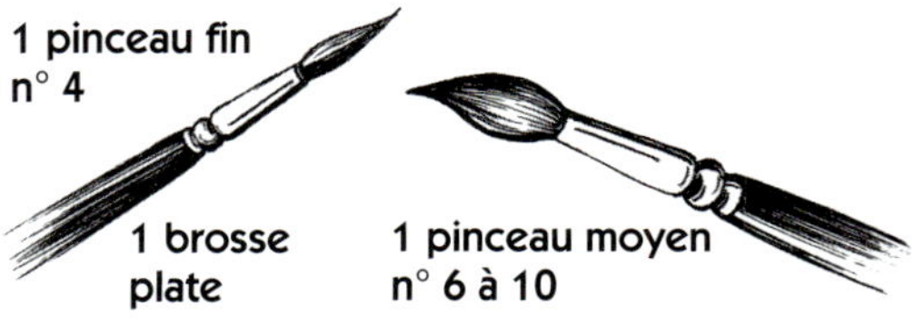

Étape n° 1

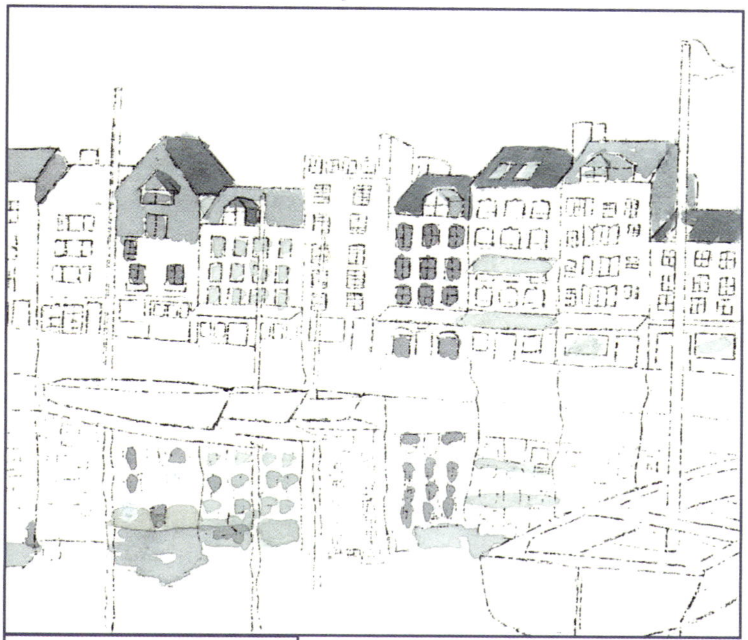

Béatrice Boulingre - a

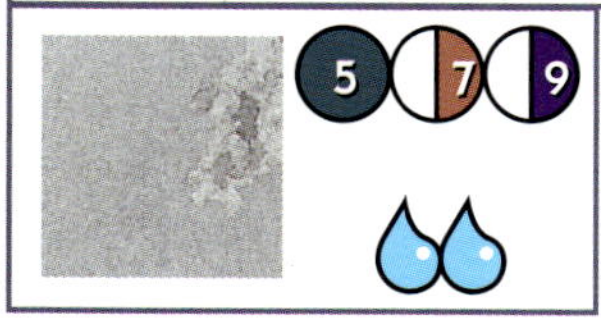

En vous inspirant de nos conseils p. 56, passez la couleur plus ou moins diluée, pour créer les différentes teintes des toits.

Étape n° 2

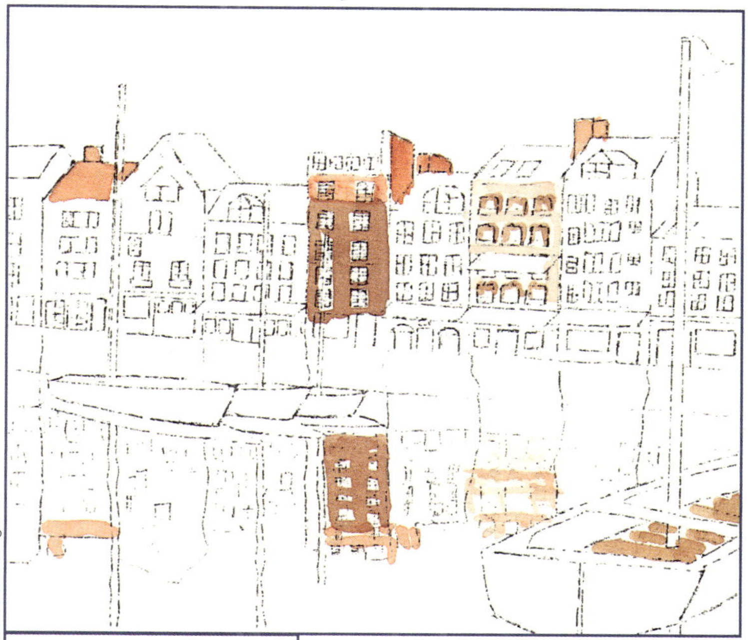

Béatrice Boulingre - b

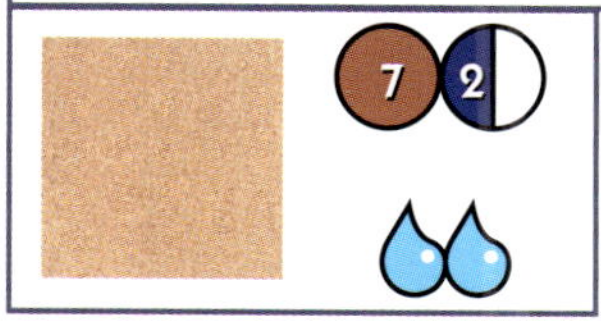

Repassez de la couleur sur le bas de la maison centrale.

Étape n° 3

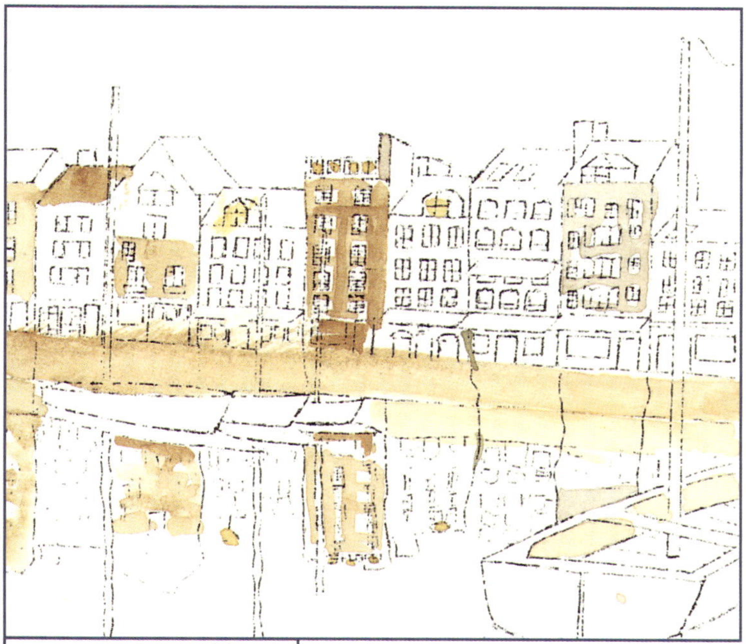

Béatrice Boulingre - c

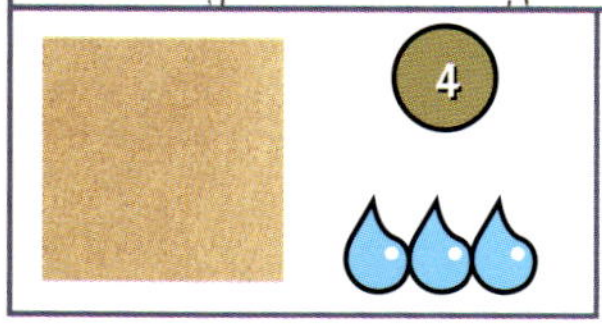

Procédez comme à l'étape n° 1.

Étape n° 4

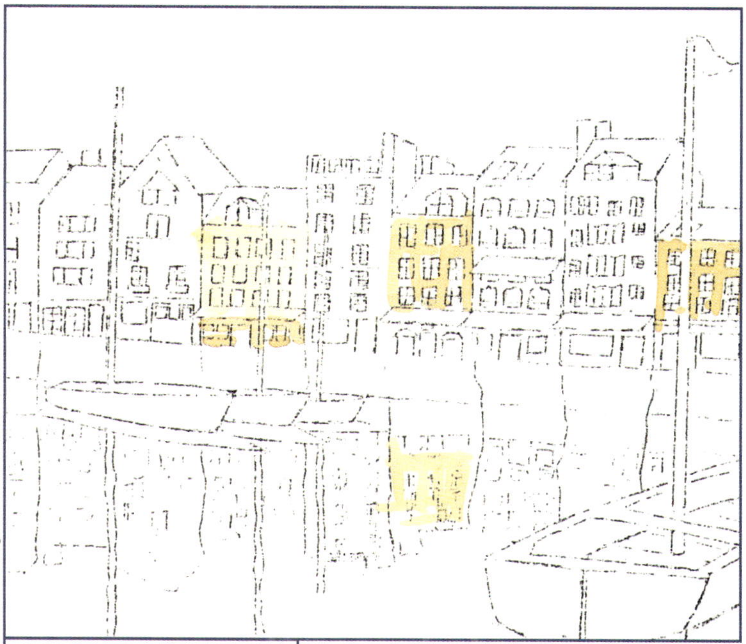

Béatrice Boulingre - d

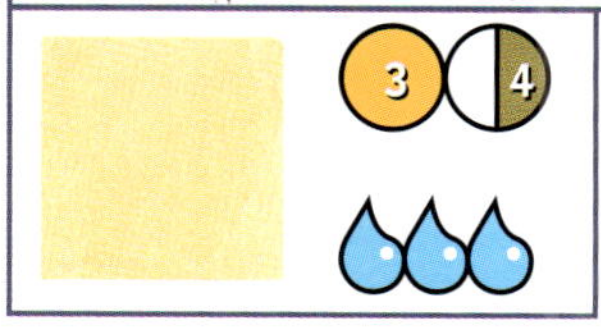

Étape n° 5

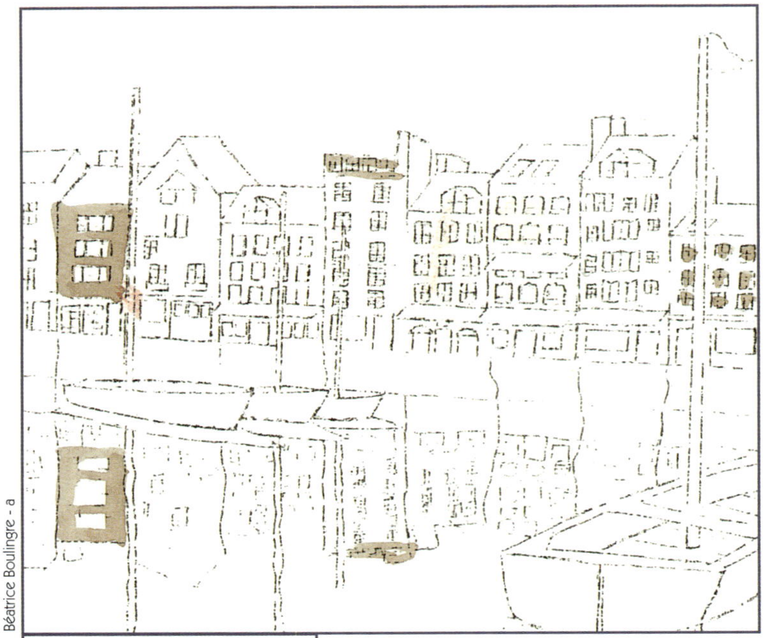

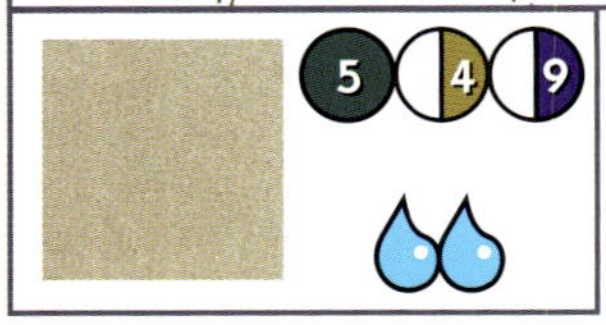

Étape n° 6

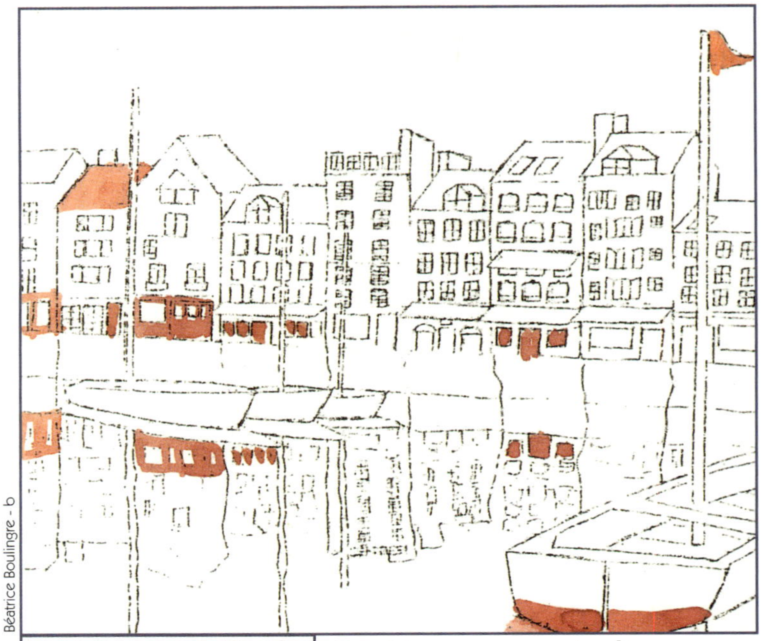

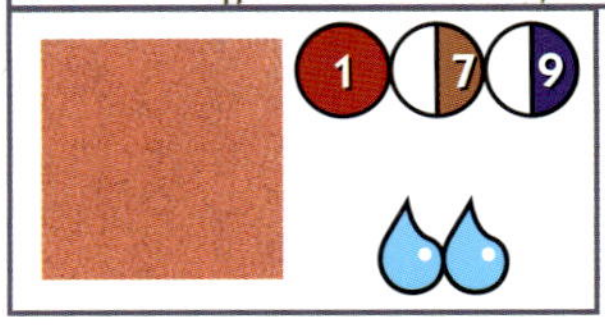

Procédez comme pour les étapes nos 1 et 3.

Étape n° 7

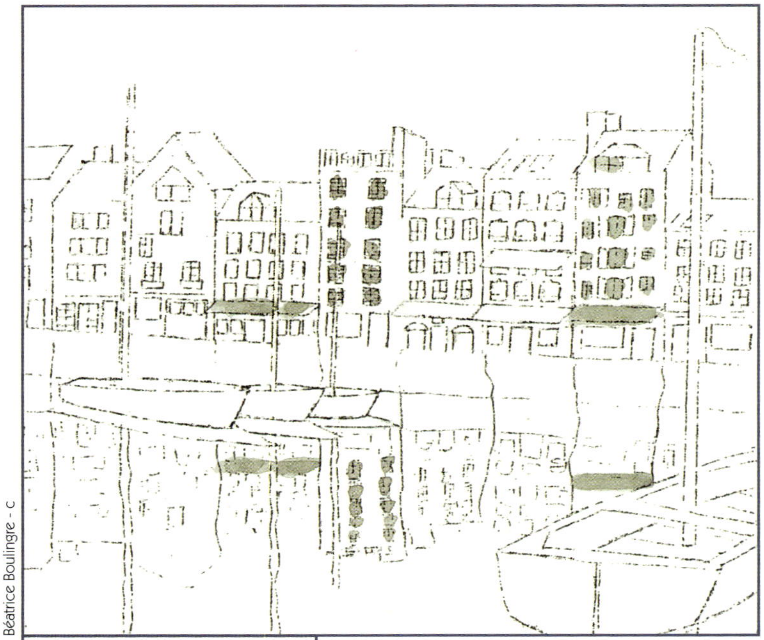

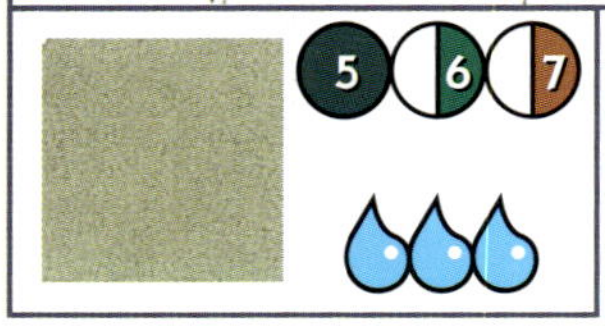

Étape n° 8

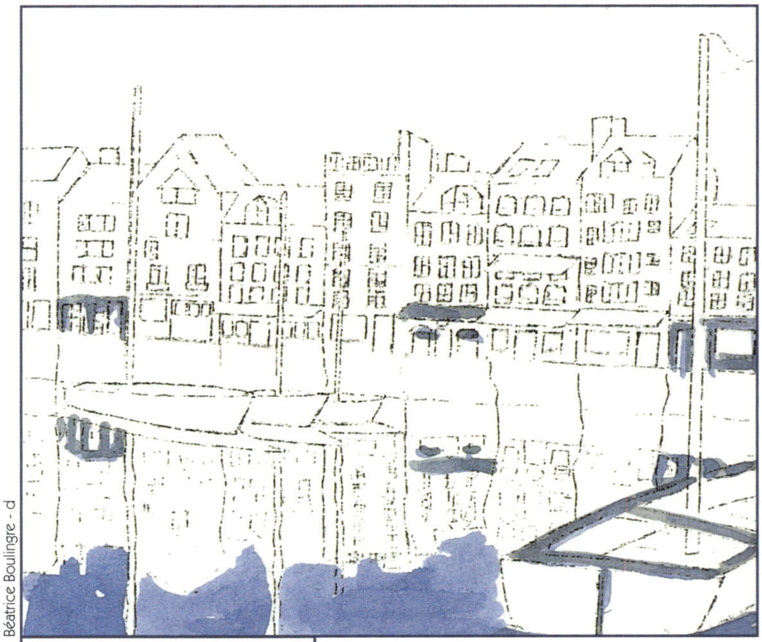

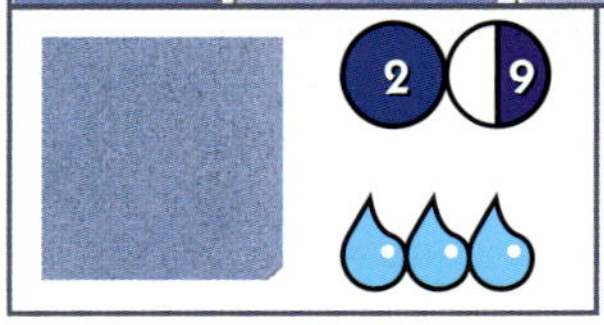

Après avoir posé vos premières touches de couleurs, repassez-en sur la barque du premier plan, afin de la foncer.

Étape n° 9

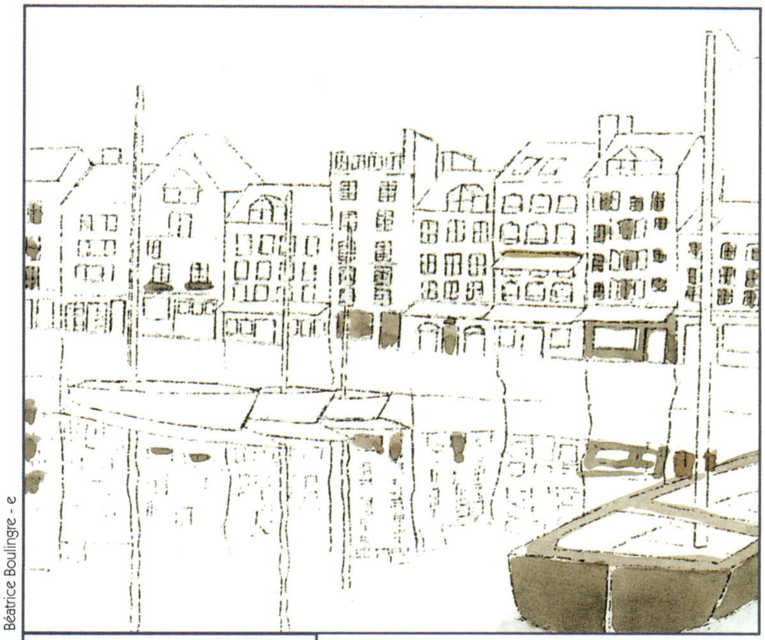

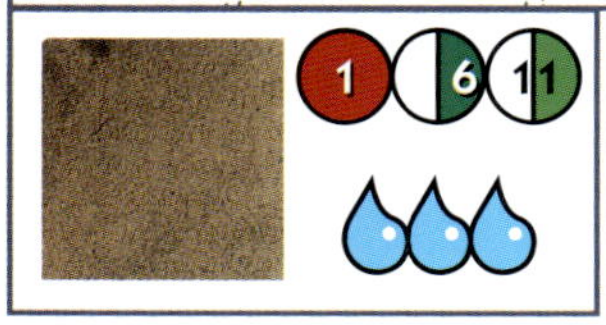

Étape n° 10

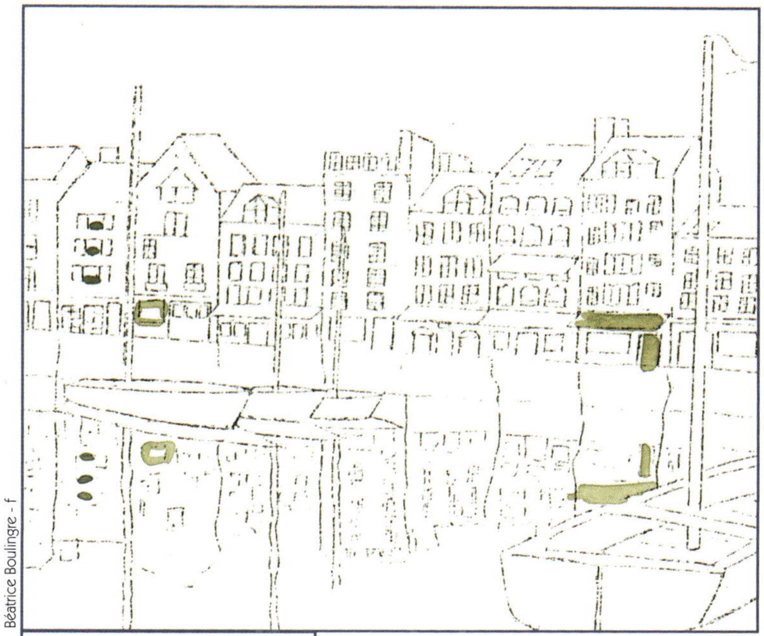

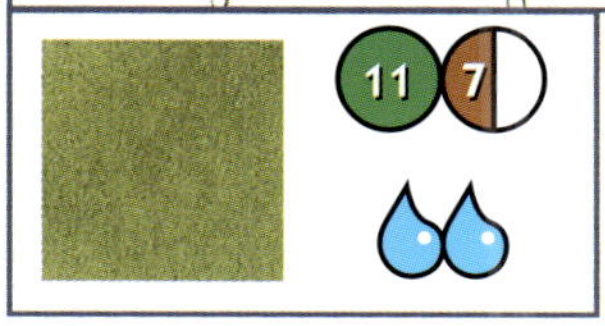

Étape n° 11

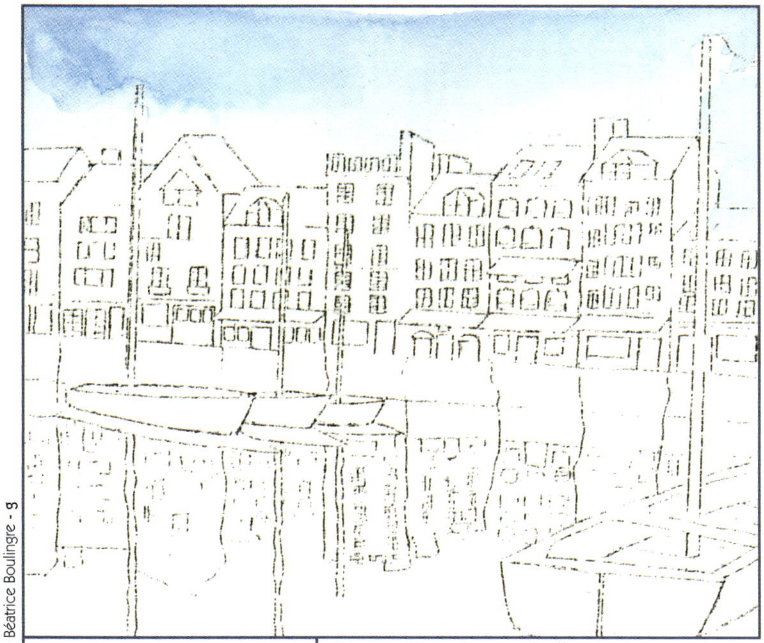

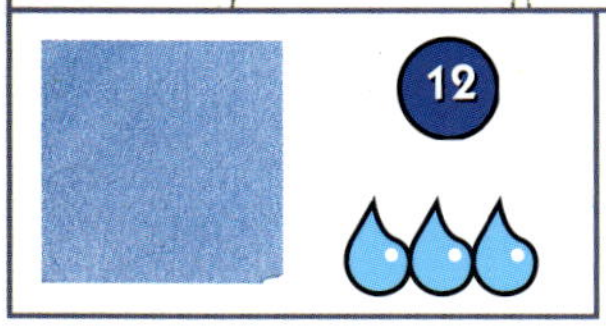

Passez la peinture horizontalement avec une brosse, puis, avec un autre pinceau, mettez quelques petites touches de bleu outremer pour donner l'illusion de nuages.

Étape n° 12

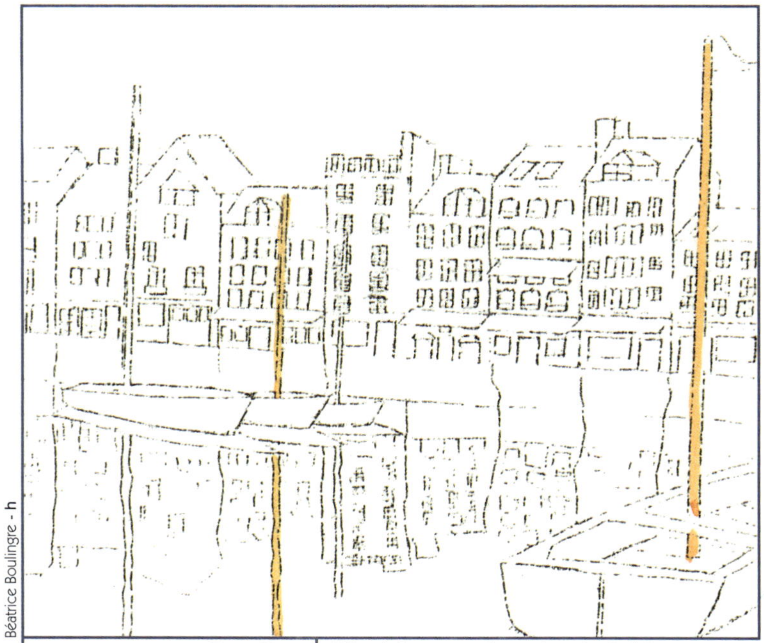

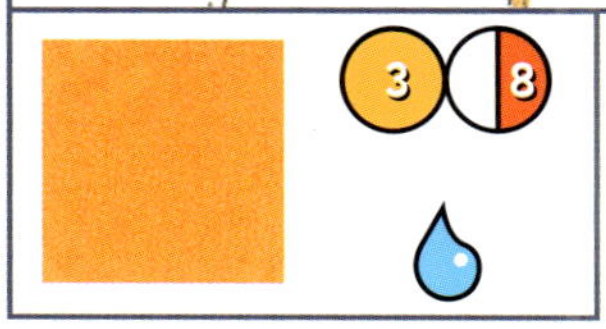

N'oubliez pas de retirer le fluide de masquage avant d'utiliser la couleur.

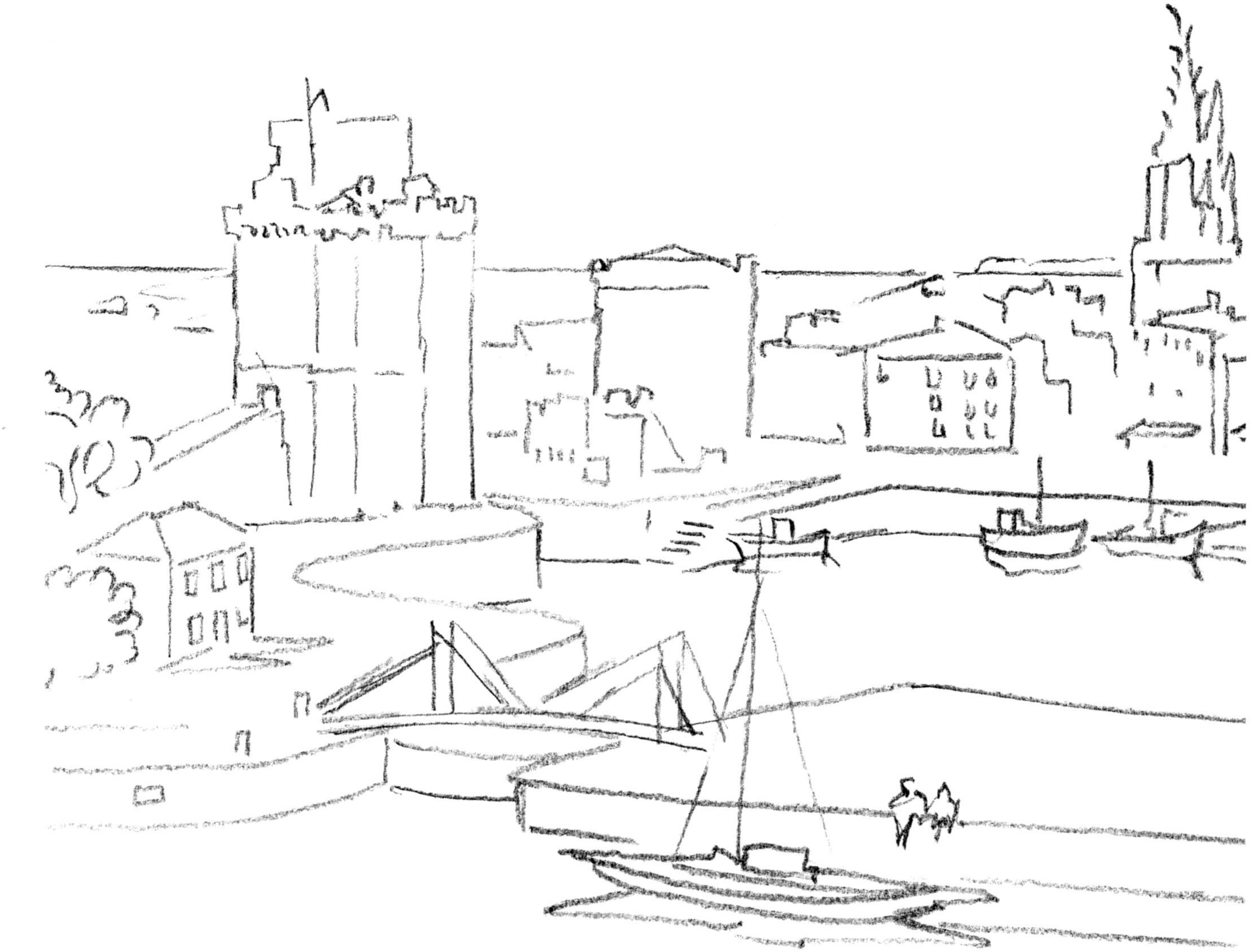

Le vieux port de La Rochelle

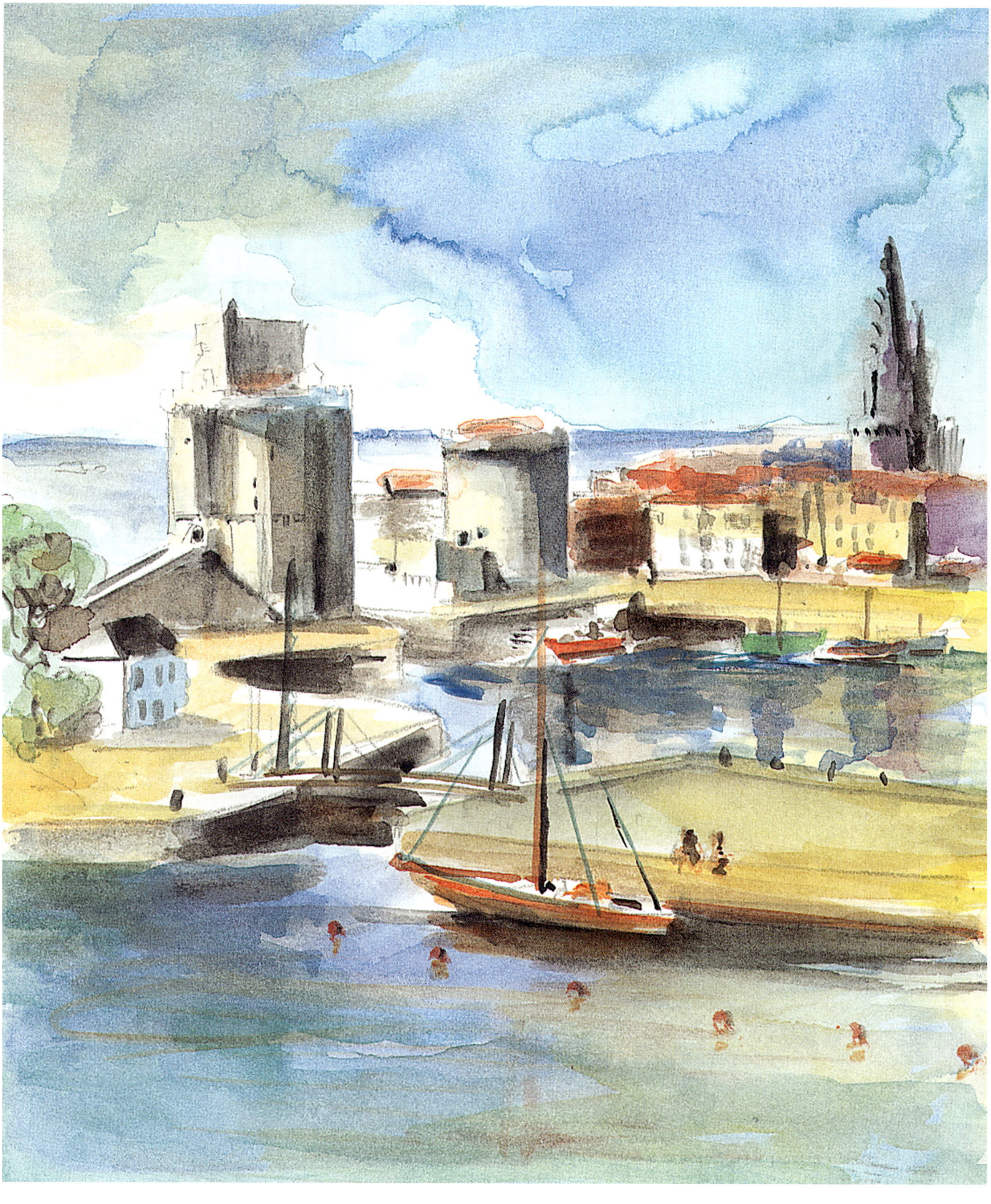

Bénédicte Peyrat - a

Le vieux port de La Rochelle

Pour cette aquarelle représentant le port de La Rochelle vu du petit phare qui domine les quais, tout sera question de nuances subtiles, de lumière et d'équilibre.

Superpositions multiples

• Avec cette aquarelle, vous allez vous exercer à la technique des superpositions multiples.
• Il est possible, grâce à la transparence de l'aquarelle, de mélanger plusieurs tons sur le papier en laissant un intervalle de temps de séchage. Vous obtiendrez, ainsi, des nuances plus subtiles que si vous mélangiez les mêmes couleurs ensemble dans un godet.
• Ne vous laissez pas aller au début à poser des tons trop sombres ou trop intenses en couleur : vous « plomberiez » votre peinture, sans grand espoir d'y faire resurgir de la lumière autrement qu'en posant des taches criardes, ce qui ne correspond évidemment pas à l'ambiance de doux après-midi qui ressort du modèle.

Contrepoint

• Dès l'étape n° 3, il vous faudra apporter un contrepoint coloré aux grands passages successifs de bleu du ciel et de l'eau, en introduisant quelques notes chaudes avec les toits et les ombres violettes de la tour.
• La peinture est cet art de la nuance et du discours formel entre deux extrêmes. Mais la couleur n'est pas lumineuse en soi, elle ne l'est que par les valeurs qui la ponctuent, et c'est précisément ce qui est montré dans l'étape n° 6.

Personnalisez votre œuvre

• Ce modèle est un point de départ pour vous, et lorsque vous en serez à la dernière étape, il vous sera tout à fait possible de personnaliser votre travail en insistant plus sur un ton qui vous plaît particulièrement et qui transformera l'ambiance colorée de votre aquarelle.
• En fonction de l'harmonie colorée, plus ou moins chaude ou plus ou moins contrastée, il vous est possible de suggérer une autre saison ou une heure de la journée différente.
• Pour finir, vous pouvez vous aider du cours d'aquarelle p. 28 pour travailler la mer en particulier, notamment en ajoutant quelques touches colorées aux lavis de fond bleus, en technique sèche de préférence.

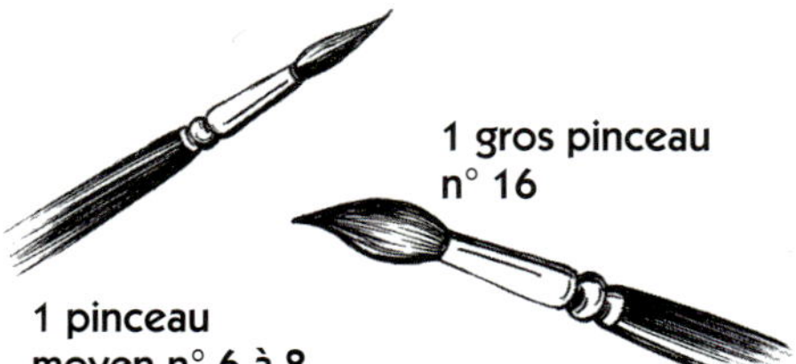

1 gros pinceau n° 16

1 pinceau moyen n° 6 à 8

Voici les quatorze couleurs dont vous aurez besoin pour réaliser votre aquarelle.

- 1 Rouge carmin
- 2 Bleu de cobalt
- 3 Jaune indien
- 4 Terre d'ombre naturelle
- 6 Vert bleuâtre
- 8 Rouge vermillon
- 9 Violet
- 12 Bleu outremer
- 14 Bleu turquoise
- 15 Ocre jaune
- 16 Gris de Payne
- 17 Orange
- 19 Vert jaunâtre
- 20 Brun Van Dyck

Étape n° 1

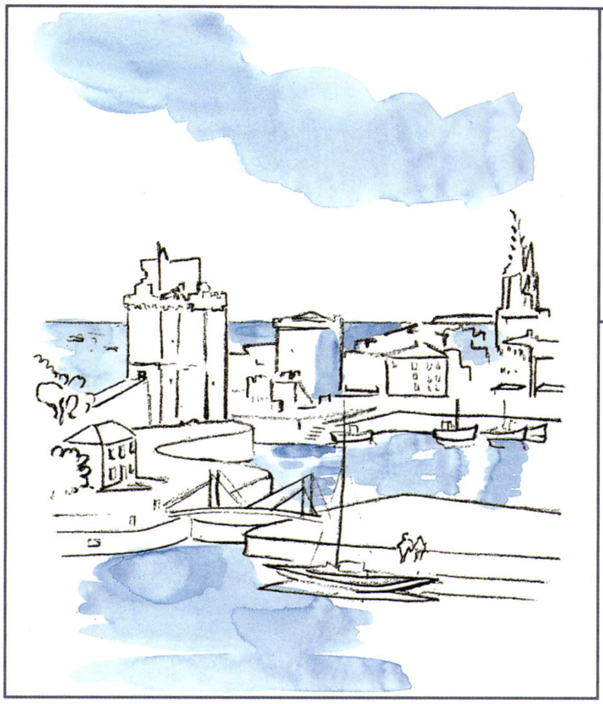

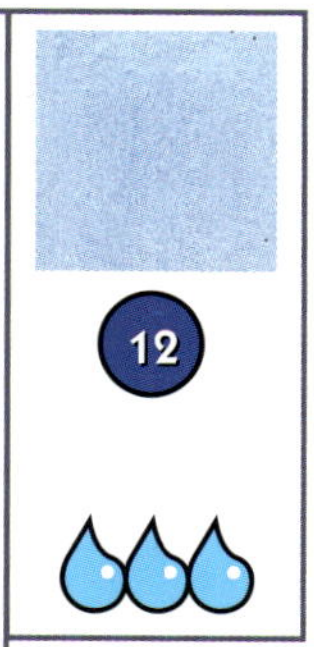

B. P - a

Il vous est possible de mouiller certaines parties du ciel avant de passer votre couleur, afin qu'elle se diffuse irrégulièrement et crée des nuances.

Étape n° 2

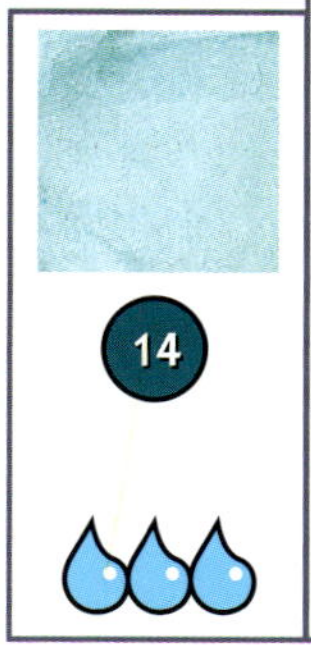

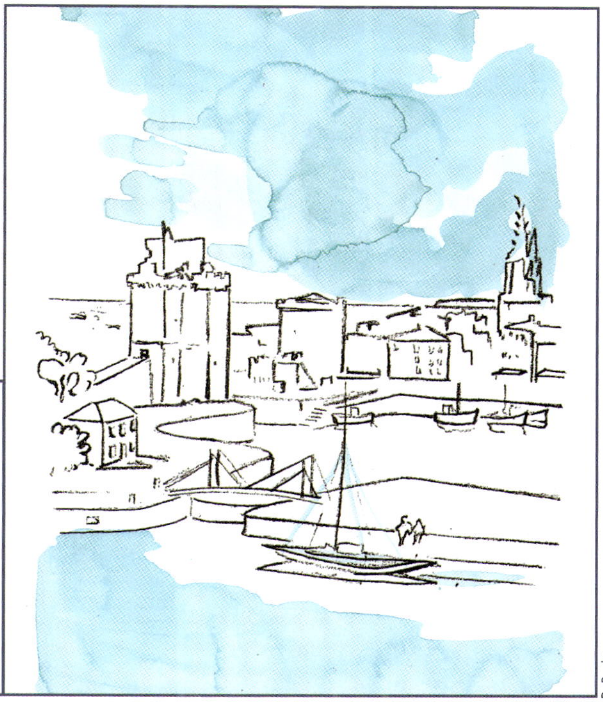

B. P - b

Sans attendre, passez le bleu turquoise pour que les différents bleus se mélangent sur le papier.

Étape n° 3

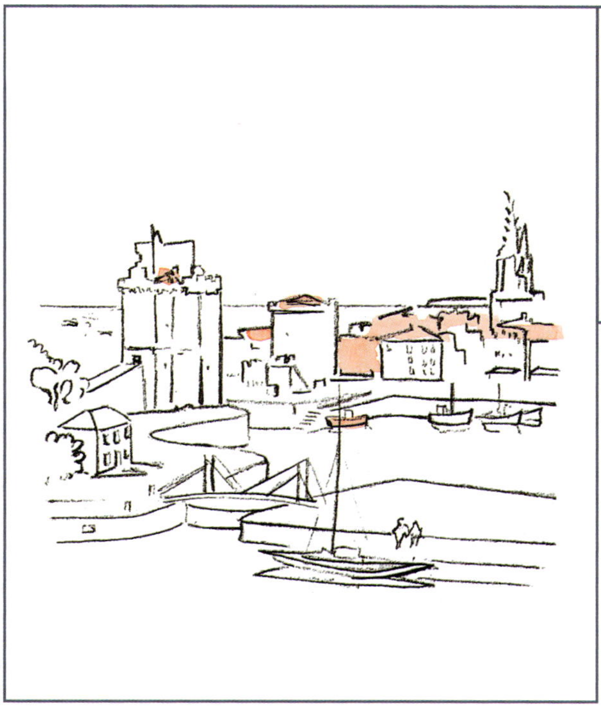

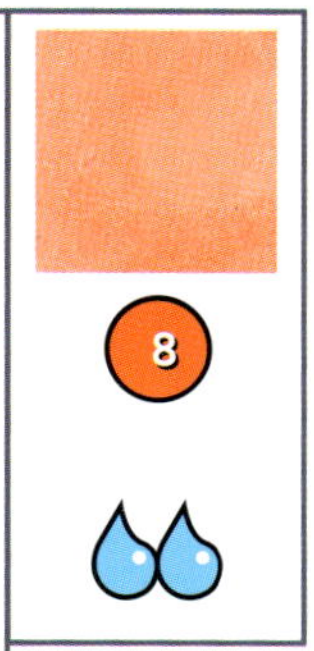

B. P - c

Apportez un contrepoint coloré en posant le vermillon sur les toits.

Étape n° 4

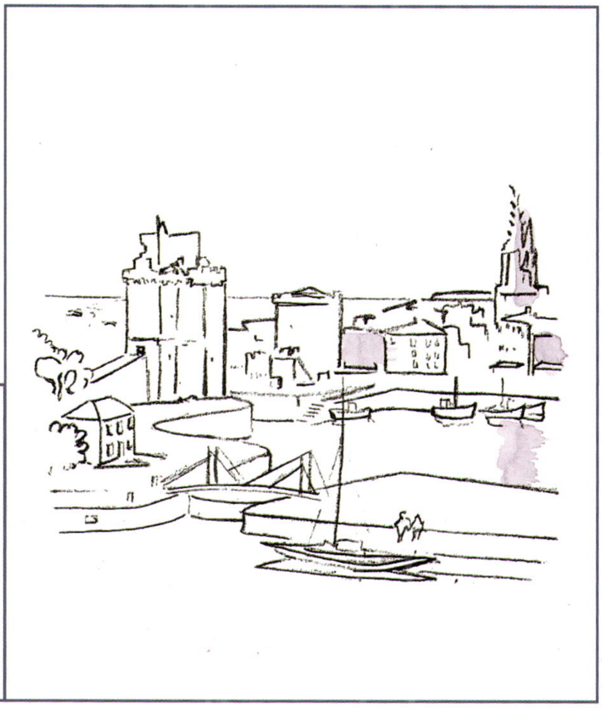

B. P - d

Étape n° 5

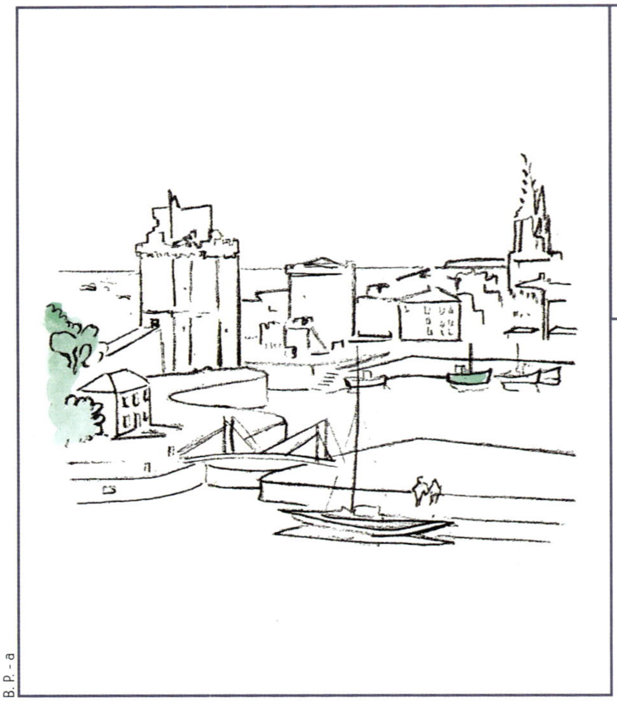

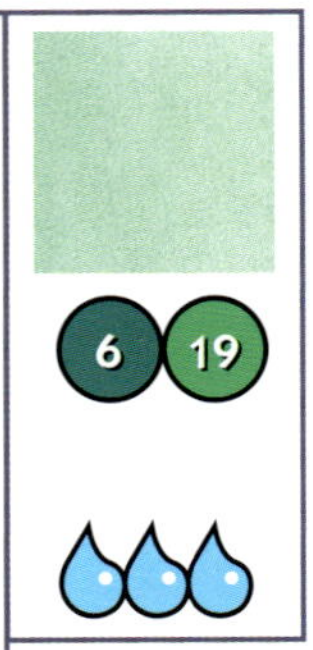

Étape n° 6

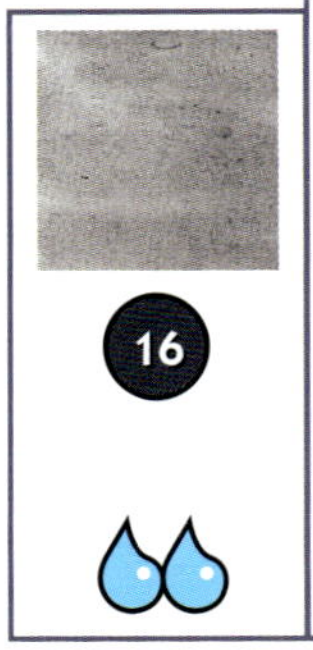

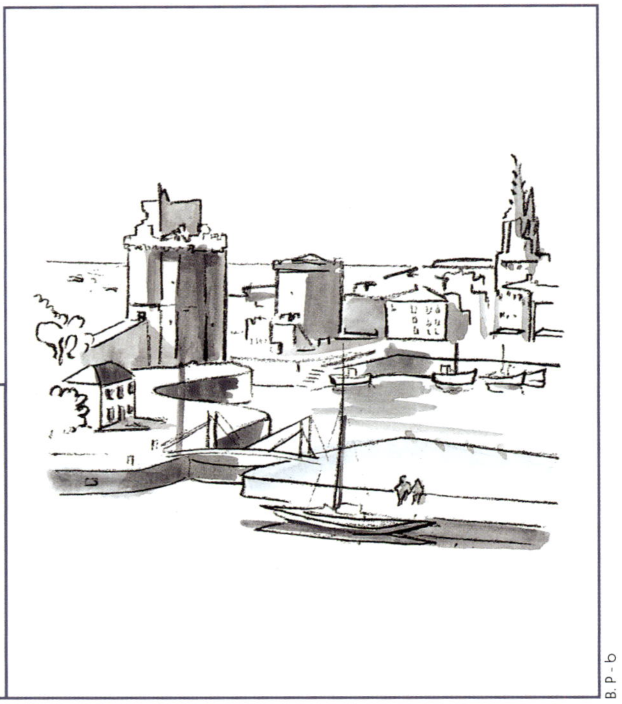

Modulez l'intensité du gris en le diluant plus ou moins. C'est le contrepoint valeur de l'ambiance colorée.

Étape n° 7

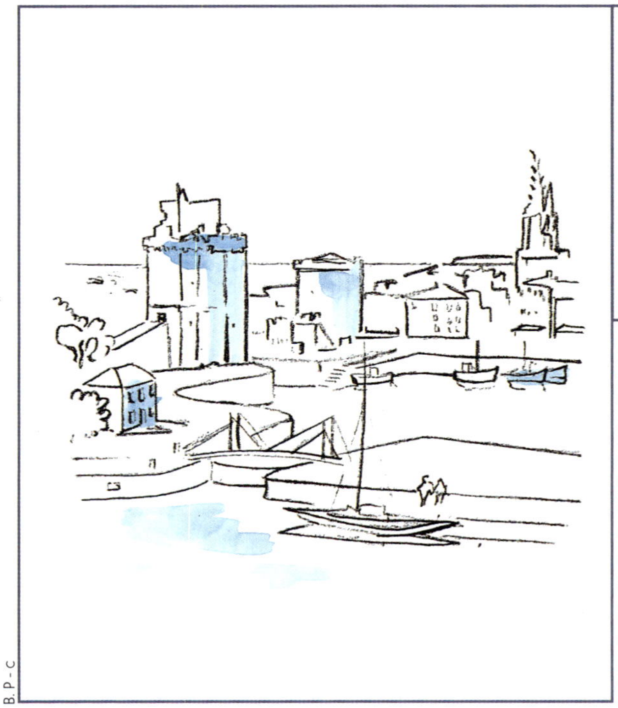

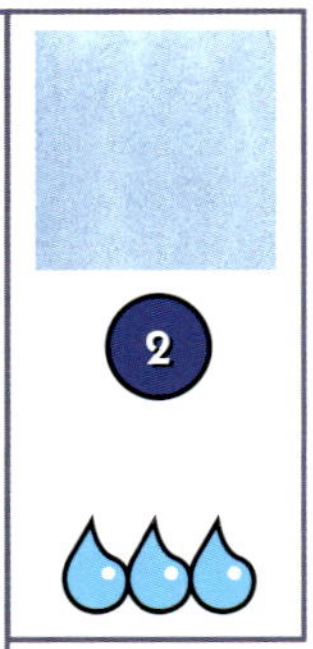

Colorez ensuite certains éléments des ombres avec un troisième bleu.

Étape n° 8

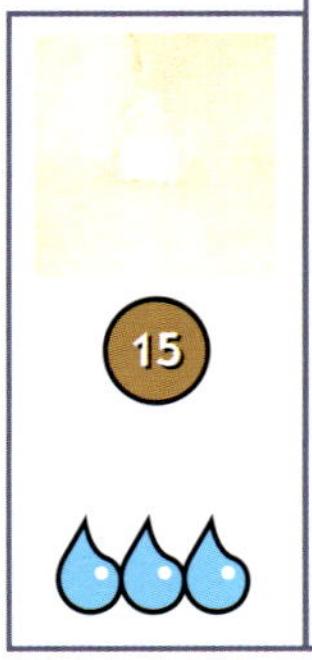

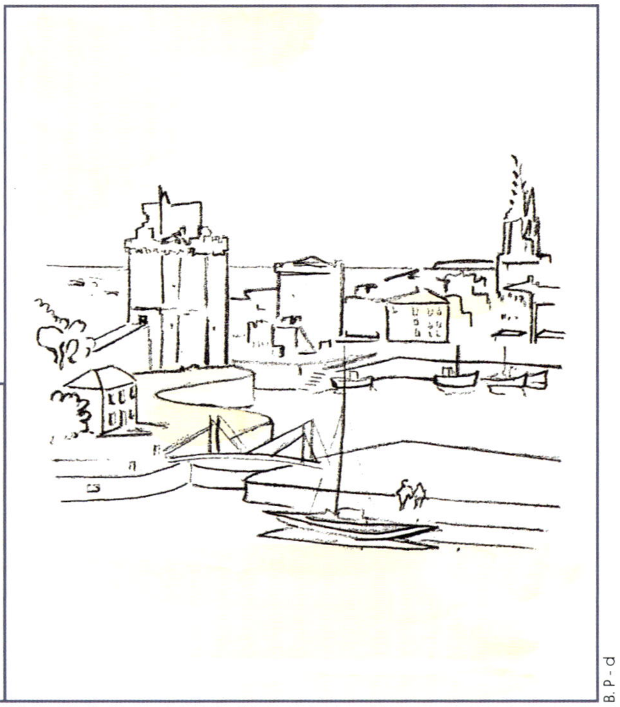

Réchauffez le ciel et l'eau avec un ocre très dilué : cela va vous permettre de continuer à peindre avec plus de nuances.

Étape n° 9

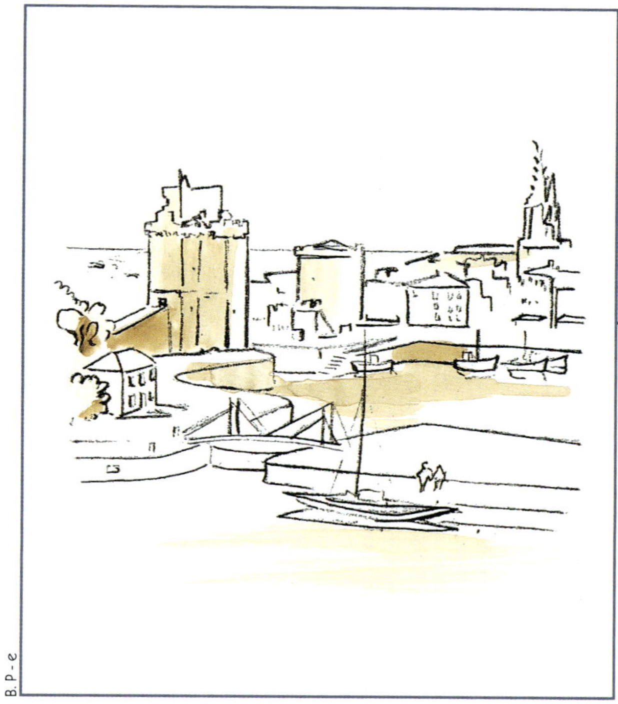

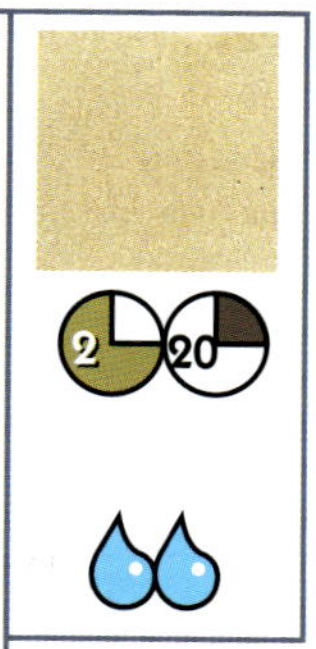

Apportez une lumière sourde aux tours avec une teinte d'ombre naturelle.

Étape n° 10

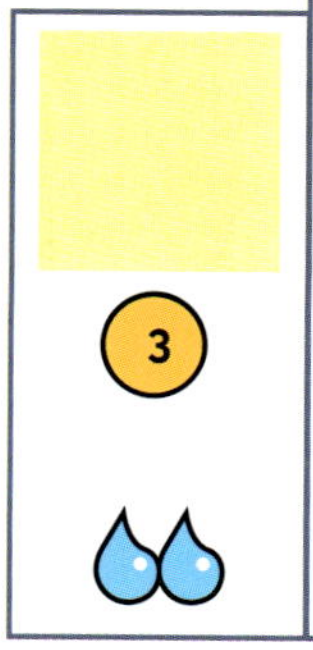

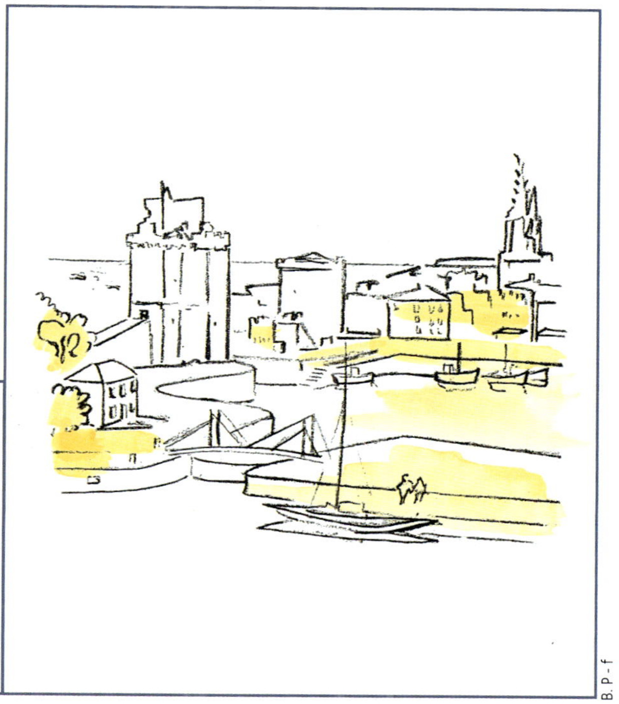

La véritable lumière naîtra de la couleur et du passage de jaune indien sur les espaces les plus exposés à la lumière du soleil.

Étape n° 11

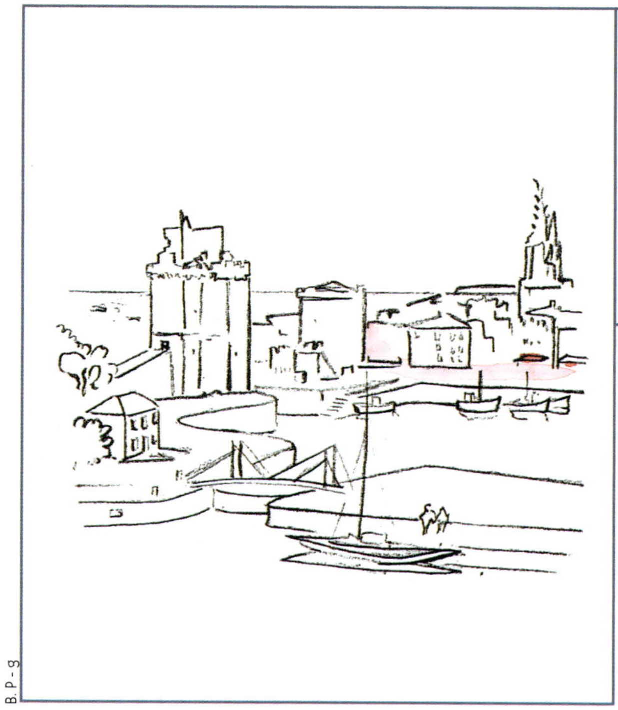

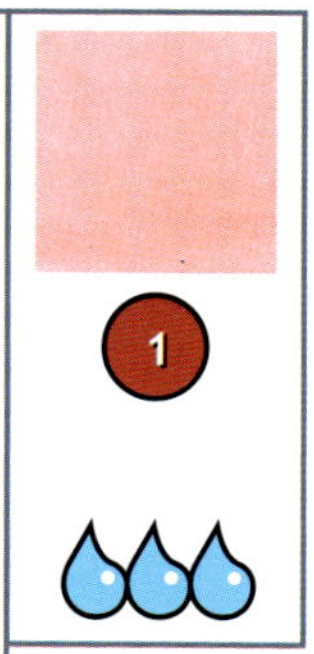

Terminez en enrichissant l'impression colorée par de petites touches de couleurs vives.

Étape n° 12

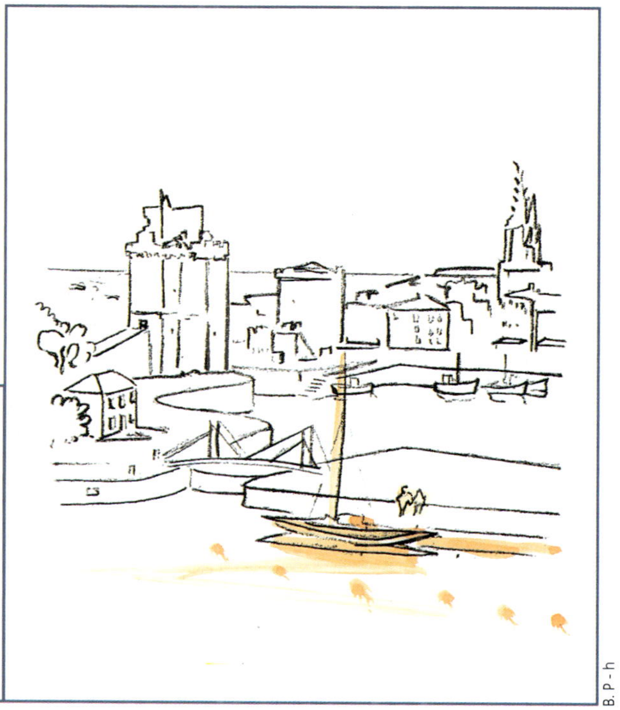

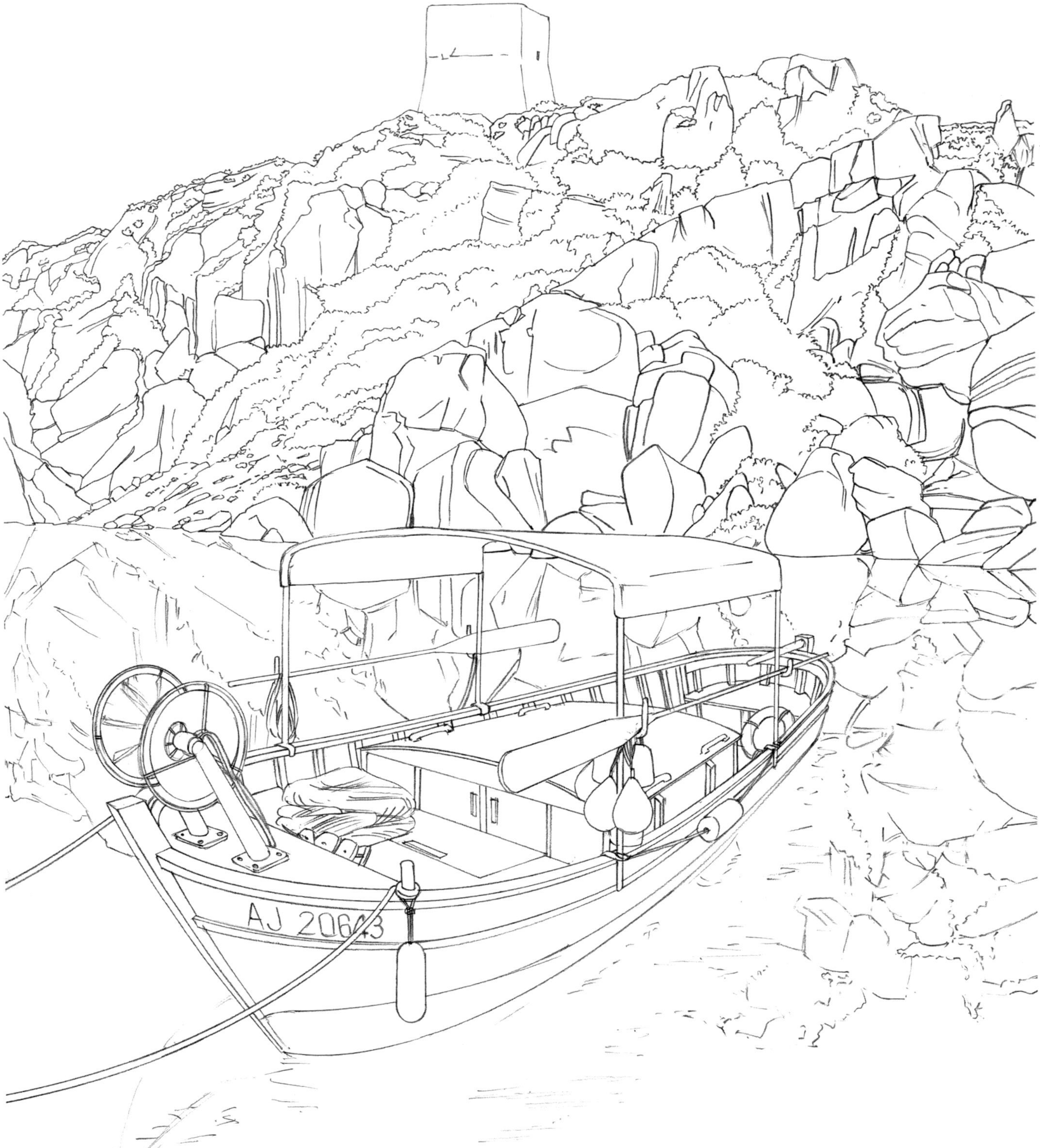
AJ 20643

Mouillage dans le golfe de Porto

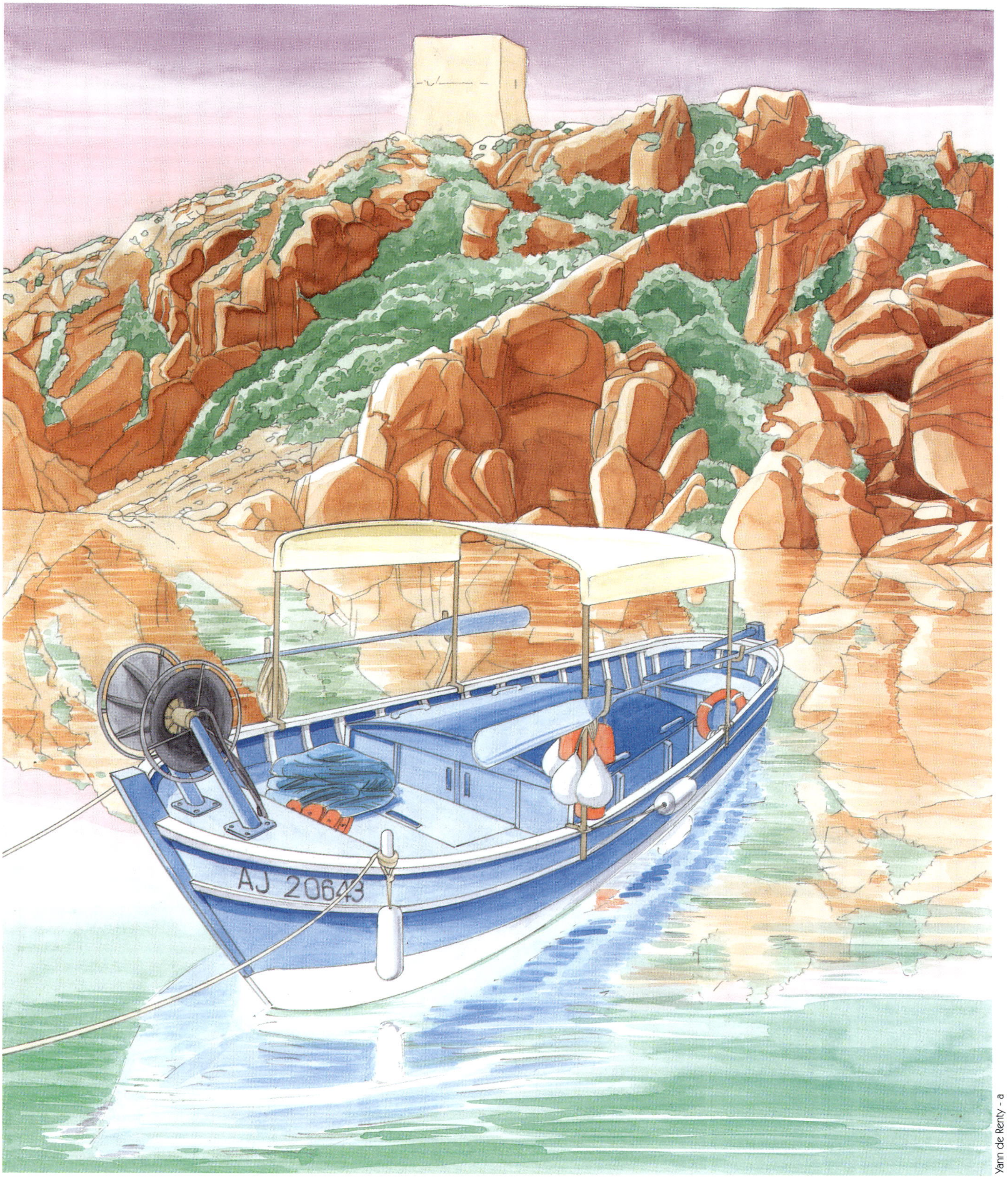

Mouillage dans le Golfe de Porto

Pour cette vue de la côte de l'Île de Beauté aux tonalités chaudes, il vous faudra travailler par lavis successifs afin de donner du volume à la végétation et aux rochers. Et soigner le bateau.

Pour réaliser cette aquarelle vous allez devoir jouez de la superposition de légers lavis uniformes. Vous pouvez vous reporter aux cours d'aquarelle (p. 22) si vous désirez revoir cette technique.

Jeu d'ombres et de lumières

• Le tracé du crayon donne la forme des éléments du paysage (rochers, feuillages, nuages, etc.) mais pas forcément leur volume. C'est avec un pinceau plus ou moins chargé en couleur et en eau que l'on restituera progressivement les ombres et les lumières – le pinceau ne suivant pas obligatoirement le tracé des contours.
Vous progresserez en quatre phases pour obtenir ce résultat.

Quatre phases de travail

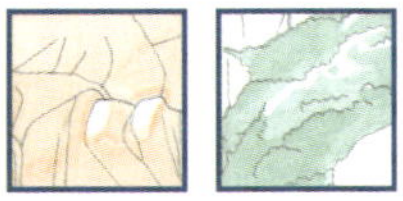

Y.R. - a, e

Phase n° 1

Cette phase ménage les surfaces qui resteront au final dans une lumière vive. On garde le blanc du papier sur une surface qui est partiellement délimitée par le tracé du crayon. Le reste de la surface reçoit un lavis uniforme et léger, posé sans souci des contours.

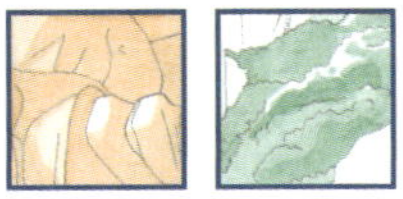

Y.R. - b, f

Phase 2

Un nouveau passage souligne des surfaces dans un éclairage intermédiaire et affirme les parties les plus lumineuses déterminées dès le départ.

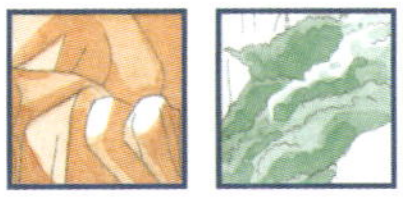

Y.R. - c, g

Phase 3

On accentue les volumes qui commencent à se faire jour parfois en suivant les traits de contour. Ou on les atténue en les englobant, dans une même masse d'ombre, leurs contour tendant ainsi à disparaître.

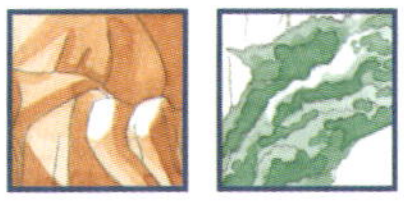

Y.R. - d, h

Phase 4

Un dernier passage plus foncé donnera les derniers accents aux parties les plus sombres.

Un peu de précision

Le dessin du bateau est très précis. Les coups de pinceau en suivront scrupuleusement le contour. C'est ainsi qu'il prendra tout son volume et se détachera de l'ensemble.

Voici les dix couleurs dont vous aurez besoin pour réaliser votre aquarelle.

1 Rouge carmin
3 Jaune indien
4 Terre d'ombre naturelle
5 Bleu de Prusse
6 Vert bleuâtre
7 Terre de Sienne brûlée
8 Rouge vermillon
9 Violet
11 Vert émeraude mat
12 Bleu outremer

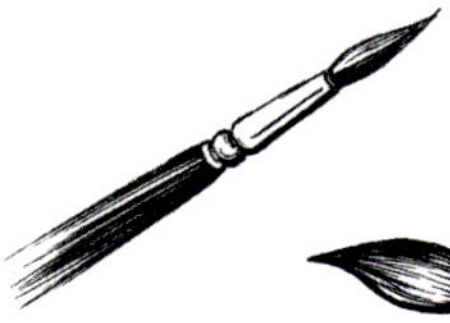

1 gros pinceau n° 16

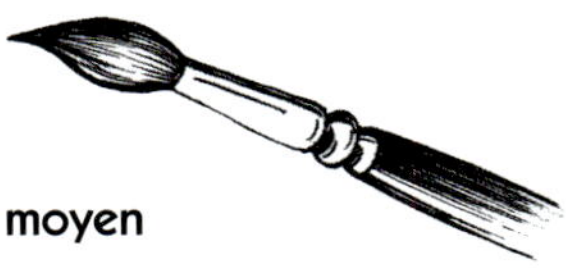

1 pinceau moyen n° 6 à 8

Étape n° 1

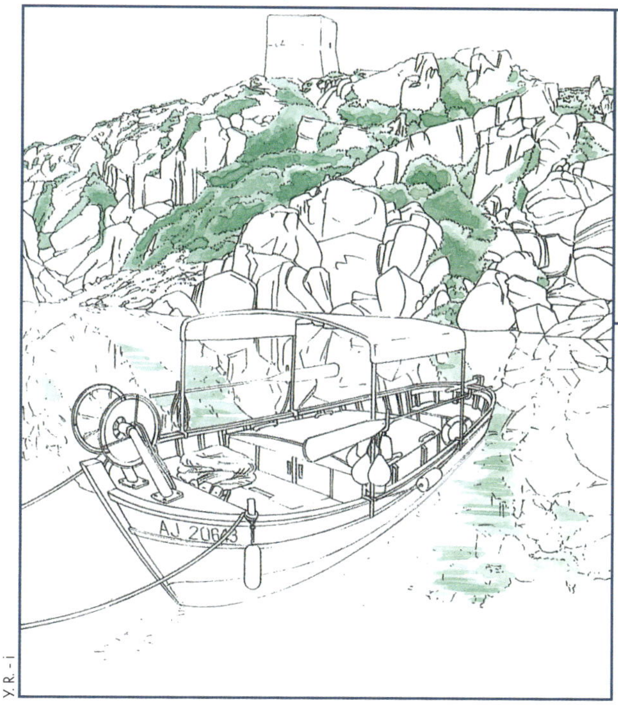

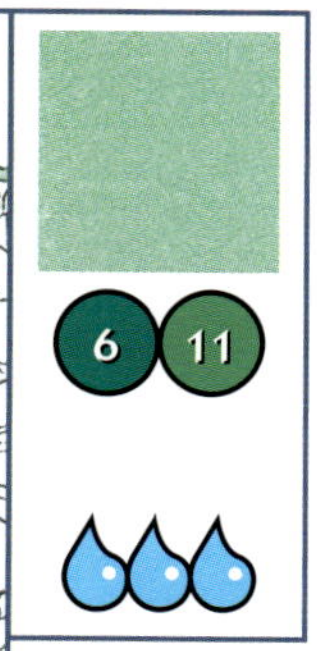

Les reflets seront plus clairs que la végétation et réalisés par de petits balayages horizontaux. Pour le traitement de la végétation, reportez-vous aux conseils p. 68.

Étape n° 2

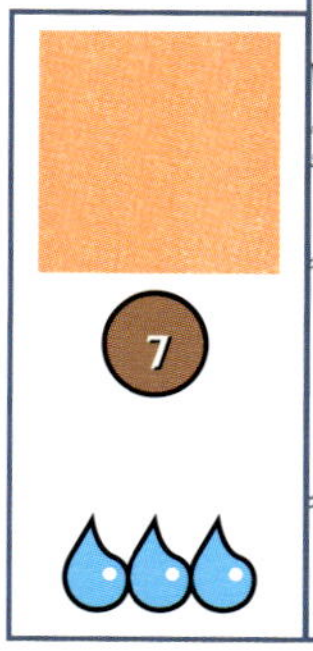

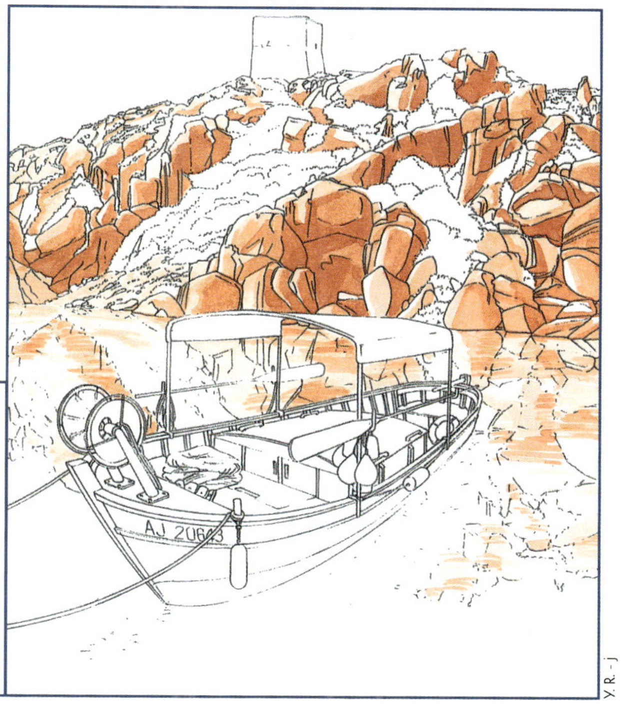

Traitez les reflets comme à l'étape précédente, et les roches comme indiqué dans les conseils.

Étape n° 3

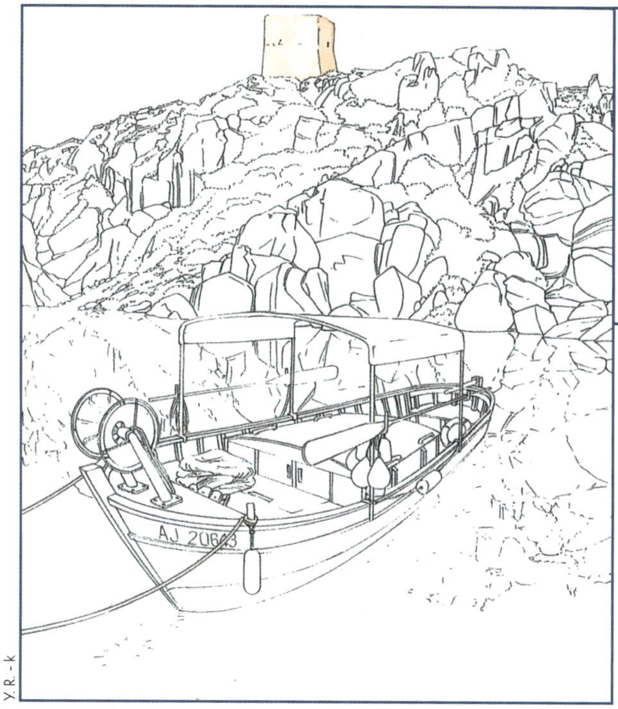

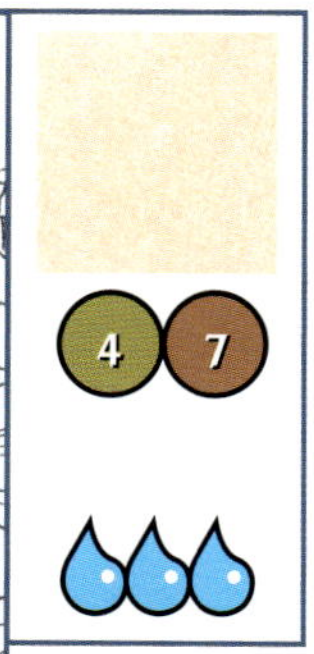

Passez la couleur uniformément sur l'ensemble de la tour. Puis repassez une ou deux fois sur la zone ombrée.

Étape n° 4

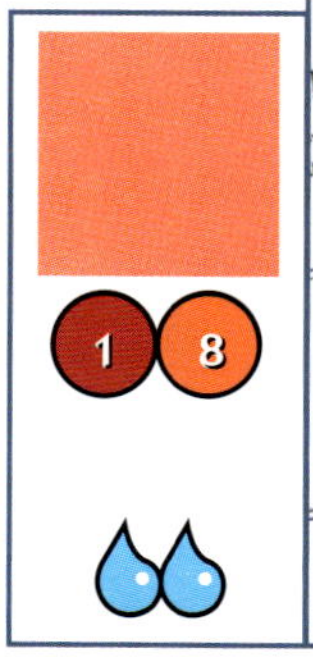

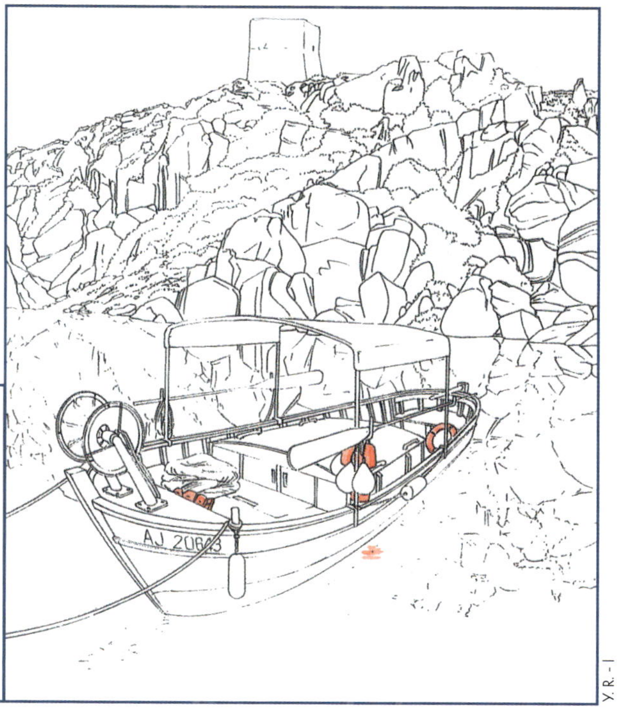

La lumière venant de la gauche, ombrez en repassant une seconde couche de couleur sur le côté droit de chaque objet.

Étape n° 5

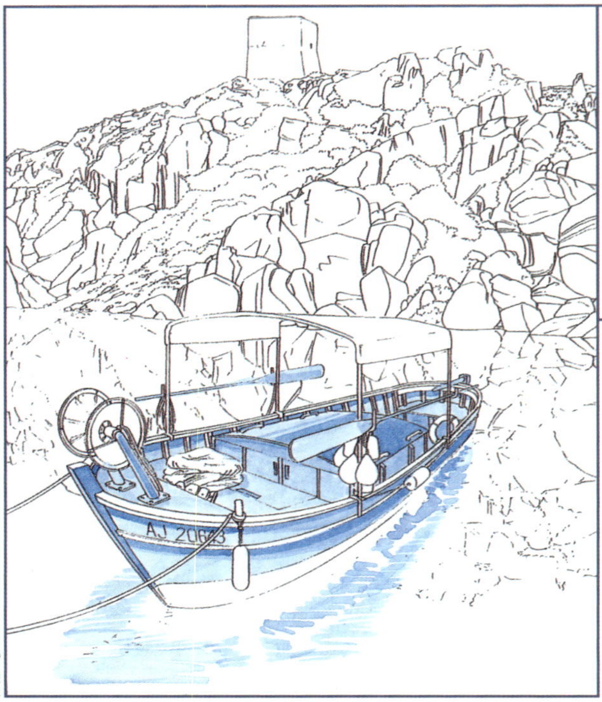

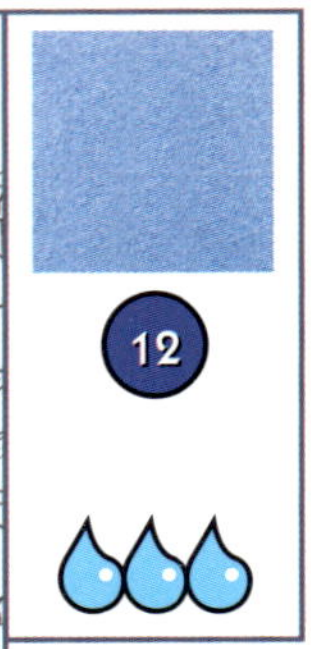

Formez les ombres propres et portées par un ou deux passages de couleur supplémentaires. Traitez les reflets comme indiqué à l'étape n° 1.

Étape n° 6

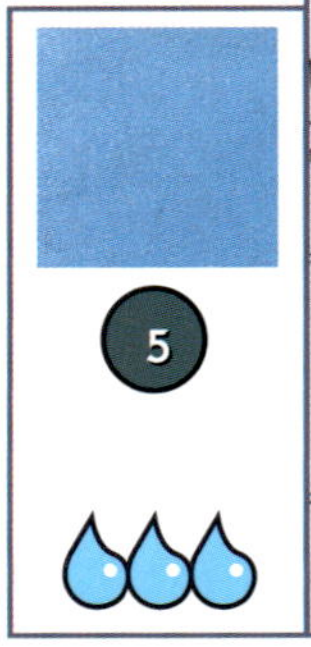

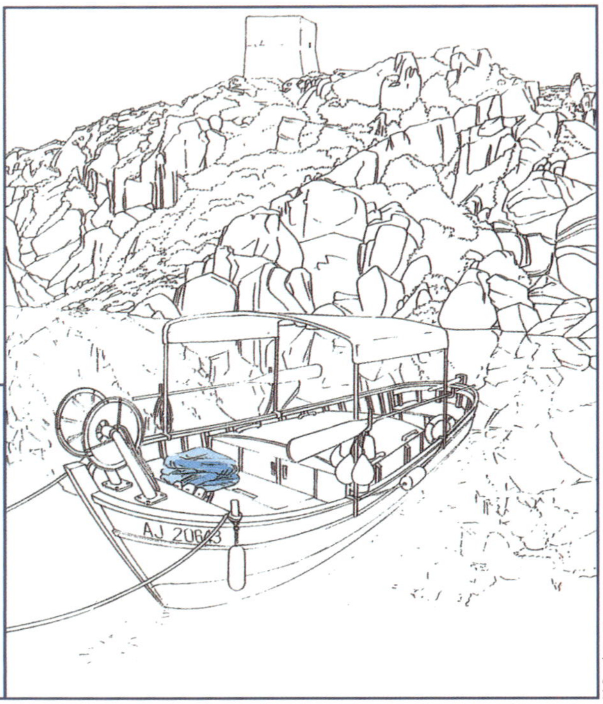

Après avoir couvert légèrement l'ensemble du filet, soulignez à la pointe du pinceau les plis et les volumes.

Étape n° 7

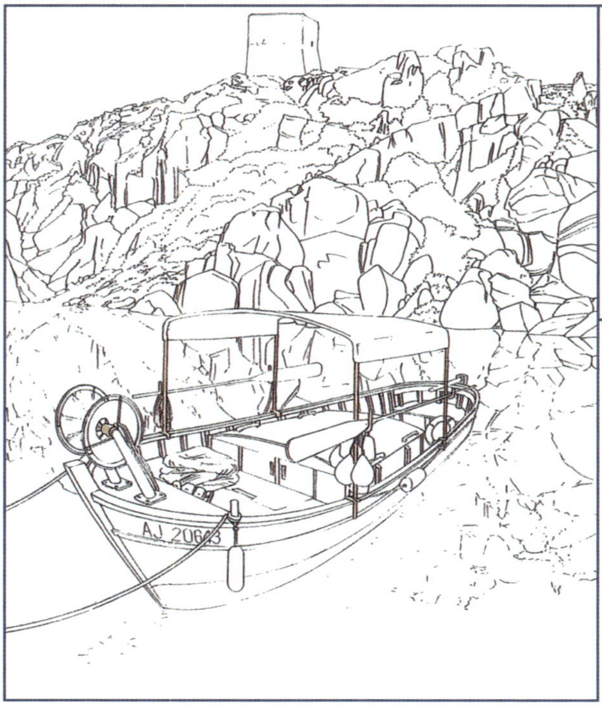

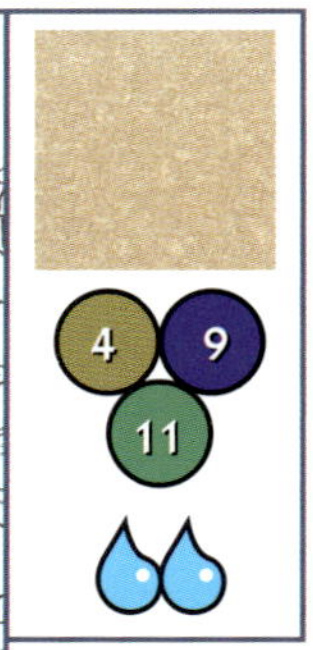

Étape n° 8

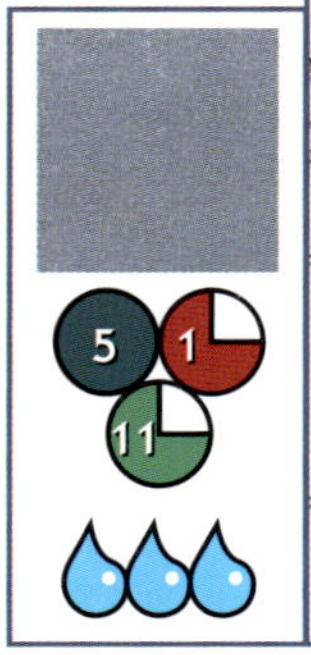

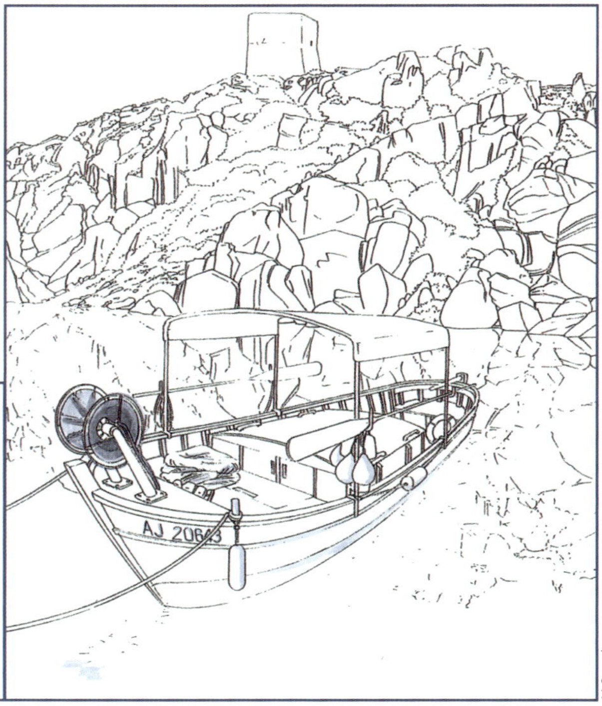

En même temps que vous colorez le treuil, ombrez légèrement. Les blancs ne recevront pas d'éclairage direct.

Étape n° 9

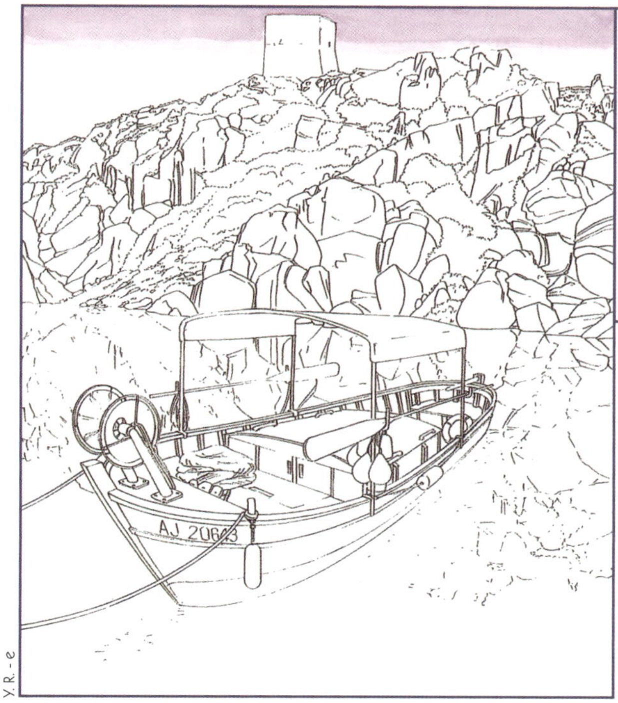

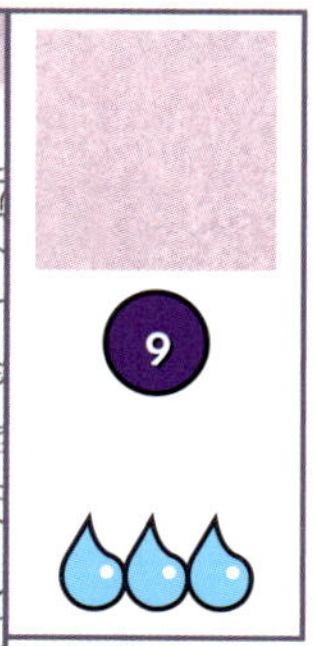

Après avoir humidifié l'ensemble du ciel, appliquez rapidement, de façon horizontal, le violet très dilué. Puis passez sans attendre à l'étape suivante.

Étape n° 10

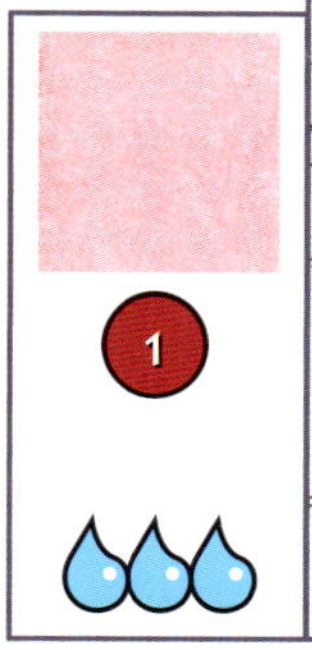

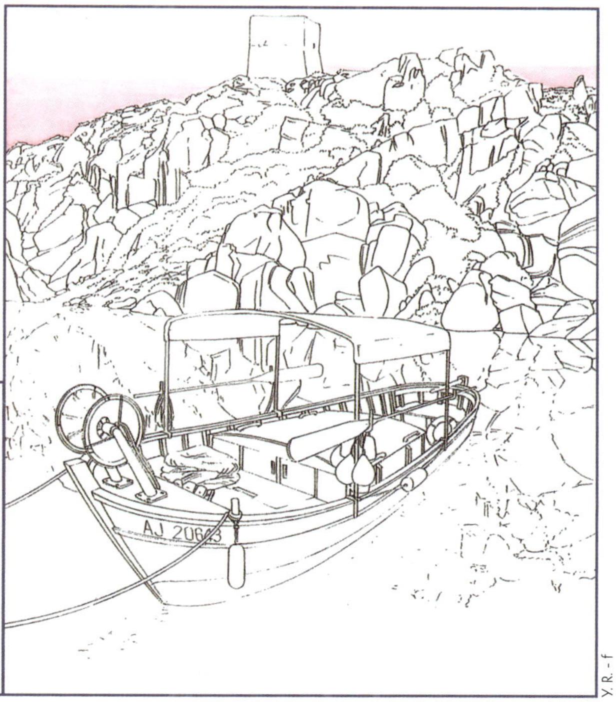

Le carmin viendra se fondre en lisière du violet posé à l'étape précédente.

Étape n° 11

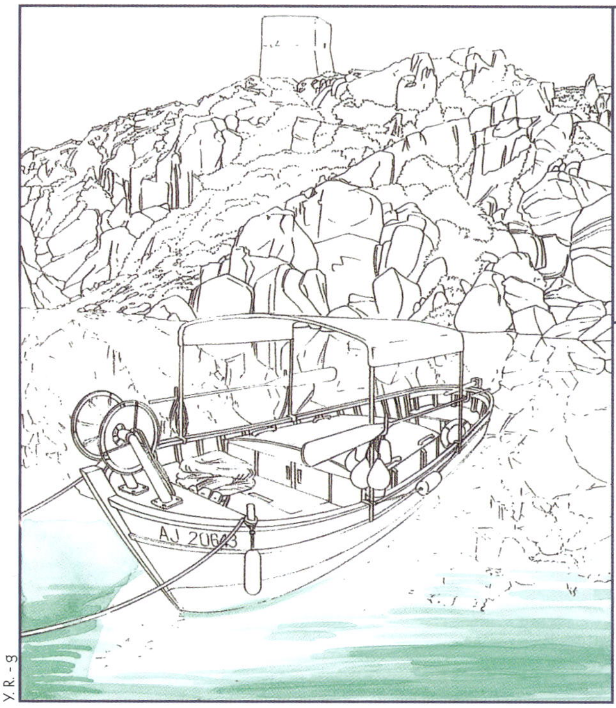

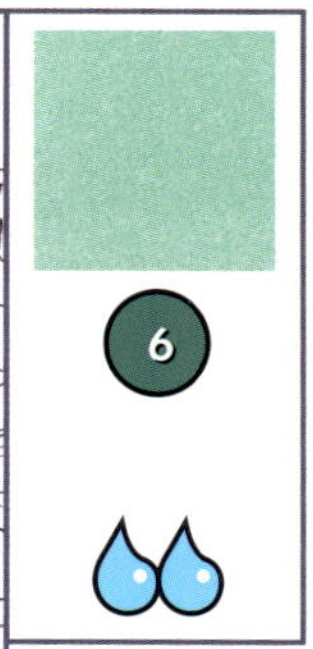

Faites deux ou trois passages horizontaux successifs, sur une surface légèrement humidifiée.

Étape n° 12

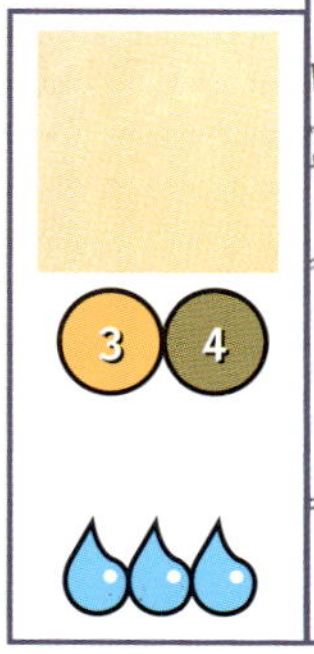

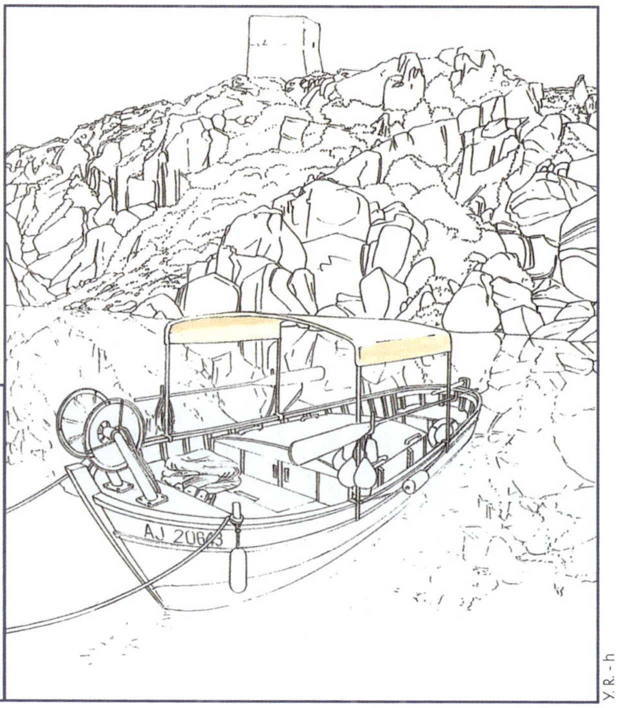

Foncez légèrement les côtés intérieur gauche et extérieur droit.

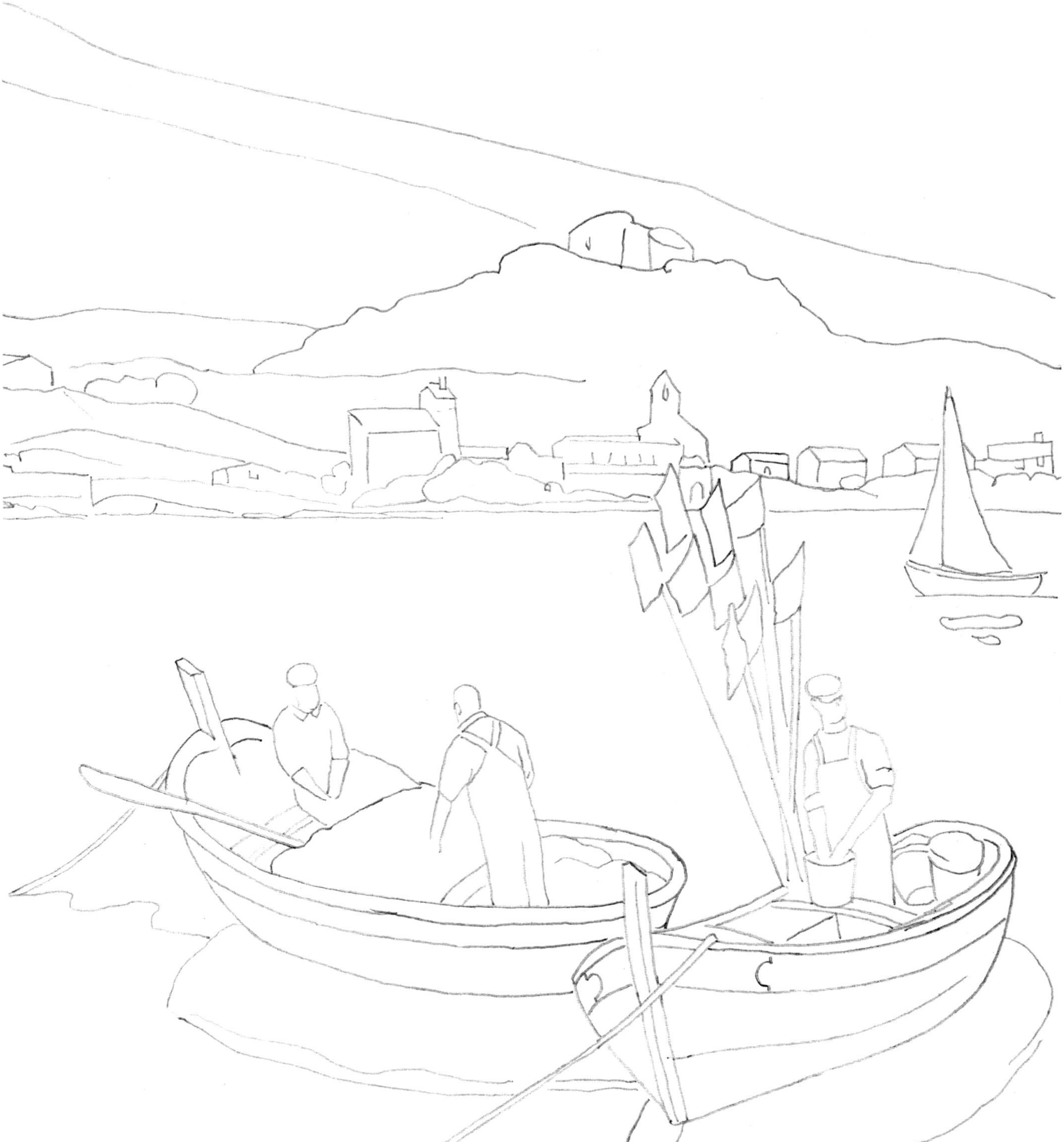

Le port de Porquerolles

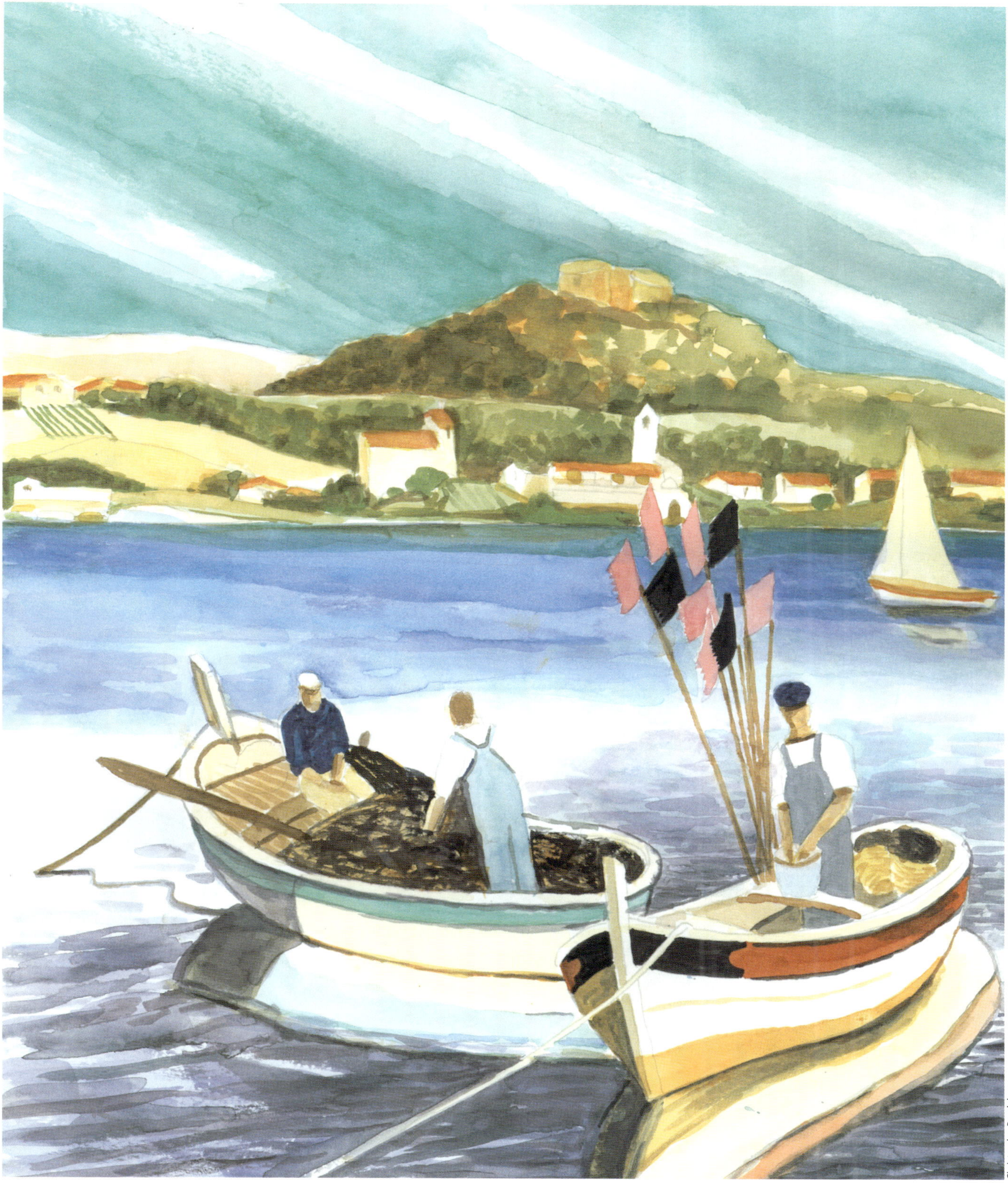

Christophe Pradal - a

Le port de Porquerolles

Nous vous proposons une balade en barque, près du port de Porquerolles. Vous devrez associer avec harmonie les traits horizontaux des flots avec les petites touches « pointillistes » pour la végétation.

Installez-vous confortablement

• Rassemblez tout le matériel dont vous aurez besoin pour exécuter votre aquarelle.
• Disposez vos couleur de manière à avoir une palette cohérente. Cela vous évitera de tacher votre feuille ou de salir vos godets.
• Pensez à changer régulièrement votre eau. Préparez-en plusieurs récipients pour éviter d'avoir à interrompre trop souvent votre travail.
• Fixez votre aquarelle sur un support rigide, en plaçant un ruban adhésif sur les quatre côtés, pour ne pas qu'elle gondole.

Dosez vos mélanges

• Préparez dans un godet ou une assiette blanche une quantité suffisante de peinture.
• En effet, si vous deviez en cours d'exécution vous interrompre pour préparer un nouveau mélange, vous auriez le plus grand mal à retrouver exactement le même ton. En outre, durant la préparation du deuxième mélange, votre lavis aurait séché entre-temps et la jonction entre les deux lavis resterait visible.
• Un rapide coup d'œil sur le pas à pas vous permettra de juger en quelle quantité doit être préparé chaque mélange.

L'art du lavis

• Pour les étapes n°s 1 et 4, vous réaliserez un lavis sur fond humide. Cette technique a déjà été abordée dans les cours p. 17. Toutefois, les effets obtenus peuvent être déconcertants, l'élément liquide paraissant parfois incontrôlable.
• Il convient donc de procéder à quelques rappels : commencez par le haut et faites descendre la couleur en déplaçant votre pinceau large horizontalement, avec des gestes bien fluides, autrement dit sans saccades.
• Certains aquarellistes inclinent légèrement leur feuille pour faciliter cette opération.
• Munissez-vous d'une éponge, de papier absorbant ou buvard, pour absorber les excès d'eau ou de couleur.

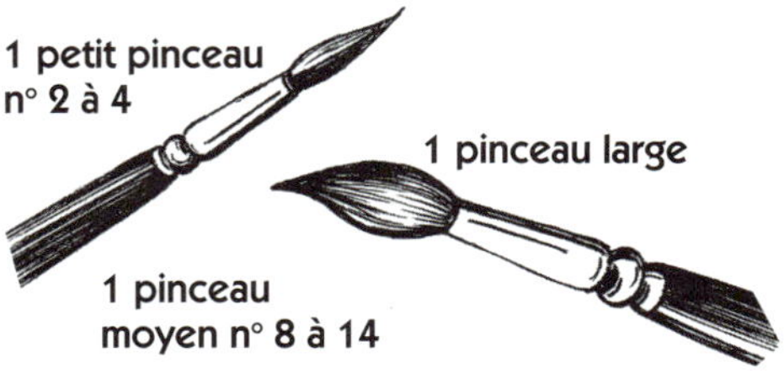

Voici les treize couleurs dont vous aurez besoin pour réaliser votre aquarelle.

1 Rouge carmin
2 Bleu de cobalt
4 Terre d'ombre naturelle
5 Bleu de Prusse
6 Vert bleuâtre
7 Terre de Sienne brûlée
8 Rouge vermillon
9 Violet
10 Jaune citron
12 Bleu outremer
13 Chair
14 Bleu turquoise
17 Orange

Étape n° 1

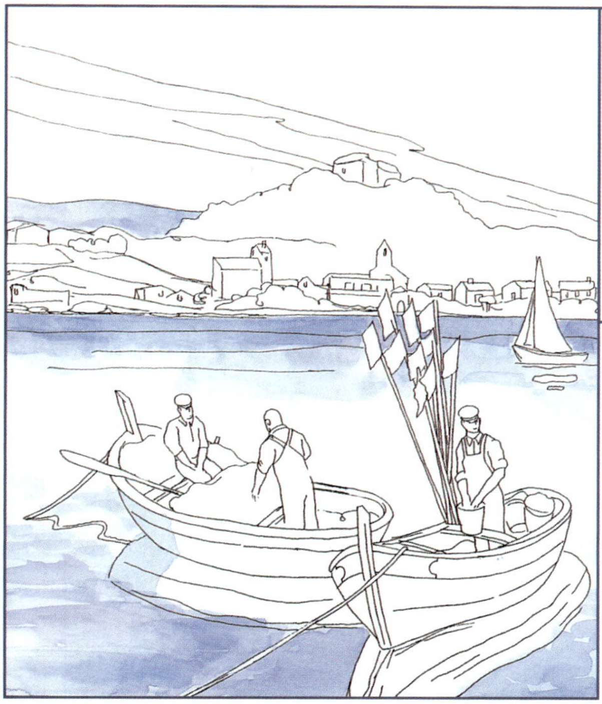

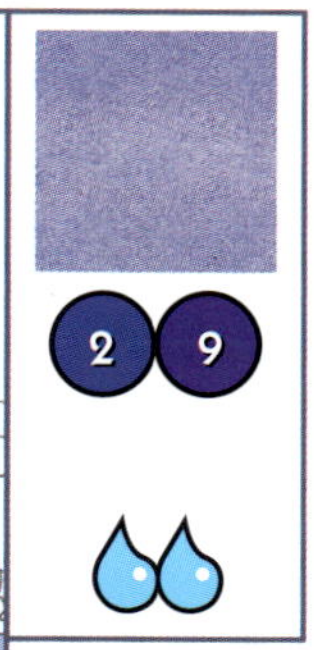

Ch. P. - a

Humidifiez les parties à couvrir. Faites un premier lavis très pâle, en réservant une zone au centre, puis faites un nouvau passage en insistant sur le premier et l'arrière-plan.

Étape n° 2

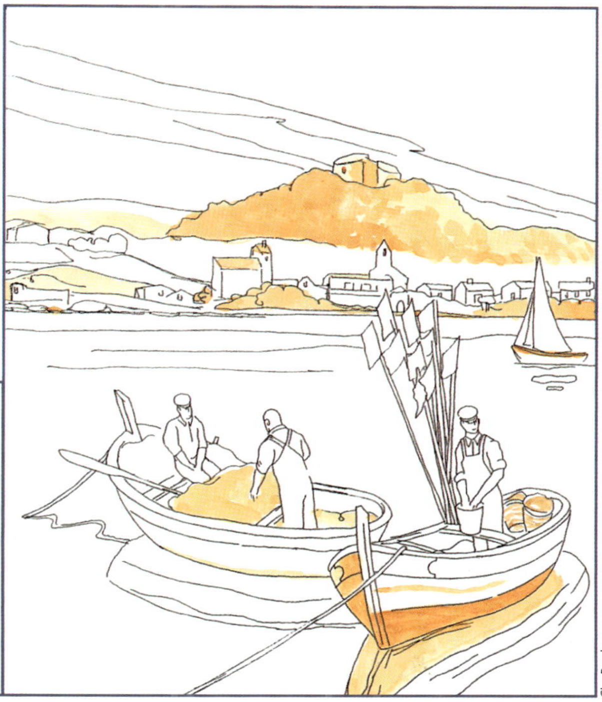

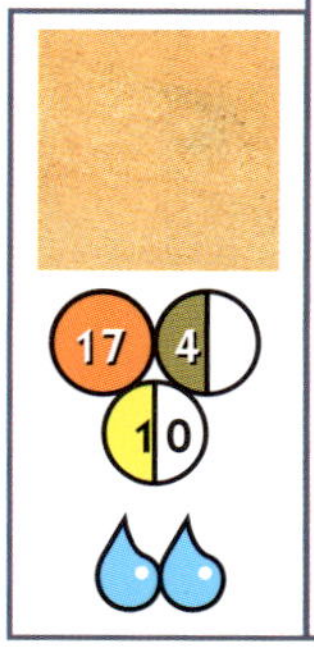

Ch. P. - b

Effectuez un deuxième passage pour renforcer la coque du bateau et la partie gauche de la colline.

Étape n° 3

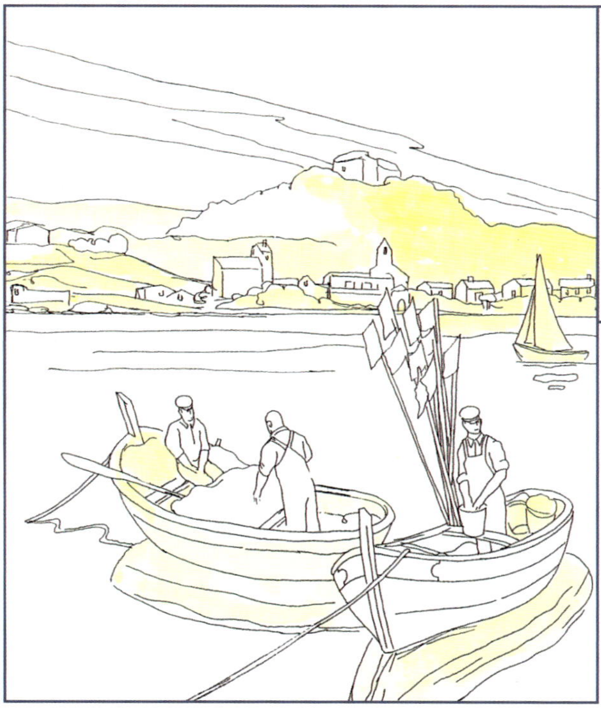

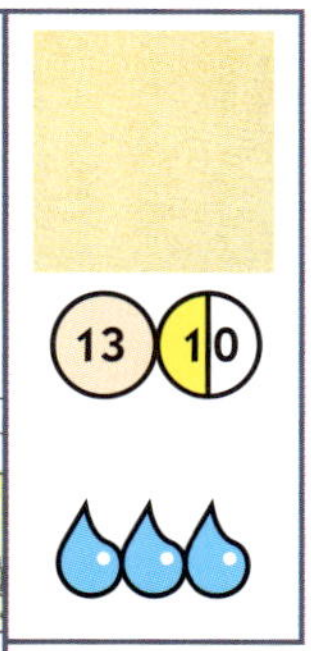

Ch. P. - c

Pour la coque, les reflets dans l'eau ainsi que le voilier, le lavis doit être très pâle.

Étape n° 4

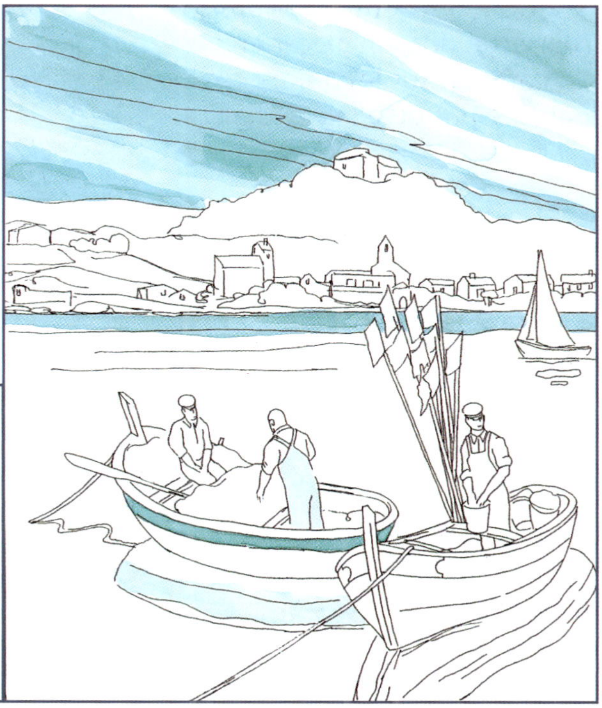

Ch. P. - d

Faites un premier lavis sur fond humide, en réservant des parties blanches pour les nuages, puis retravaillez le ciel en déplaçant votre pinceau parallèlement aux nuages.

Étape n° 5

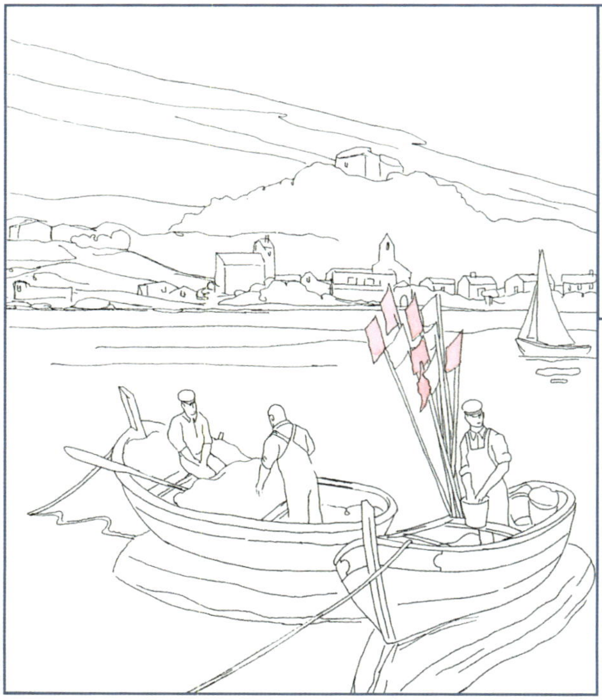

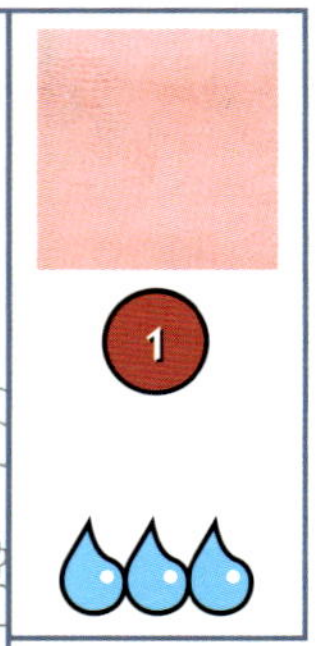

Ch. P. - a

Utilisez votre pinceau le plus fin et une couleur très pâle.
C'est le blanc du papier qui permet d'obtenir
une teinte rose.

Étape n° 6

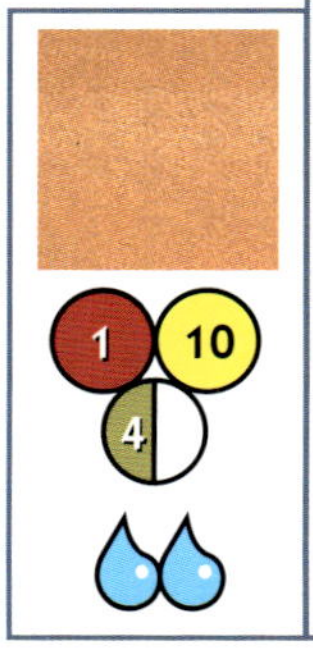

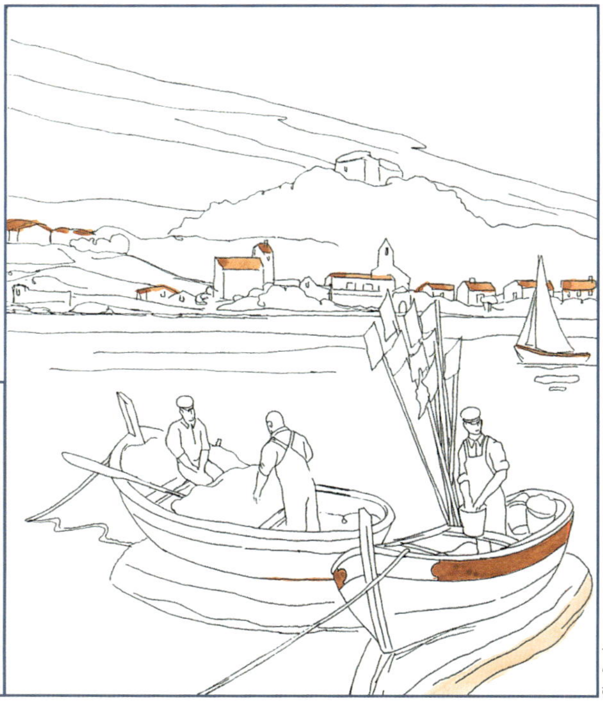

Ch. P. - b

Étape n° 7

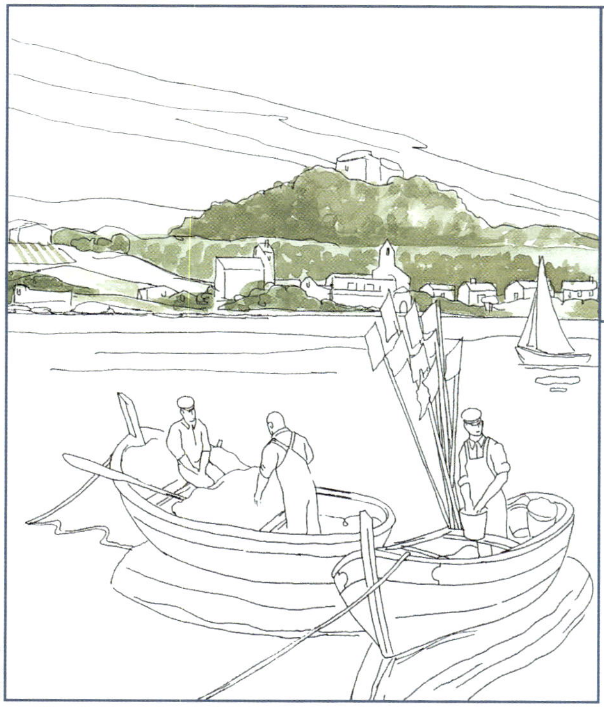

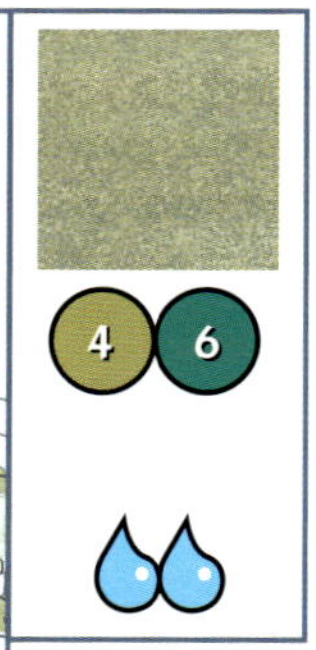

Ch. P. - c

N'appliquez pas la couleur de manière uniforme :
procédez par touches.

Étape n° 8

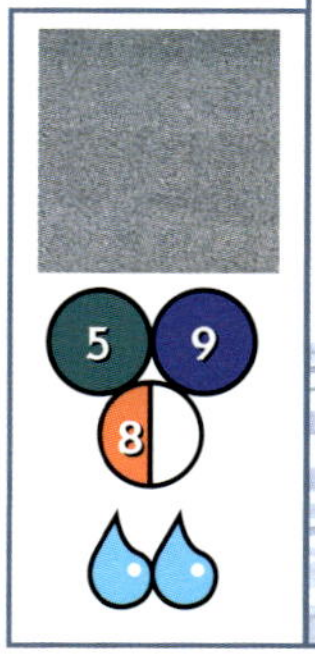

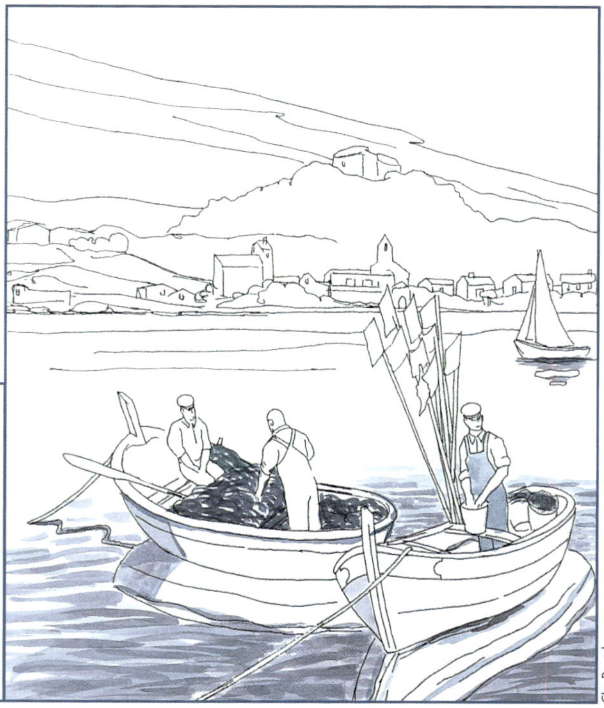

Ch. P. - d

Faites plusieurs passages en fonçant graduellement
la couleur. Pour le filet, utilisez un pinceau presque sec.

Étape n° 9

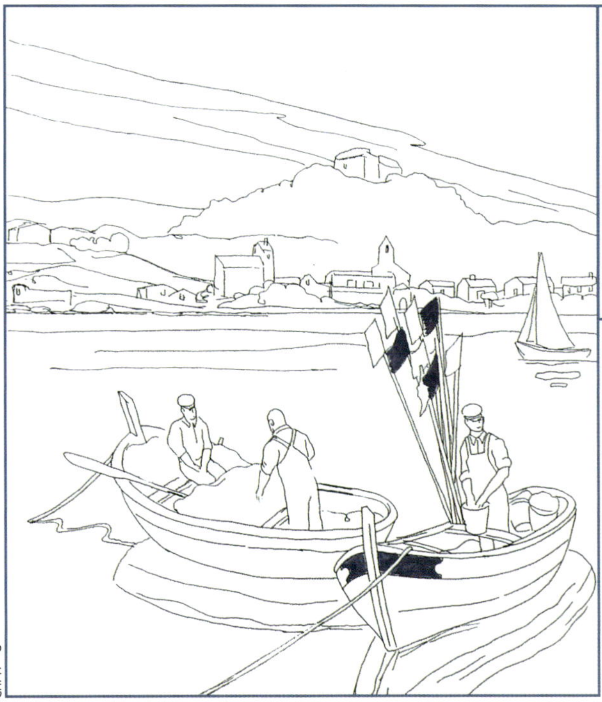

Ch. P - e

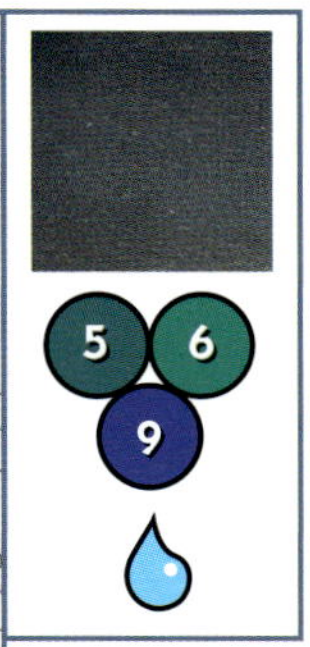

Utilisez très peu d'eau pour obtenir une teinte presque opaque.

Étape n° 10

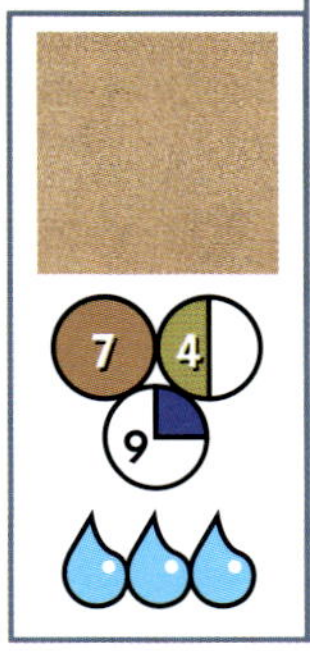

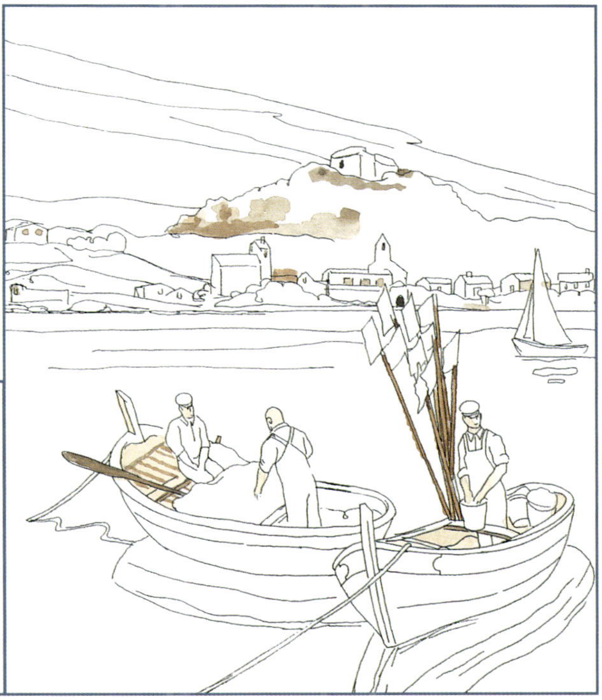

Ch. P - f

Étape n° 11

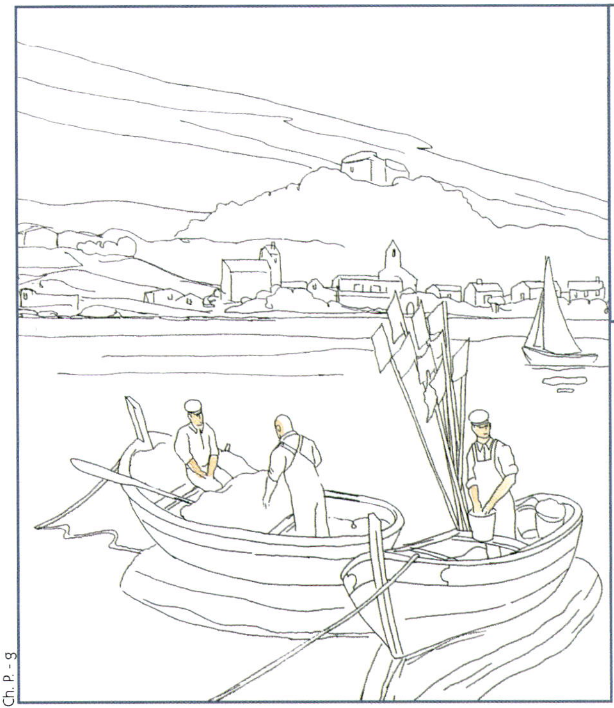

Ch. P - g

Étape n° 12

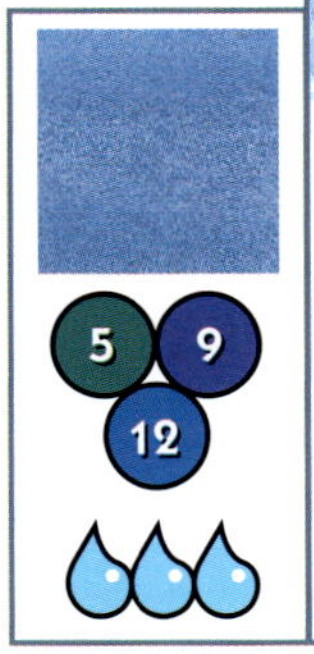

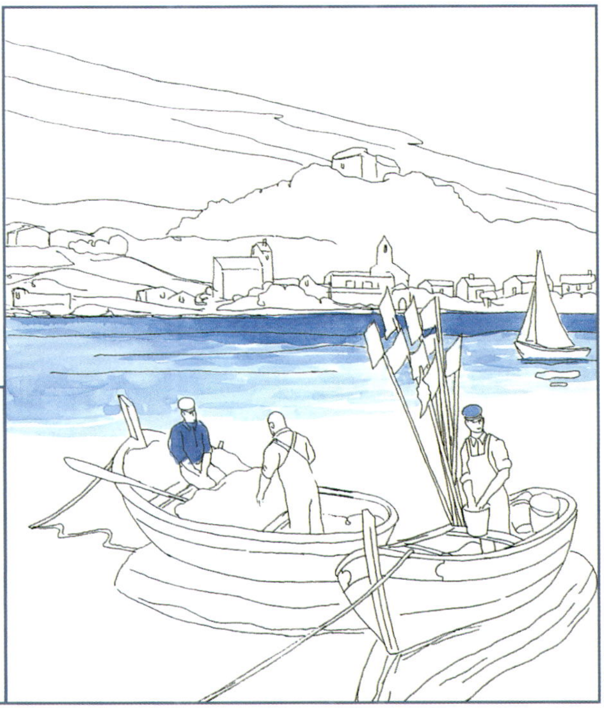

Ch. P - h

Autour des drapeaux, travaillez avec un pinceau fin. Plus vous vous éloignez du rivage, plus le lavis doit être clair.

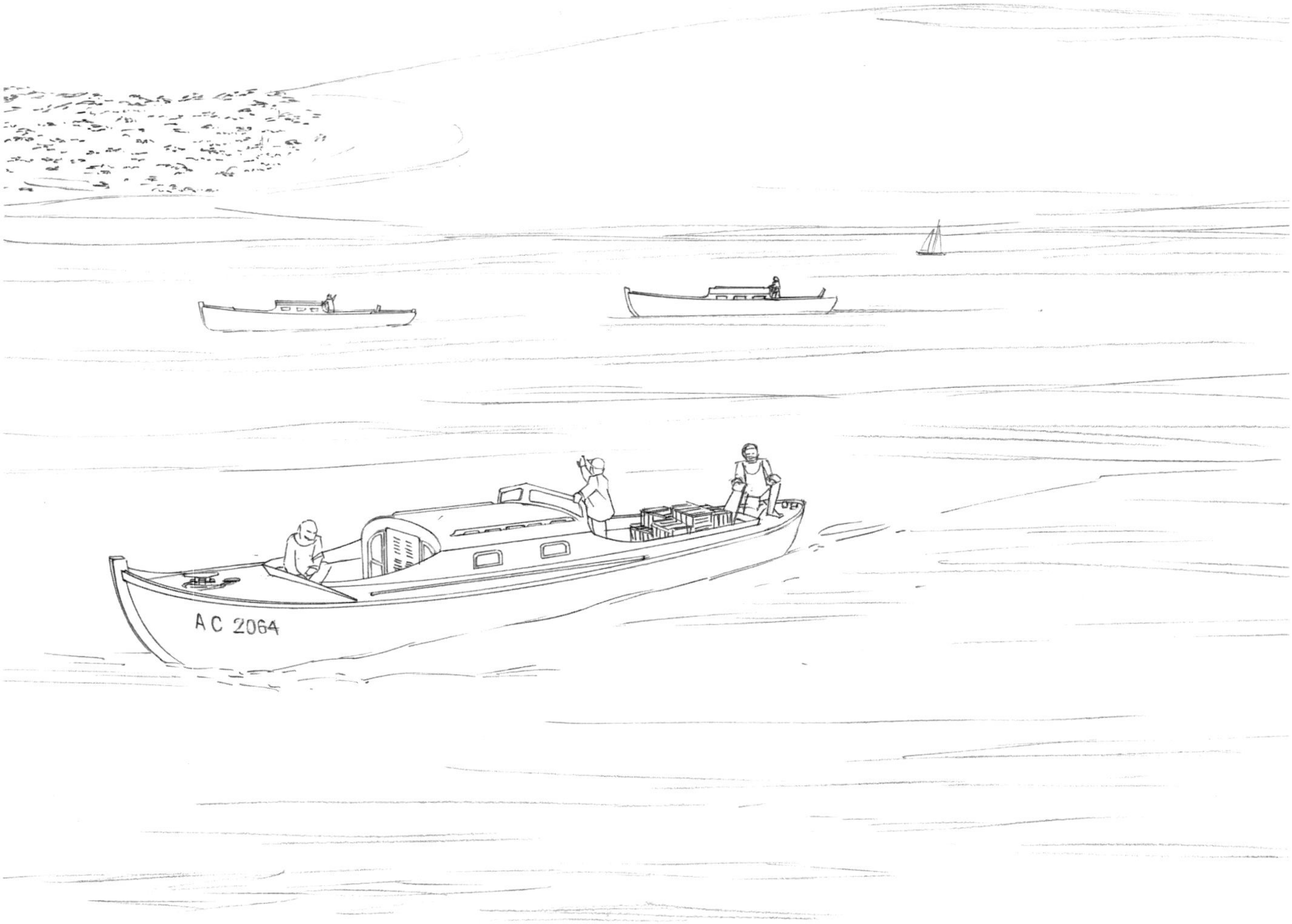
A C 2064

Pinasses devant la dune du Pilat

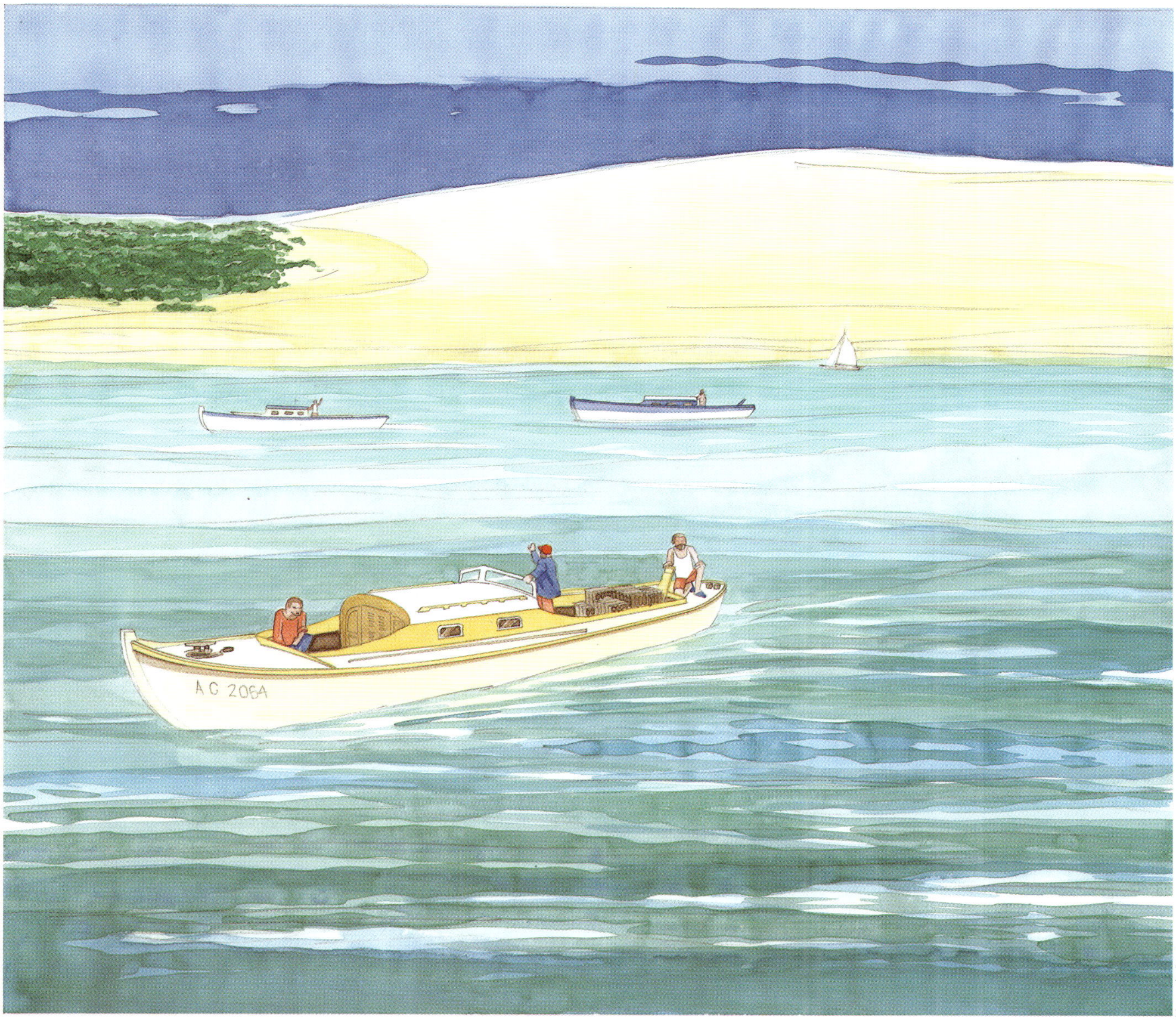

Yann de Renty - a

Pinasses devant la dune du Pilat

Cette aquarelle de la côte landaise est à réaliser avec la technique sèche : entre deux passages de couleur, on prendra soin de laisser sécher la surface concernée.

Faites des tests !

• Pour bien comprendre, ou vous remémorer, les raisons de ce choix de la technique sèche, procédons à quelques tests, que vous pouvez refaire vous-même en guise d'entraînement.

Superposition

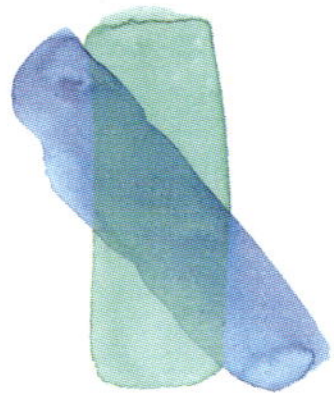

Ici, le bleu outremer est passé une fois que le vert bleuâtre est bien sec. Les limites de chaque couleur sont assez nettes. Le vert transparaît sous le bleu.

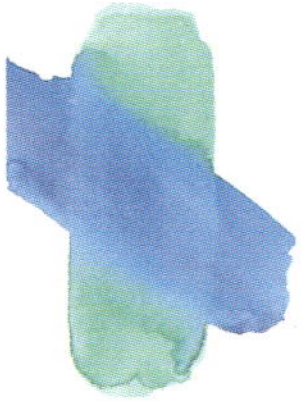

Dans cet autre cas, le bleu est passé immédiatement après le vert. Les bords du bleu se fondent avec le vert. Celui-ci s'est fondu sous le bleu.

Juxtaposition

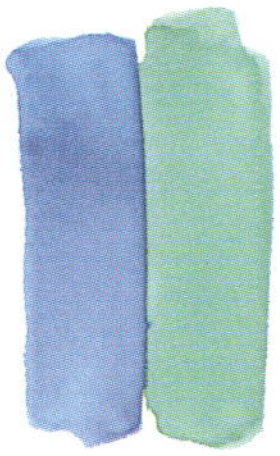

On a attendu que le vert soit bien sec pour passer le bleu : côte à côte, les deux bandes sont clairement délimitées.

En juxtaposant quasi simultanément les passages de bleu et de vert, ceux-ci se fondent sans lisière franchement démarquée.

Les vaguelettes

• L'emploi de la technique sèche va permettre de donner toute leur particularité aux vaguelettes de cette aquarelle, clairement dessinées, et non fondues, comme on a coutume de le faire (étapes n°s 6, 7, 8).

• On peut moduler les effets, en se rappelant que si l'une des deux applications est plus chargée en eau, elle envahira en partie la surface moins humide.

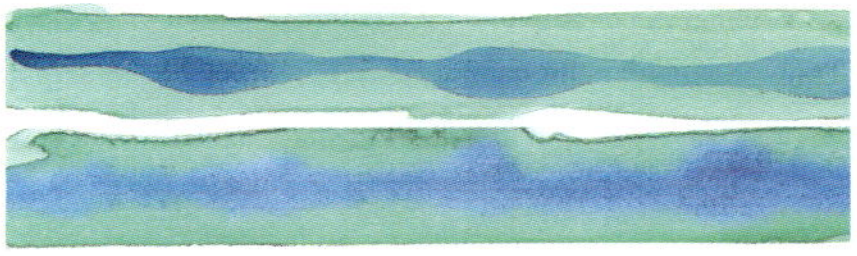

En haut, une vaguelette superposée sur fond sec. En bas, une vaguelette superposée sur fond humide.

La dune

• La dune elle-même se travaillera en deux temps (étape n° 3). Le premier passage sera très dilué. Puis, après séchage presque complet, on en rehaussera la base et la courbe par un second passage un peu plus dense.

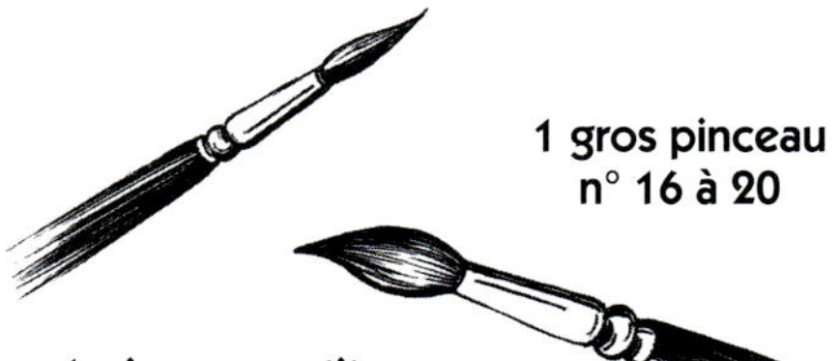

1 gros pinceau n° 16 à 20

1 pinceau petit à moyen n° 4 à 8

Voici les treize couleurs dont vous aurez besoin pour réaliser votre aquarelle.

1 Rouge carmin

2 Bleu de cobalt

3 Jaune indien

4 Terre d'ombre naturelle

5 Bleu de Prusse

6 Vert bleuâtre

7 Terre de Sienne brûlée

8 Rouge vermillon

9 Violet

10 Jaune citron

11 Vert émeraude mat

12 Bleu outremer

14 Bleu turquoise

Étape n° 1

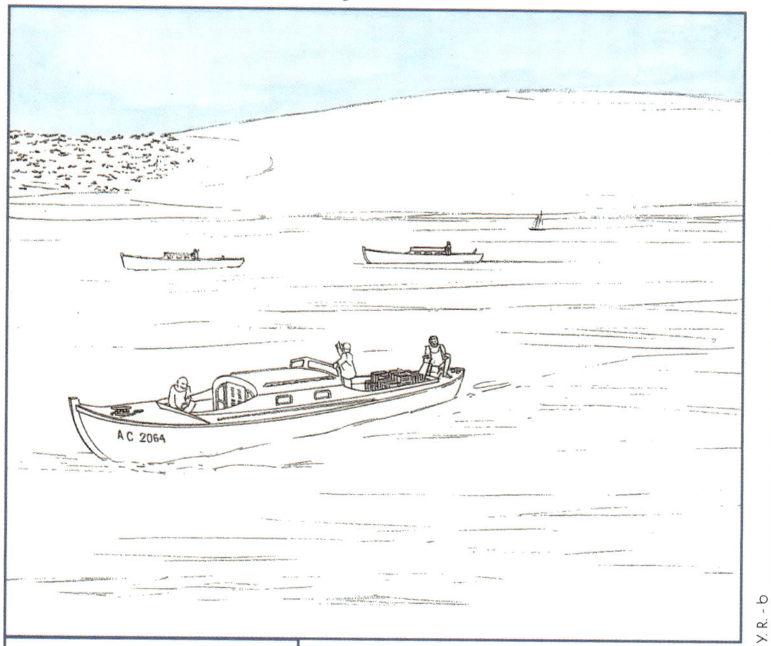

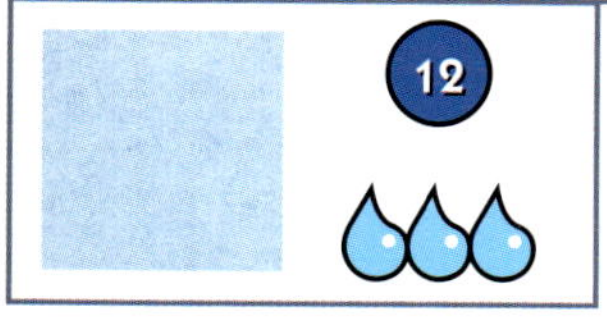

Utilisez un gros pinceau aquarelle pour passer uniformément cet outremer fortement dilué.

Étape n° 2

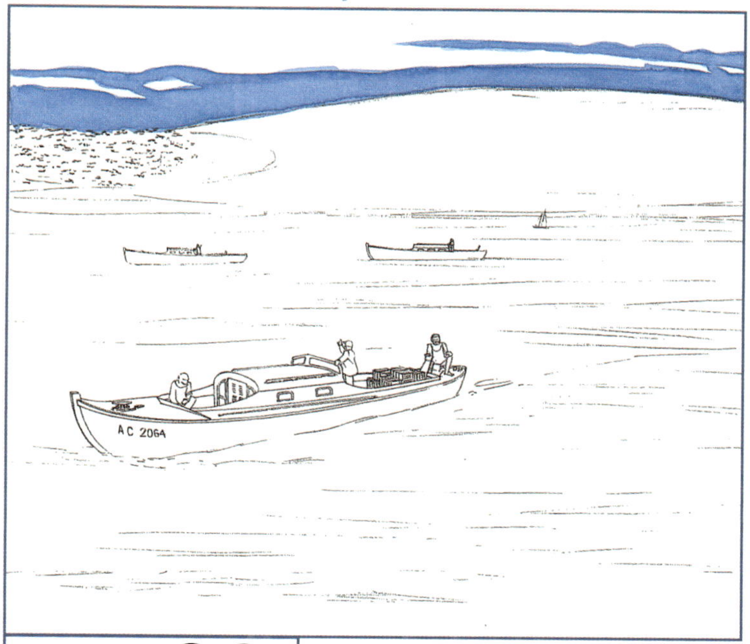

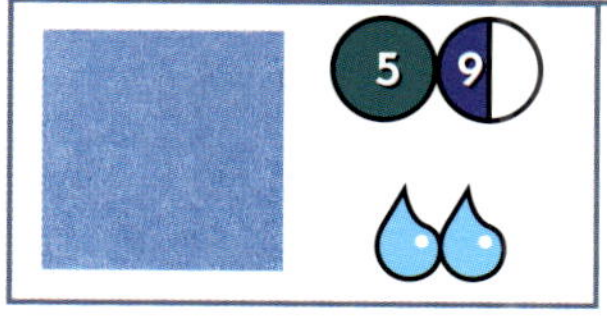

Profitez rapidement du fond humide pour passer le mélange qui figurera le ciel d'orage.

Étape n° 3

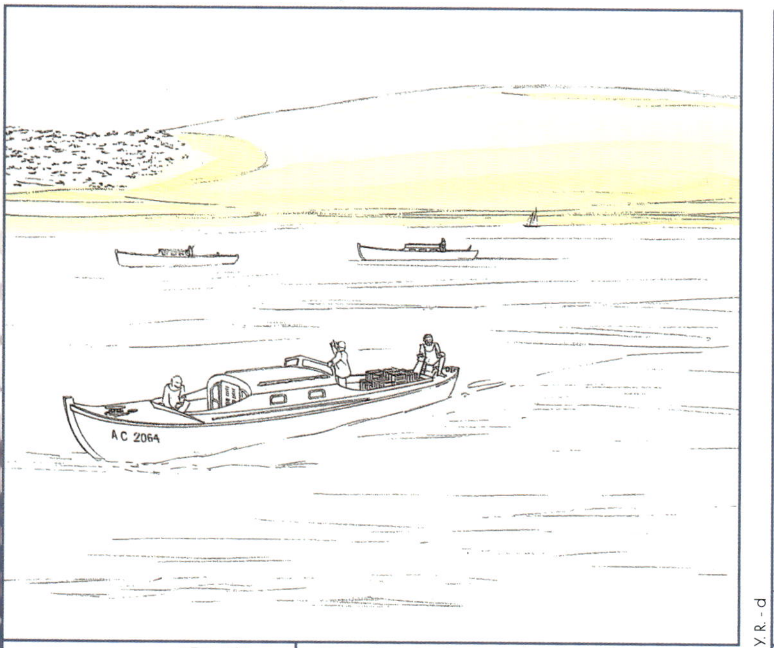

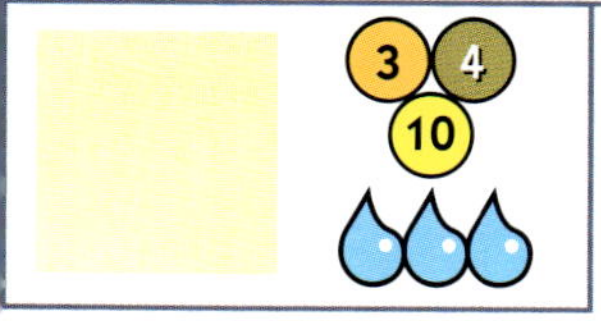

Travaillez la dune selon la méthode proposée dans les conseils p. 80. Préservez une ligne blanche en haut, pour en accentuer le relief.

Étape n° 4

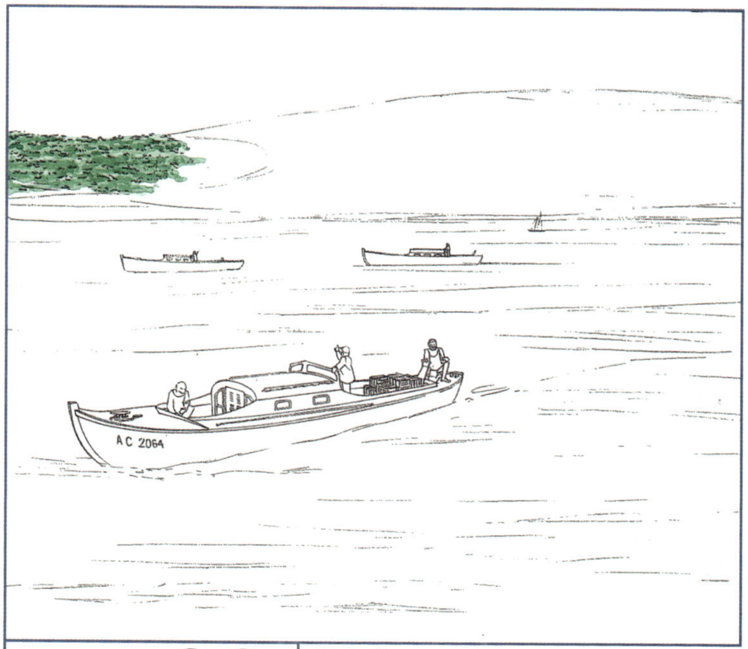

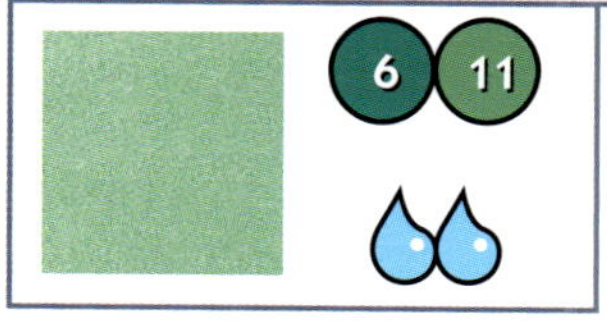

En trois ou quatre passages superposés, en allant du plus clair au plus foncé, sans être trop précis dans le dessin, évoquez la frondaison des pins maritimes.

Étape n° 5

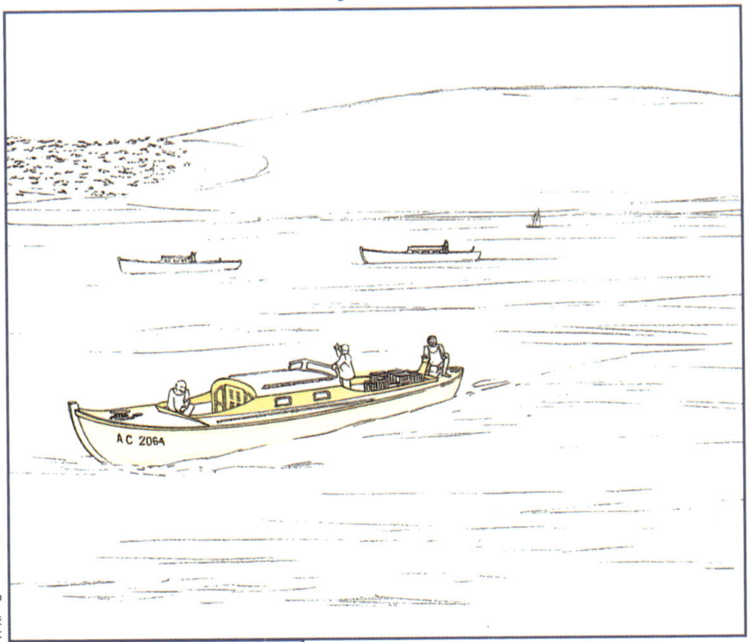

Y. R. - a

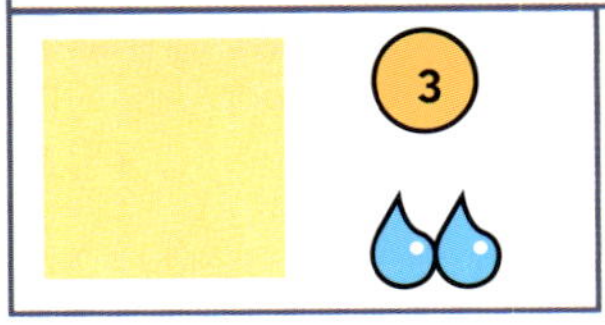

Faites trois passages, pour créer trois volumes différents : la cabine, la coque, le reflet.

Étape n° 6

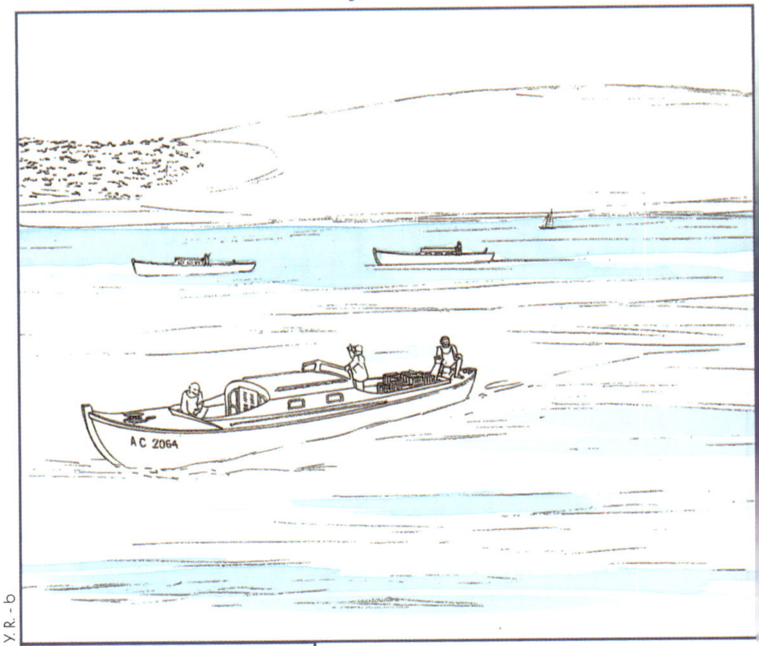

Y. R. - b

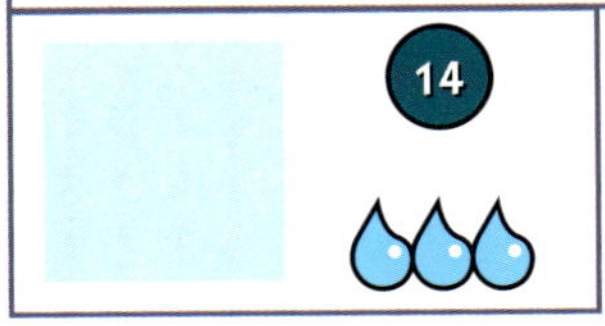

Passez la couleur très diluée au pied de la dune et faites quelques larges bandes au premier plan.

Étape n° 7

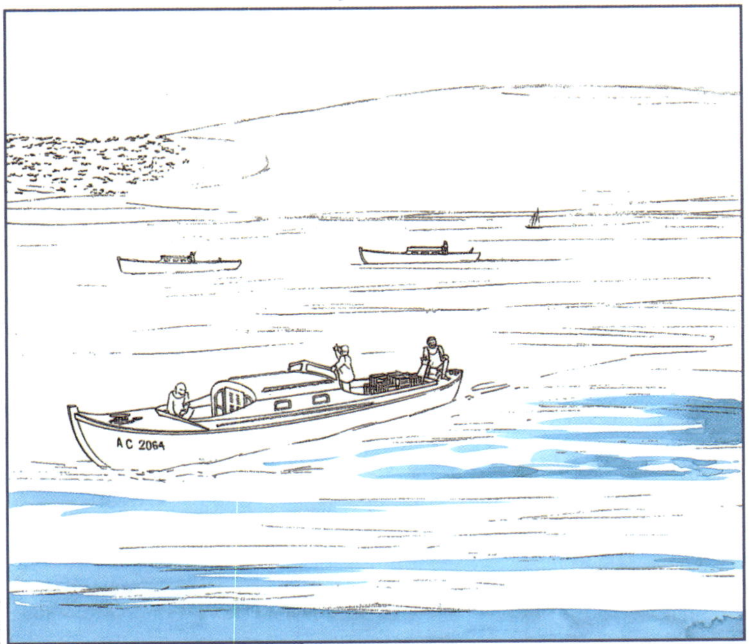

Y. R. - c

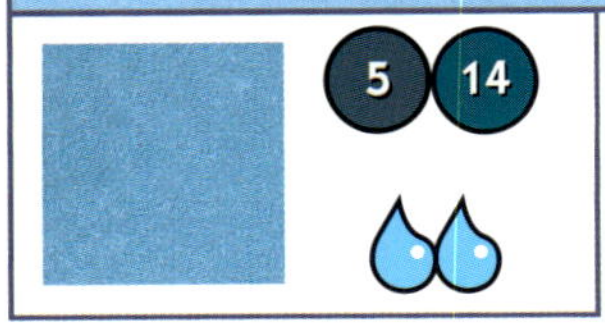

Densifiez la teinte pour le premier plan.

Étape n° 8

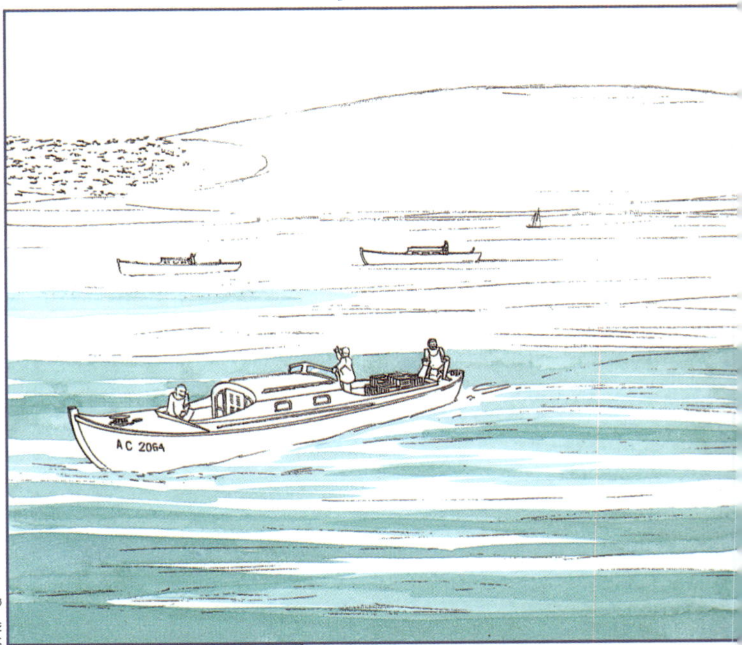

Y. R. - d

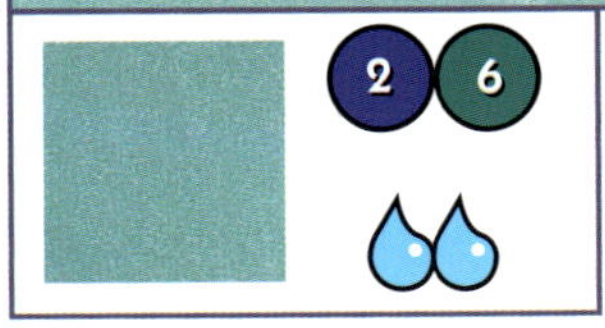

Comme pour l'étape précédente, éclaircissez en allant vers les plans plus éloignés.

Étape n° 9

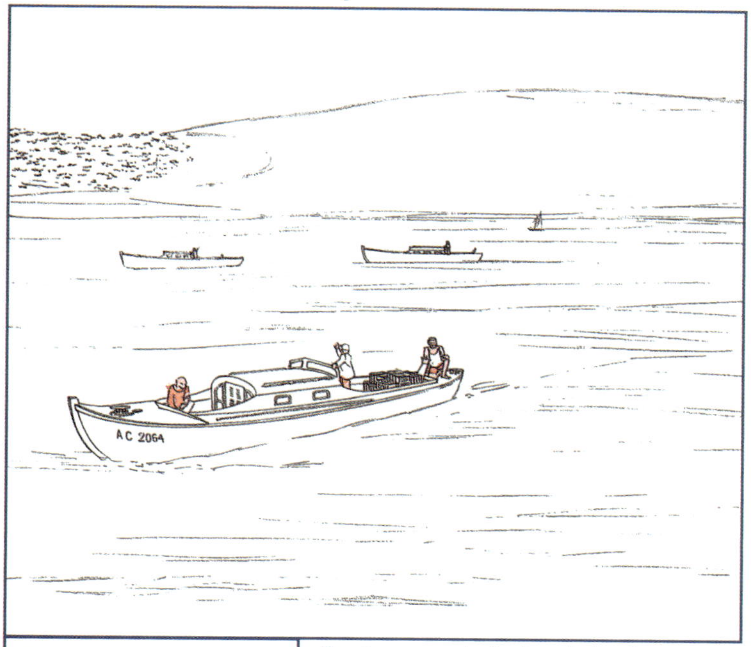

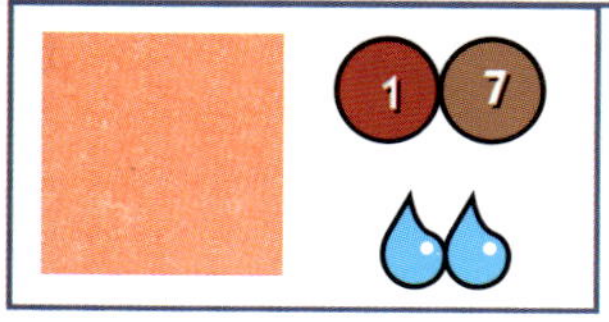

Ce vieux rose traite les chairs dans sa valeur la plus claire, et les vêtements dans sa valeur la plus foncée.

Étape n° 10

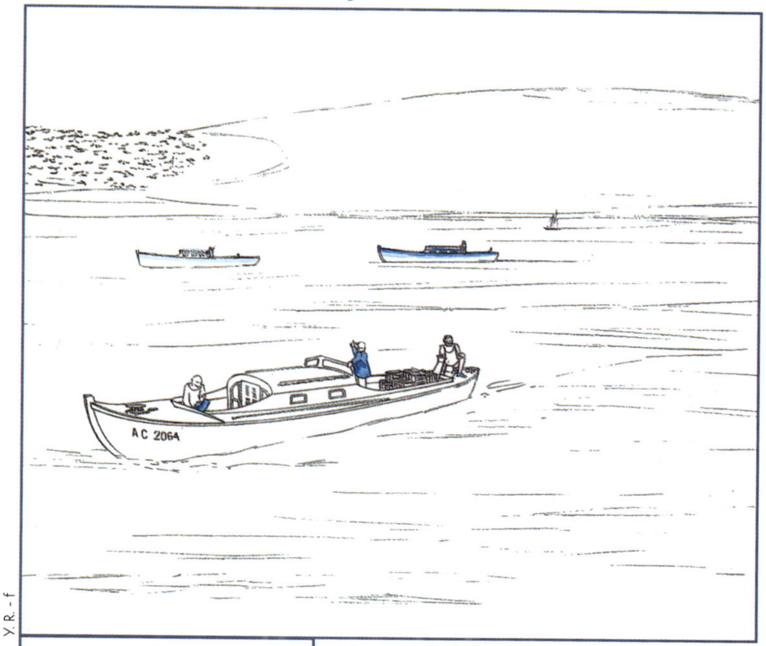

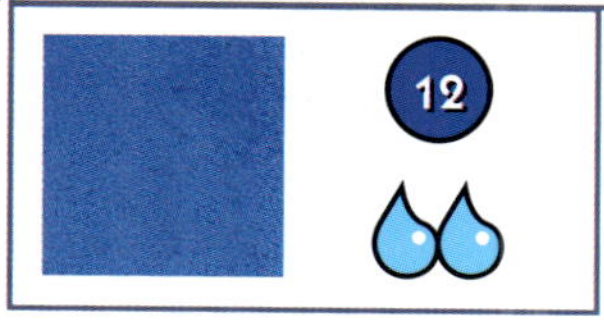

L'intensité de ce bleu outremer met en relief les premiers plans.

Étape n° 11

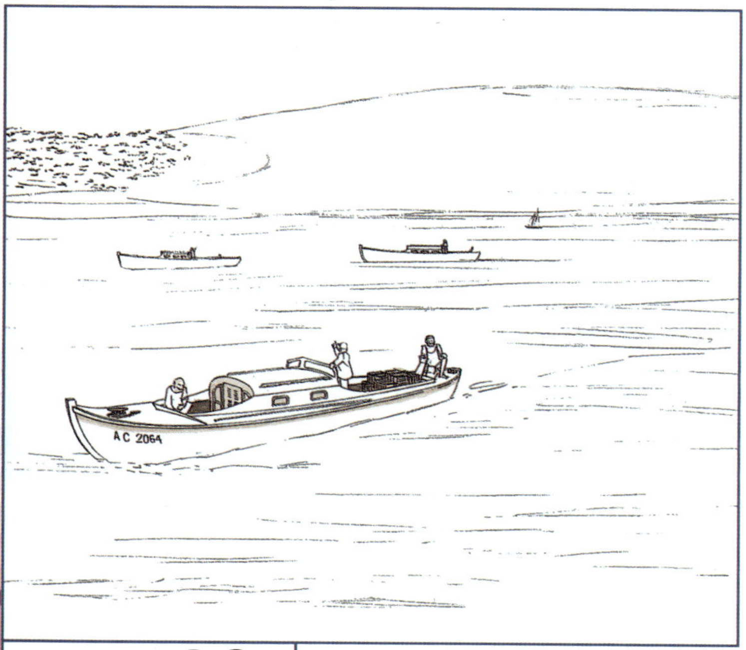

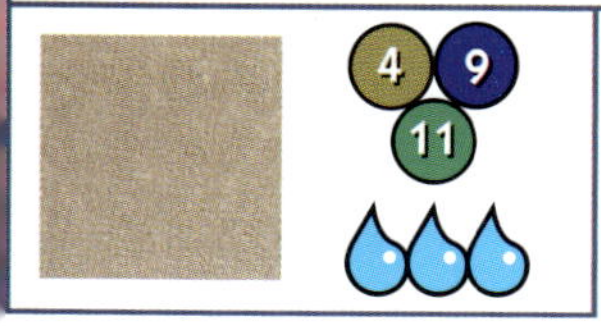

Cette couleur est à utiliser avec plus ou moins d'intensité pour moduler les ombrages.

Étape n° 12

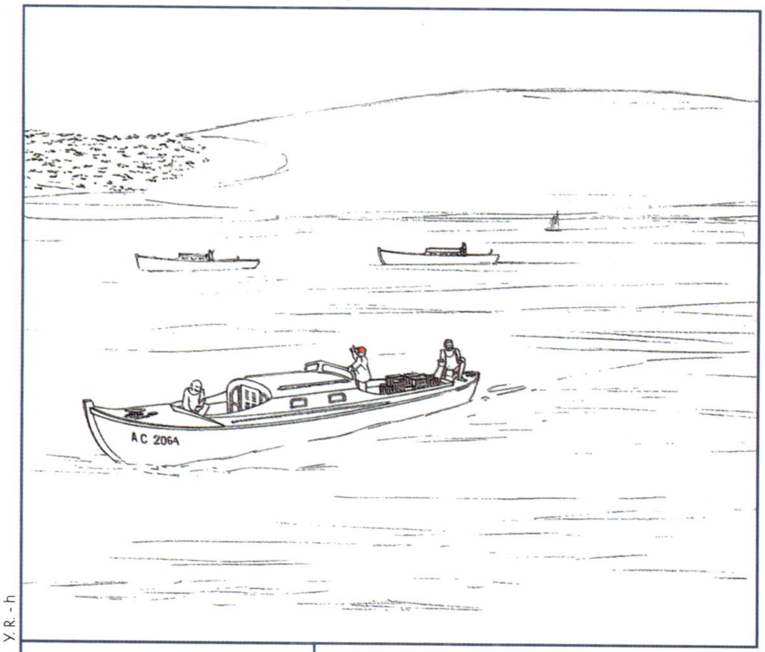

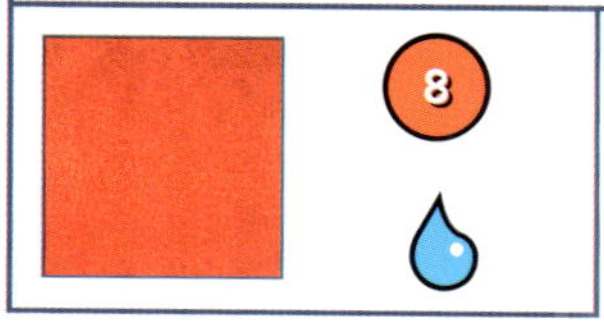

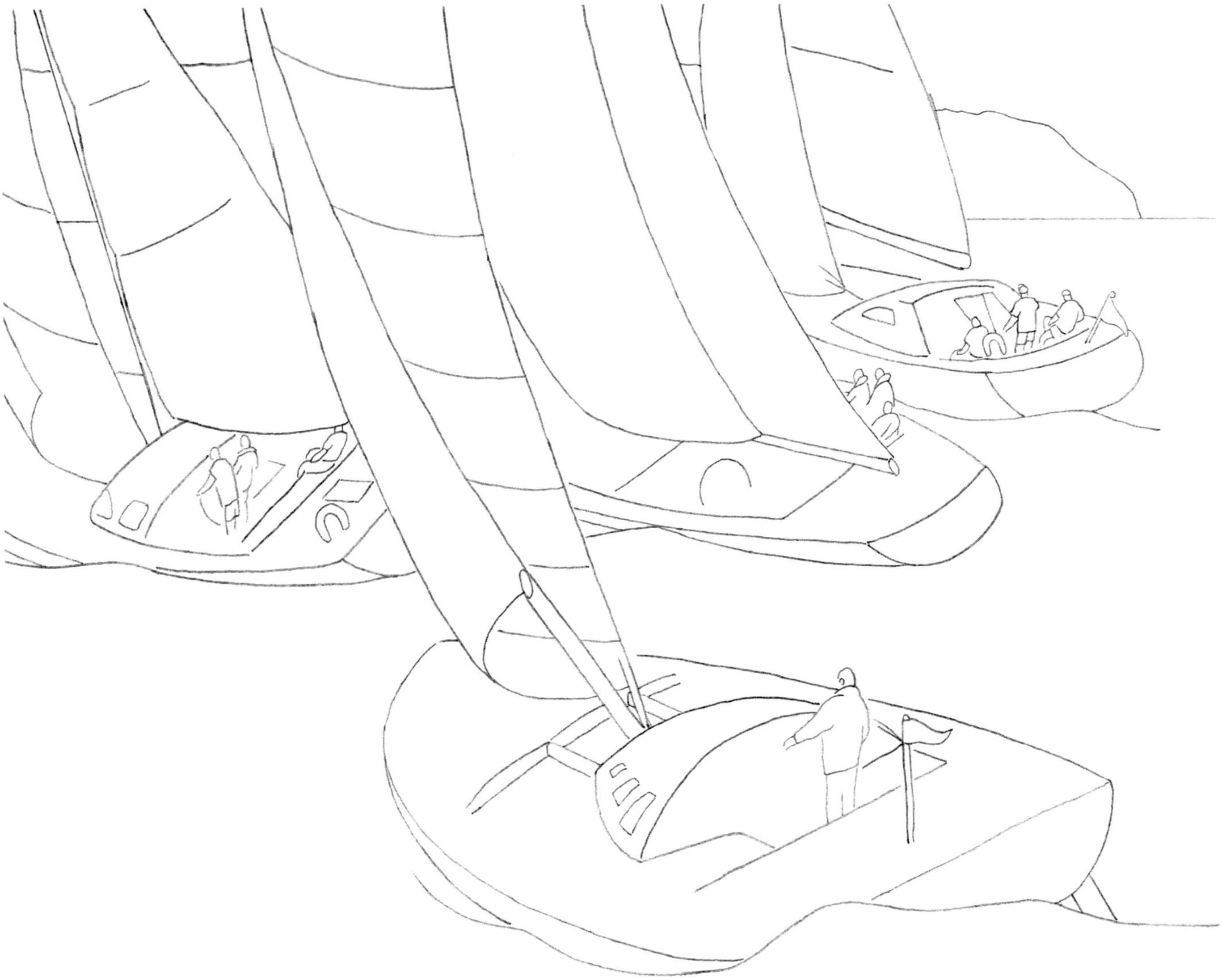

Régate au large des îles de Glénan

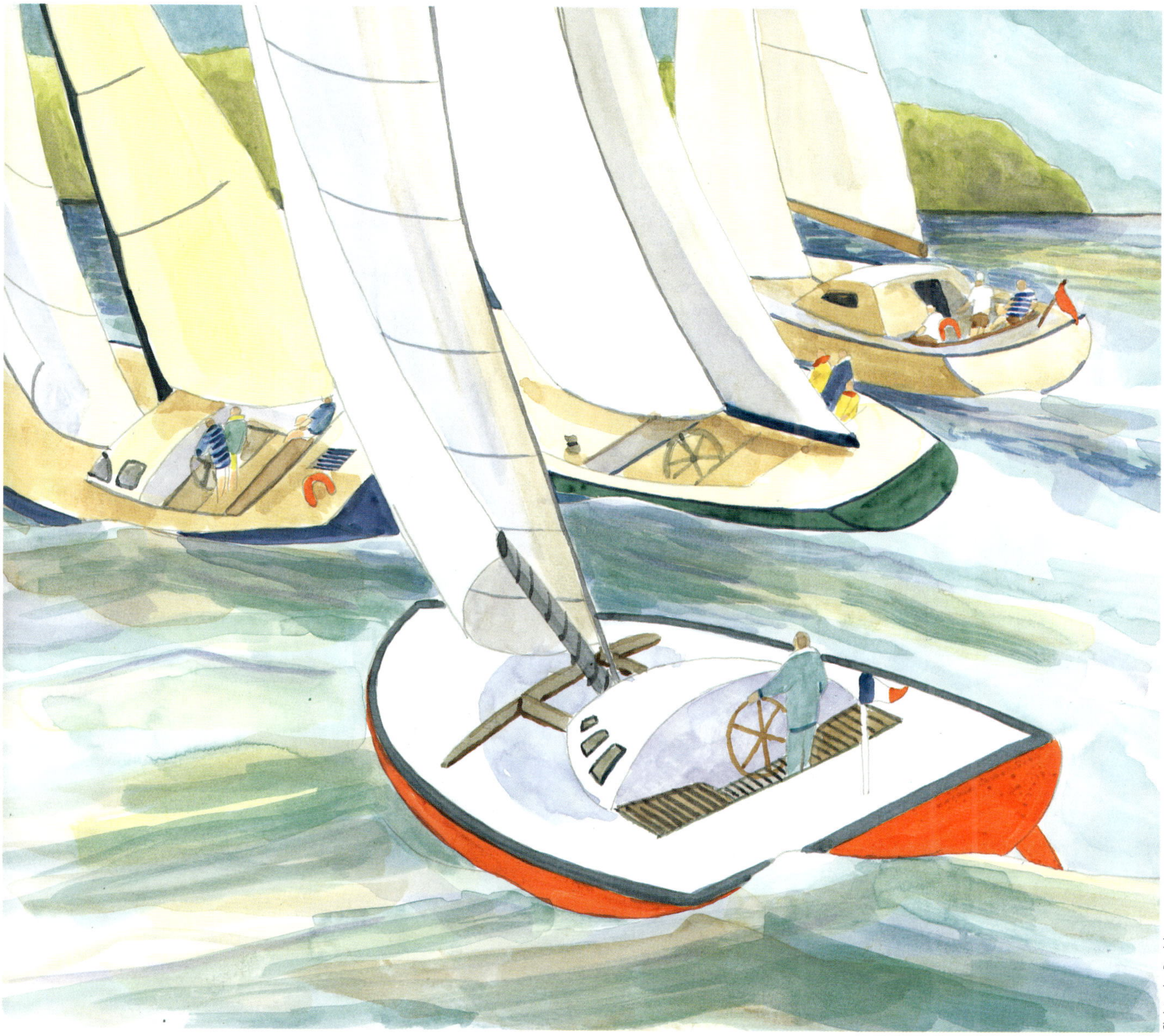

Christophe Pradal - a

Régate aux îles de Glénan

Avant d'embarquer, révisons ensemble les notions de base de la réalisation d'une aquarelle. Un passeport indispensable !

Le mélange des couleurs

- Ayez toujours à votre disposition un chiffon propre.
- Pour le mélange des couleurs, procurez-vous un godet ou, à défaut, une assiette blanche.
- Diluez, en mélangeant bien entre chaque ajout d'eau.
- Si vos pastilles de couleur deviennent boueuses, nettoyez-les en y déposant un peu d'eau à l'aide de votre pinceau et tamponnez-les avec votre chiffon.

L'application des couleurs

- N'appliquez pas la peinture directement de la palette sur le dessin, vous risqueriez d'obtenir une couche opaque car trop saturée en pigments. Procédez aux mélanges des couleurs dans l'assiette ou le godet et n'hésitez jamais à tester le résultat sur une feuille de brouillon.
- Nettoyez bien votre pinceau entre deux étapes, même si les mélanges paraissent voisins.
- Si vous avez trop chargé en eau, épongez soigneusement avec un papier absorbant ou un coin propre de votre chiffon. Puis égouttez votre pinceau.
- Si vous avez trop chargé en pigments, passez délicatement un pinceau d'eau claire pour diluer.

L'esprit des étapes

- Les premières étapes permettent d'installer l'ambiance générale. Elles concernent les surfaces les plus importantes, (l'eau, le ciel, etc.). Vous utiliserez un pinceau large après avoir préparé une solution d'eau et de couleur. Cette technique, abordée dans le cours p. 22, permet de couvrir rapidement de grandes surfaces tout en conservant une luminosité importante.
- Les étapes suivantes permettent d'introduire les nuances. En travaillant sur un support sec, vous pourrez renforcer un ton (en appliquant un second lavis dans le même ton), superposer une autre teinte et vous attacher aux détails.

La part de l'imprévu

- Si la pratique de l'aquarelle répond à une organisation rigoureuse, son charme réside dans la spontanéité qu'elle demande. L'instabilité des matériaux employés rend difficile la maîtrise de tous les paramètres. À tout moment, il vous faudra composer avec un élément imprévu. Et c'est là que votre talent se déclarera !

Voici les neuf couleurs dont vous aurez besoin pour réaliser votre aquarelle.

- 2 Bleu de cobalt
- 4 Terre d'ombre naturelle
- 5 Bleu de Prusse
- 6 Vert bleuâtre
- 7 Terre de Sienne brûlée
- 8 Rouge vermillon
- 9 Violet
- 10 Jaune citron
- 13 Chair

1 pinceau large pour les lavis

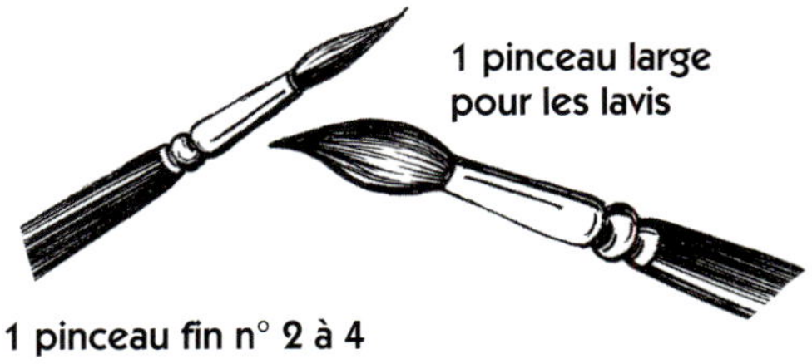

1 pinceau fin n° 2 à 4

Étape n° 1

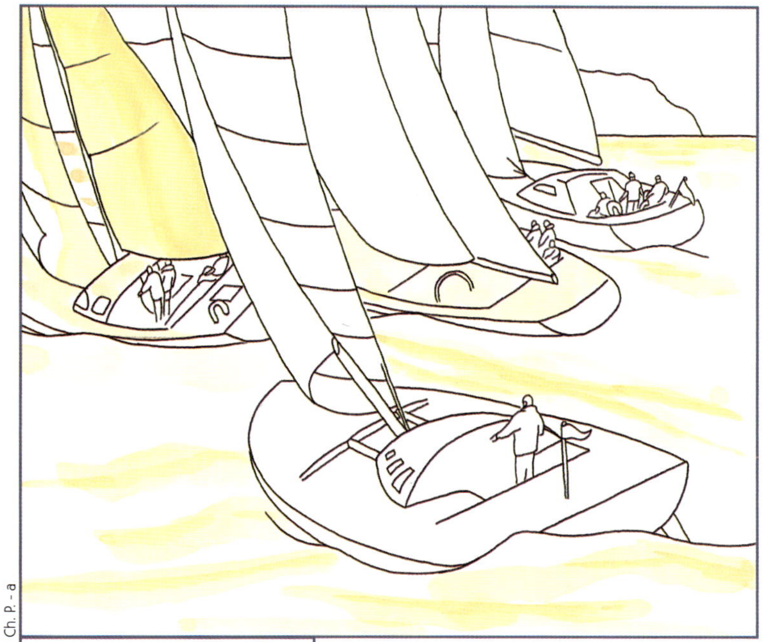

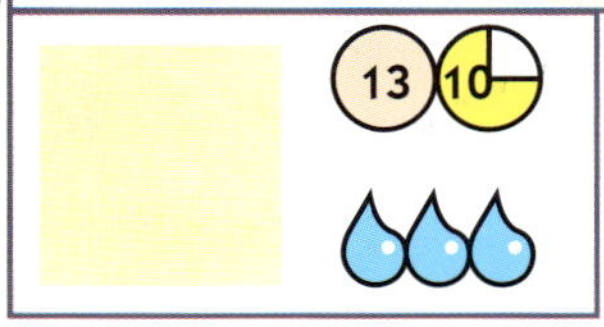

Laissez des zones blanches comme sur le modèle.

Étape n° 2

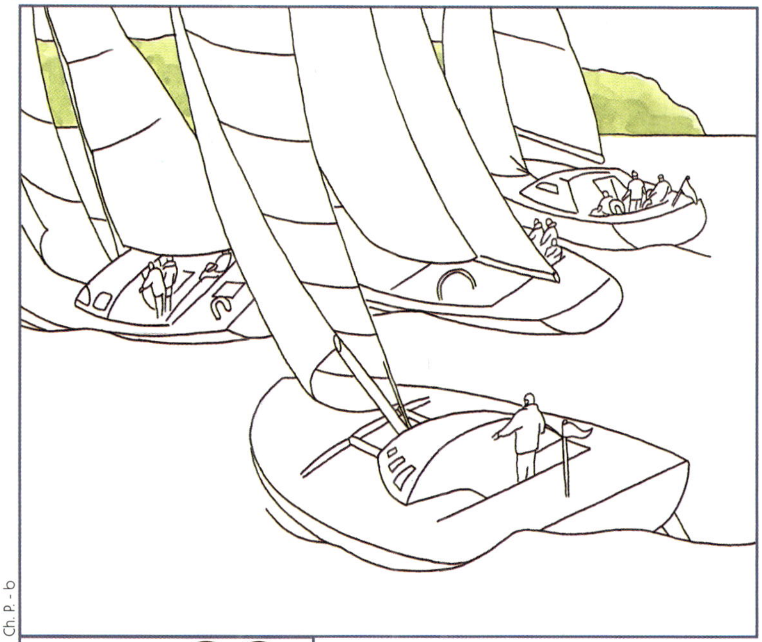

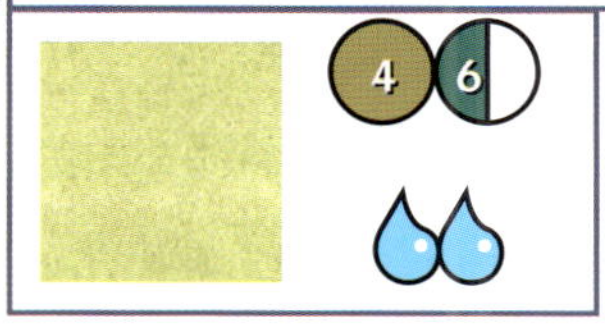

Pour réaliser le dégradé, faites deux ou trois passages avec le même lavis.

Étape n° 3

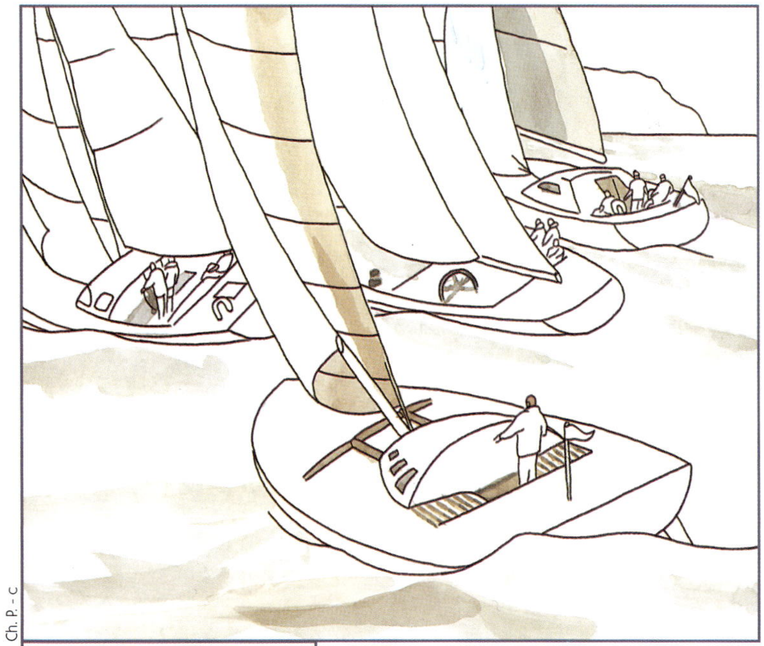

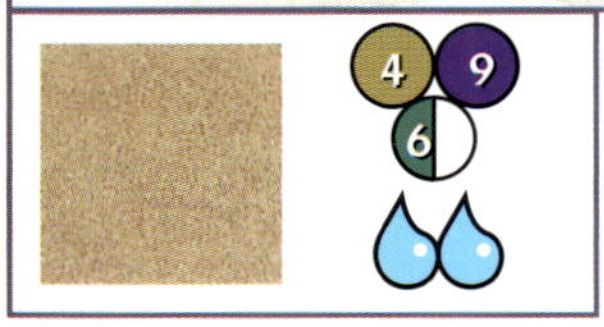

Pour obtenir cette teinte, incorporez le vert avec parcimonie.

Étape n° 4

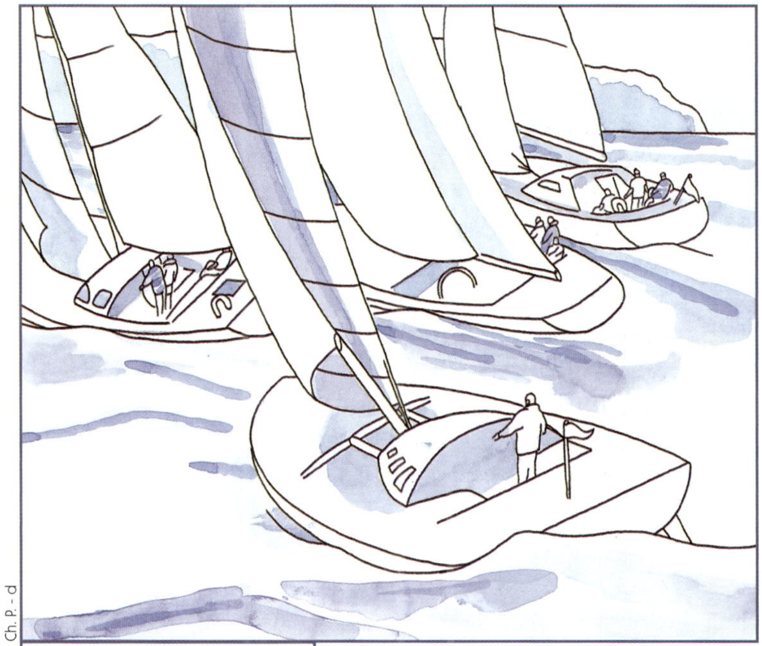

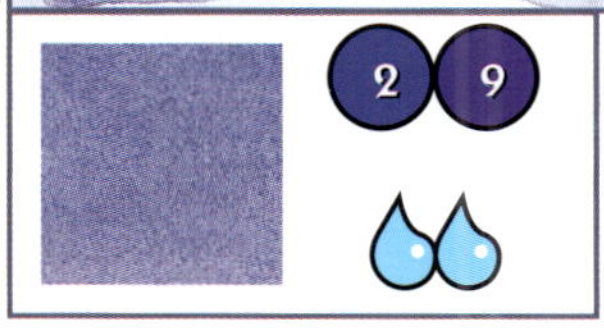

Faites un premier lavis très pâle, puis repassez avec la même teinte plus soutenue en utilisant un pinceau plus fin.

Étape n° 5

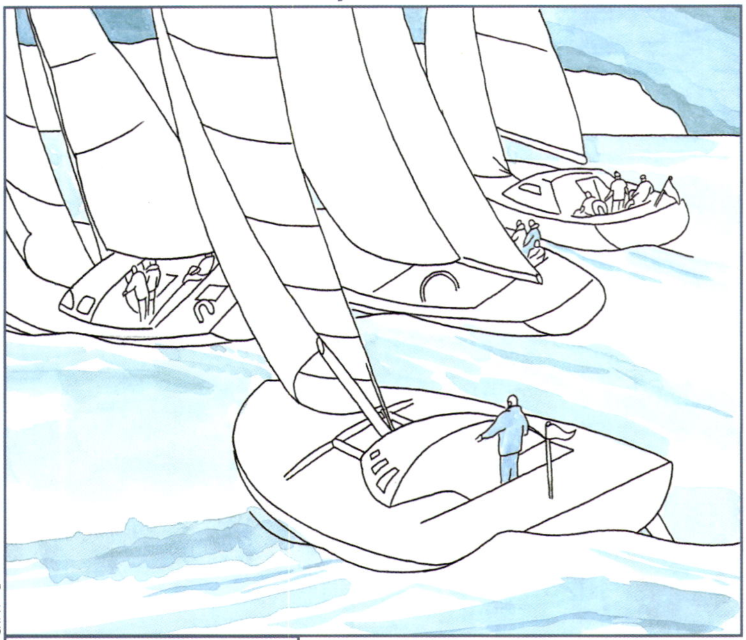

Ch. P - a

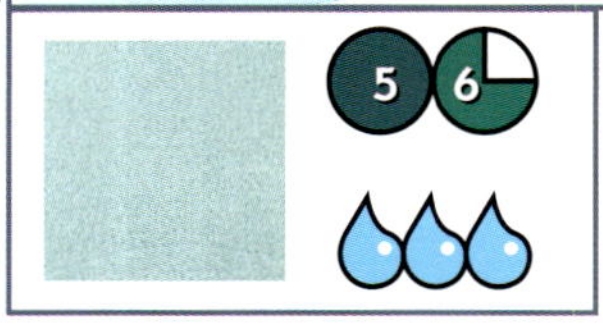

Procédez comme pour l'étape n° 4.

Étape n° 6

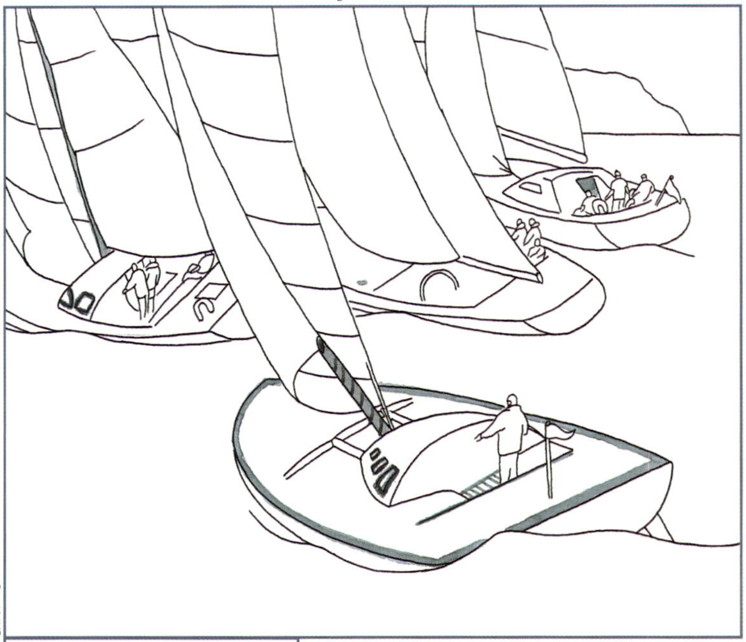

Ch. P - b

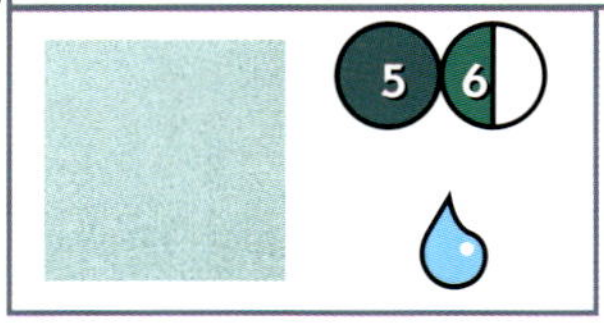

Utilisez votre pinceau le plus fin.

Étape n° 7

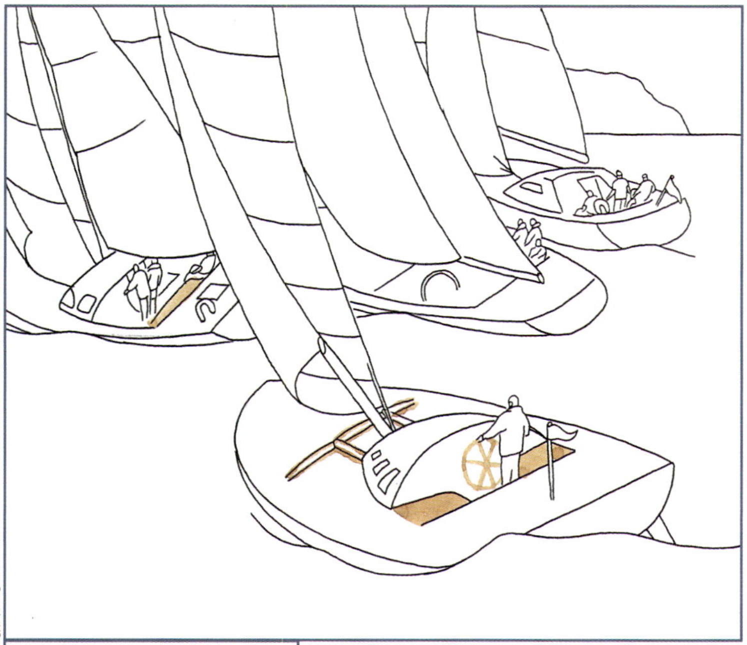

Ch. P - c

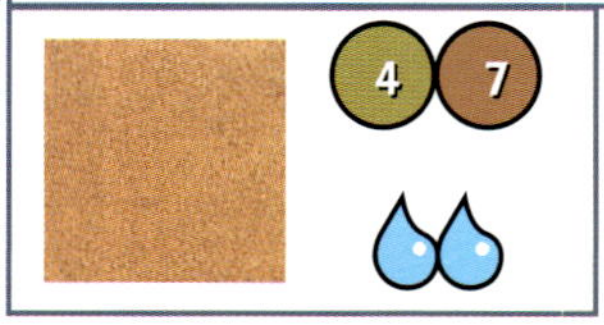

Utilisez un pinceau fin et travaillez la main en appui sur la feuille.

Étape n° 8

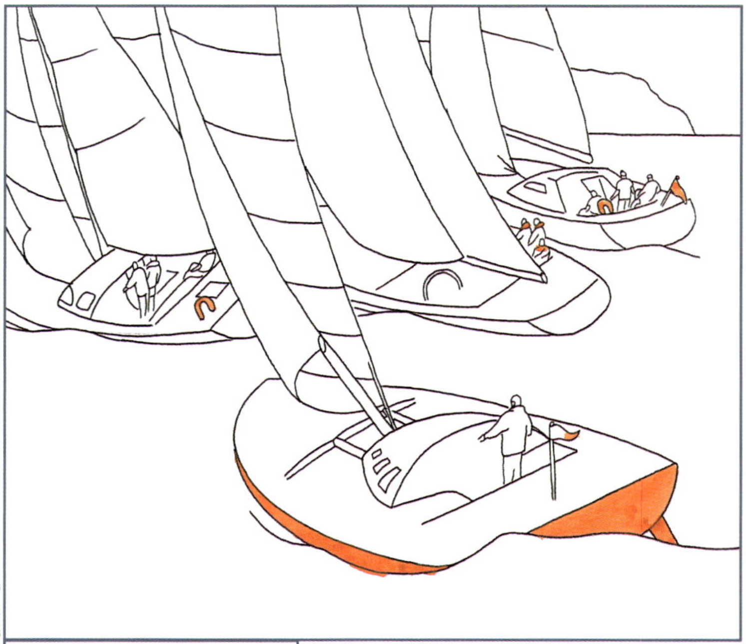

Ch. P - d

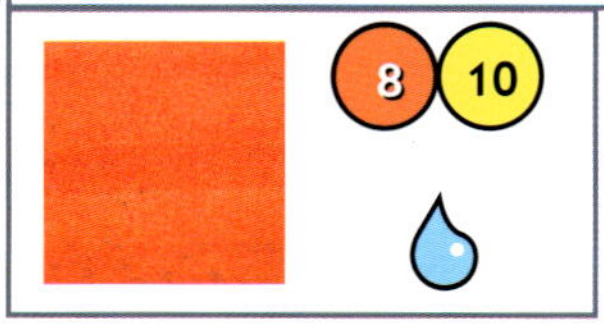

N'ayez pas peur de saturer la couleur. Pour la coque, débordez imperceptiblement sur le contour gris.

Étape n° 9

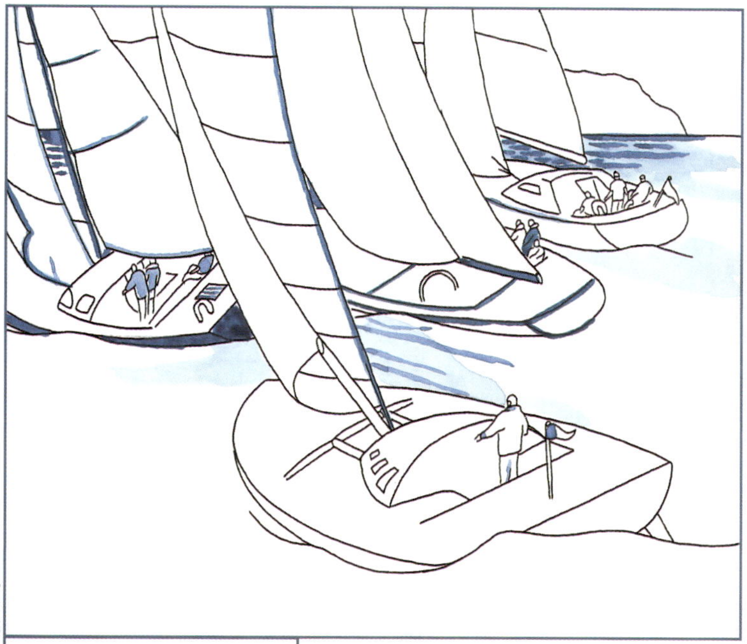

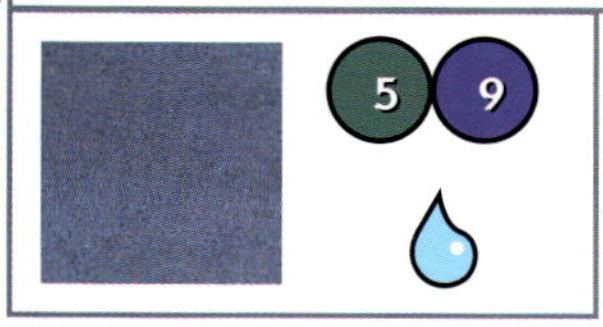

Pour la coque, utilisez un mélange presque opaque. Pour l'eau, foncez graduellement la teinte en utilisant un pinceau fin.

Ch. P. - f

Étape n° 10

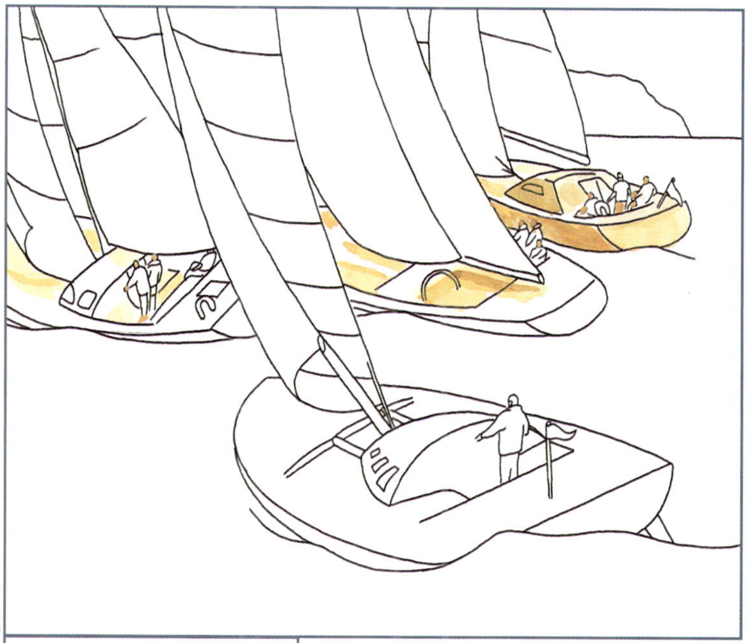

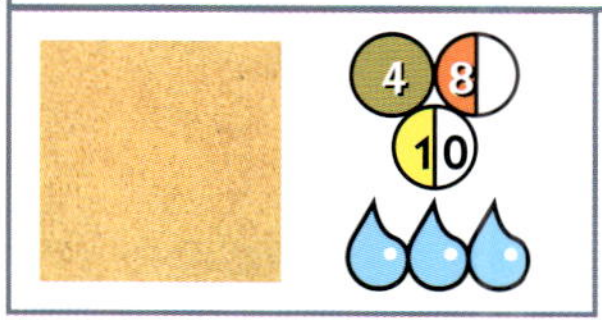

Étape n° 11

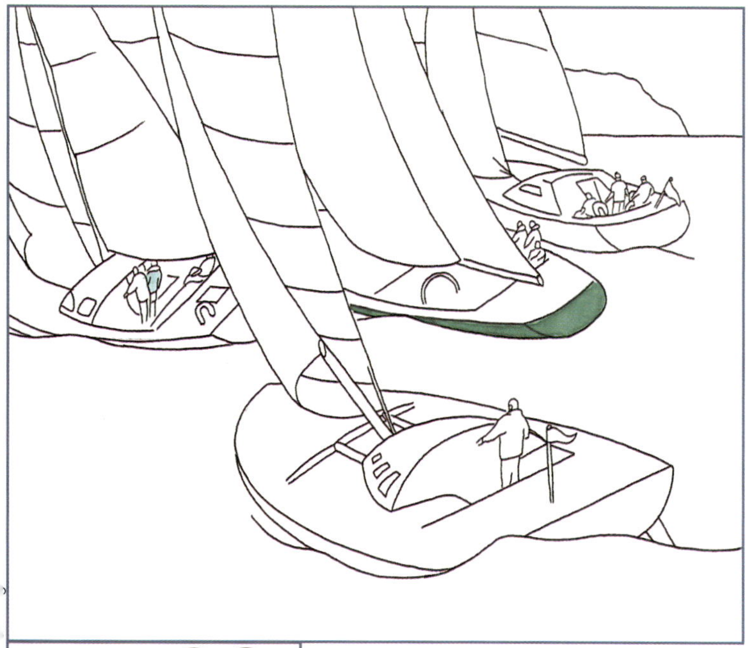

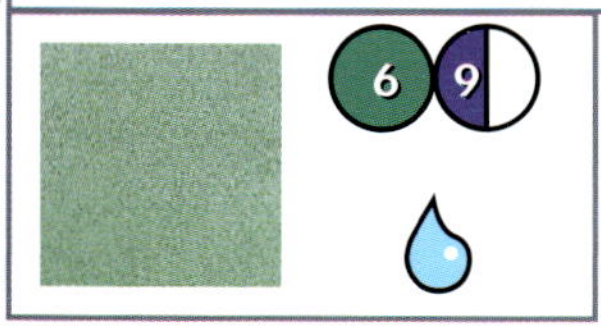

Ch. P. - H

Étape n° 12

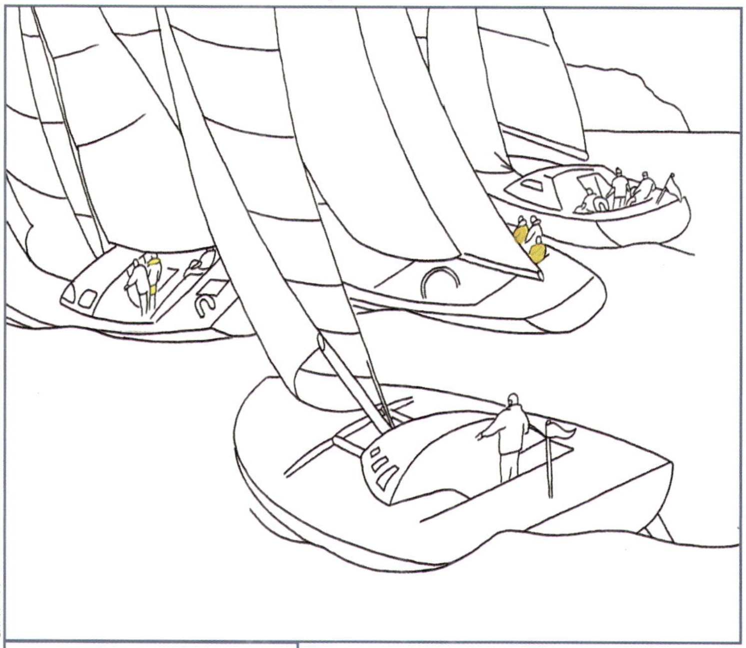

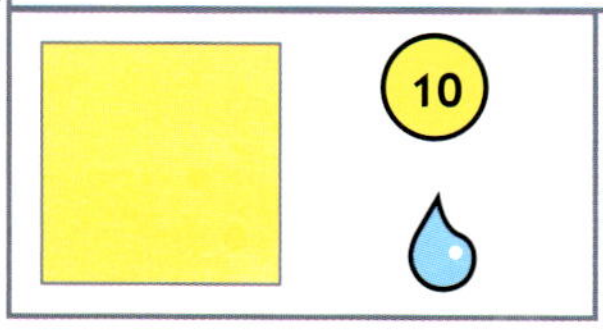

Dans un dernier temps n'hésitez pas à revenir sur un détail, à accentuer un contraste ou nuancer une couleur.

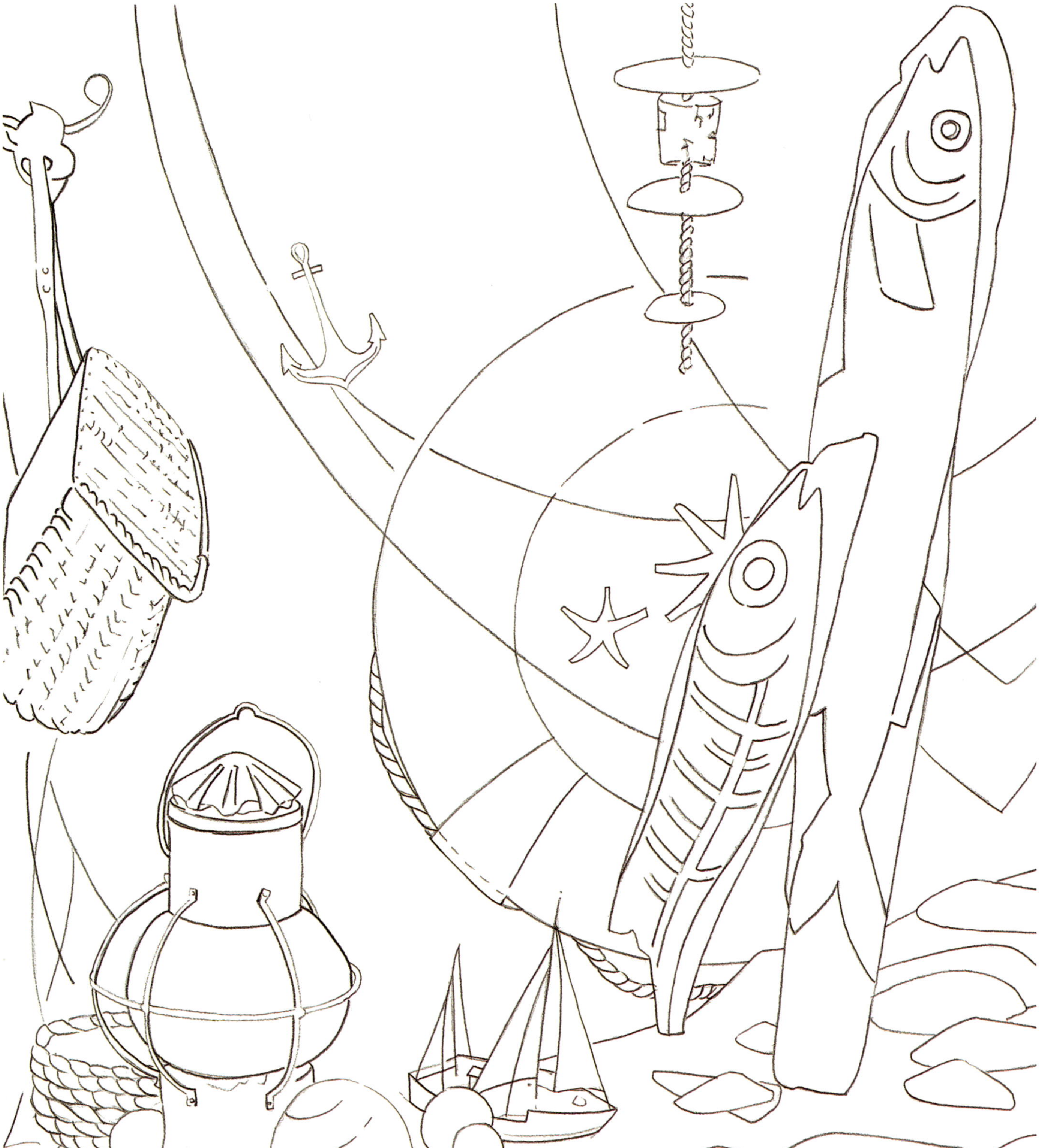

En rentrant de la pêche

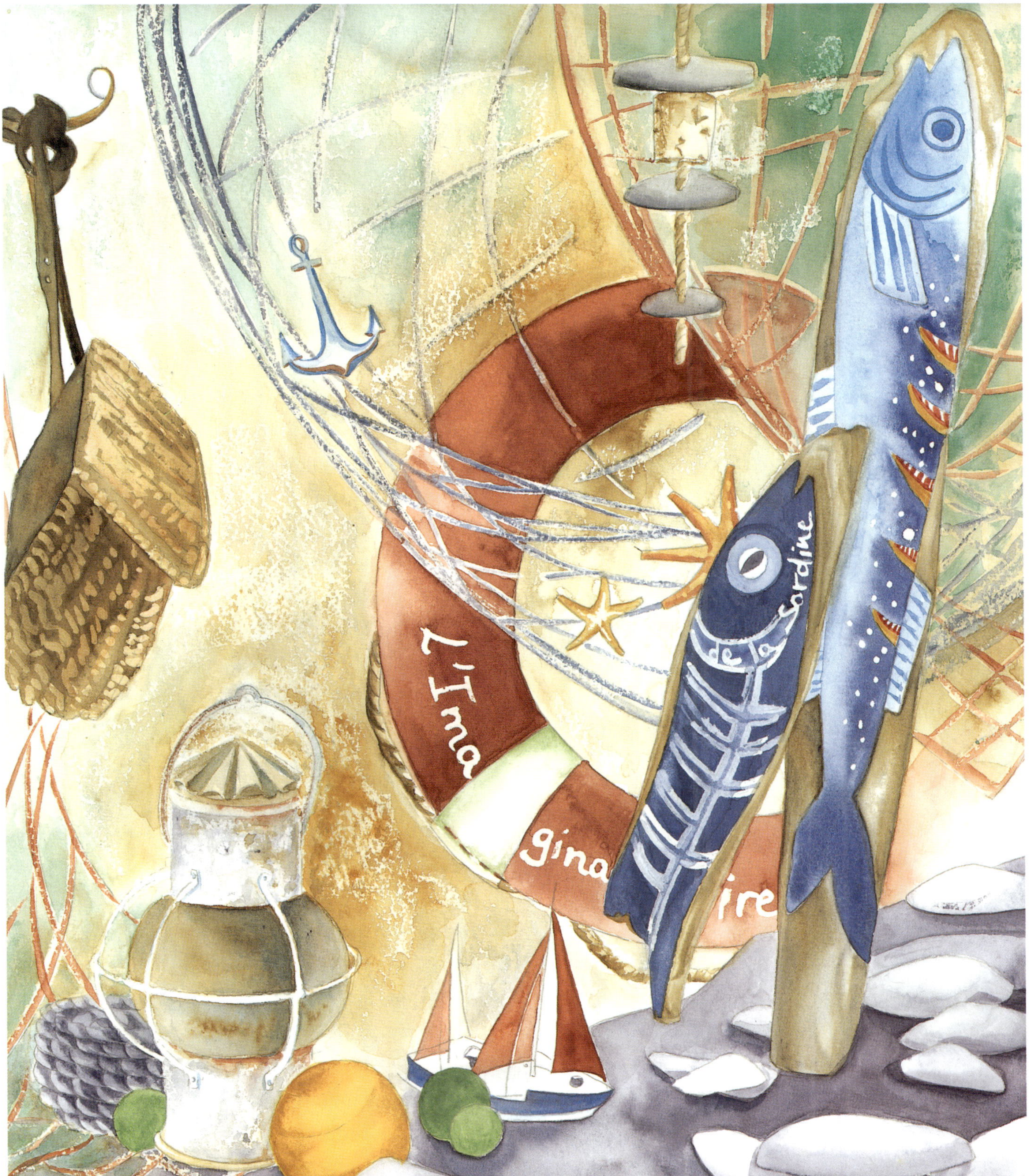

Agnès Durand - a

En rentrant de la pêche

Avec cette aquarelle très subtile et détaillée, vous allez voir qu'il n'est pas nécessaire d'embarquer pour voguer sur les océans.

Préparez votre matériel

• Pour réaliser cette aquarelle dont émane le « bon air du large », vous allez devoir vous procurer certains outils.

• Deux types de pinceaux sont recommandés : des petits pinceaux fins ronds à pointe pour toutes les petites surfaces et un pinceau à lavis moyen pour les grandes surfaces de fond ou celles à délaver.

• Enfin, une petite plume de bois, ou calame, vous permettra de réaliser avec précision les écritures et les lignes du filet. Si vous n'en avez pas, vous pouvez la remplacer par un pinceau fin n° 2 préalablement savonné pour en durcir la pointe.

Le grain du papier

• Si vous le souhaitez, vous pouvez également réaliser cette nature morte sur un papier au grain assez fort, ce qui donnera un relief particulier, notamment dans toutes les zones qui auront été préalablement réservées.

• À cette fin, reproduisez le crayonné ou photocopiez-le sur une feuille de papier à grain, que vous pouvez vous procurer sans difficulté dans le commerce.

Les réserves

• Vous allez mettre en pratique deux types de réserves dans cette aquarelle.

• Tout d'abord, dès l'étape n° 1, vous frotterez une bougie taillée en pointe pour réserver le blanc du papier et ainsi simuler la patine, les aspérités d'un vieux mur. Évidemment, l'effet obtenu pourra varier en fonction du grain du papier.

• Ensuite, vous aurez l'occasion, à divers stades de la réalisation, de protéger certaines zones à l'aide de la gomme liquide. Les surfaces à couvrir sont récapitulées dans l'étape n° 12. Vous devrez par conséquent vous y reporter à plusieurs reprises.

• Certains détails mis en réserve peuvent être supprimés ou transformés à votre guise. Libre à vous d'agrémenter votre aquarelle à votre façon. Par exemple, vous pouvez varier la quantité et la position des points blancs sur les poissons ou personnaliser le nom sur la bouée.

Voici les douze couleurs dont vous aurez besoin pour réaliser votre aquarelle.

1 Rouge carmin
2 Bleu de cobalt
3 Jaune indien
4 Terre d'ombre naturelle
7 Terre de Sienne brûlée
11 Vert émeraude mat
12 Bleu outremer
14 Bleu turquoise
15 Ocre jaune
16 Gris de Payne
18 Rouge indien
23 Jaune

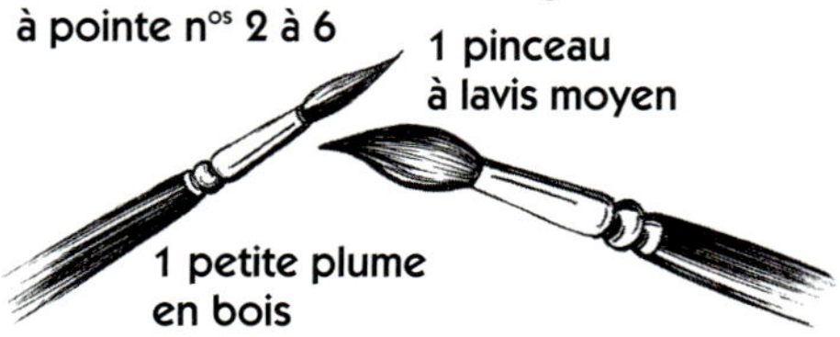

Étape n° 1

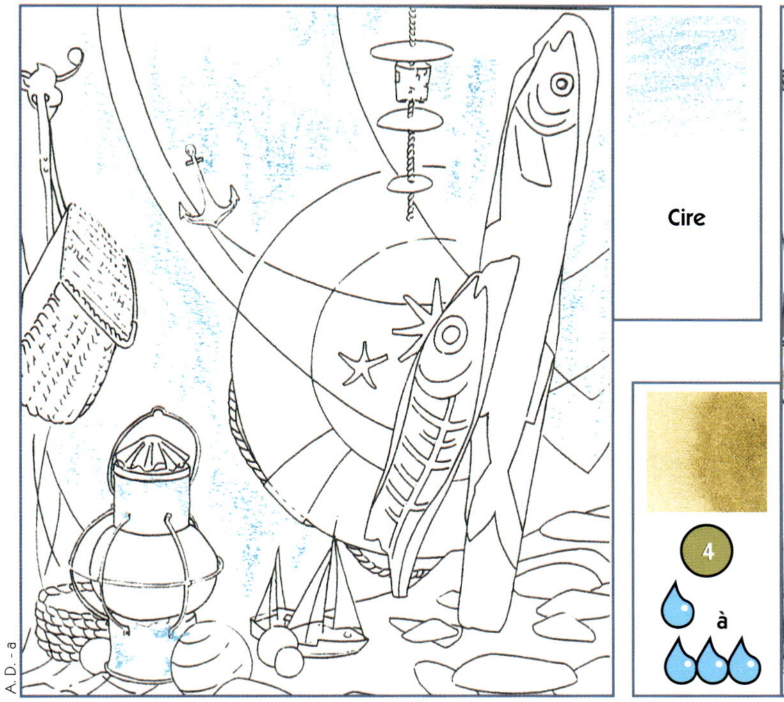

Passez la bougie pour réserver le blanc et simuler ainsi la patine, les aspérités d'un vieux mur et le métal oxydé de la lampe.

Étape n° 2

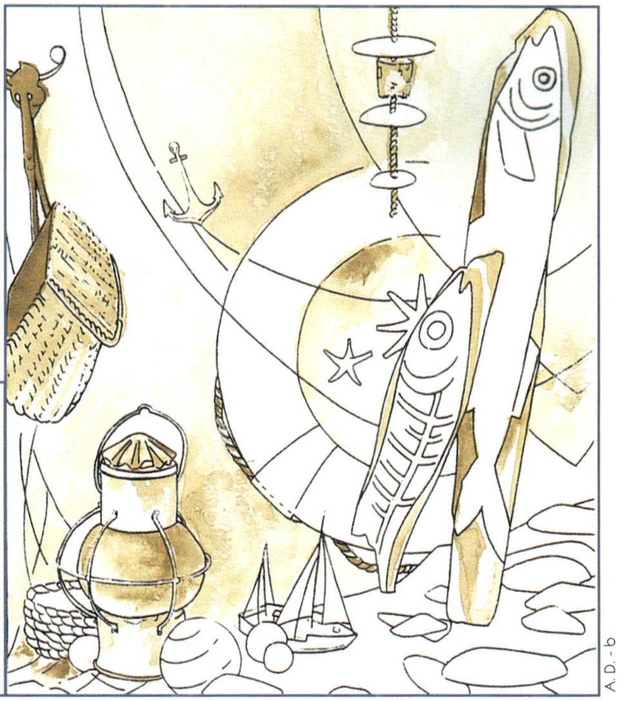

Après avoir masqué les filets (voir étape n° 12), passez un premier lavis sur le fond en insistant sur les zones plus intenses, puis traitez les détails.

Étape n° 3

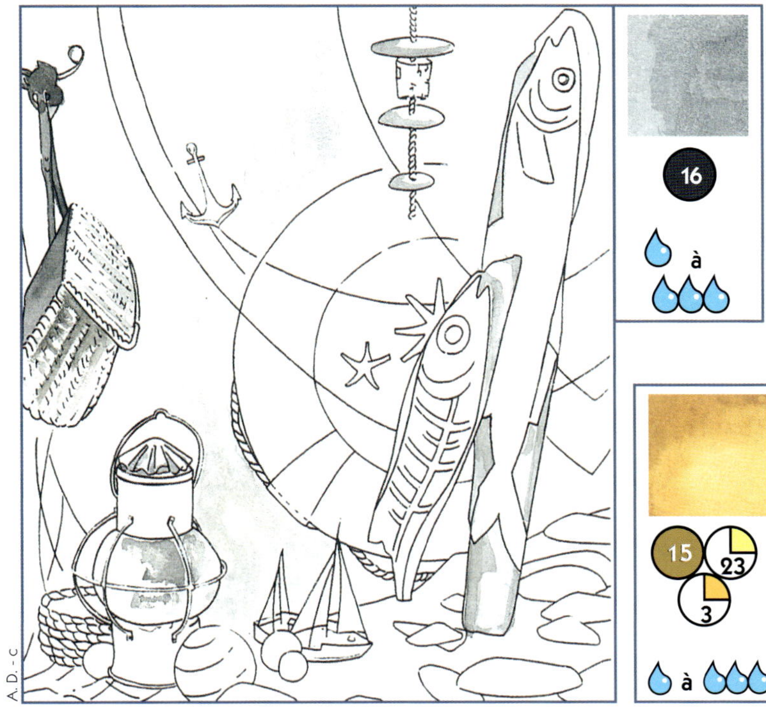

Procédez de la même façon mais, avant de rehausser le panier, passez des touches de la gomme liquide (voir récapitulatif étape n° 12) et tracez les filets.

Étape n° 4

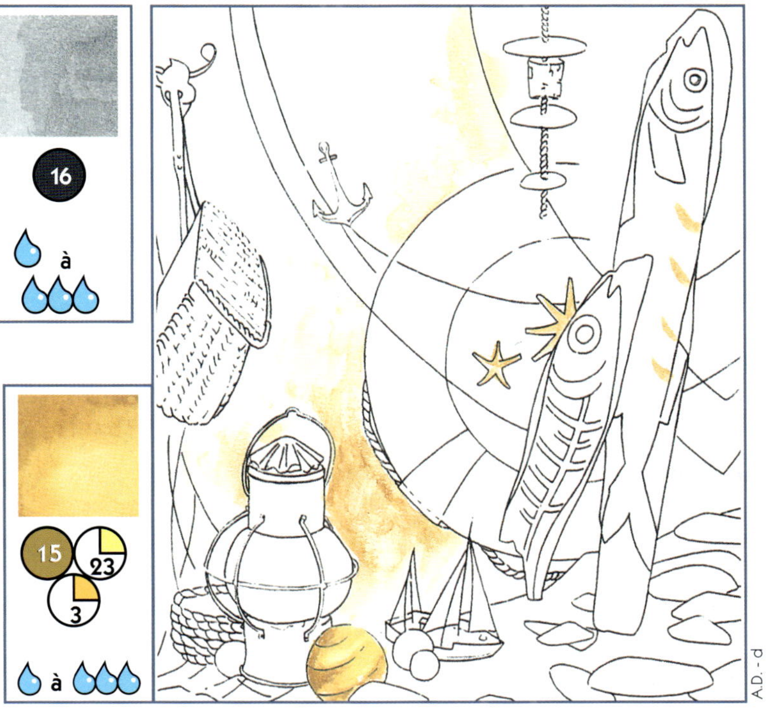

Commencez par le jaune franc du flotteur, puis ajoutez de l'ocre jaune pur. Pour les corps des poissons, faites jouer votre imagination.

Étape n° 5

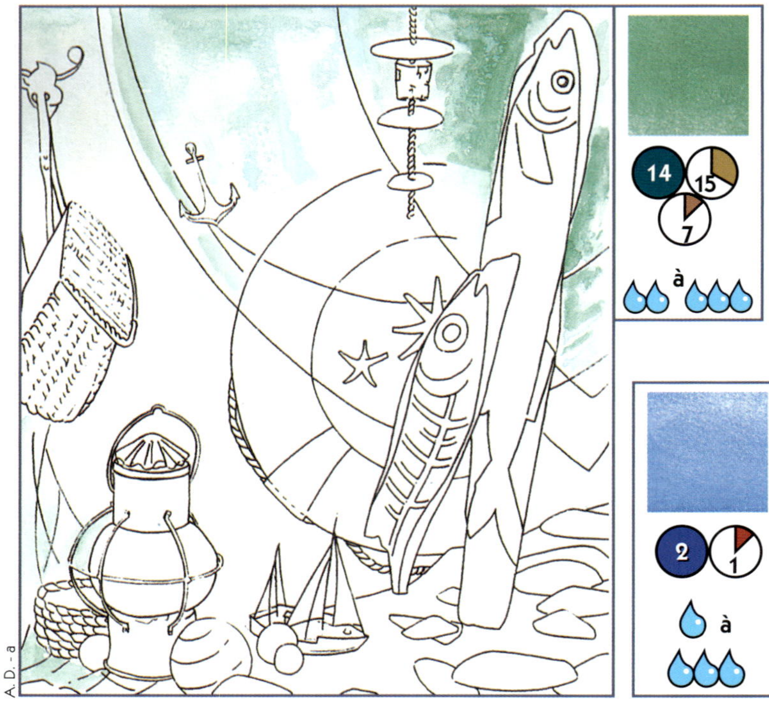

Étape n° 6

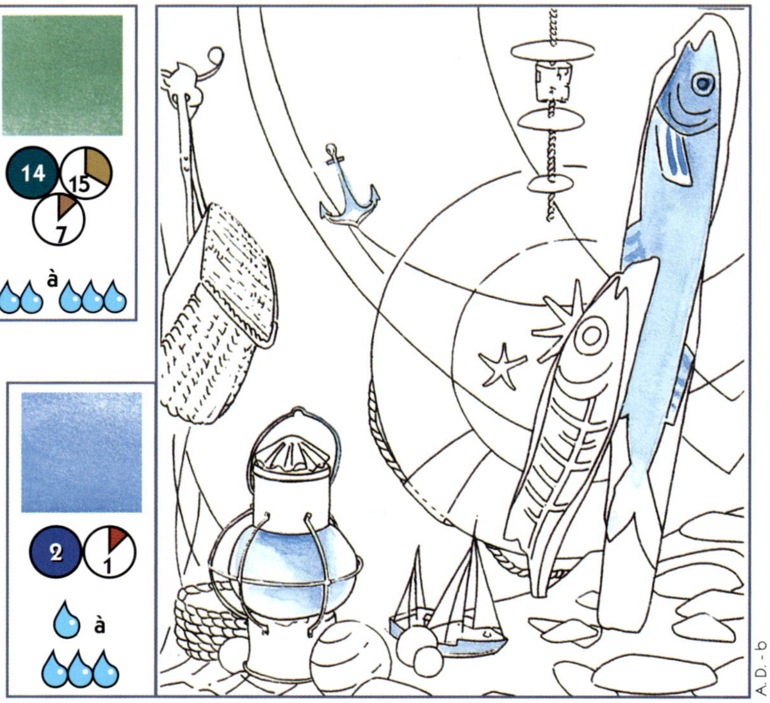

Finissez par le grand poisson, dont vous aurez masqué certaines zones (voir étape n° 12). L'étape suivante est à faire simultanément pour réaliser le dégradé.

Étape n° 7

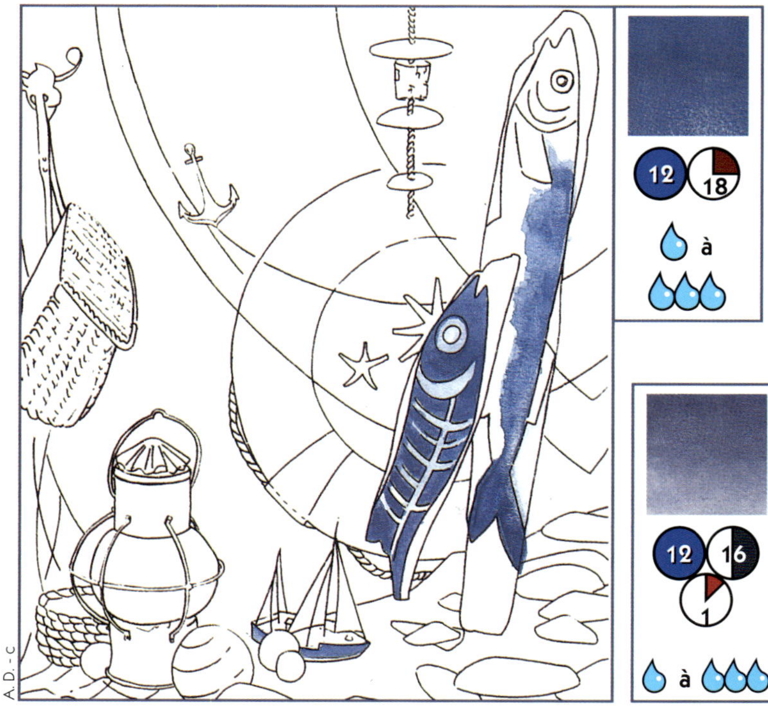

Masquez certaines zones du petit poisson à l'aide de la gomme liquide et d'un tire-ligne (voir récapitulatif étape n° 12).

Étape n° 8

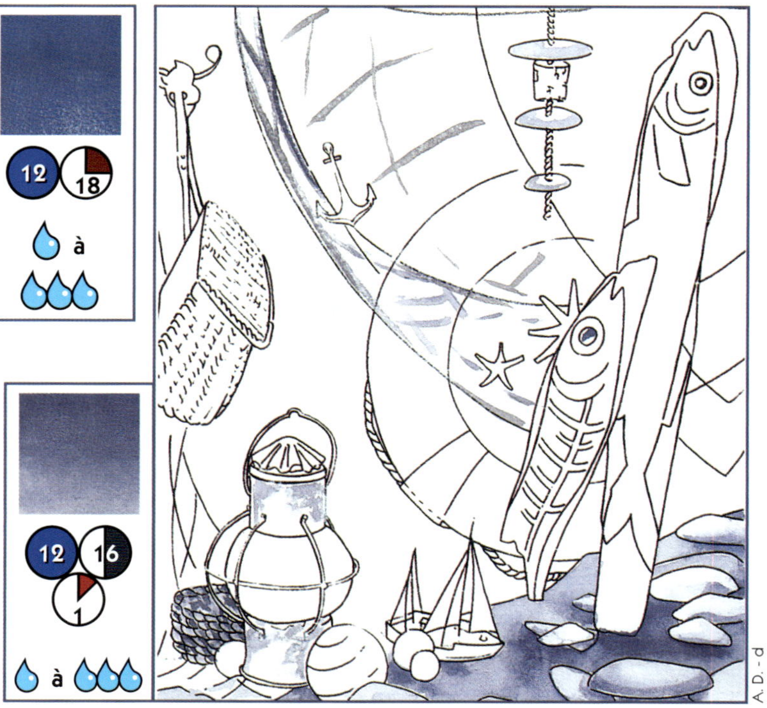

Avant de passer le mélange, vous pouvez retirer le masque, puis appliquer de nouveau de la bougie sur les lignes des filets.

Étape n° 9

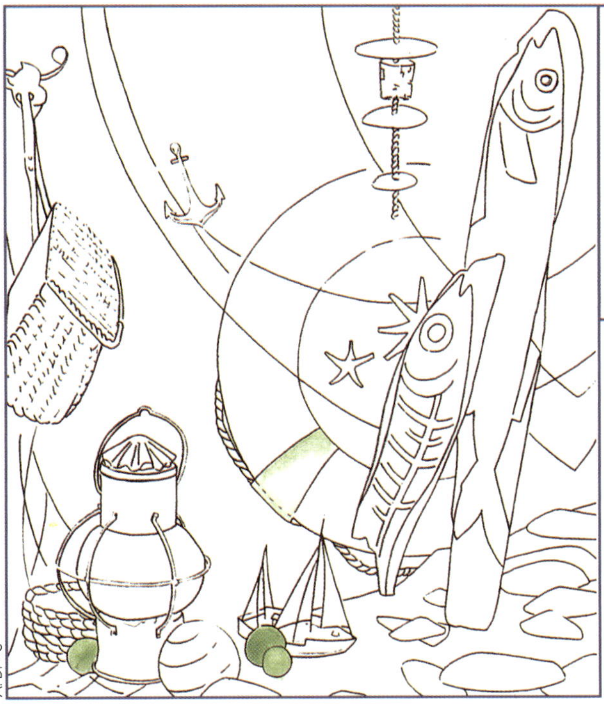

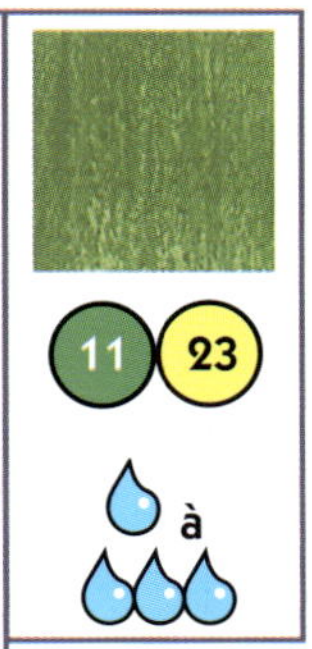

Étape n° 10

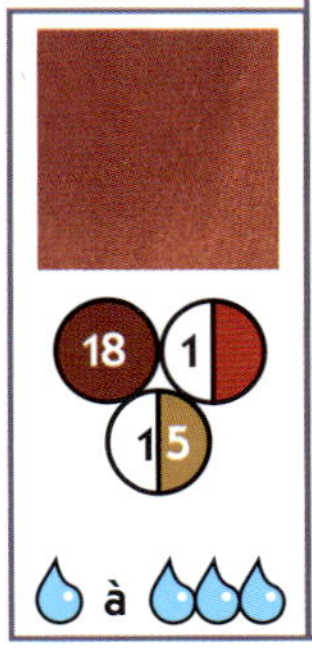

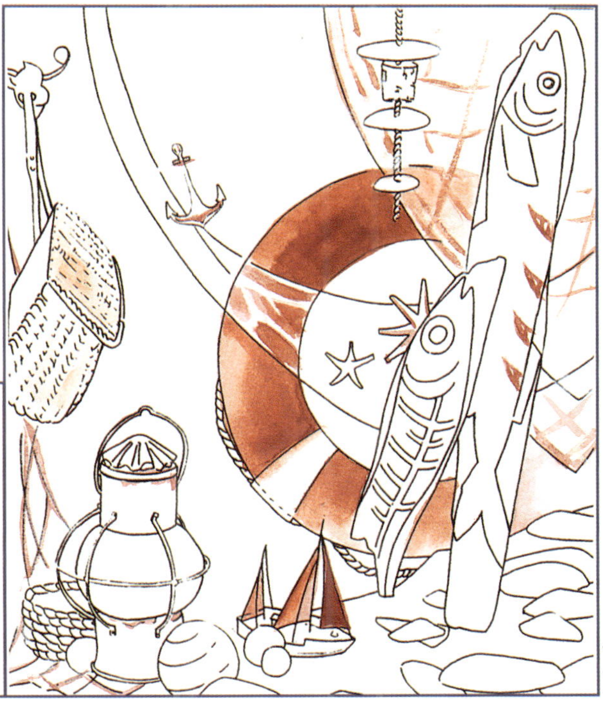

Au préalable, prenez soin de réserver, à la gomme liquide, le nom du bateau sur la bouée (voir récapitulatif étape n° 12).

Étape n° 11

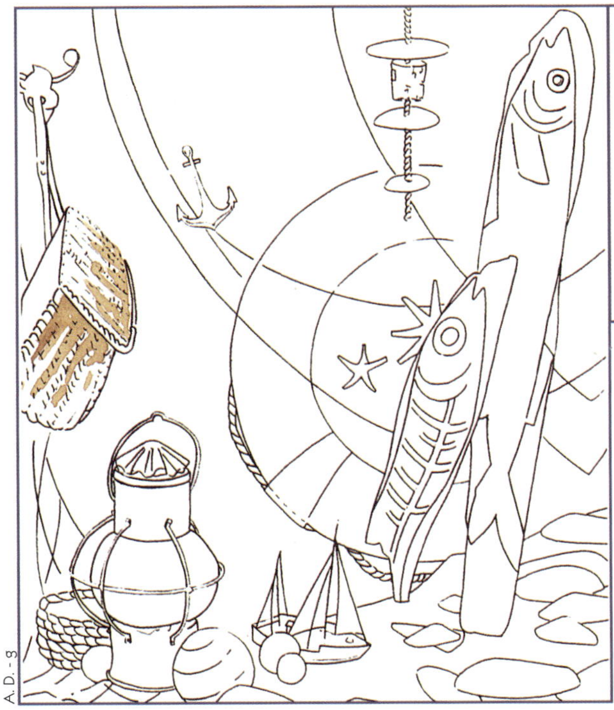

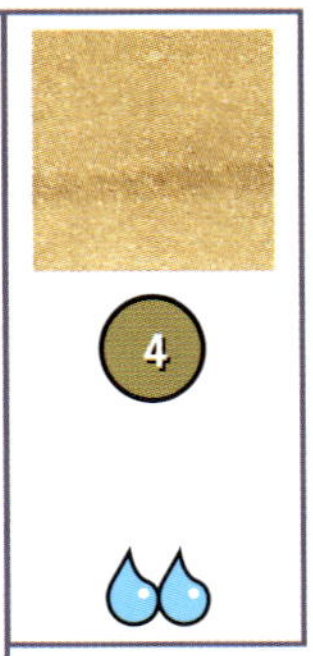

S'il y a lieu, rehaussez le panier, après avoir retiré la gomme liquide.

Étape n° 12

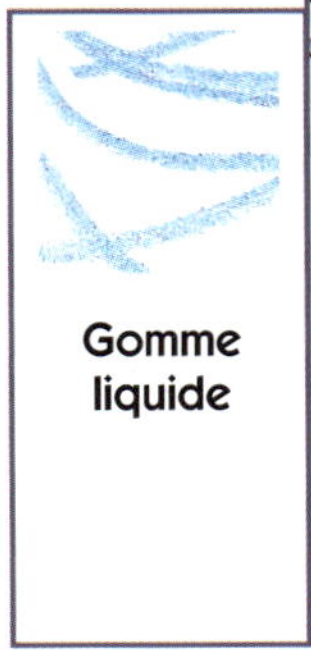

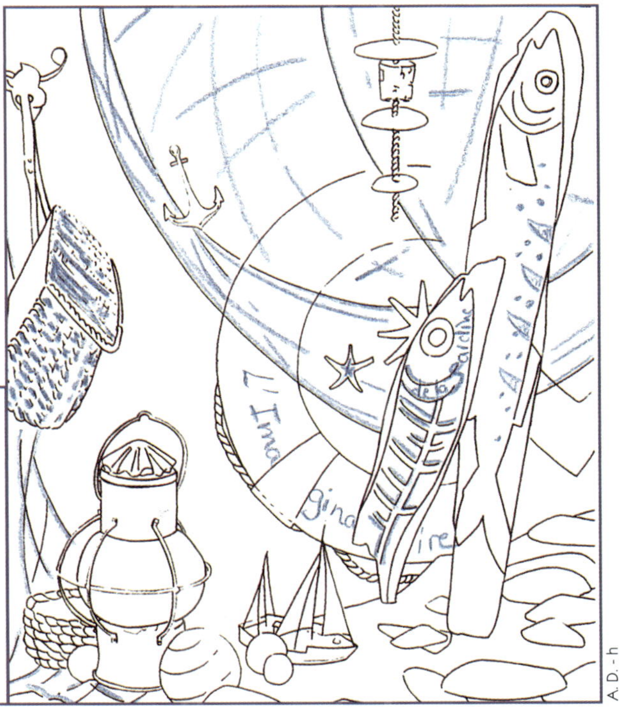

Au cours de la réalisation, à l'aide d'un tire-ligne, appliquez de la gomme liquide afin de réserver certains détails, qui pourront être supprimés ou transformés à votre guise.

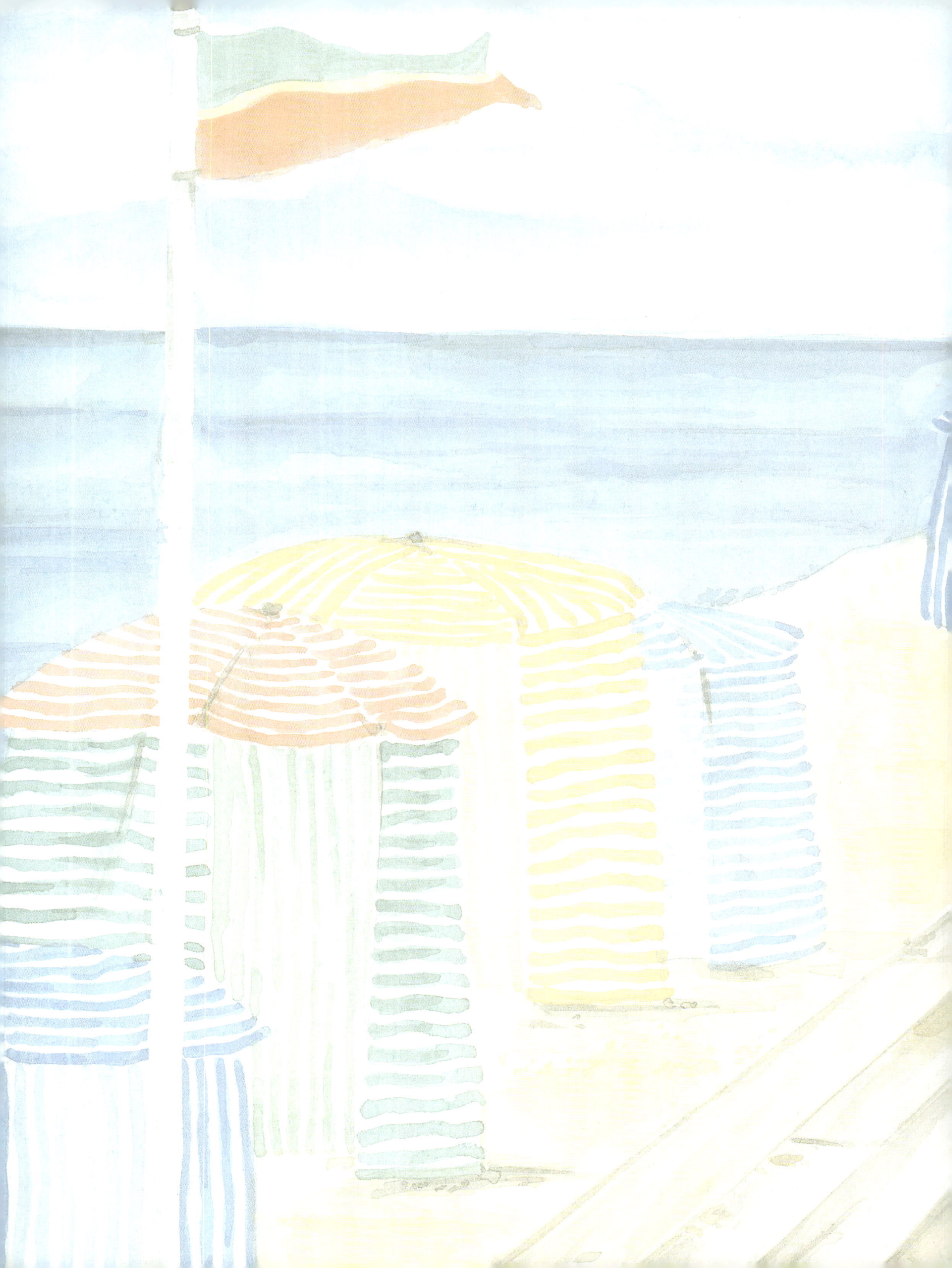

Plages et bords de mer

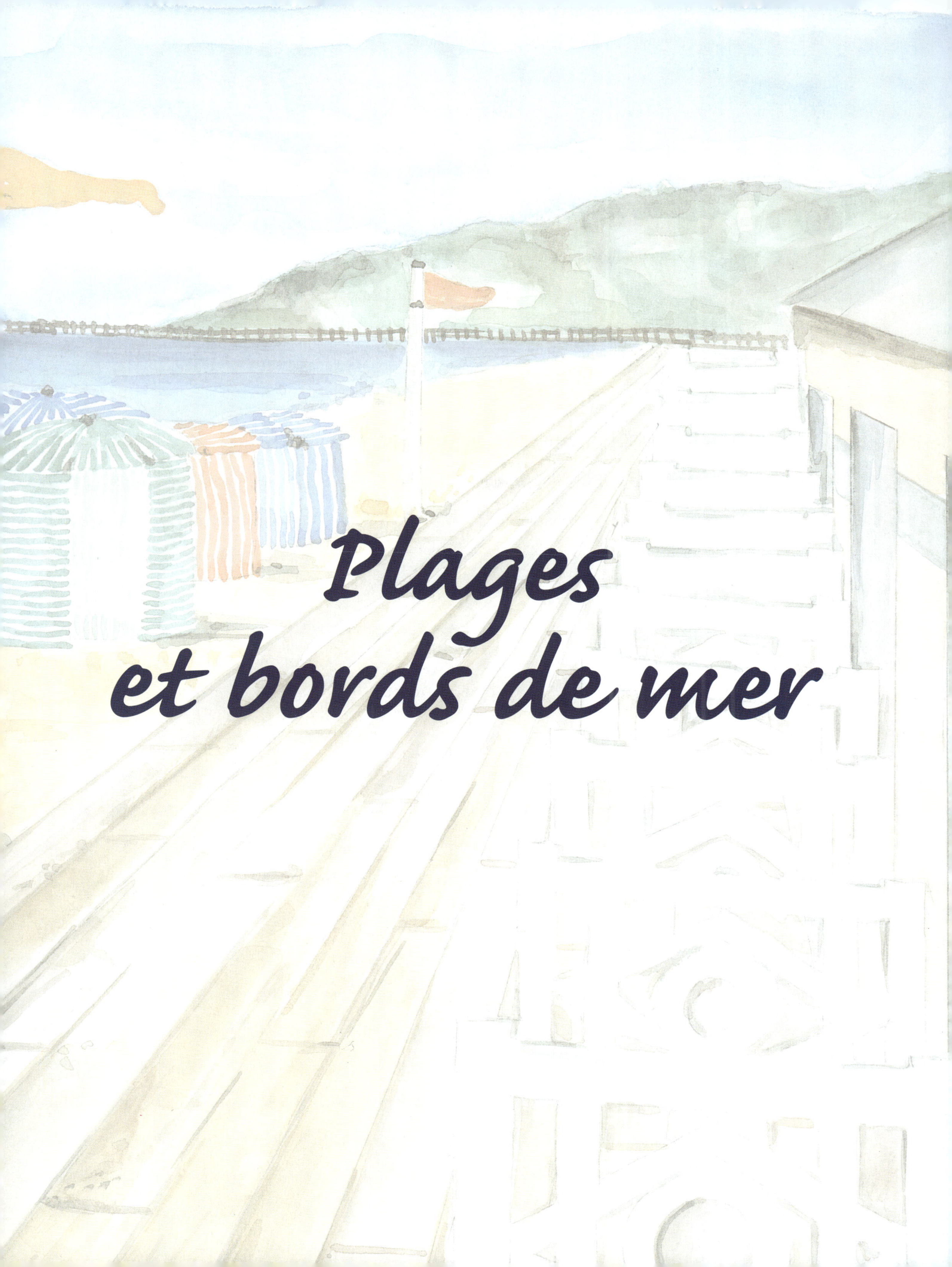

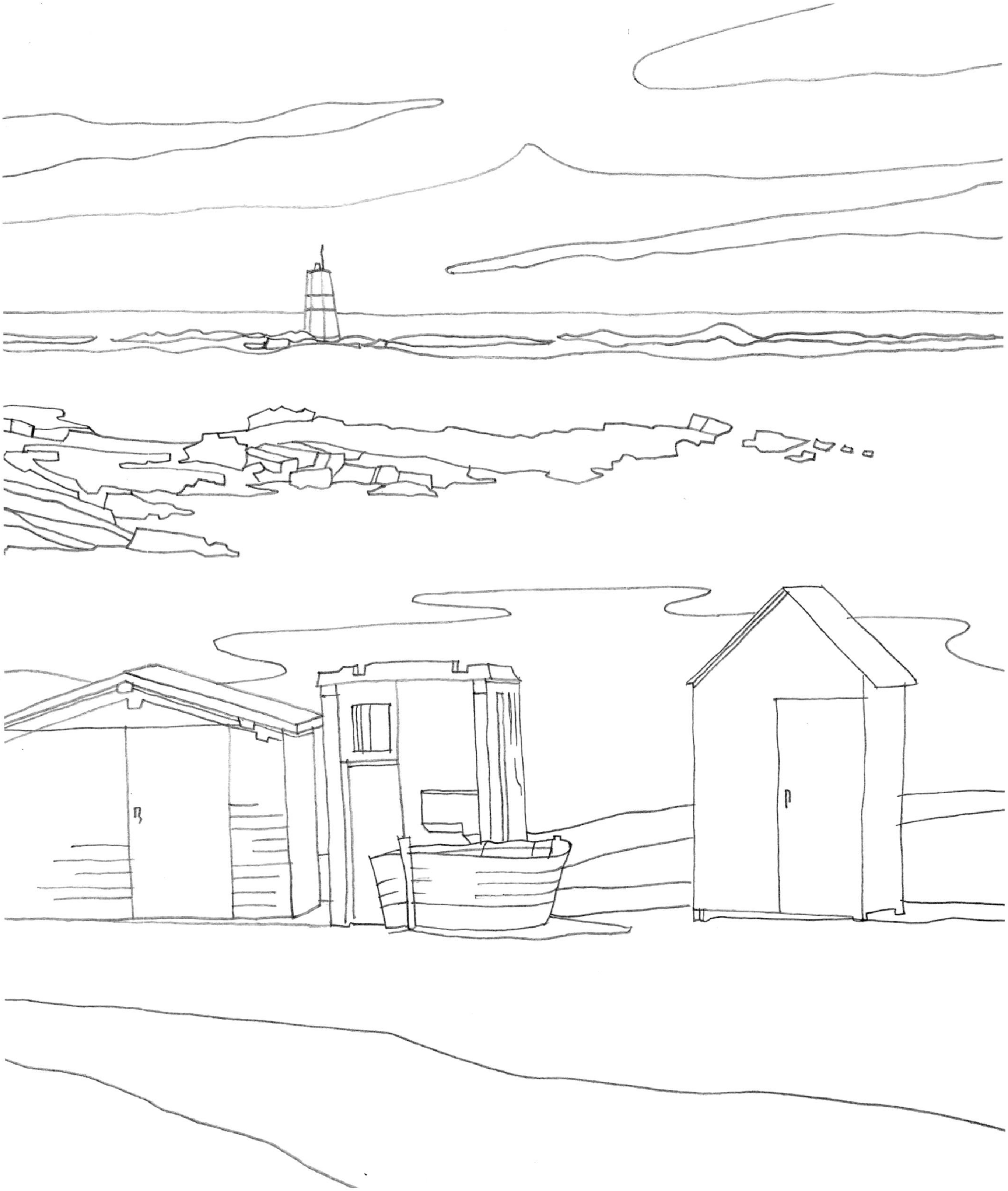

Cabanes de pêcheurs sur l'île d'Yeu

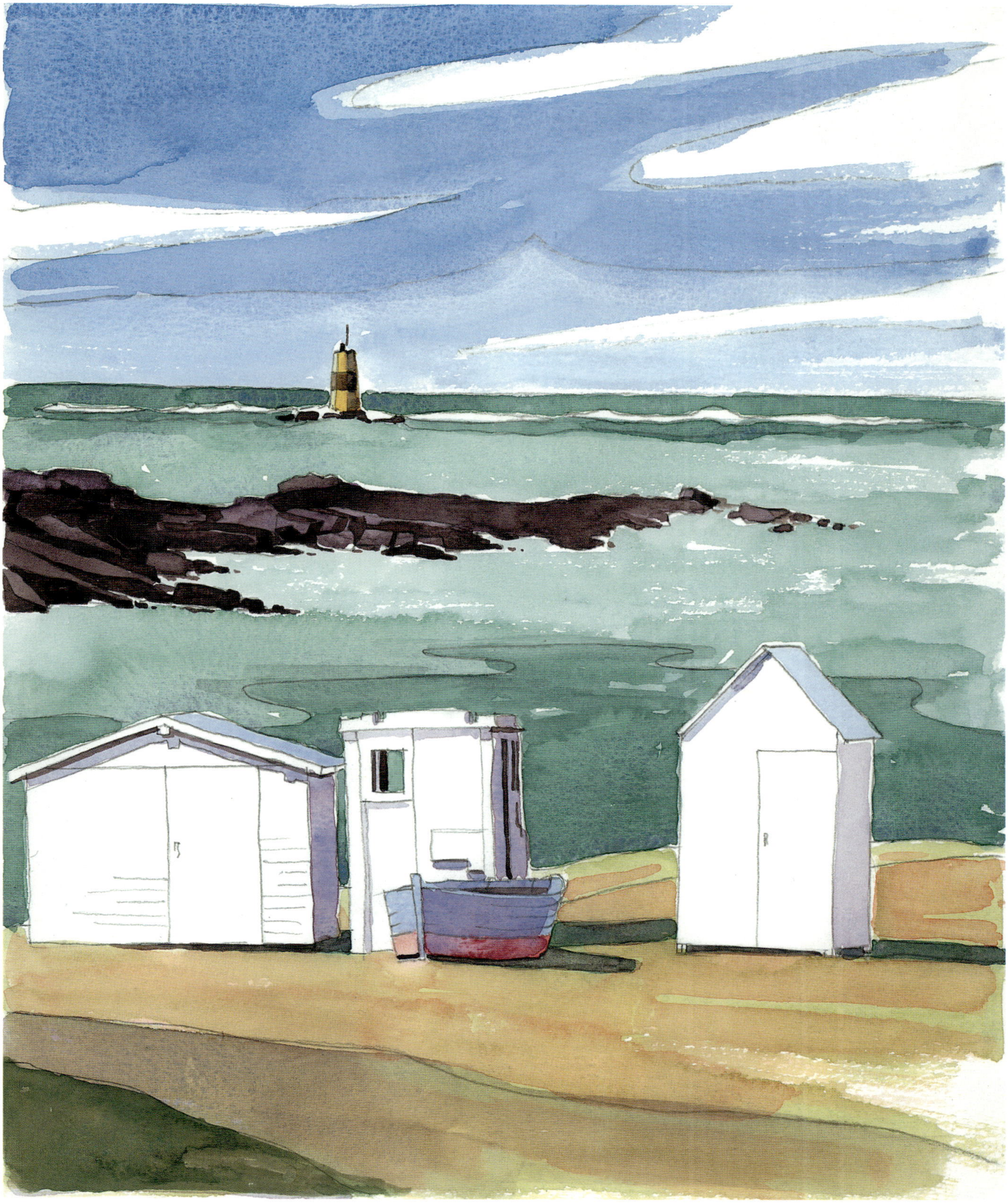

Théo Sauer - a

Cabanes de pêcheurs sur l'île d'Yeu

Pour cette aquarelle de l'île vendéenne par temps agité vous utiliserez la technique du lavis sur papier humide afin de donner du mouvement et du relief à la mer et au ciel

Avant que vous ne commenciez votre travail, il n'est pas inutile de rappeler quelques conseils, valables pour la réalisation de toutes vos œuvres. Vous pouvez aussi vous reporter aux cours d'aquarelle (p. 17) si vous désirez revoir la technique humide.

Installez-vous confortablement

- Lavez-vous bien les mains afin de ne pas tacher le papier.
- Rassemblez près de vous le matériel dont vous aurez besoin : vos trois couleurs d'aquarelle, vos deux pinceaux, deux verres d'eau propre, un chiffon, un buvard et des feuilles de papier brouillon pour tester vos couleurs.
- Fixez votre papier comme indiqué dans le cours d'aquarelle page 12.
- Humidifiez tout d'abord votre feuille légèrement au gros pinceau puis, sans attendre que cela soit sec, balayez rapidement les grandes surfaces en aller et retour horizontaux.

Précautions indispensables

- Avant d'appliquer vos couleurs, testez vos mélanges et vos dilutions sur du papier brouillon jusqu'à obtenir la teinte indiquée sur le modèle, ou du moins celle s'en rapprochant le plus. Il est en effet difficile de proposer des dosages très précis.
- Faites un essai sur une feuille de brouillon reproduisant l'esquisse de votre aquarelle. Vous pouvez photocopier cette feuille, éventuellement en l'agrandissant, afin de disposer de plusieurs brouillons.
- Ne laissez pas deux couleurs voisines se toucher si vous ne voulez pas qu'elles se mélangent et fusent entre elles.

Surtout pas de panique !

- La trame prédessinée n'est qu'un fil conducteur : rien de dramatique si vous débordez de certaines zones.
- Si vous avez déposé trop de mélange coloré en un endroit, absorbez le surplus avec un buvard.

Personnalisez votre œuvre

Après l'application de toutes les couleurs, si vous le souhaitez, vous pouvez ajouter une touche personnelle en peignant, au premier plan, des petites herbes légères. Vous les réaliserez à l'aide de votre petit pinceau.

Voilà les trois couleurs primaires dont vous aurez besoin pour réaliser votre aquarelle.

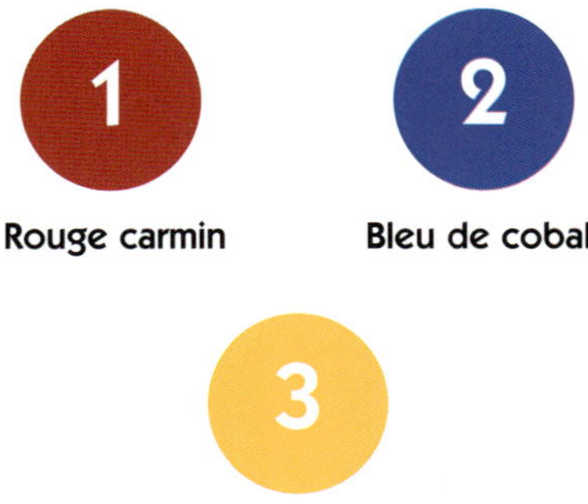

1 Rouge carmin

2 Bleu de cobalt

3 Jaune indien

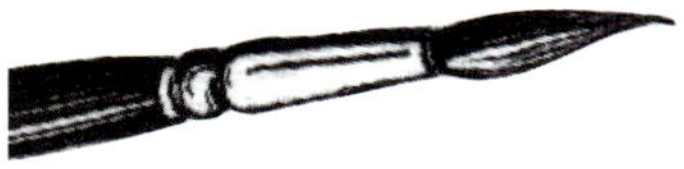

1 pinceau moyen n° 6 à 10

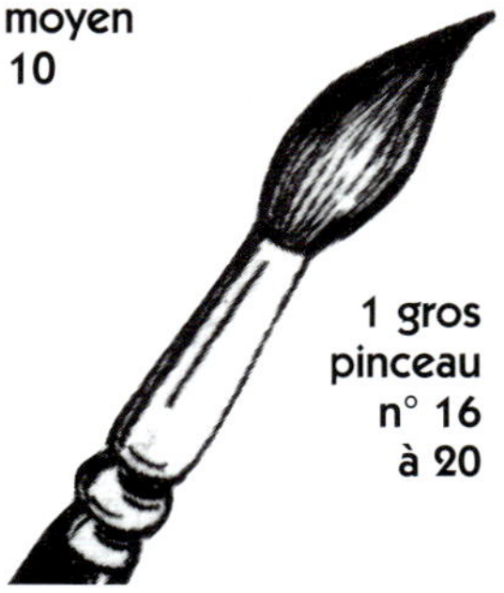

1 gros pinceau n° 16 à 20

Étape n° 1

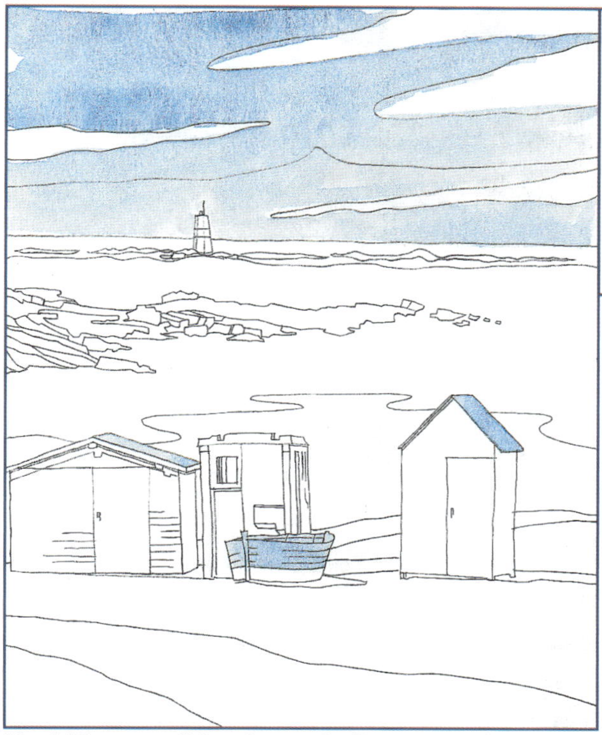

Théo Sauer - a

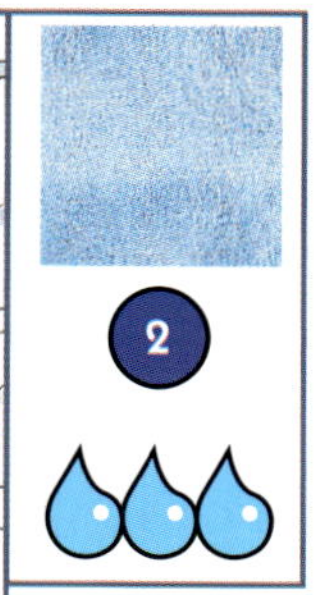

Humidifiez tout d'abord votre feuille au gros pinceau puis, sans attendre que cela soit sec, balayez rapidement les grandes surfaces en allers-retours horizontaux.

Étape n° 2

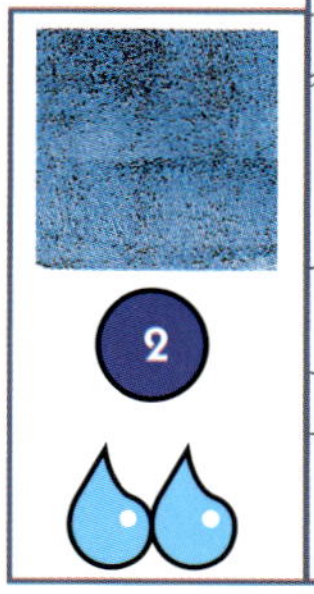

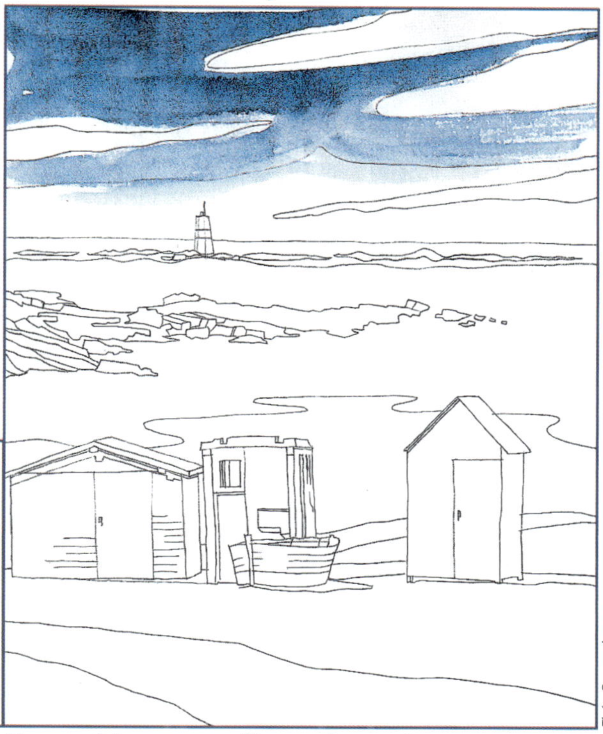

Théo Sauer - b

Ne vous laissez pas arrêter par les contours. Essayez de garder une dynamique dans votre geste.

Étape n° 3

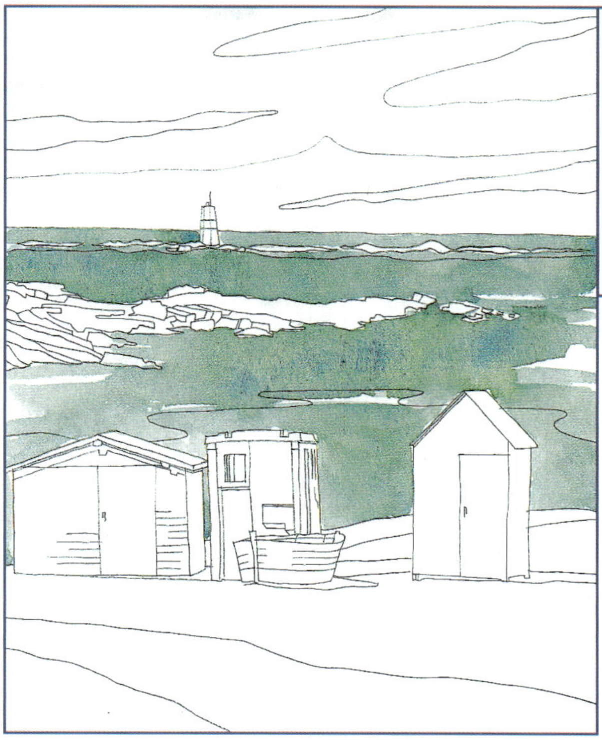

Théo Sauer - c

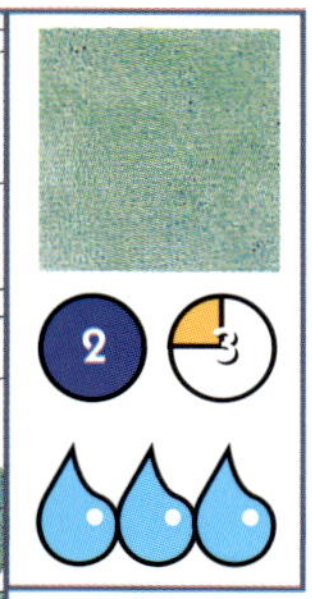

Tentez de conserver les petits blancs qui peuvent se former spontanément.

Étape n° 4

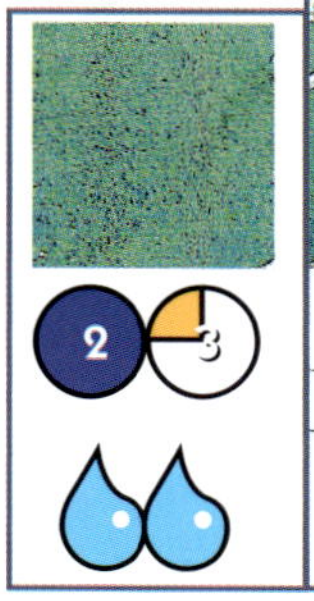

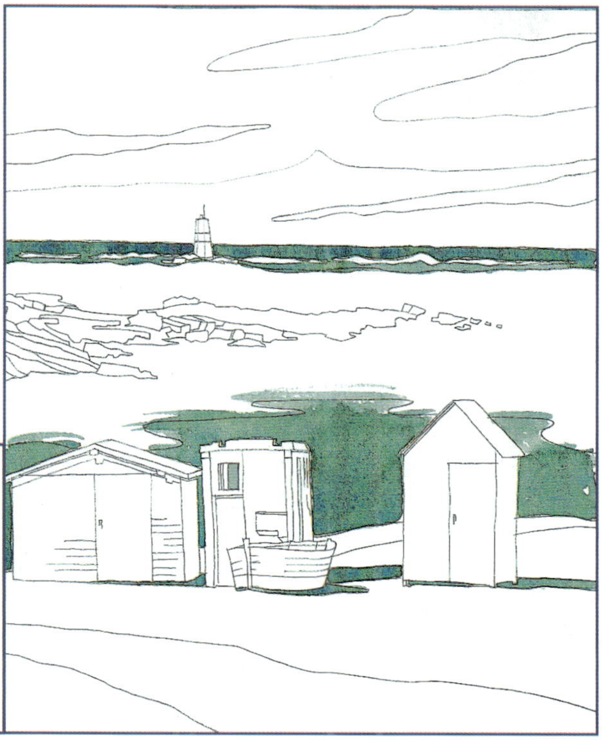

Théo Sauer - d

La teinte foncée sur la ligne d'horizon donne sa profondeur à la mer.

Étape n° 5

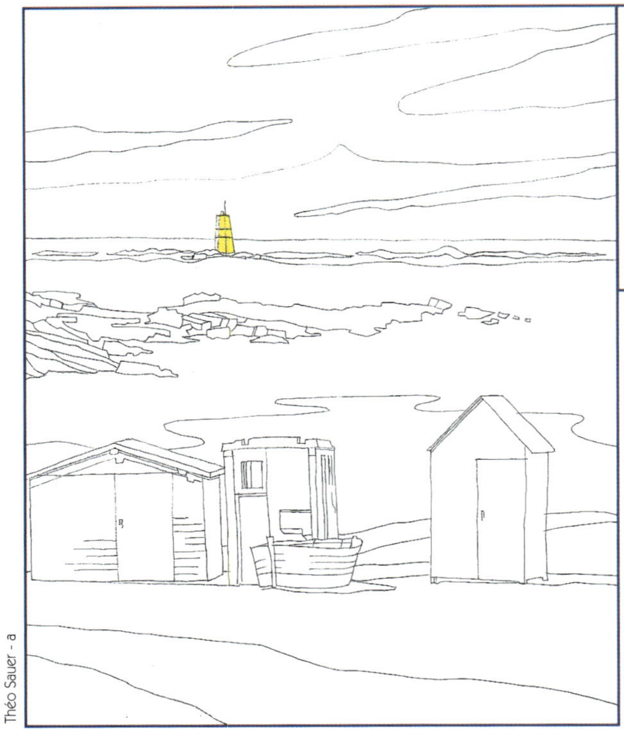

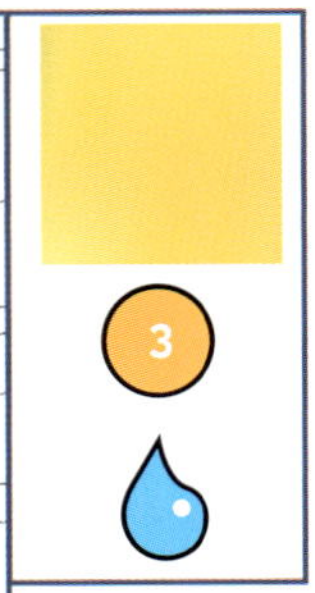

Étape n° 6

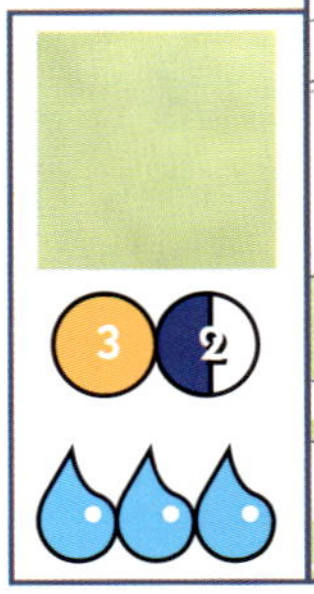

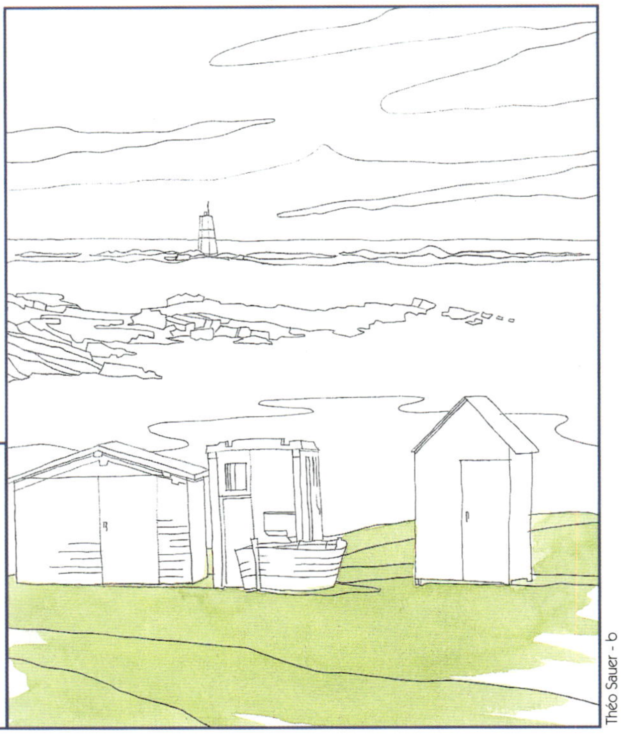

Étape n° 7

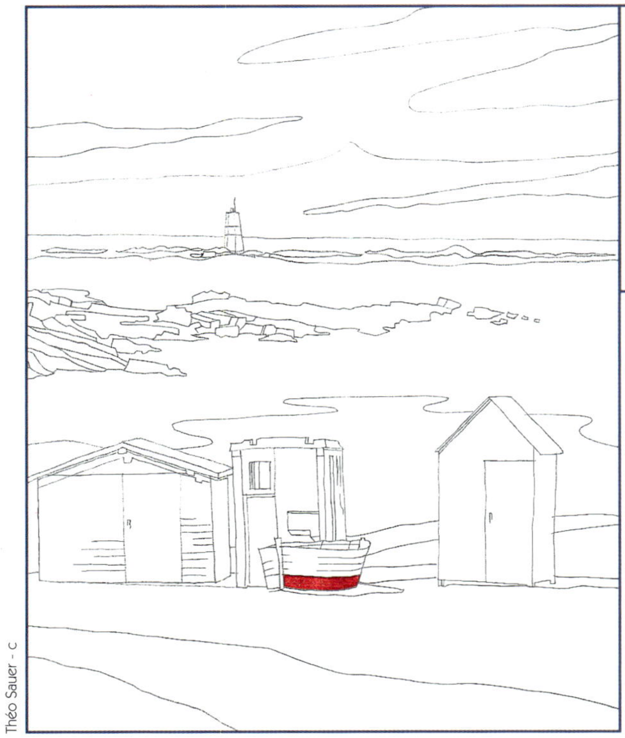

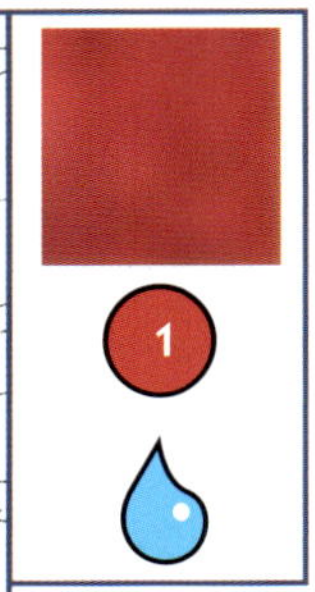

Étape n° 8

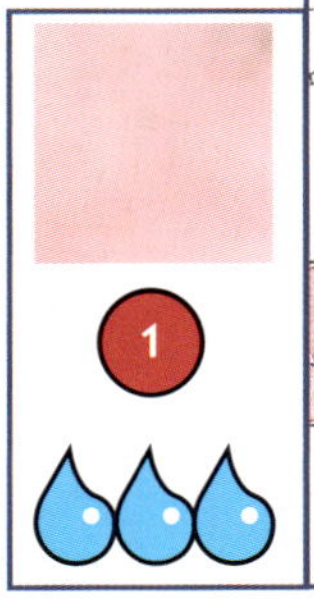

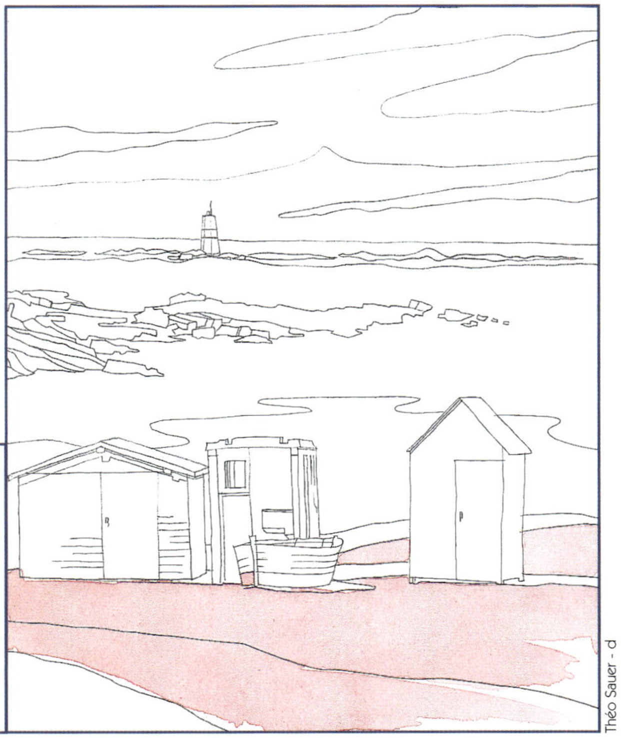

Superposé au jaune-vert, ce rose
va se transformer en orangé.

Étape n° 9

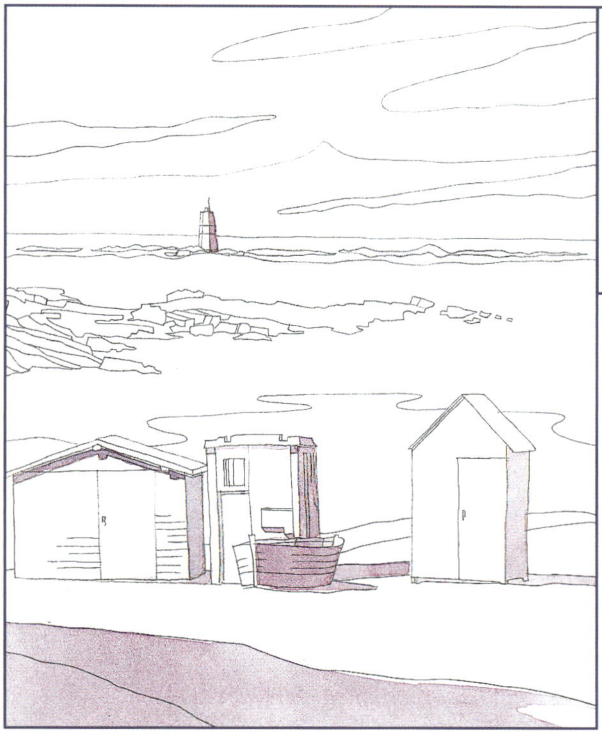

Théo Sauer - e

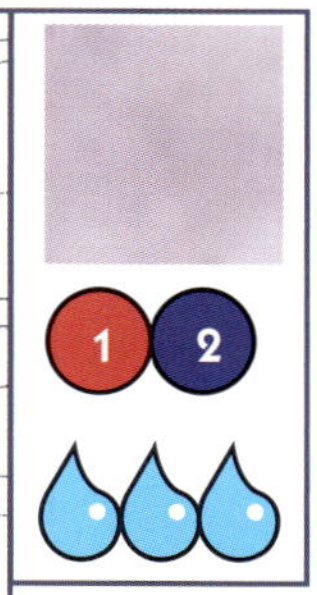

Cette couleur correspond au placement des ombres.

Étape n° 10

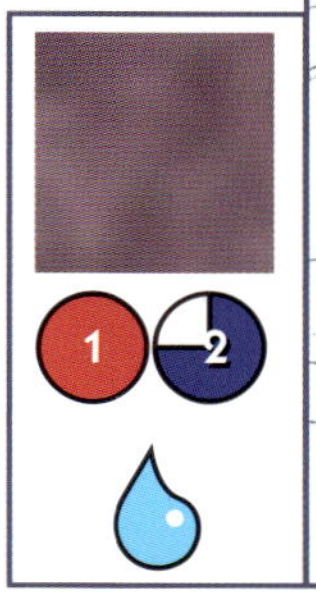

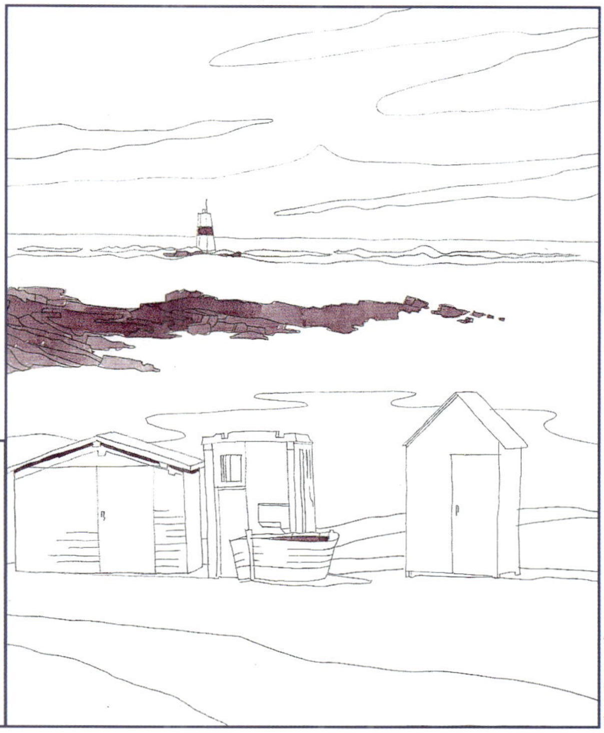

Théo Sauer - f

Étape n° 11

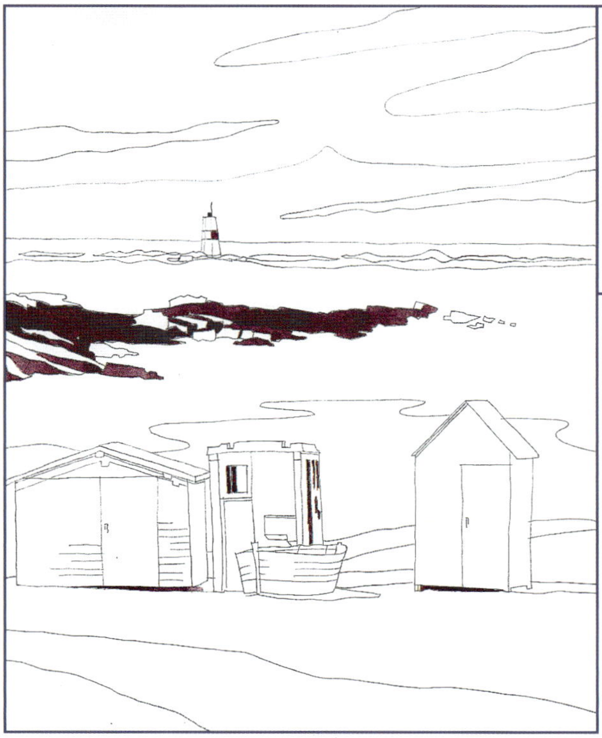

Théo Sauer - g

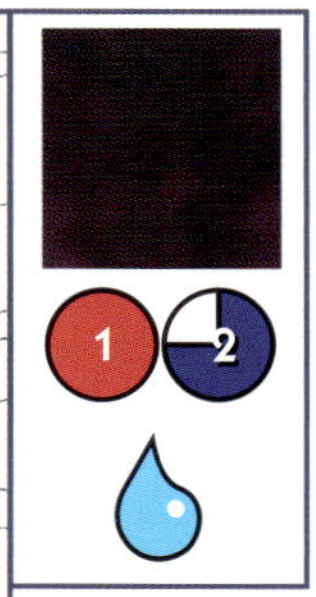

Pour obtenir une teinte réellement sombre, il vous faudra diluer aussi peu que possible vos couleurs.

Étape n° 12

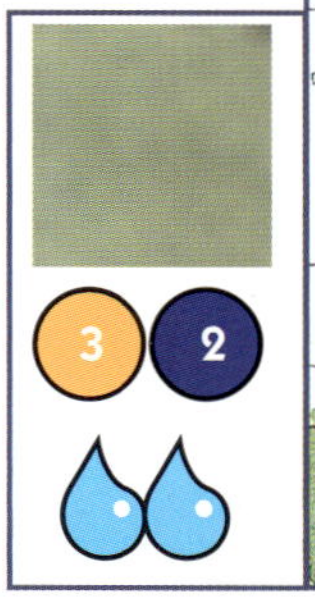

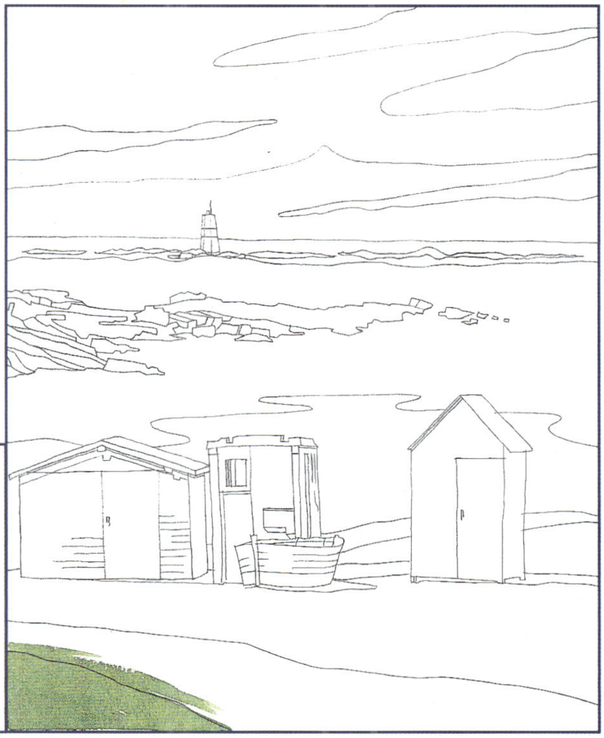

Théo Sauer - h

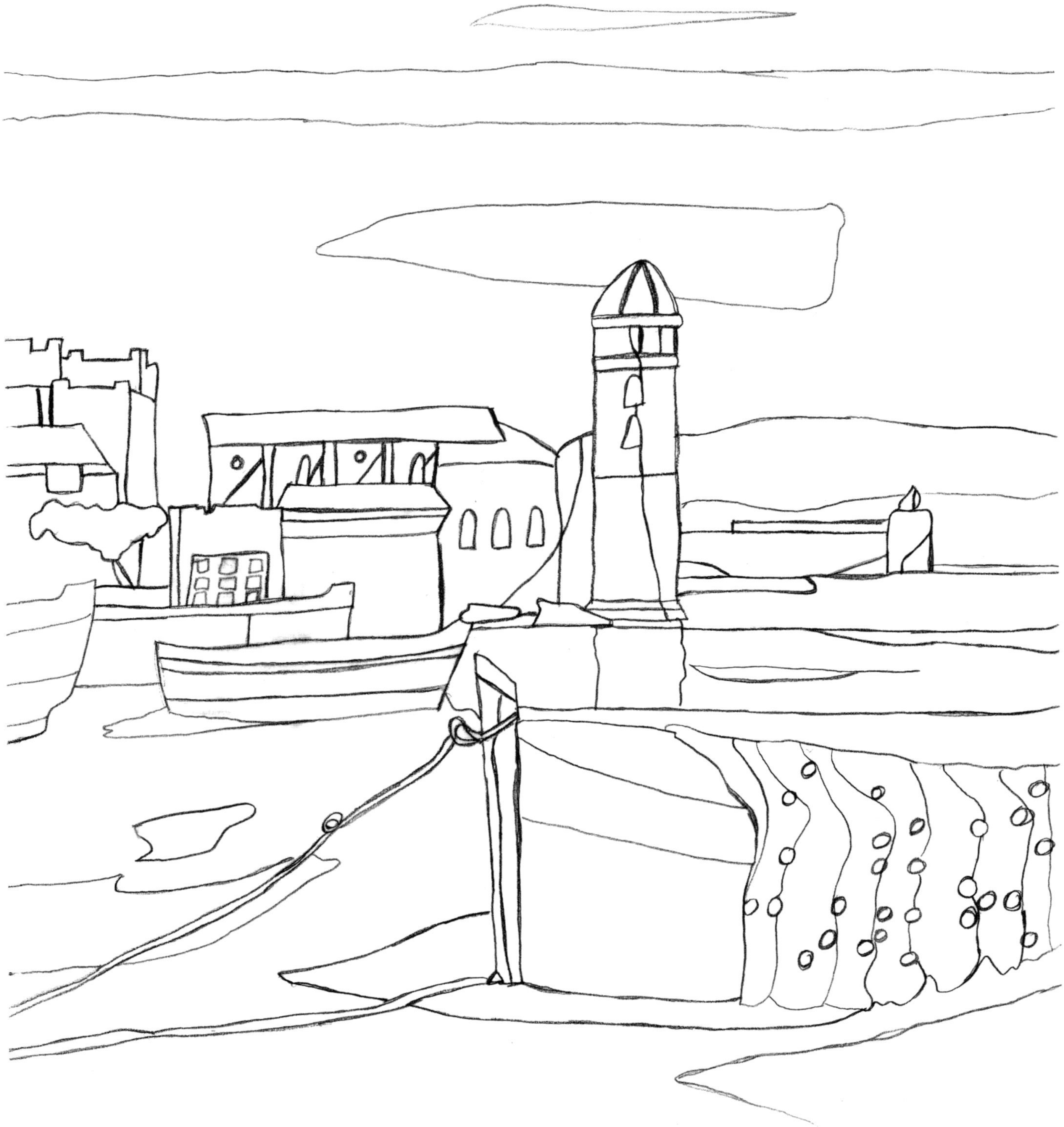

Collioure, vue du port

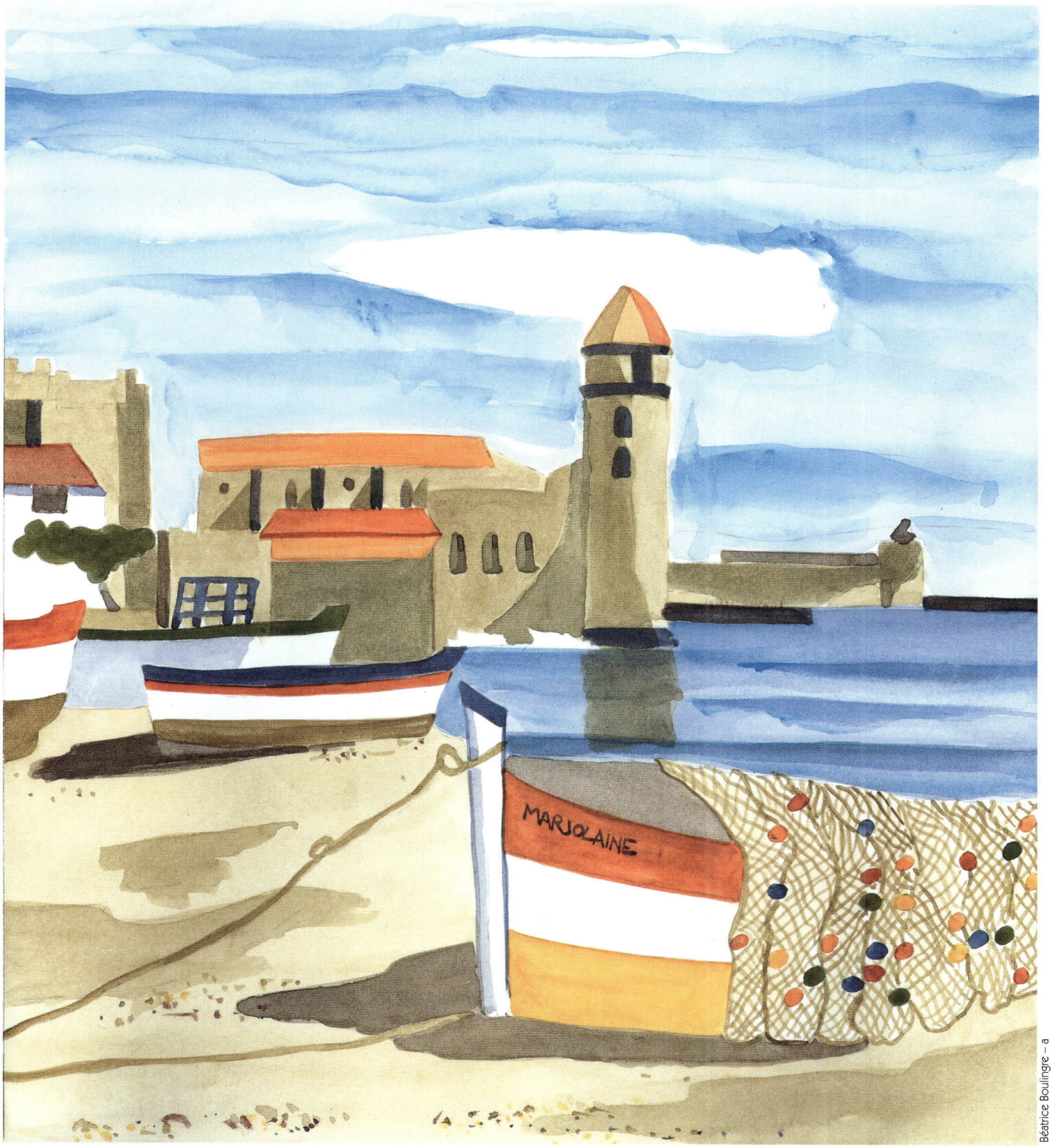

Béatrice Boulingre – a

Collioure, vue du port

La cité méditerranéenne vous demandera à la fois une grande liberté du geste, dans le traitement du ciel, de la mer et de la plage, et un pinceau précis pour la ville et les bateaux.

Pour réaliser cette aquarelle il vous faudra utiliser la technique du lavis sur papier humide. Vous pouvez vous reporter aux cours d'aquarelle (p. 17) si vous désirez revoir cette technique.

Installez-vous confortablement

- Lavez-vous bien les mains afin de ne pas tacher le papier.
- Rassemblez près de vous le matériel dont vous aurez besoin : vos quatres couleurs, vos deux pinceaux, deux verres d'eau propre, un chiffon, un buvard et des feuilles de papier brouillon pour tester vos couleurs.
- Fixez votre papier comme indiqué dans le cours d'aquarelle (page 12).

Précautions indispensables

- Avant d'appliquer les couleurs, testez vos mélanges et vos dilutions sur du papier brouillon jusqu'à obtenir la teinte indiquée sur le modèle ou, du moins, celle s'en rapprochant le plus. Il est en effet difficile de proposer des dosages très précis.
- Faites un essai une feuille de brouillon reproduisant l'esquisse de votre aquarelle. Vous pouvez photocopier cette feuille, éventuellement en l'agrandissant, afin de disposer de plusieurs brouillons.
- Ne laissez pas deux couleurs voisines se toucher si vous ne voulez pas qu'elles se mélangent et fusent entre elles.

Surtout pas de panique !

- La trame prédessinée n'est qu'un fil conducteur : rien de dramatique si vous débordez de certaines zones. Mais, dans le cas des bâtiments, il faut veiller à respecter les contours, qui donnent sa solidité à l'architecture.
- Si vous avez déposé trop de mélange coloré en un endroit, absorbez le surplus avec un buvard.

Personnalisez votre œuvre

- Lorsque votre aquarelle sera terminée, ajoutez-y au gré de votre inspiration de petits points bruns et ocre pour donner plus de vérité au sable et étoffer davantage le premier plan de votre œuvre.
- Vous pouvez accentuer la peinture sur les boules du filet de pêche pour rendre votre tableau plus coloré et baptiser avec le nom de votre choix la petite barque du premier plan.

Voici les quatres couleurs dont vous aurez besoin pour réaliser votre aquarelle.

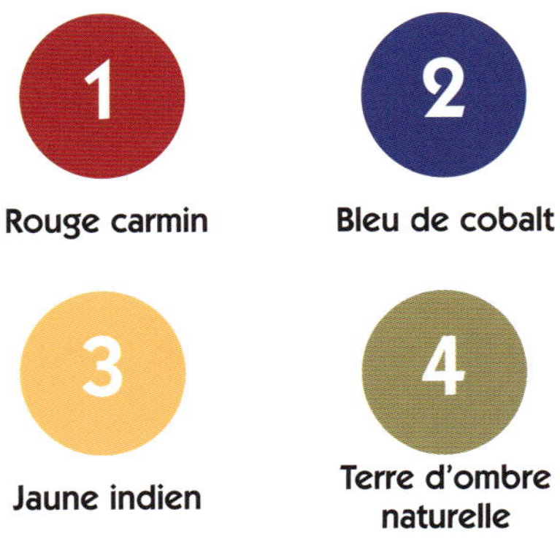

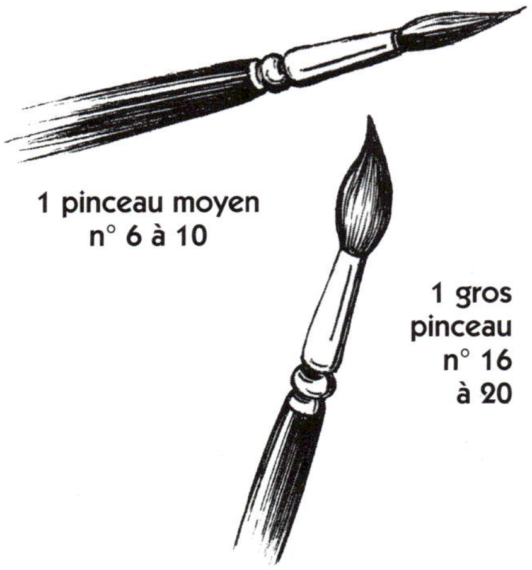

1 pinceau moyen n° 6 à 10

1 gros pinceau n° 16 à 20

Étape n° 1

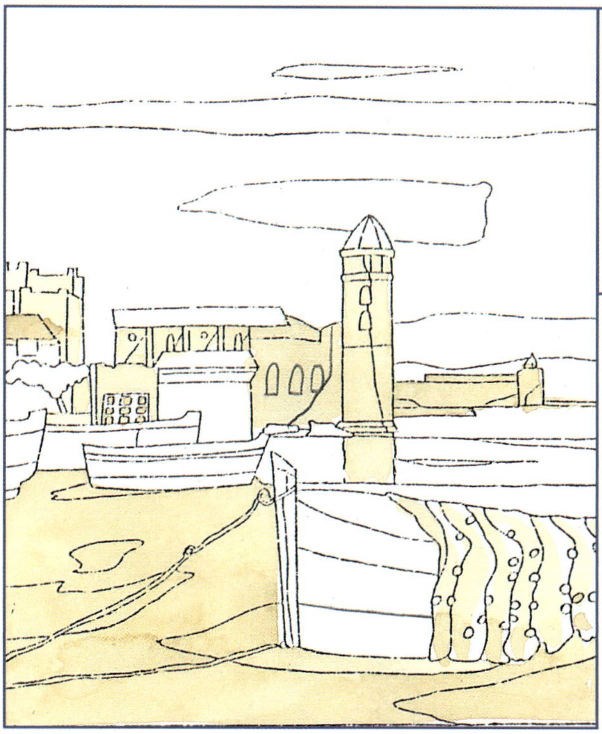

Béatrice Boulingre - a

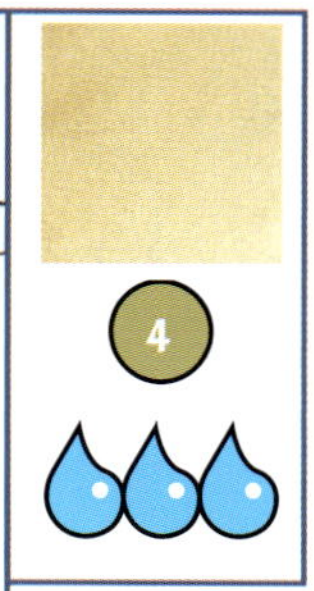

Humidifiez tout d'abord votre feuille légèrement au gros pinceau puis, passez votre lavis terre d'ombre. Il doit être léger sur le filet de pêche.

Étape n° 2

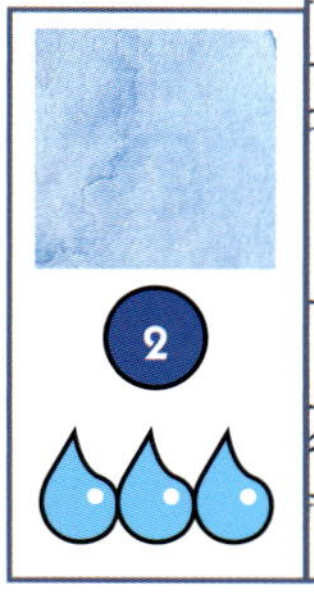

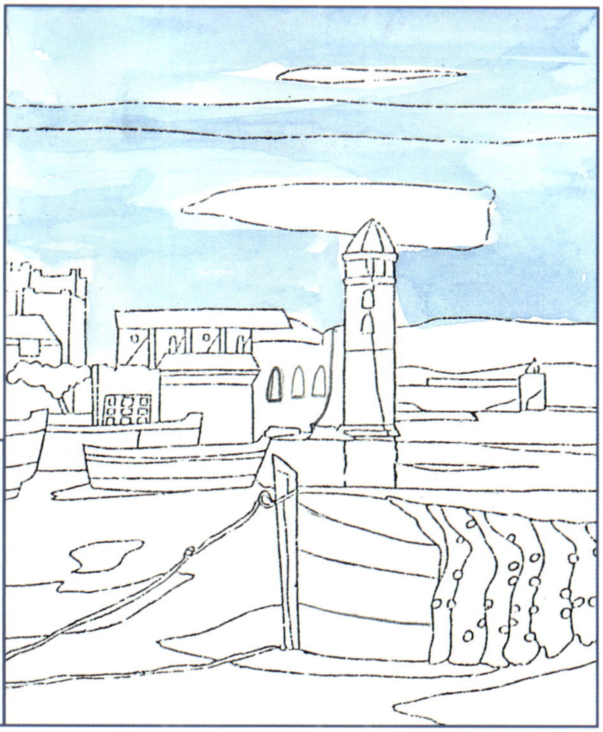

Béatrice Boulingre - b

Laissez la peinture un peu fuser sur la feuille humide tout en respectant les zones. Laissez certaines plages presque transparentes : c'est ce qui donnera au ciel son relief.

Étape n° 3

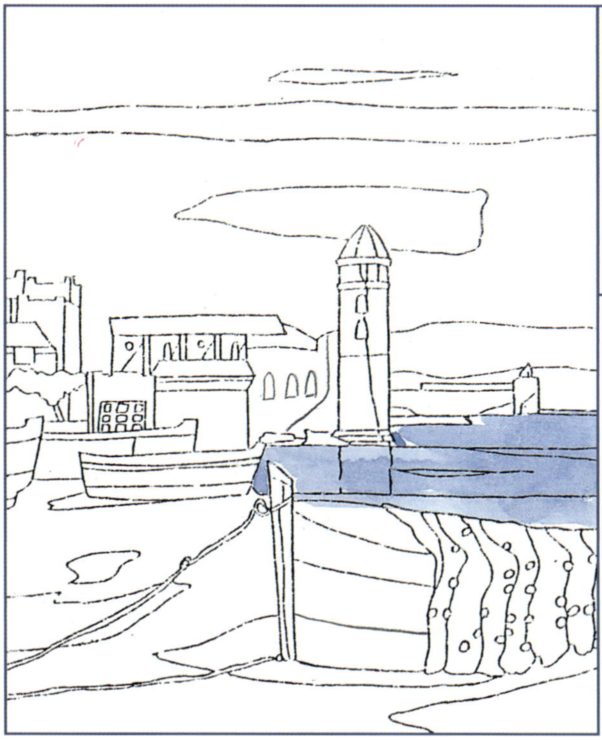

Béatrice Boulingre - c

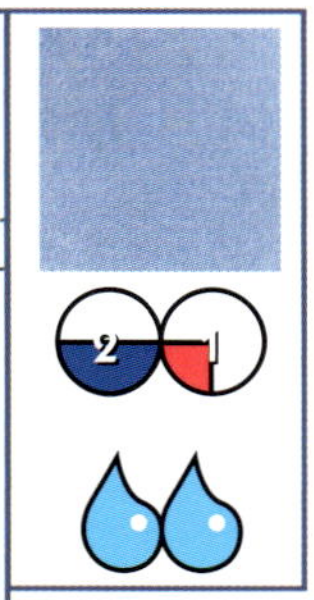

Procédez comme pour l'étape n° 2.

Étape n° 4

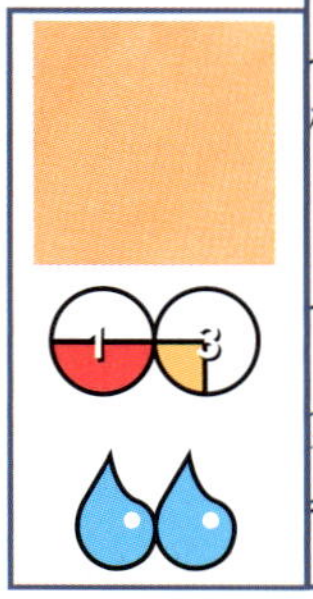

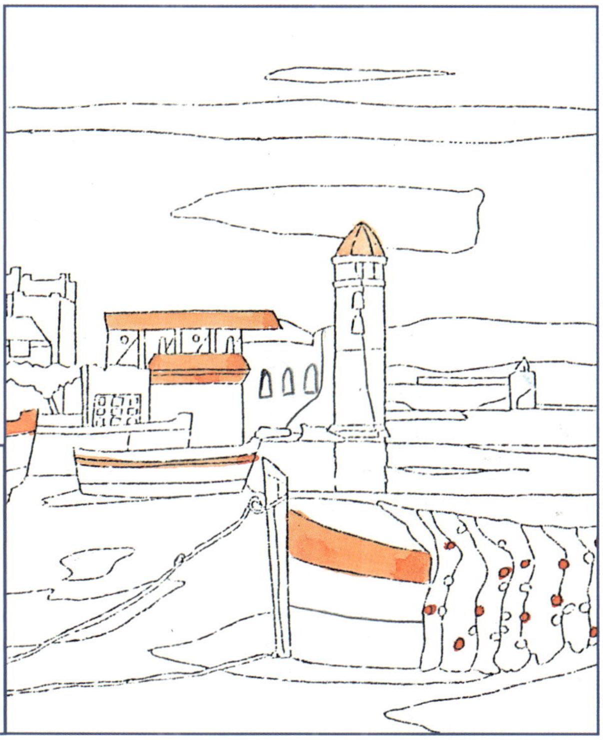

Béatrice Boulingre - d

Étape n° 5

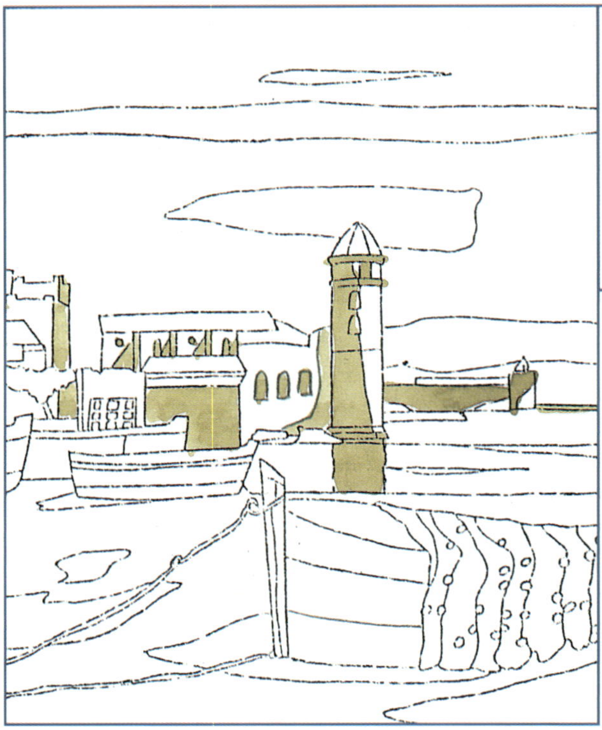
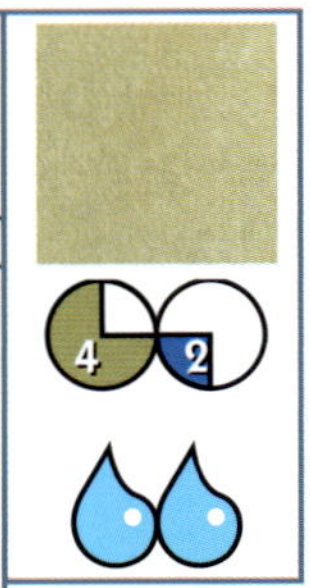

Béatrice Boulingre - a

Étape n° 6

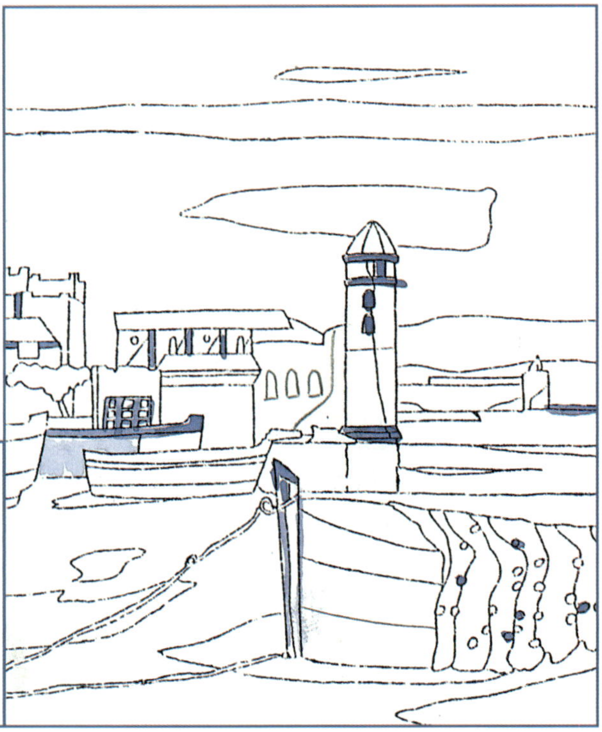
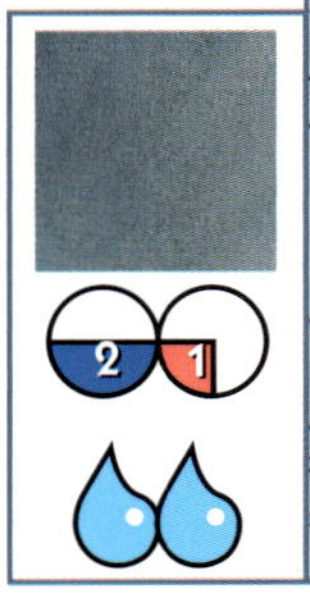

Béatrice Boulingre - b

Étape n° 7

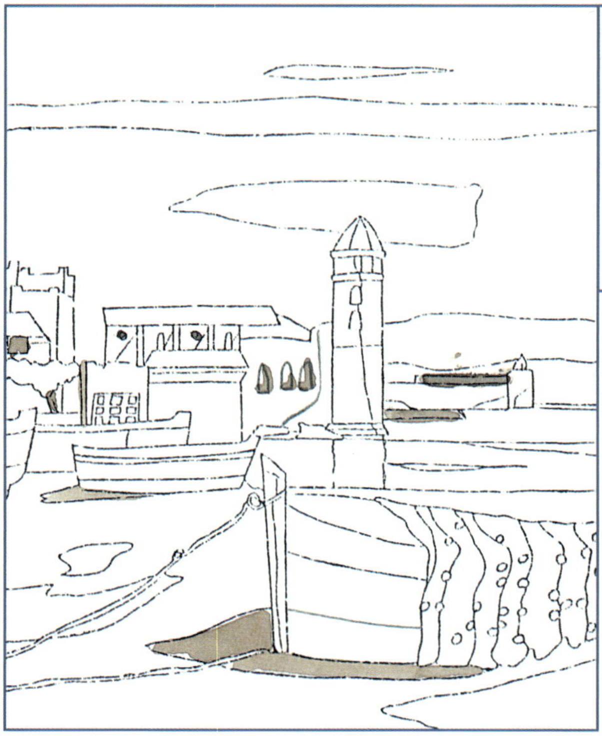
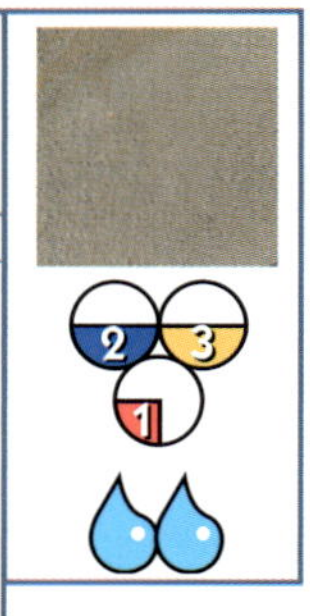

Béatrice Boulingre - c

Faites un petit trait brun sur l'angle droit de chaque fenêtre pour leur donner de la profondeur.

Étape n° 8

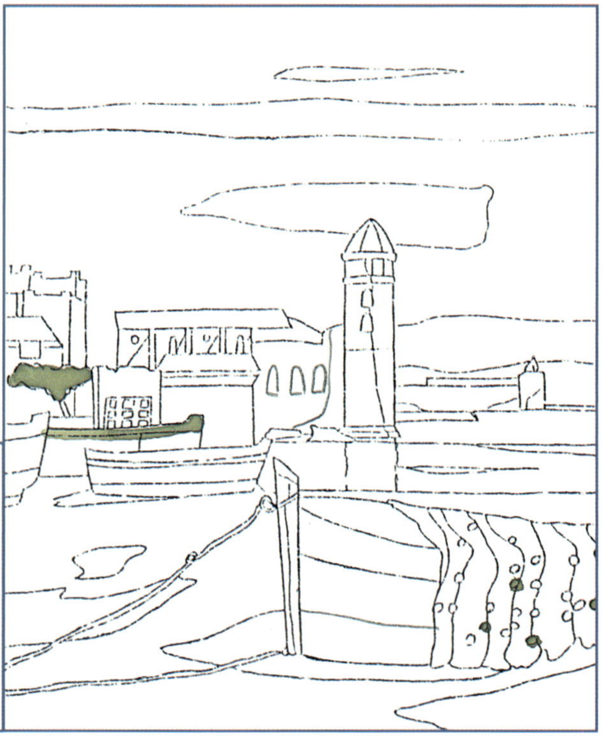
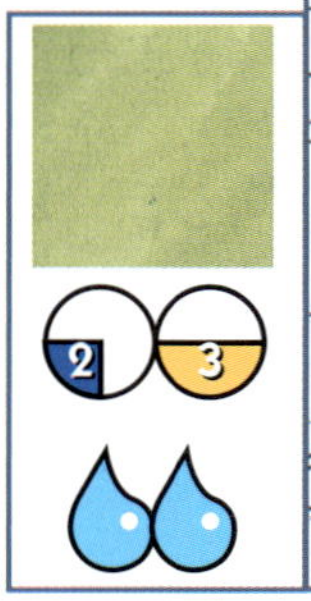

Béatrice Boulingre - d

Étape n° 9

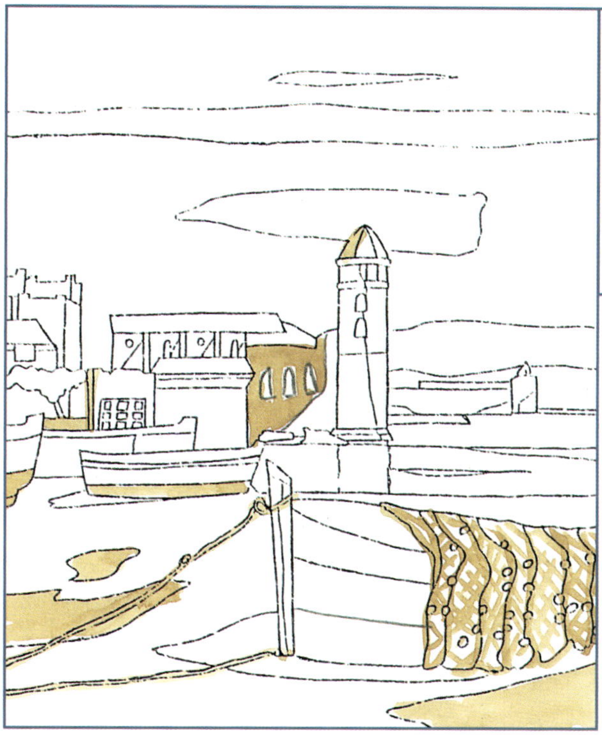

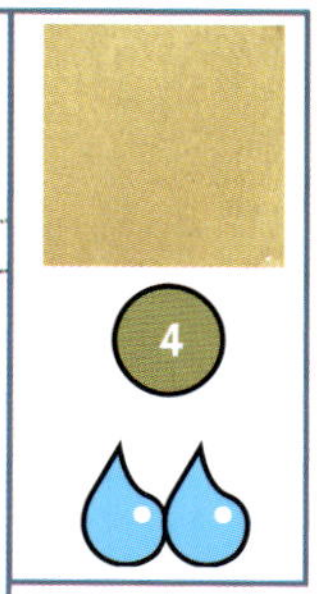

Béatrice Boulingre - e

Hachurez le filet de pêche en croisillons, partie par partie, afin de le rendre plus réaliste et d'enrichir le premier plan de votre aquarelle.

Étape n° 10

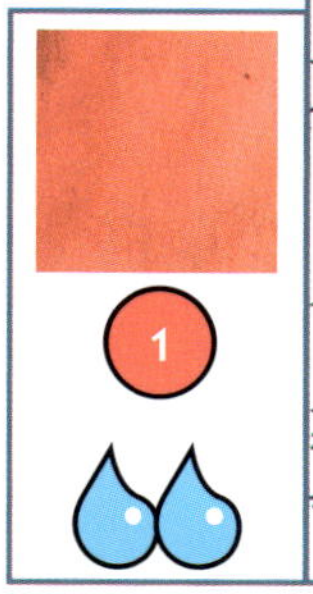

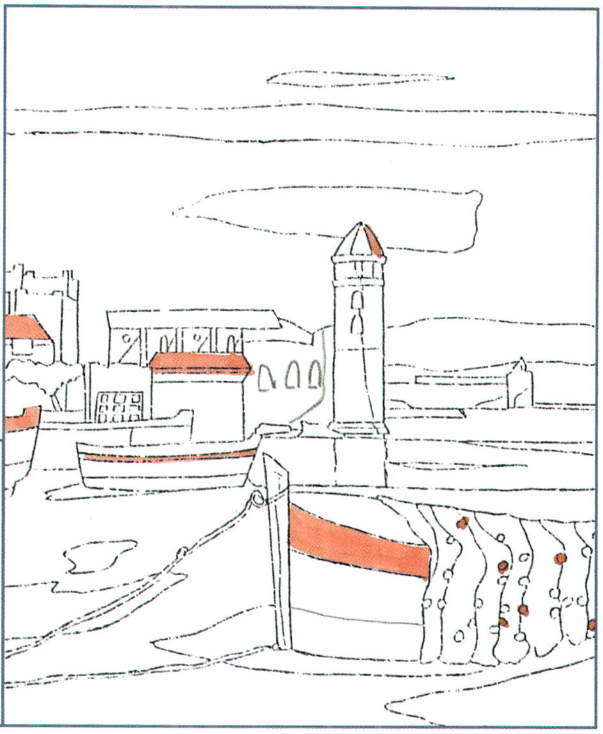

Béatrice Boulingre - f

Étape n° 11

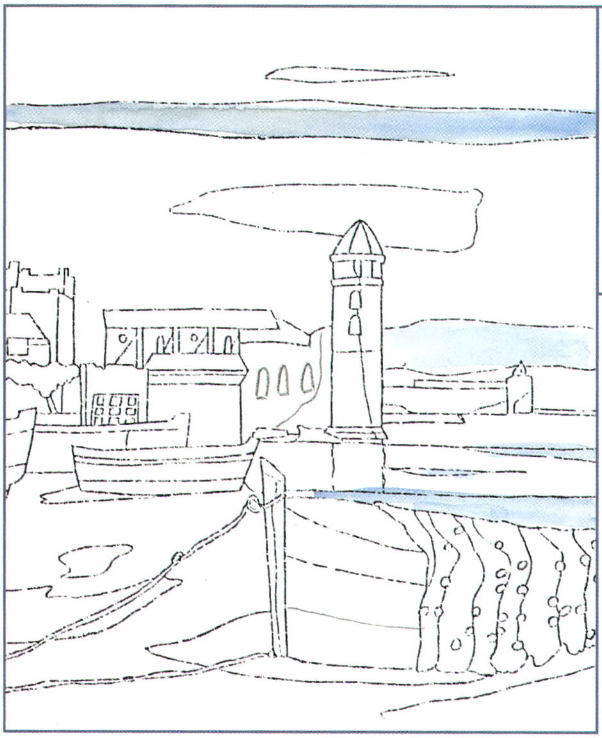

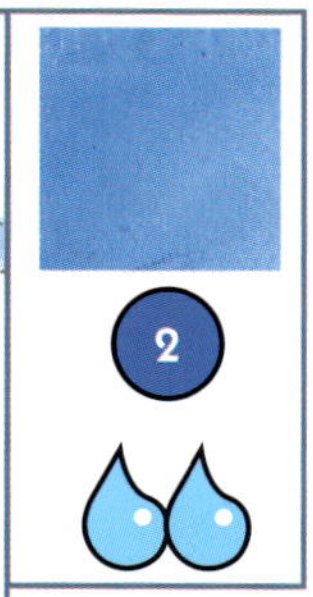

Béatrice Boulingre - g

Humidifiez de nouveau votre feuille, repassez de la peinture en la laissant un peu fuser autour des zones claires.

Étape n° 12

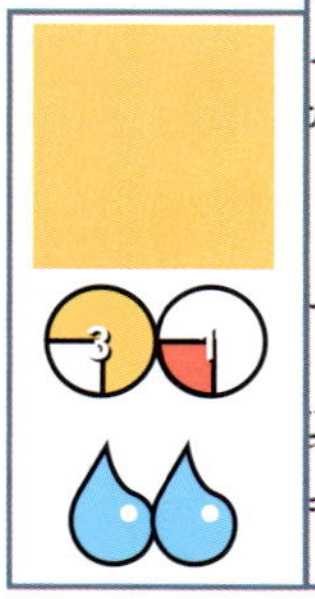

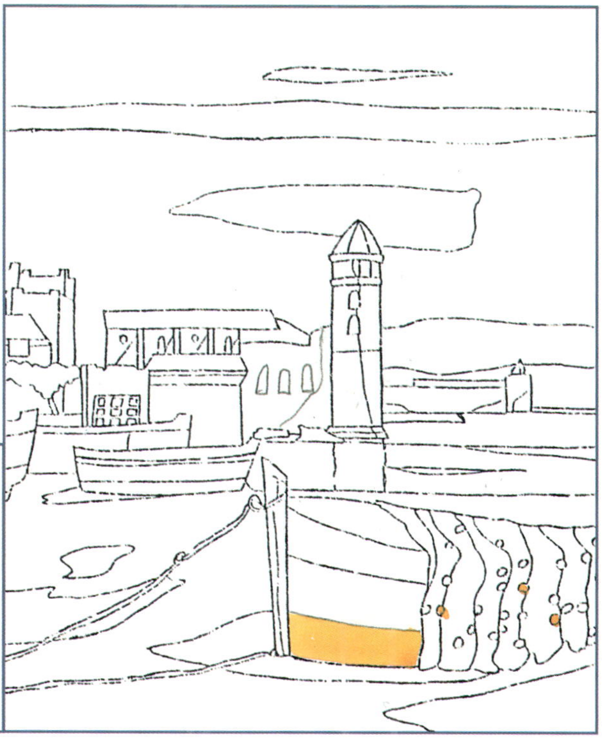

Béatrice Boulingre - h

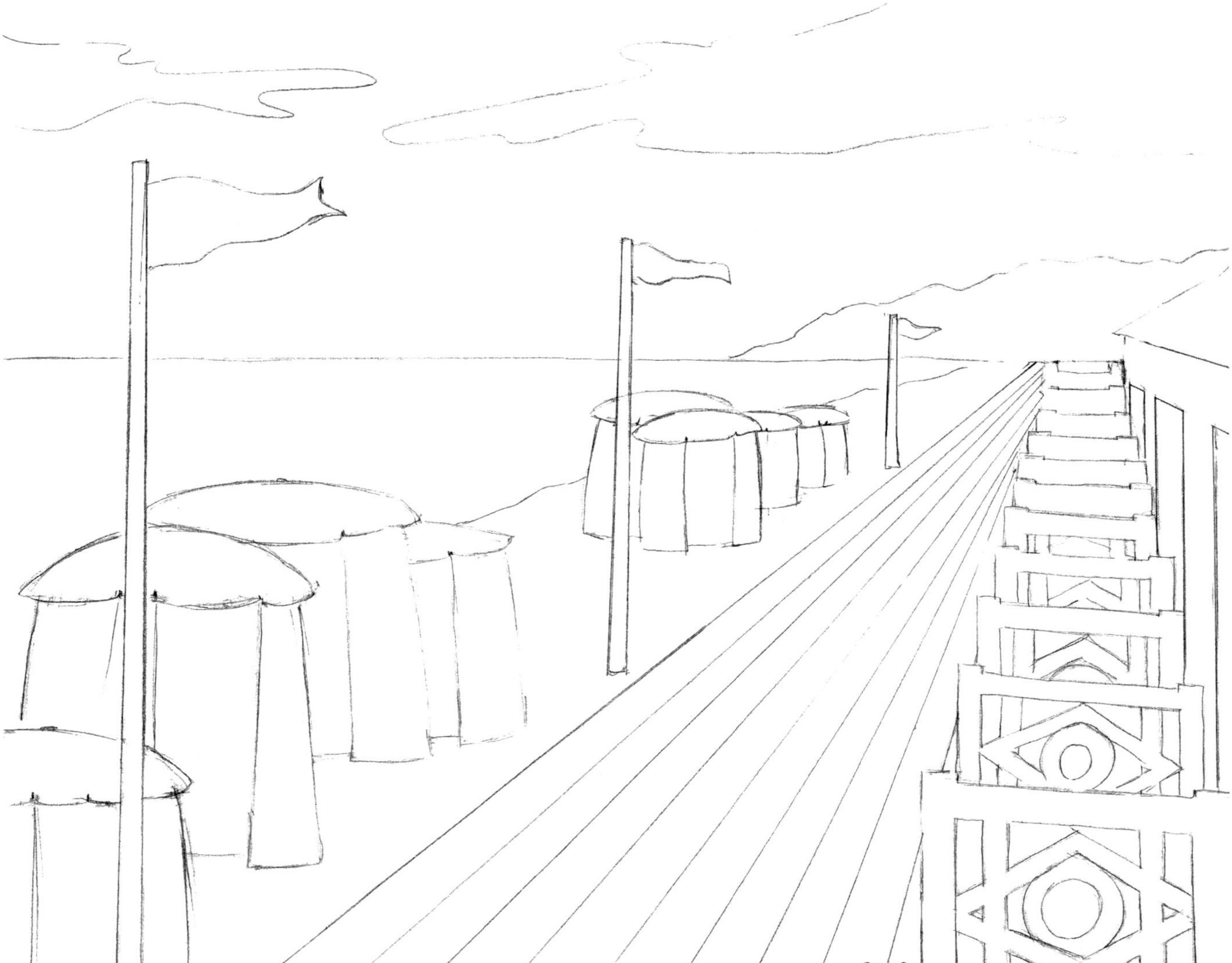

Les planches de Deauville

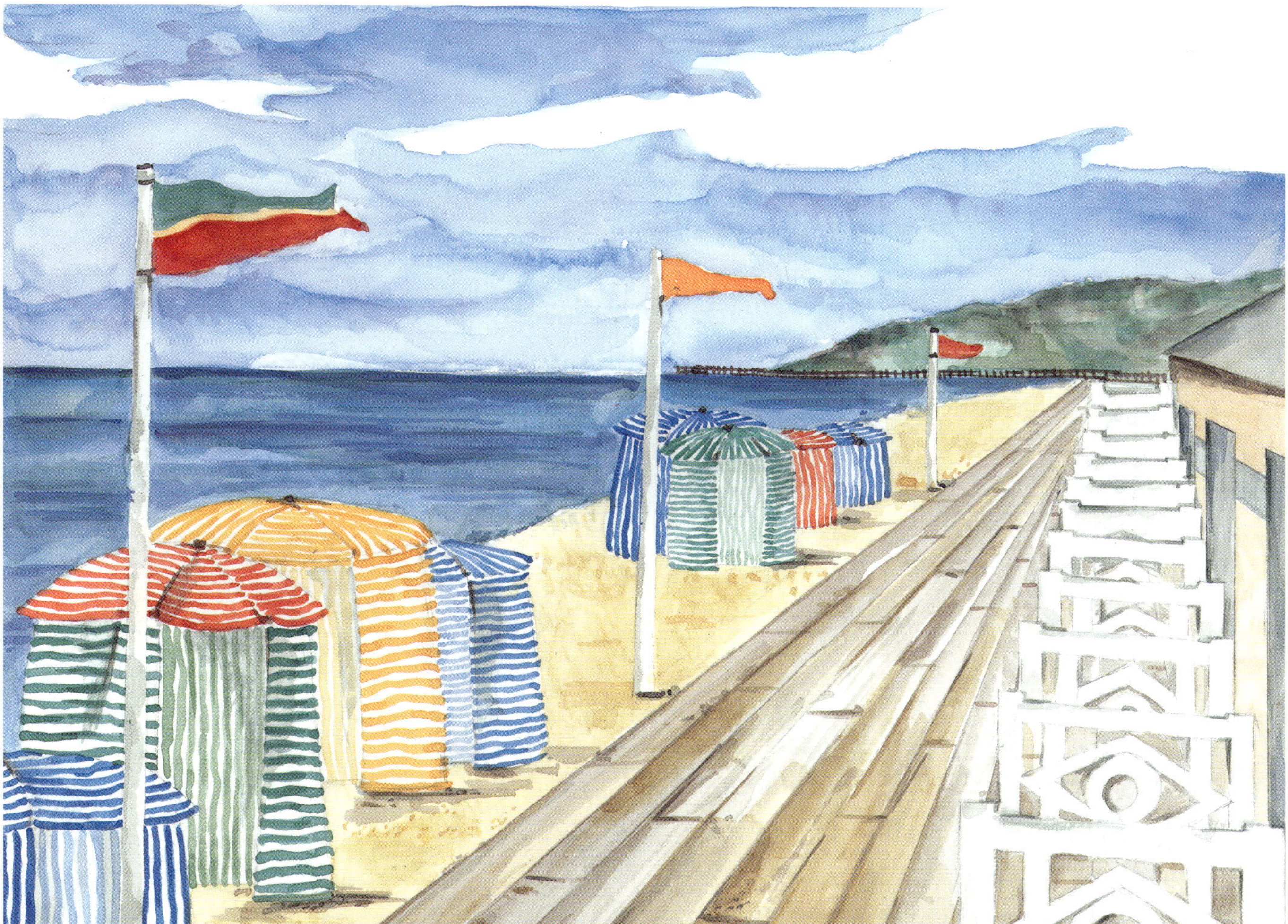

Béatrice Boulingre - a

Les planches de Deauville

Sur la plage de Deauville, au jaune du sable fin et au bleu varié du ciel et de la mer s'ajoutent le brun et l'ocre des planches. Ici, tout est affaire de nuance, de fraîcheur et de lumière.

La profondeur des barrières

• Le relief et la profondeur de votre aquarelle dépendent de la profondeur des barrières.
• Faites-en suffisamment ressortir le blanc en marquant bien les planches qui figurent derrière.
• Quelques touches de gris très pâle donneront leur relief aux ombres (étape n° 11). Pour distinguer nettement les barrières les unes des autres, accentuez le gris et le brun dans le premier plan.

La fuite des planches

• Vous avez bien noté la présence d'une zone plus claire et dorée, à droite au premier plan. Préservez-la lorsque vous passez le lavis brun (étape n° 2).
• Travaillez les planches une par une pour leur donner toute leur véracité, leur fond devra rester clair.
• Le bord de chaque planche doit être au contraire plus foncé : accentuez la couleur et n'hésitez pas à bien marquer la différence des deux teintes employées (étapes n°s 2 et 3). Pour les détails, prenez la liberté de mélanger les bruns et les ocres comme bon vous semble.

Nuancez la mer et le sable

• Le lavis bleu (étape n° 5) n'est qu'une base que vous retravaillerez immédiatement après passage par petites touches de bleu outremer et de bleu de Prusse, pour donner profondeur et transparence à la mer.
• La mer doit être peaufinée, par la suite, avec les lignes violacées de la dernière étape.
• Agissez de même pour le sable, auquel vous donnerez des nuances à l'aide des couleurs employées, puis accentuez ces différences avec le mélange de l'étape n° 7.

Le travail des tentes

• Passez votre peinture en lignes ondulées et légèrement irrégulières.
• La dilution plus ou moins importante de la peinture crée le mouvement du tissu.

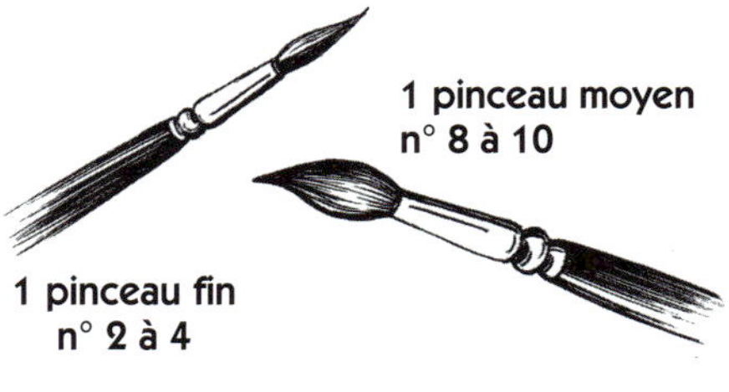

Voici les onze couleurs dont vous aurez besoin pour réaliser votre aquarelle.

1 Rouge carmin
2 Bleu de cobalt
3 Jaune indien
4 Terre d'ombre naturelle
5 Bleu de Prusse
6 Vert bleuâtre
7 Terre de Sienne brûlée
8 Rouge vermillon
9 Violet
11 Vert émeraude mat
12 Bleu outremer

Étape n° 1

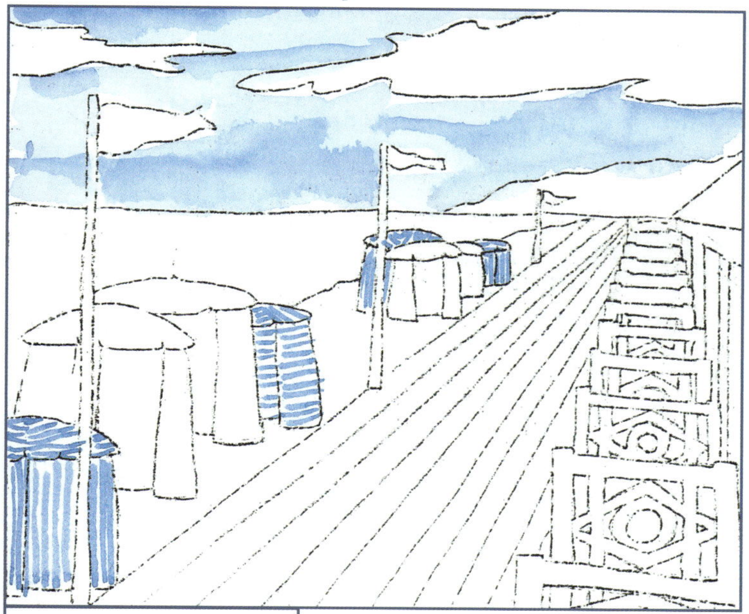

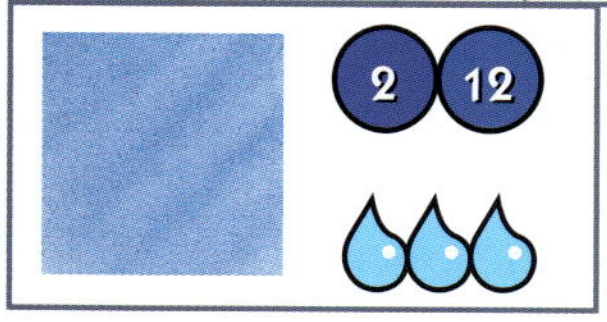

Passez un léger lavis sur le ciel sans mélanger parfaitement les couleurs. Puis repassez de la couleur par endroits pour qu'elle fuse avant séchage. Utilisez la peinture beaucoup moins diluée pour les rayures des tentes.

B.B. - b

Étape n° 2

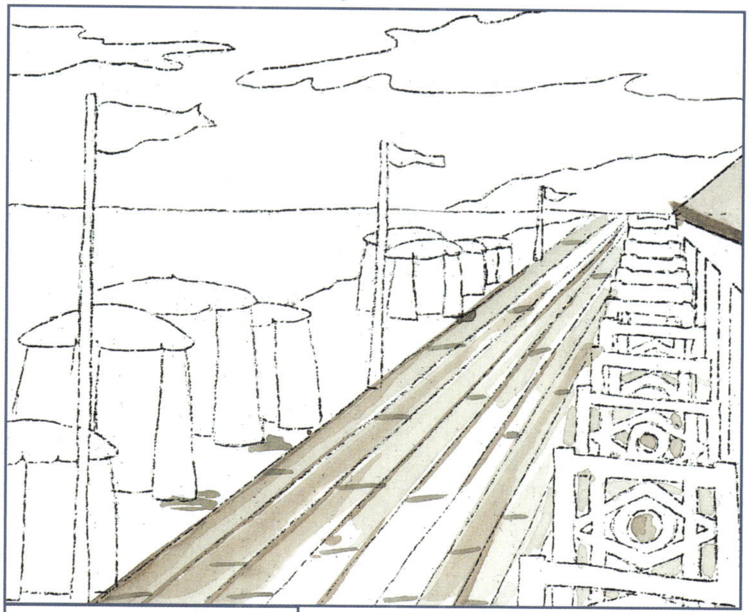

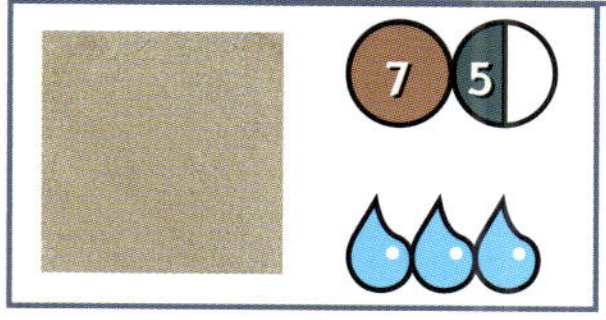

N'oubliez pas de travailler chaque planche individuellement, en intensifiant certaines zones et en délimitant d'un petit trait chaque planche de ses voisines.

Étape n° 3

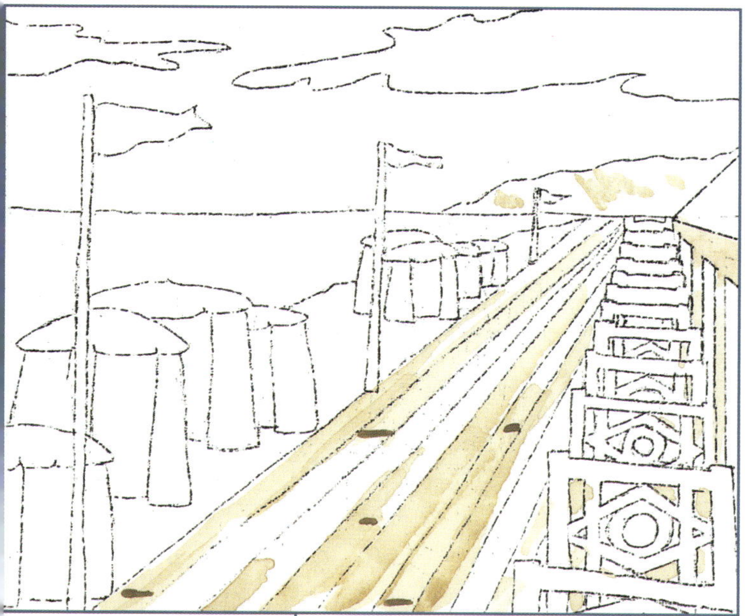

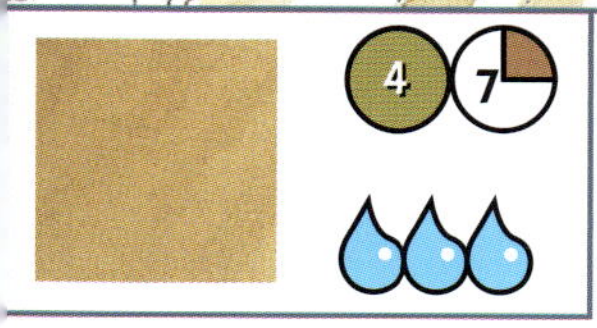

Procédez comme pour l'étape n° 2. La couleur du bâtiment de droite ainsi que celle des zones d'ocre sur la falaise sera plus diluée que celle des planches.

B.B. - d

Étape n° 4

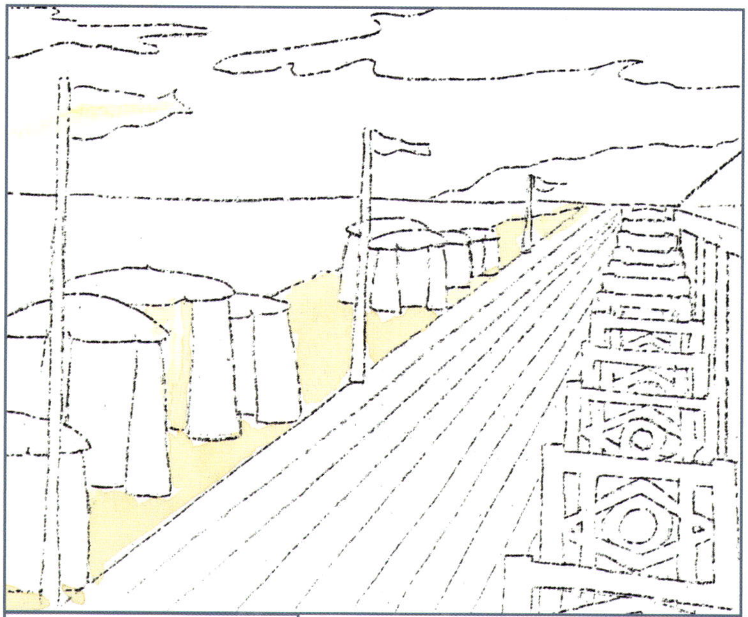

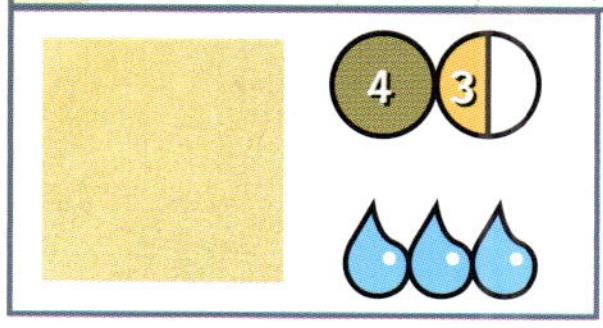

Créez des nuances en passant votre couleur.

Étape n° 5

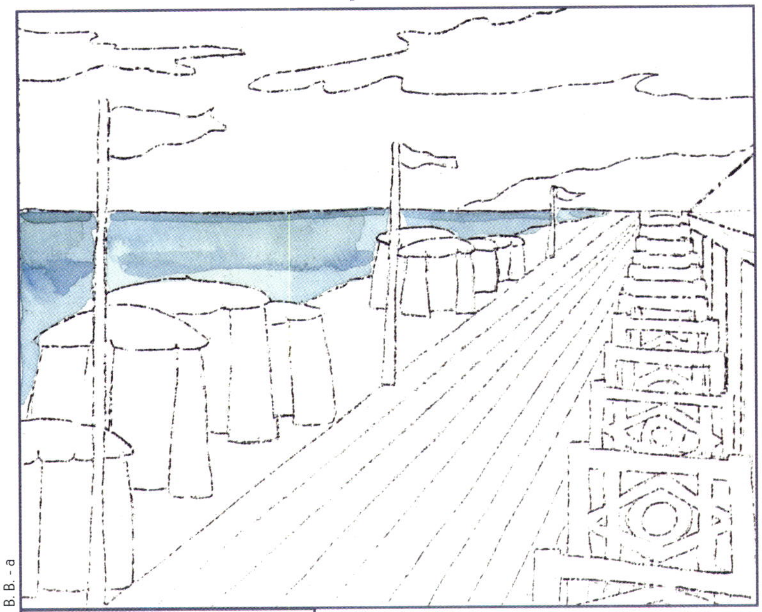

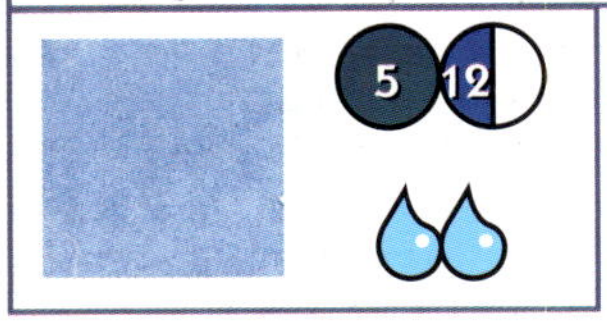

Consultez les conseils p. 112.
N'oubliez pas de souligner l'horizon avec du bleu de Prusse.

Étape n° 6

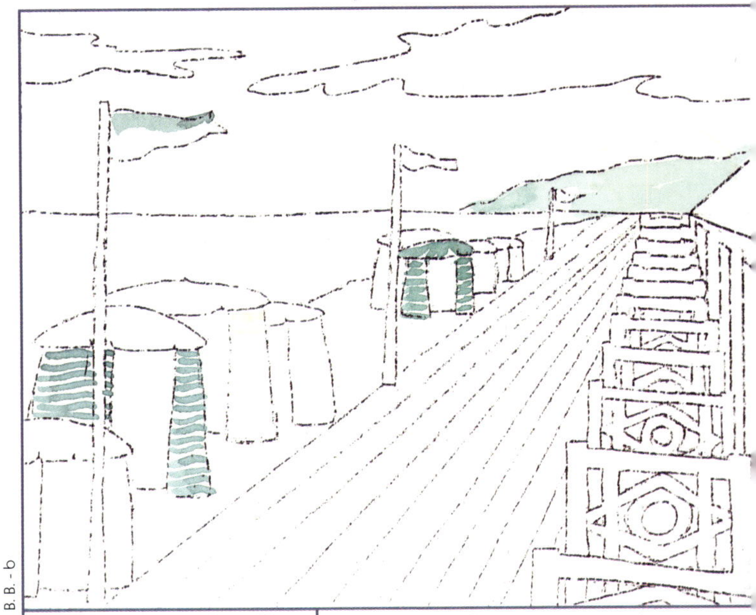

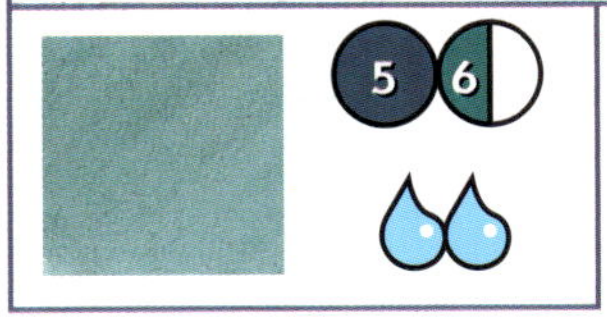

Commencez à travailler la falaise en posant très légèrement la peinture par touches, pour donner l'effet anguleux de la craie. La couleur de la toile des tentes et du drapeau est plus dense.

Étape n° 7

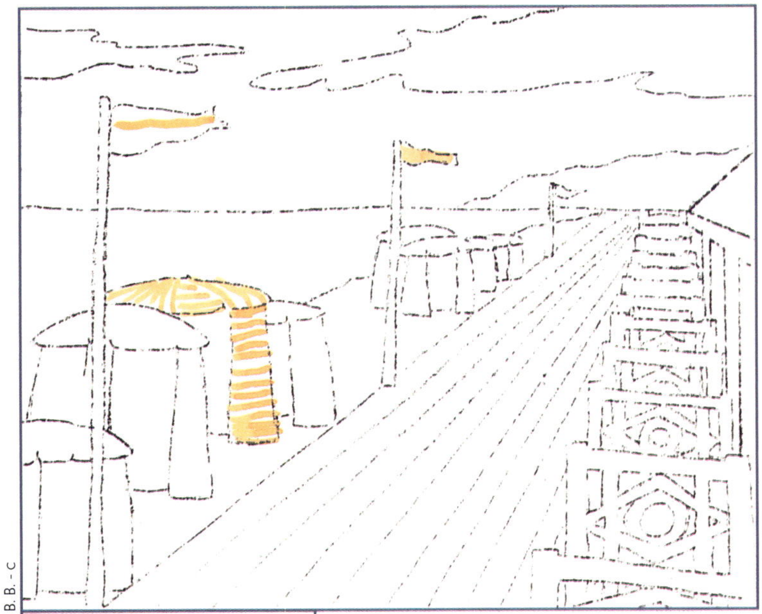

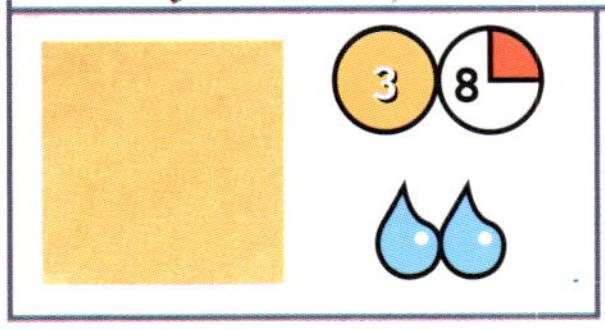

Étape n° 8

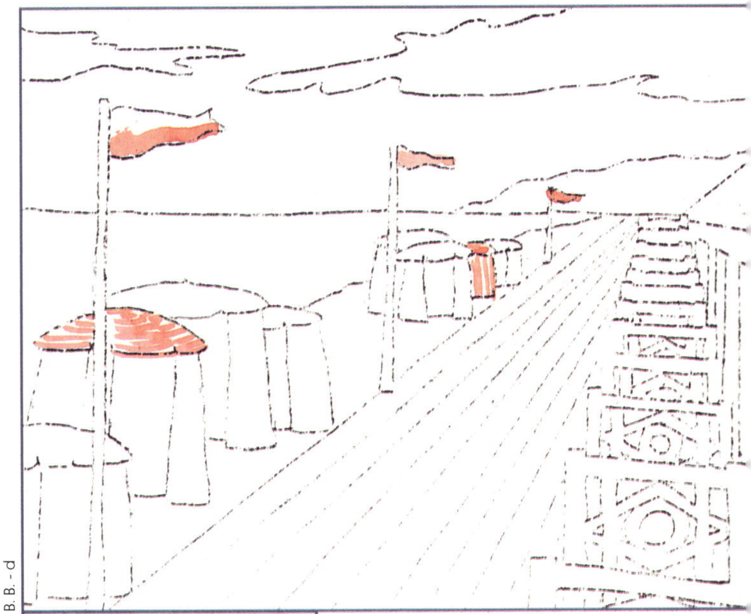

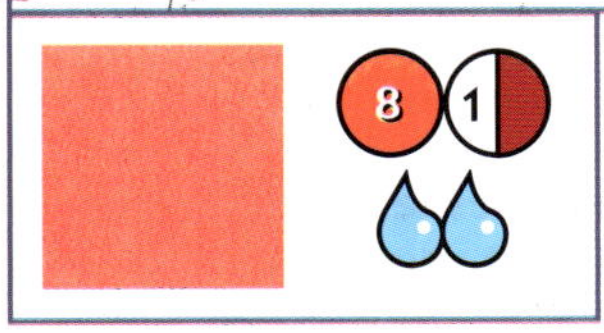

Étape n° 9

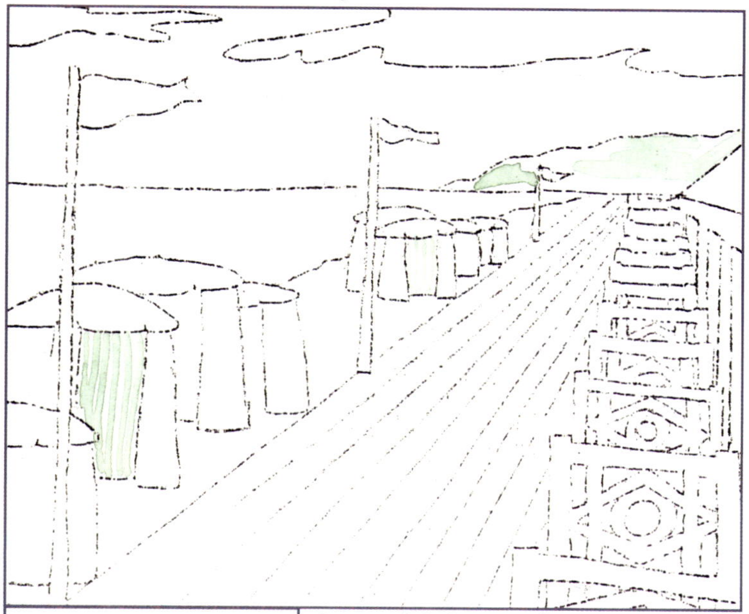

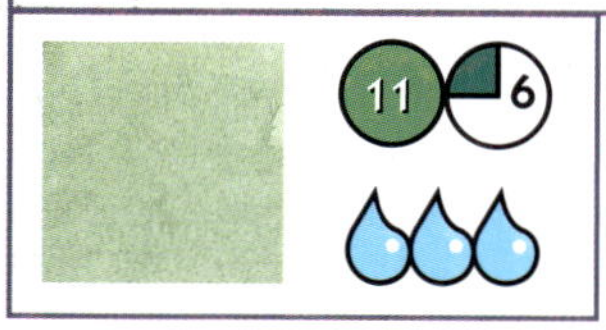

Le vert doit être passé de façon légère à l'intérieur de la tente et plus soutenu sur la falaise.

Étape n° 10

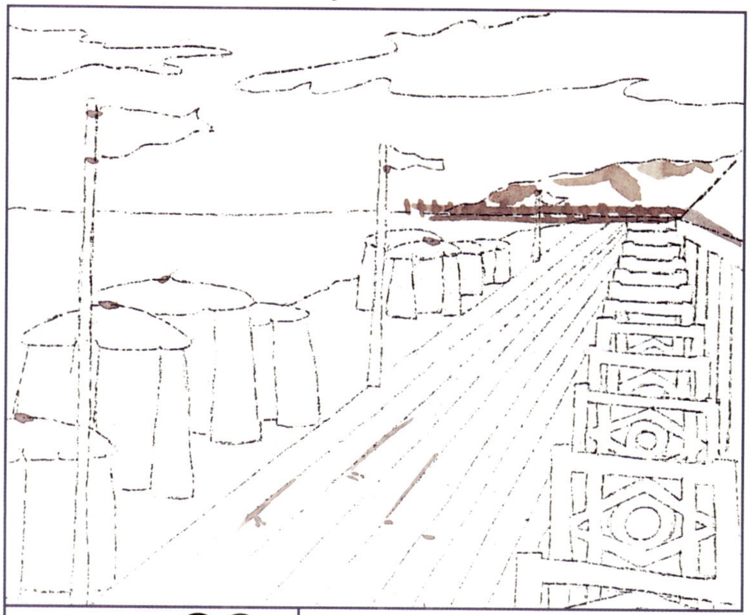

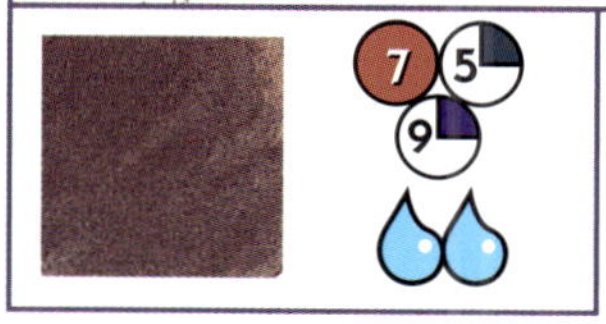

Le tracé du ponton sera exécuté finement et la couleur utilisée pour ce dernier, comme pour le sommet des tentes, sera beaucoup plus dense que pour le haut des mats des drapeaux et des rabats de toiles de tentes.

Étape n° 11

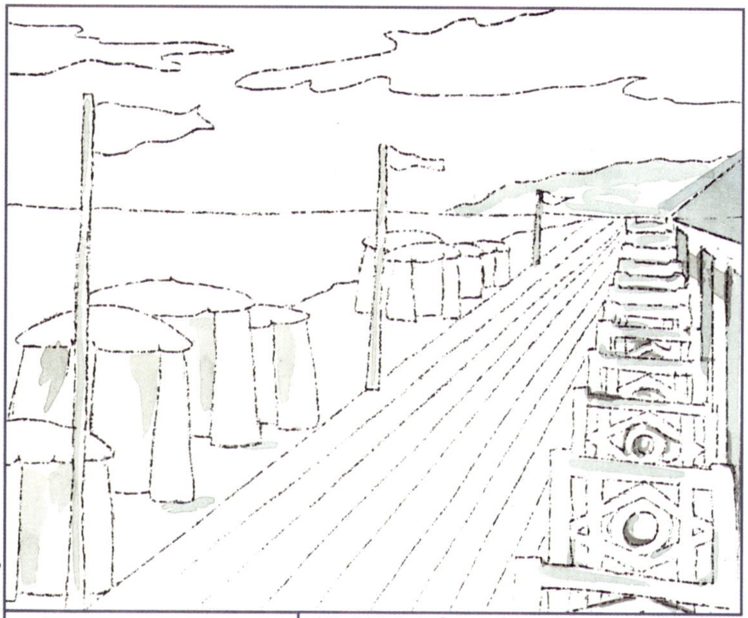

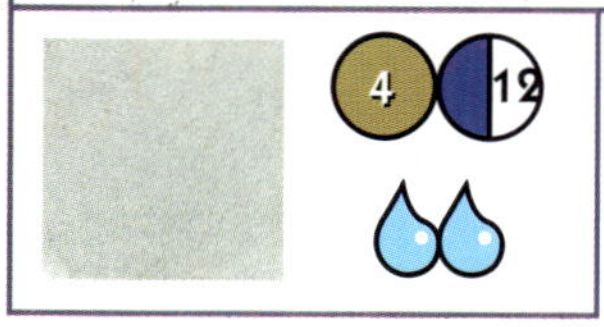

Le gris doit être très dilué sur les barrières et les poteaux et plus soutenu sur les portes du bâtiment de droite. Pour les tentes et la falaise assurez-vous bien que les couleurs posées lors des étapes précédentes soient sèches.

Étape n° 12

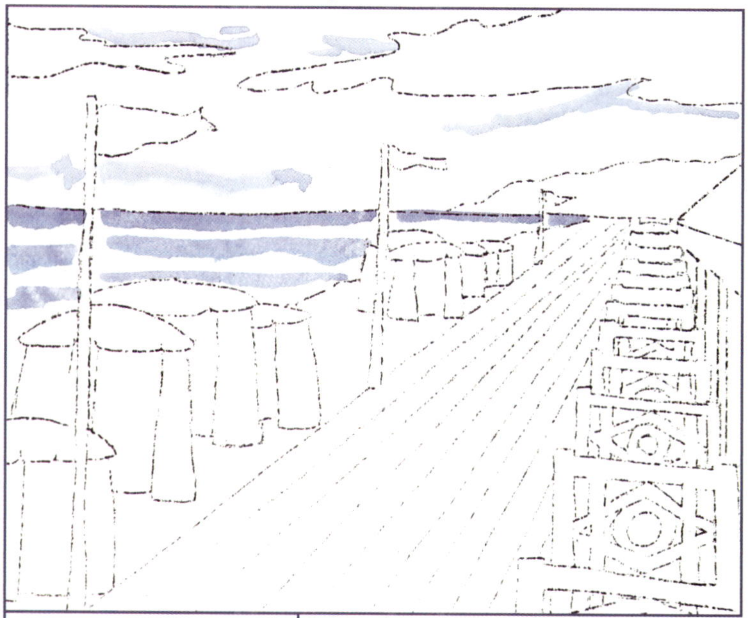

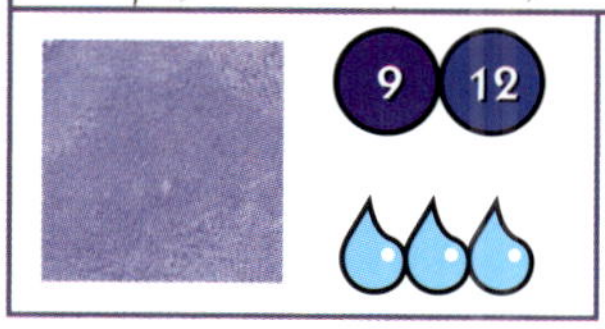

Agrémentez votre ciel de quelques soupçons de violet, surtout autour des nuages. Soulignez également l'horizon et placez quelques traits dans la mer.

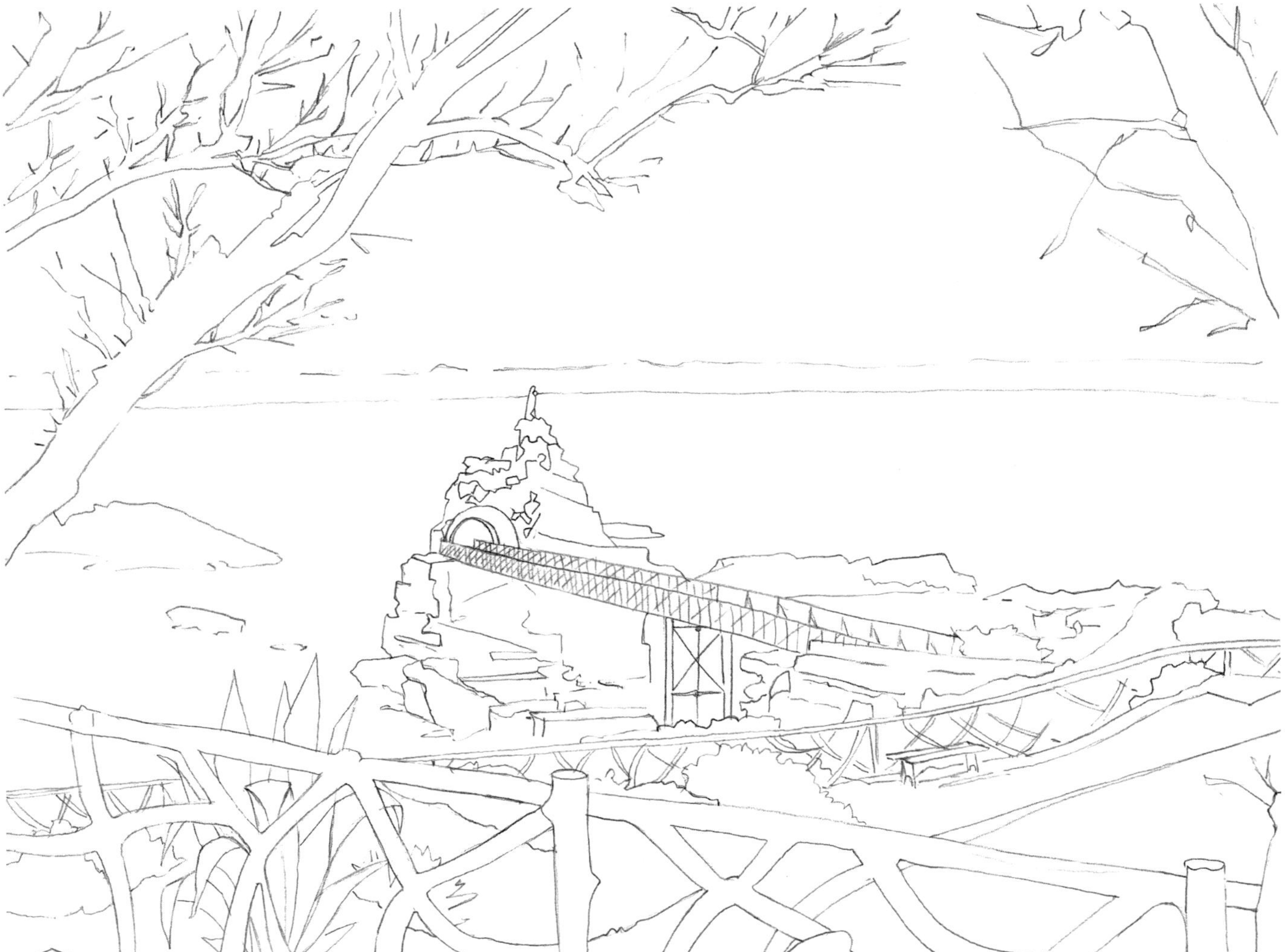

Le rocher de la Vierge à Biarritz

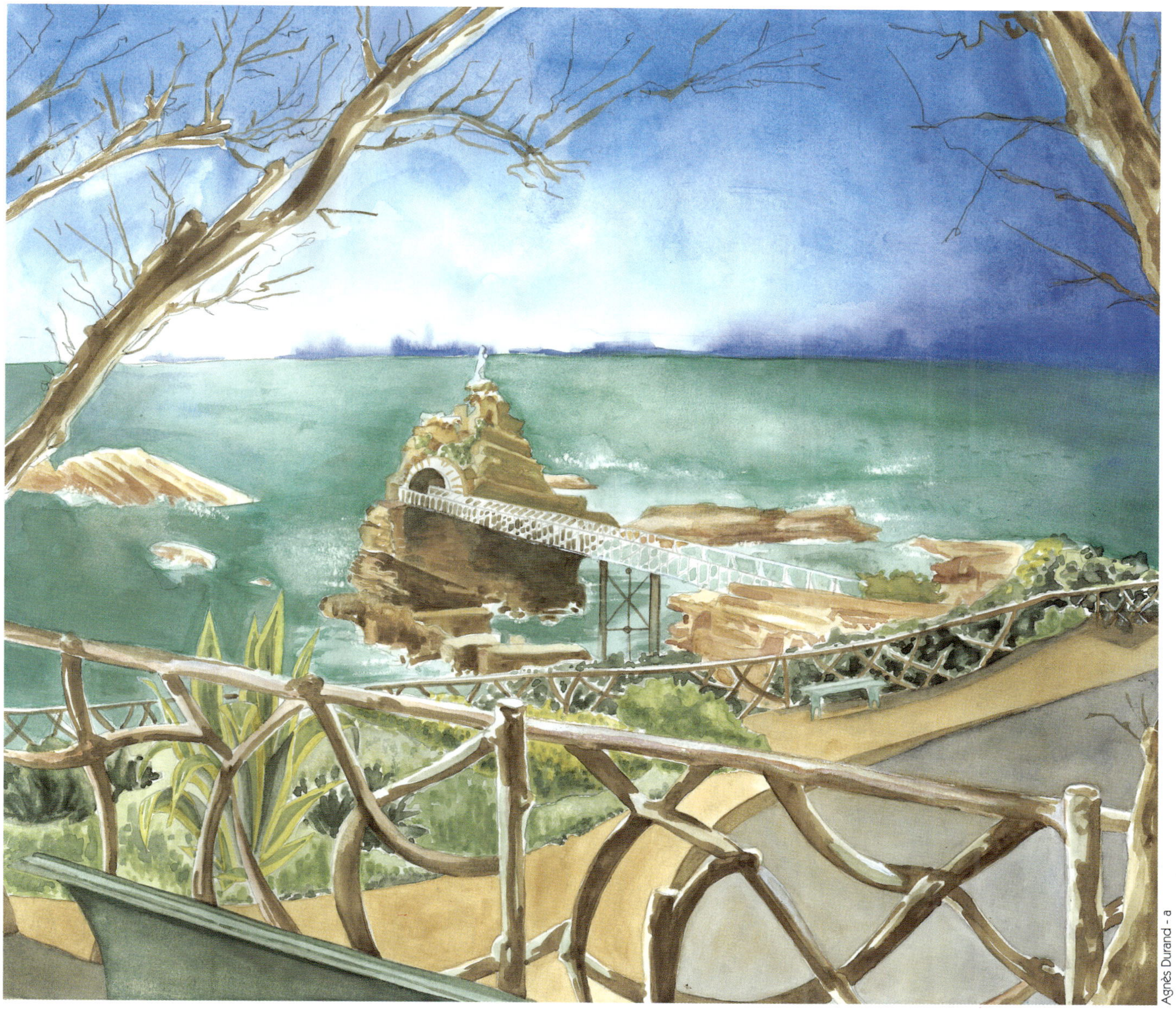

Agnès Durand - a

Le rocher de la Vierge à Biarritz

Cette vue de la côte basque joue principalement sur le contraste entre la fusion « mer-ciel » de l'arrière-plan et un premier plan acidulé.

Ciel et mer

- Commencez par un premier passage sur le ciel (étape n° 1), après avoir humidifié la zone. Laissez une partie plus claire le long de l'horizon, au besoin en enlevant le surplus de couleur avec un papier absorbant.
- Pour le premier passage sur la mer (étape n° 2), procédez par couches successives sur papier sec, en dégradé, en ayant soin de placer les zones les plus diluées en correspondance avec les zones claires du ciel.
- À l'étape n° 3, un passage d'eau pure, puis un soupçon de couleur intense, parachèvera l'effet de fusion sur l'horizon.

Arbres et rambarde

- En nuançant le brun de l'étape n° 5, du plus clair au plus foncé, vous allez jouer sur le volume, sculpter la rambarde, le tronc et les branches des deux arbres au premier plan, rendre l'effet de bois et d'écorce, et, ainsi, encadrer cette vue dominante.
- Ayez la main légère, tant dans la réalisation de vos mélanges que dans la manipulation de votre pinceau.
- Ces éléments doivent apparaître en relief au premier plan.
- Procédez par petites touches habiles, sans trop charger en eau.

Les rochers

- Pour les rochers se trouvant en enfilade, c'est aussi en nuançant vos mélanges (étapes n°s 4, 5 et 6) que vous allez leur donner du relief.
- Créez des ombres en jouant de ces trois couleurs chaudes, au besoin en retouchant après coup.
- Le jaune acidulé de l'étape n° 8 apporte une touche de lumière, à distribuer délicatement.

Vagues ou vaguelettes ?

- L'océan est, le plus souvent, très agité à Biarritz – ce qui a fait d'ailleurs la réputation du rocher de la Vierge, qui prend tout son attrait quand il est éclaboussé par les vagues. Le bulletin météorologique est ici laissé à votre discrétion : à vous de créer plus ou moins de vaguelettes annonciatrices de « gros temps » !
- Travaillez au scalpel : grattez très légèrement, en prenant garde de ne pas trouer le papier. Ainsi, vous créerez des lignes blanches, plus ou moins épaisses, suggérant l'écume, dont des éclaboussures pourront éventuellement venir s'écraser contre les rochers. Faites toutefois attention à rester logique dans la direction et la force de vos vagues !

Voici les onze couleurs dont vous aurez besoin pour réaliser votre aquarelle.

1 Rouge carmin
2 Bleu de cobalt
4 Terre d'ombre naturelle
5 Bleu de Prusse
7 Terre de Sienne brûlée
8 Rouge vermillon
9 Violet
10 Jaune citron
14 Bleu turquoise
15 Ocre jaune
21 Cendre verte

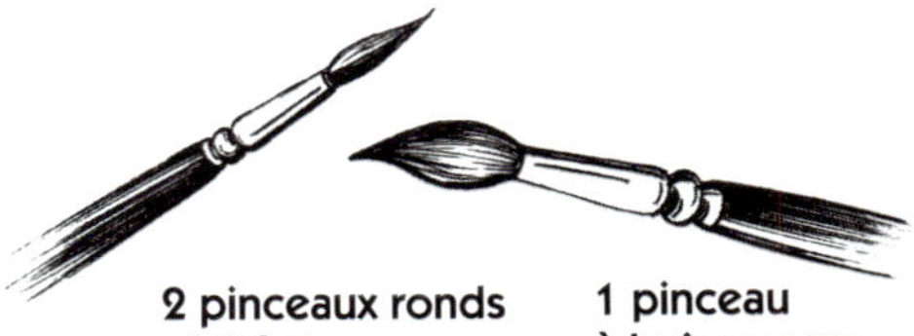

2 pinceaux ronds n° 2 à 5

1 pinceau à lavis moyen

Étape n° 1

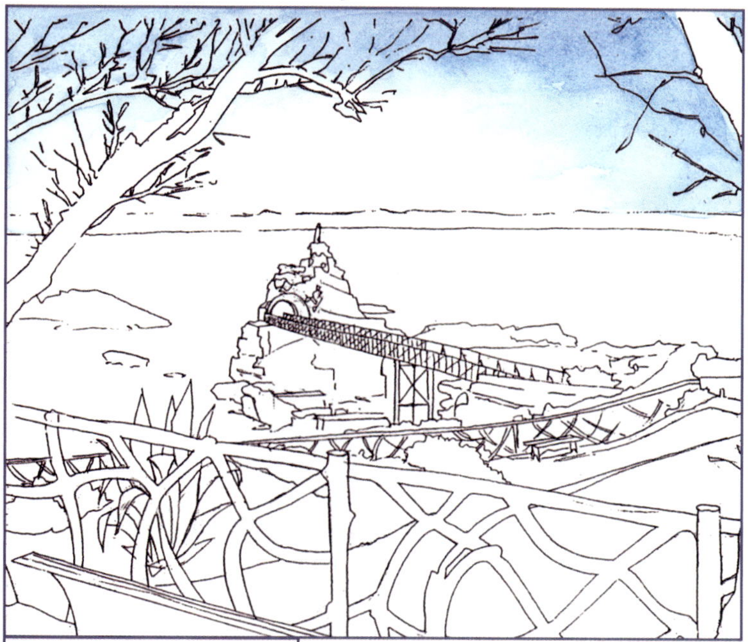

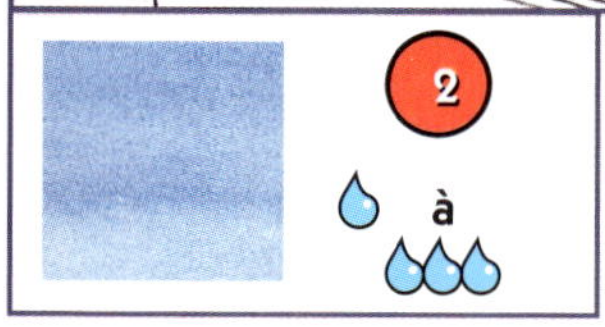

Procédez comme indiqué dans les conseils p. 118.

Étape n° 2

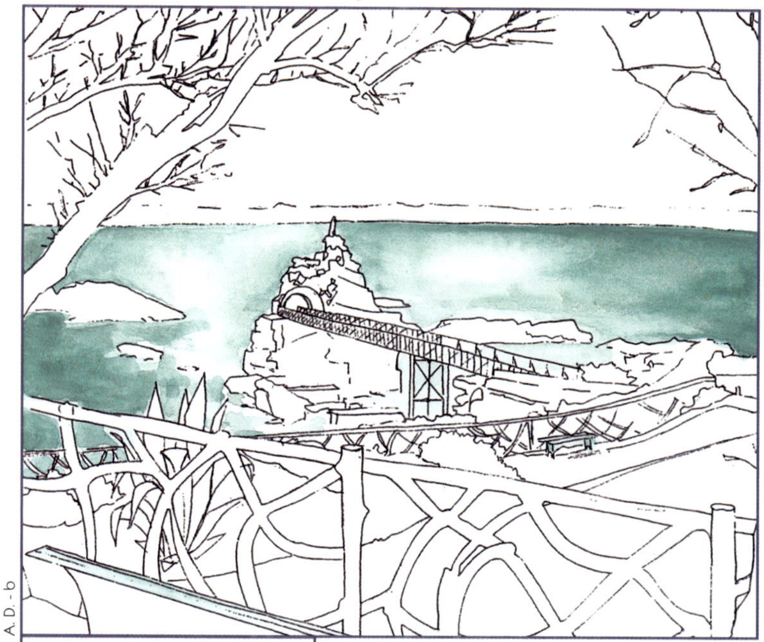

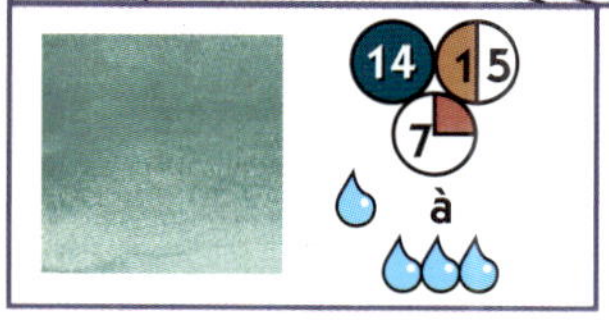

Après avoir procédé comme indiqué dans les conseils, passez un pinceau d'eau pure sur toute la surface.

Étape n° 3

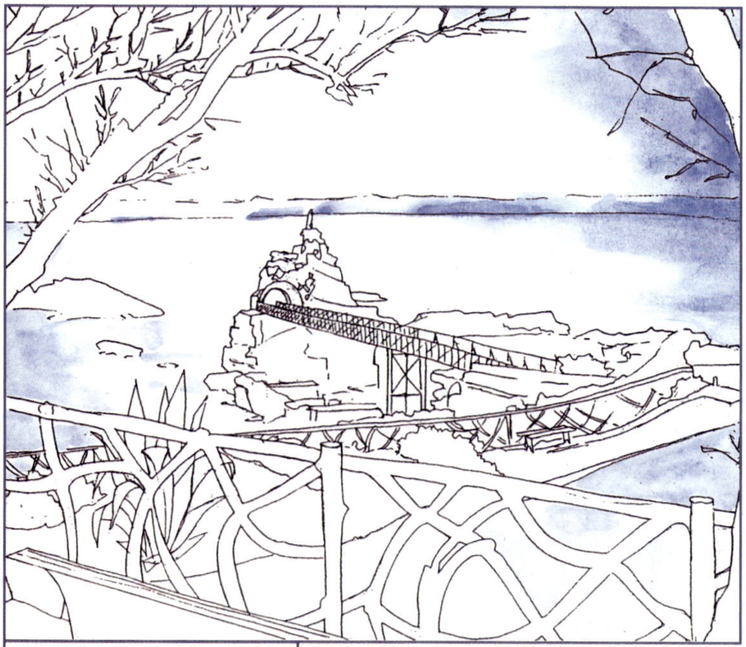

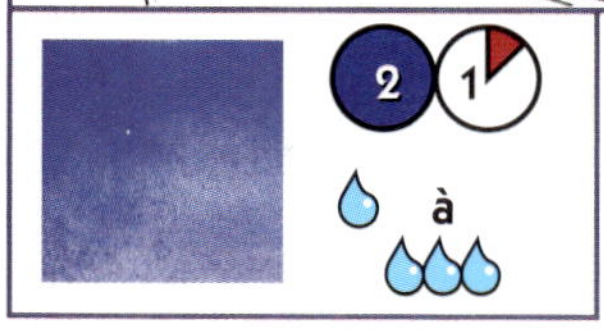

Procédez comme indiqué dans les conseils.

Étape n° 4

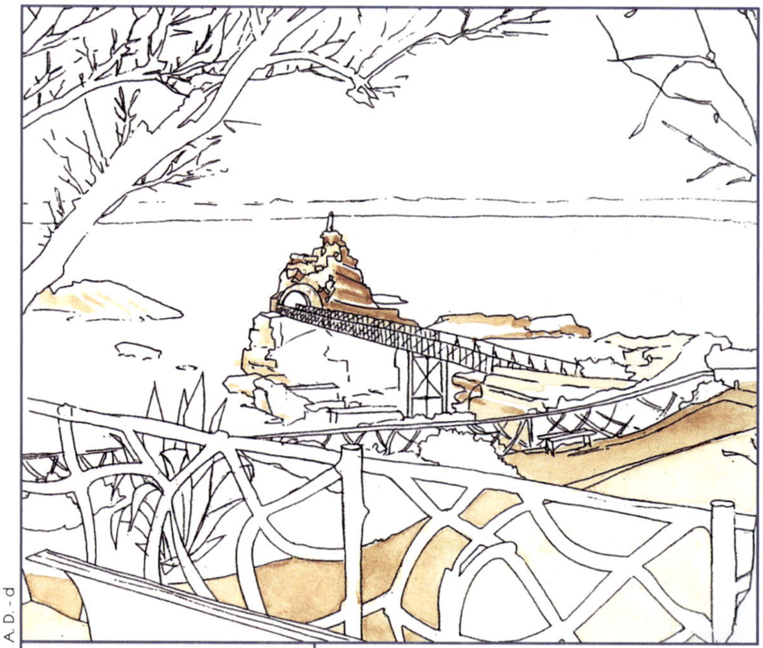

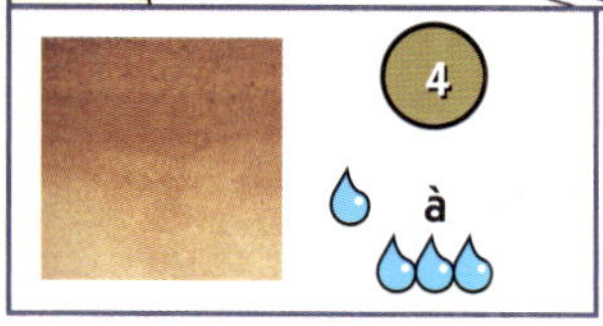

C'est la couleur de base du relief des rochers.

Étape n° 5

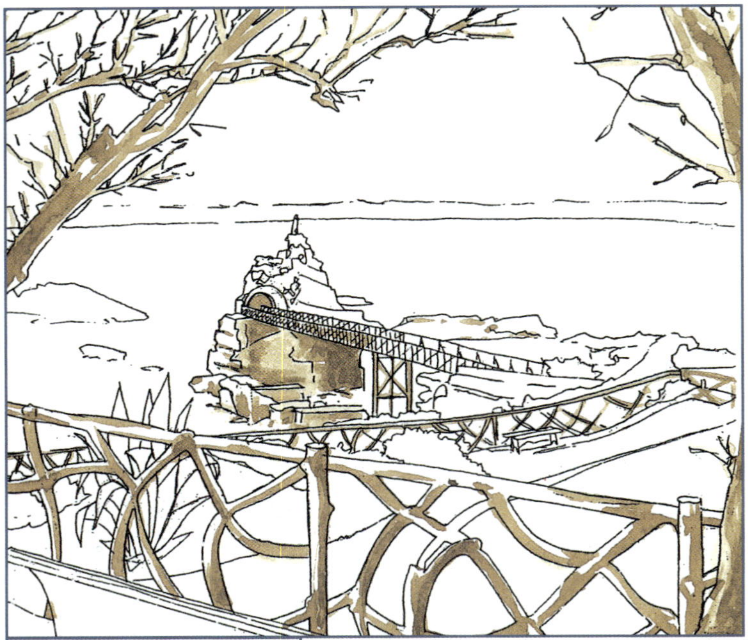

A. D. - a

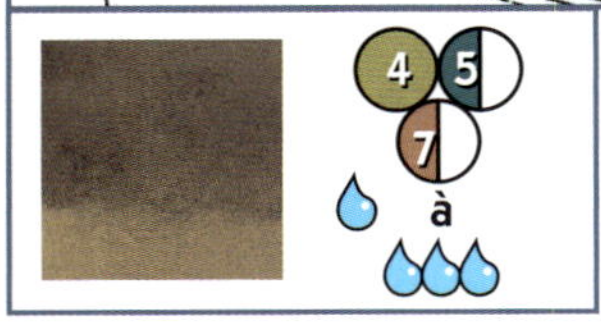

Précisez l'ombre du rocher sous la passerelle.

Étape n° 6

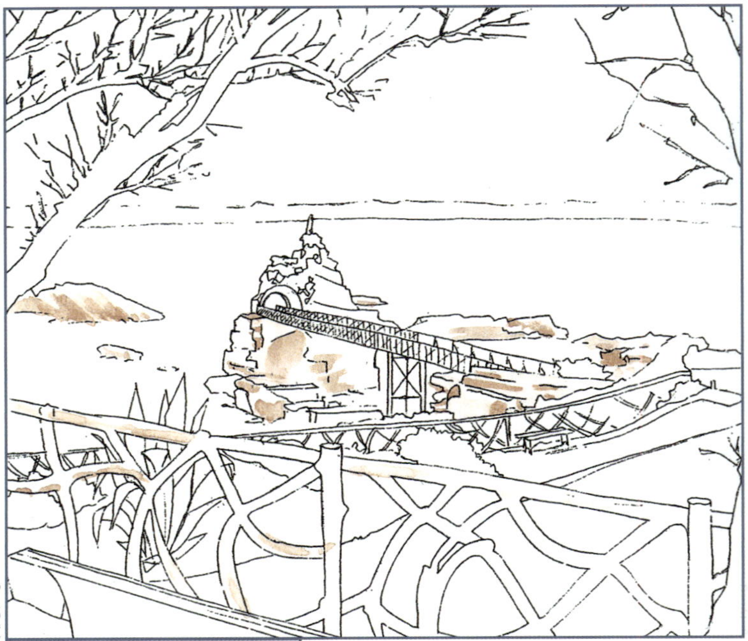

A. D. - b

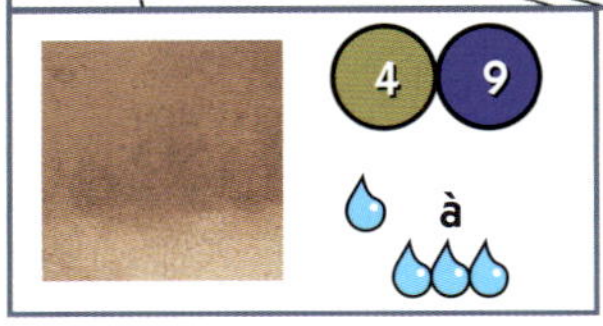

Associée aux précédentes, cette couleur permettra de finir de nuancer toute l'enfilade des rochers.

Étape n° 7

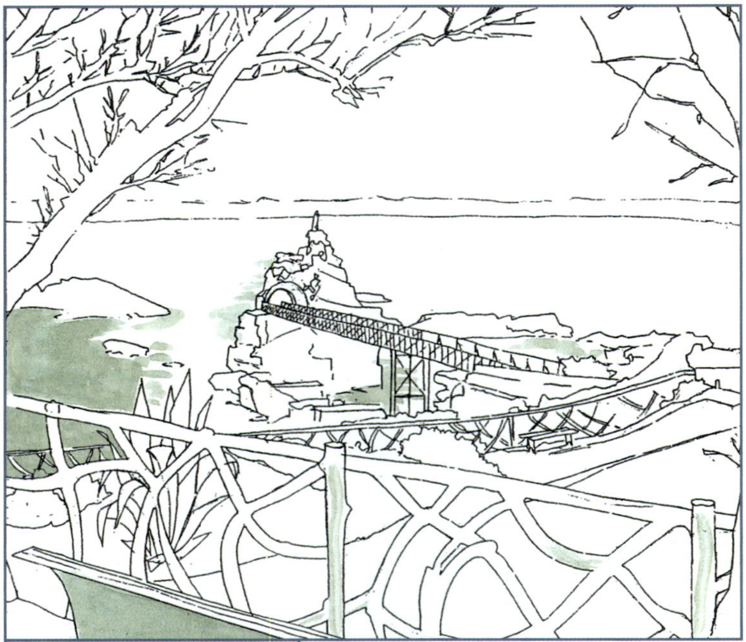

A. D. - c

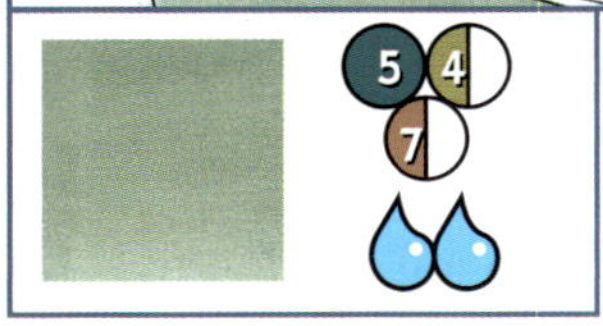

Renforcez l'intensité de la mer, en lui donnant, par contraste, sa luminosité et sa profondeur.

Étape n° 8

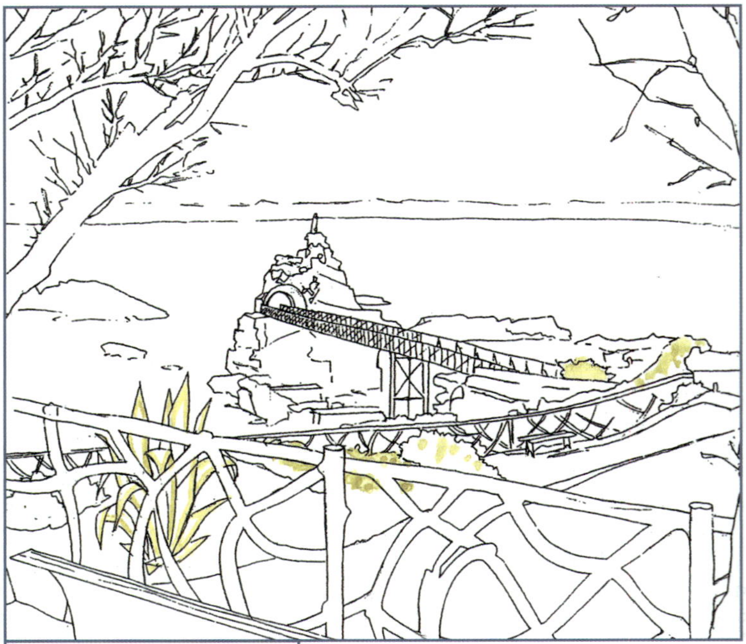

A. D. - d

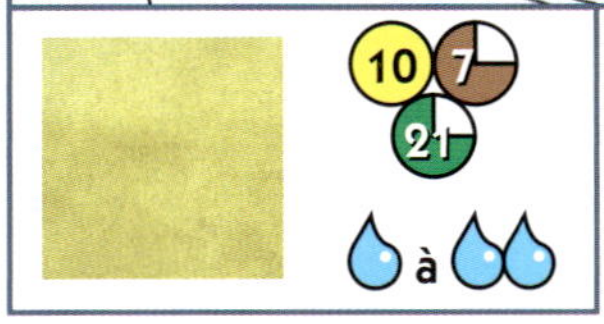

Étape n° 9

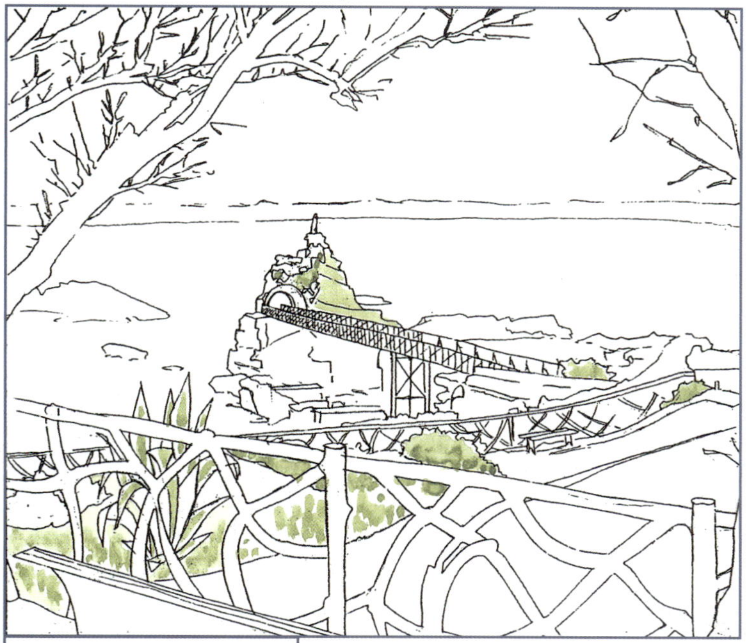

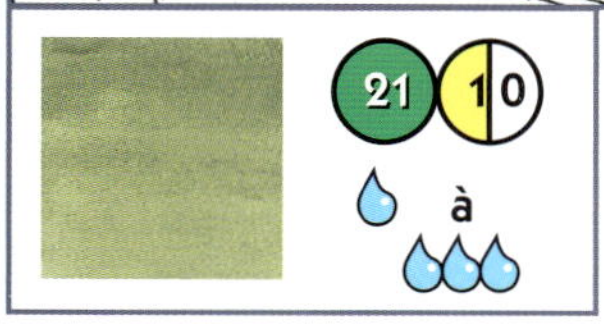

Étape n° 10

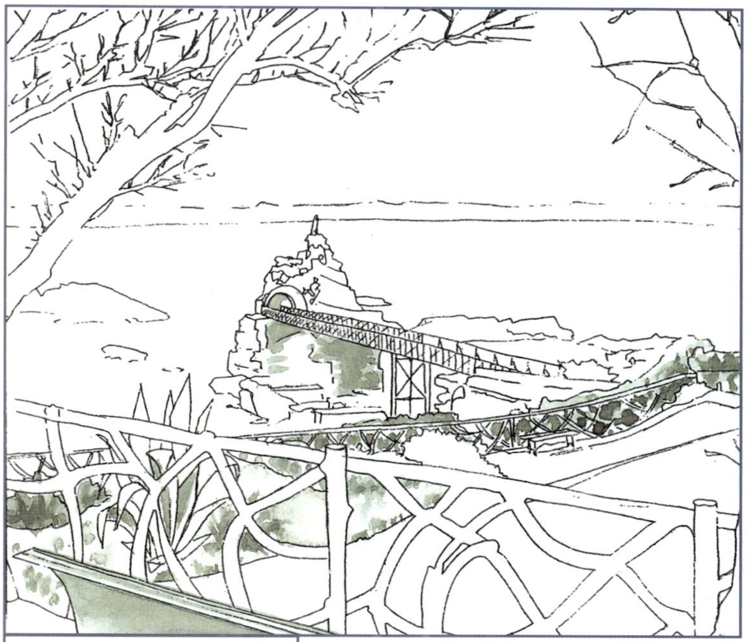

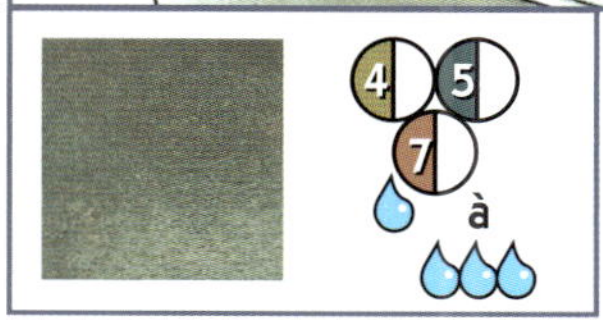

Étape n° 11

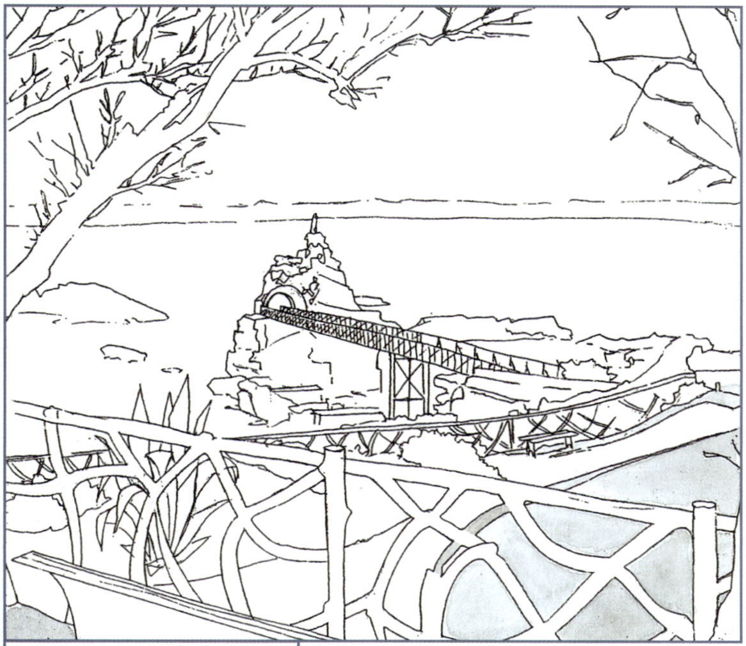

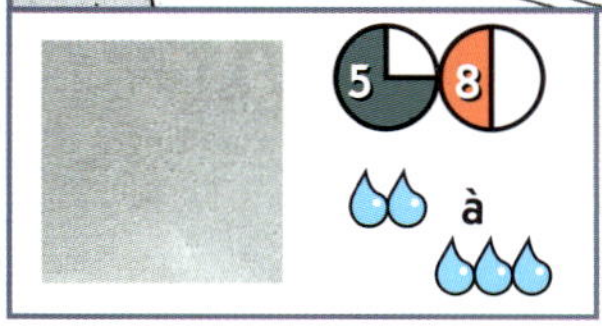

Procédez par passages successifs pour les parties à intensifier.

Étape n° 12

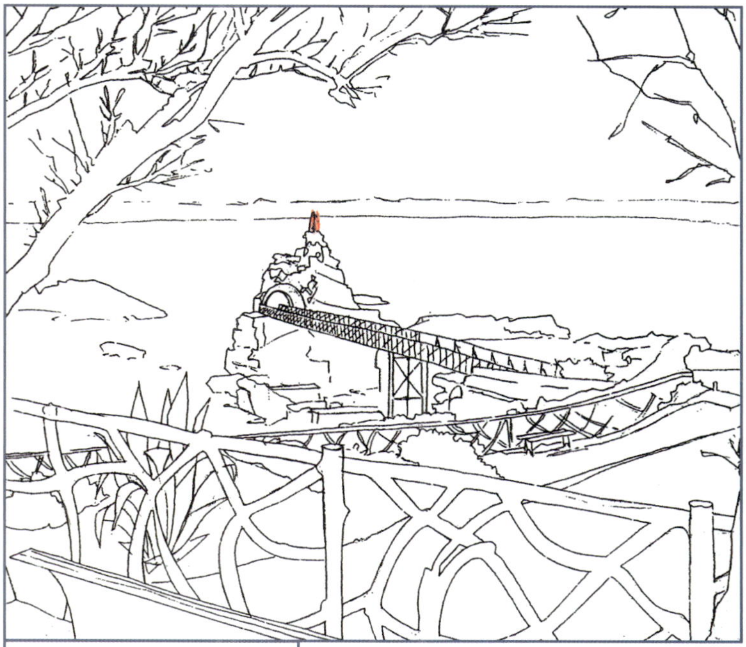

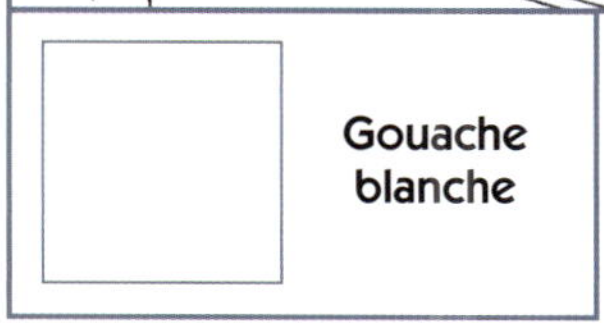

Pour mieux faire ressortir la statue de la Vierge (en rouge), passez délicatement dessus un rehaut de gouache blanche. Puis créez vos vaguelettes au scalpel en suivant les conseils p. 118.

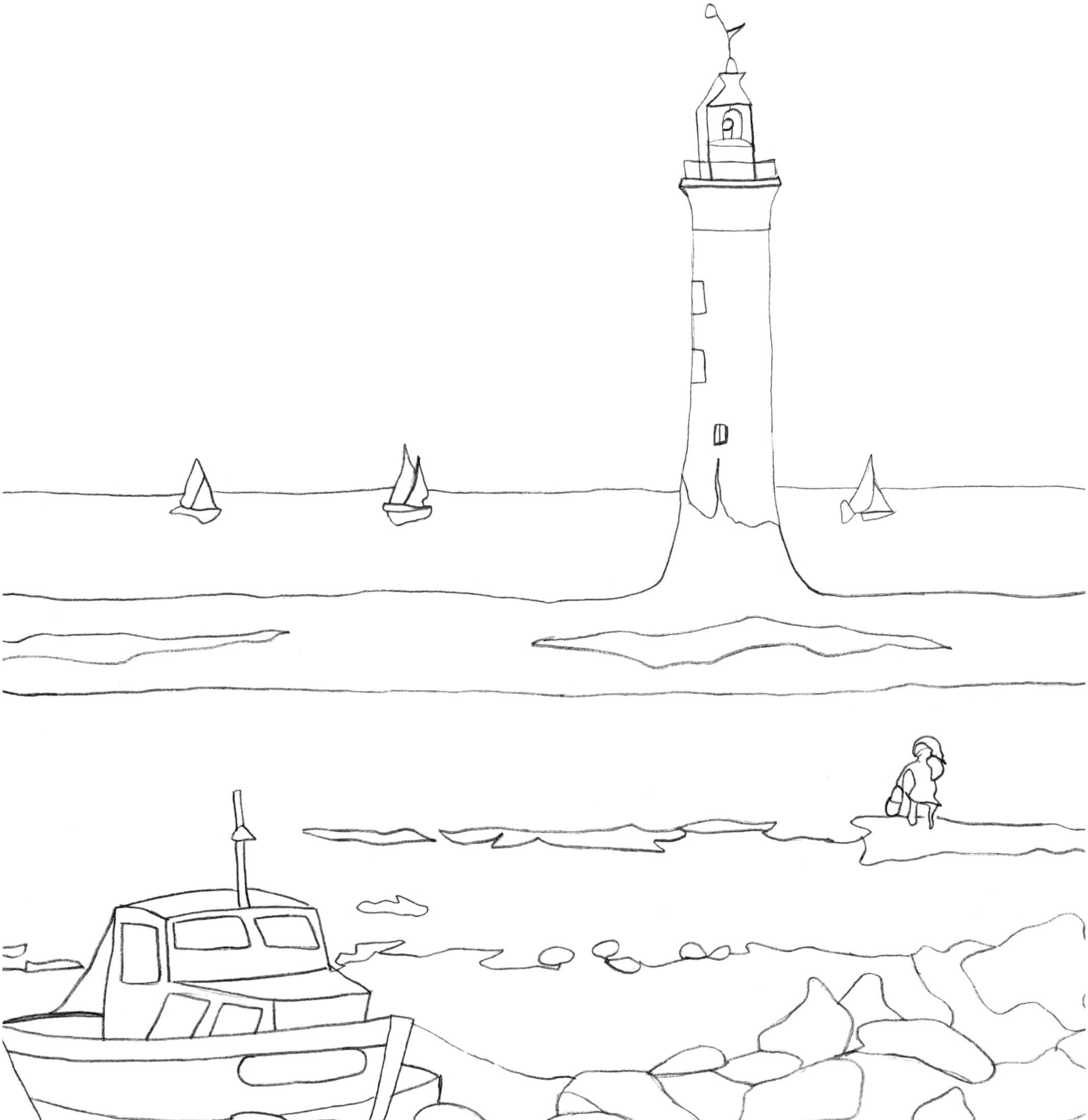

Le phare de l'île de Ré

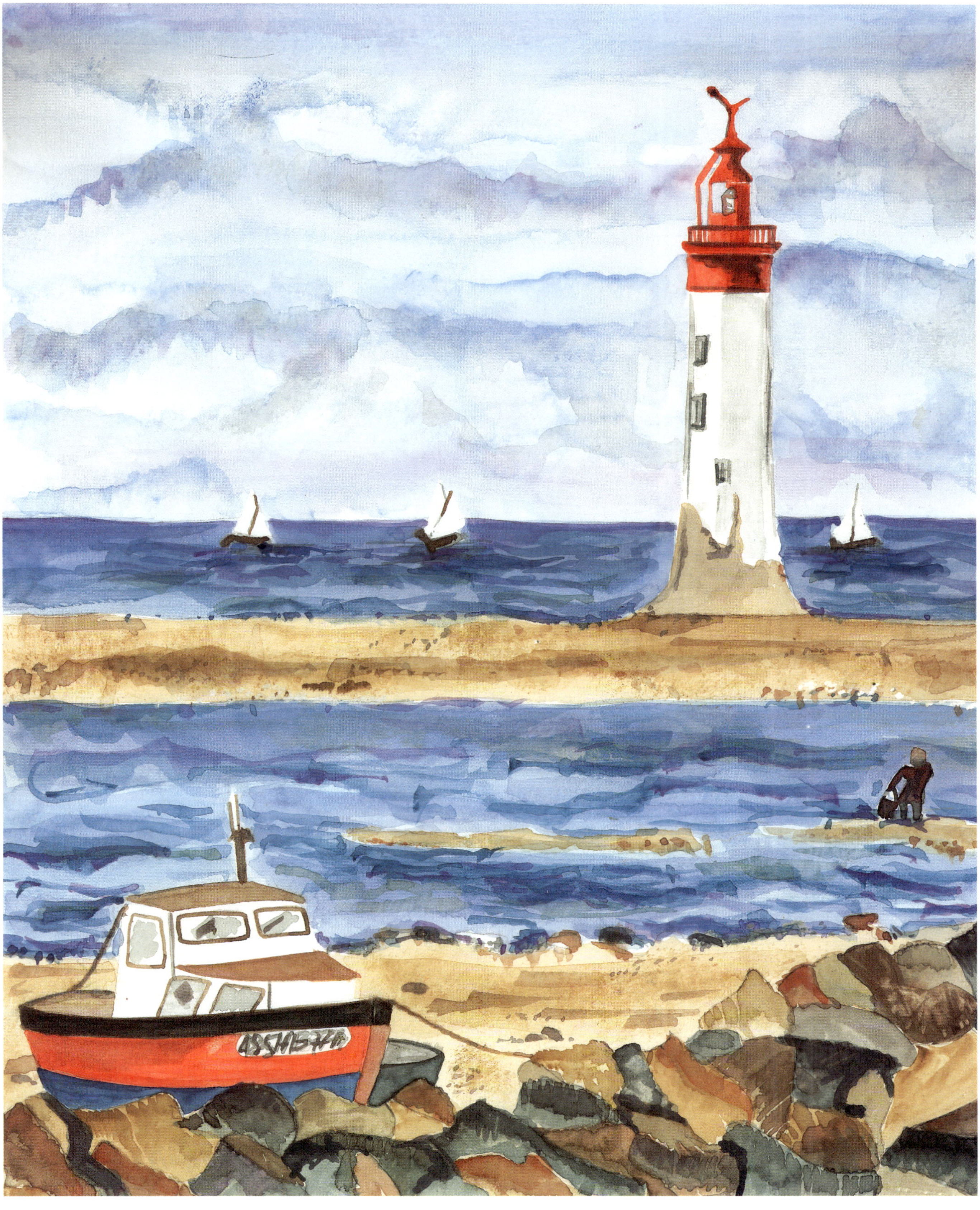

Béatrice Boulingre - a

Le phare de l'île de Ré

La pureté du ciel de cette vue rivalise avec l'intensité de la mer et la dureté des rochers. Pour rendre cela, il vous faudra jouer du pinceau en touches légères, denses et plus soutenues.

Donnez du relief

- Le relief que vous donnerez aux rochers augmentera la profondeur de votre aquarelle par le contraste entre la force du premier plan et la légèreté du deuxième.
- Pour cela, démarquez bien vos rochers les uns des autres et tamponnez la couleur, avec la tranche du pinceau, en hachures, pour leur donner leur aspect pierreux et anguleux (étapes nos 4, 5, 6).
- Vous pouvez également passez votre peinture uniformément, puis la tapoter du bout d'un chiffon propre froissé, pour obtenir un effet différent de pierre luisante et mouillée.
- Ajoutez enfin, à votre guise, de la couleur en traits épais ou en petits points.

Soyez nuancé

- Passez la couleur du ciel et du premier plan de sable (étapes nos 1 et 3), assez diluée pour donner à votre aquarelle la transparence et la pureté d'un paysage marin.
- La mer et le second plan de sable seront plus denses en couleurs, plus soutenus (étapes nos 2 et 3).
- Vous poserez sur la mer, par zones, quelques touches de bleu et de violet en vaguelettes pour créer relief et mouvement, tout en prenant bien soin de laisser apparaître le vert bleuâtre léger de la première couche (étapes nos 9 et 10).
- Inspirez-vous pour cela de la réalisation qui vous est soumise, mais n'oubliez pas qu'il s'agit d'un fil conducteur, vous pouvez l'interpréter selon votre inspiration, en intensifiant certaines teintes ou en les modifiant selon l'effet désiré.

Fignolez les détails

- N'hésitez pas à prendre l'initiative de rehausser les couleurs, notamment celles de la partie supérieure du phare.
- Ponctuez votre aquarelle de touches personnelles dans les grains de sable, le reflet de l'eau et ses mouvements. Pour les parties sablées, tamponnez délicatement des ocres au pochoir ou du bout du pinceau.

Personnalisez votre œuvre

- Ce modèle est un point de départ. Personnalisez votre travail en insistant d'avantage sur un ton qui vous plaît particulièrement et qui transformera, selon vos souhaits, l'ambiance colorée de votre aquarelle vers des tonalités plus ou moins contrastée.

Voici les huit couleurs dont vous aurez besoin pour réaliser votre aquarelle.

- 1 Rouge carmin
- 2 Bleu de cobalt
- 4 Terre d'ombre naturelle
- 5 Bleu de Prusse
- 6 Vert bleuâtre
- 7 Terre de Sienne brûlée
- 8 Rouge vermillon
- 9 Violet

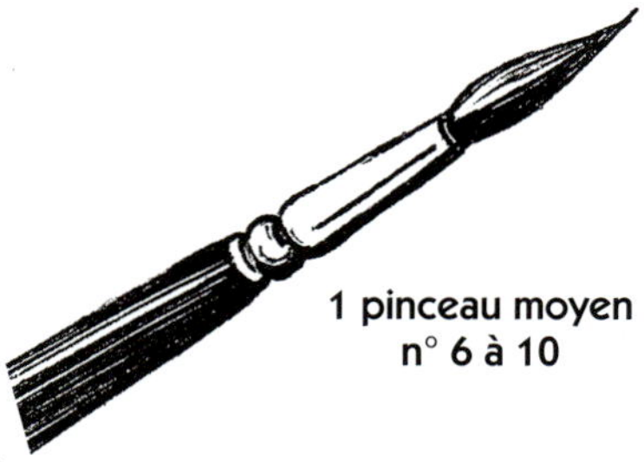

1 pinceau moyen n° 6 à 10

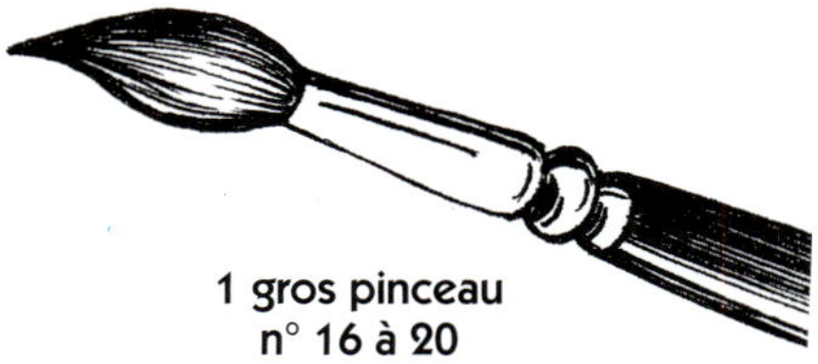

1 gros pinceau n° 16 à 20

Étape n° 1

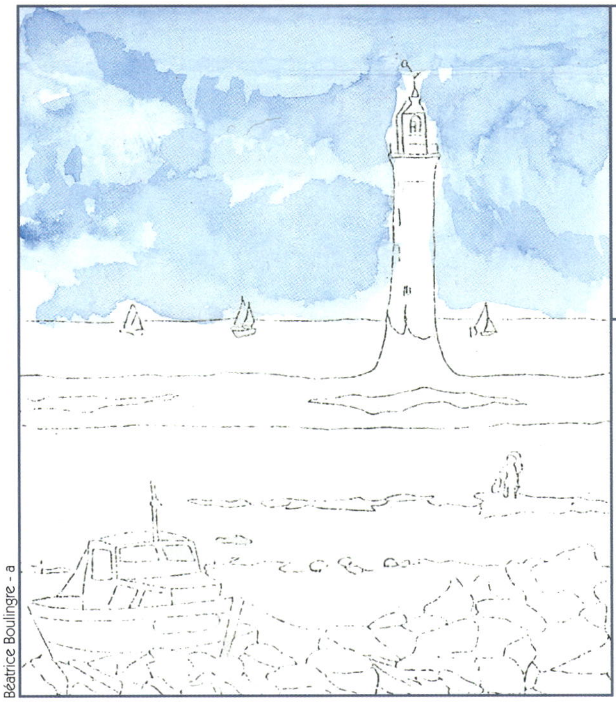

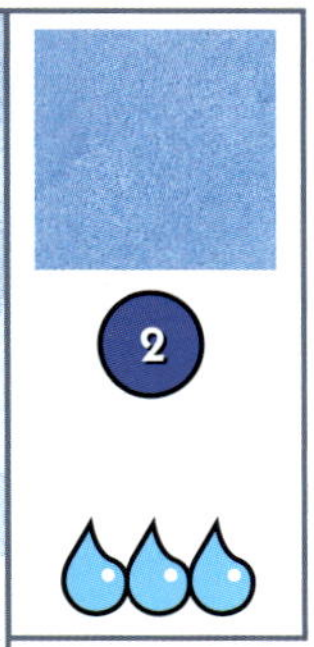

Passez la couleur diluée : ce ciel doit être pur
et vivifiant comme l'air marin. Vous le retravaillerez
lors de l'étape n° 10.

Étape n° 2

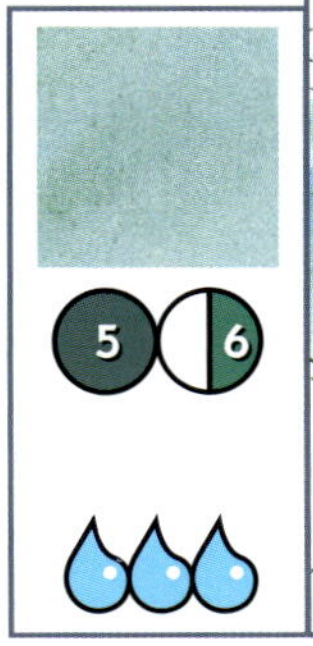

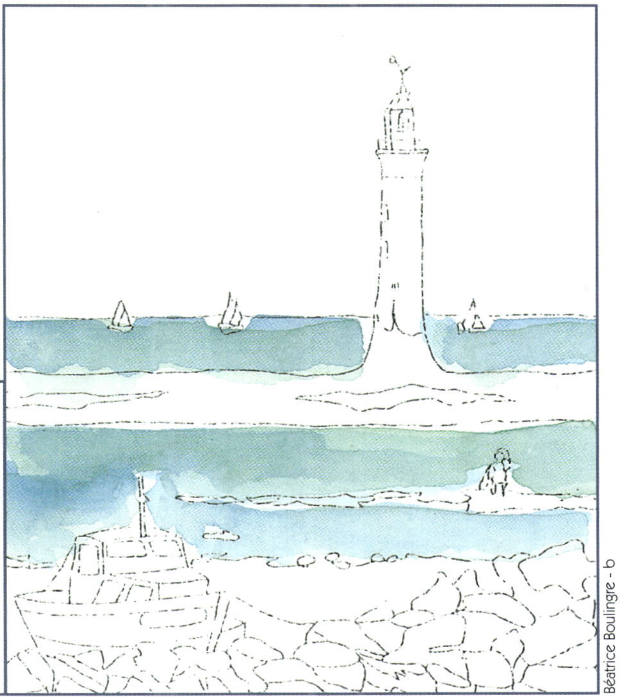

Passez la couleur très légèrement, sans mélanger
totalement les deux teintes, pour créer plus
de nuances et faire vivre la mer.

Étape n° 3

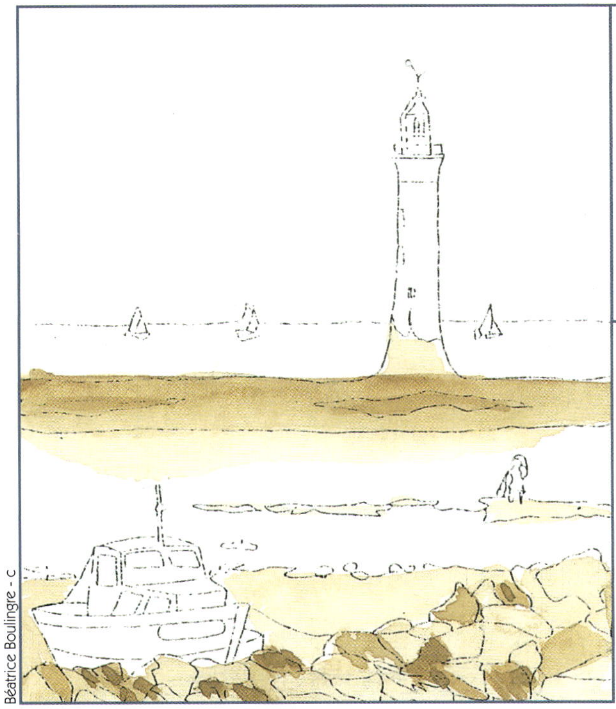

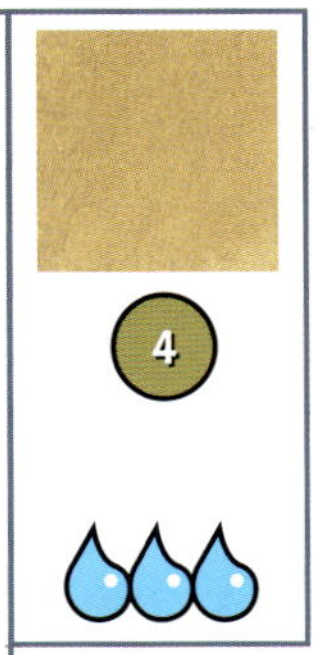

Passez la couleur plus ou moins diluée sur le sable, pour
créer différents reliefs, et plus sombre sur les rochers.

Étape n° 4

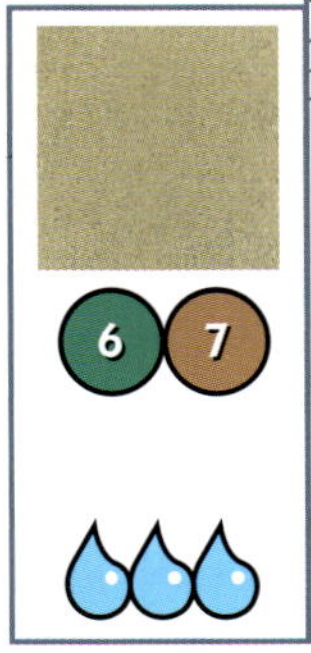

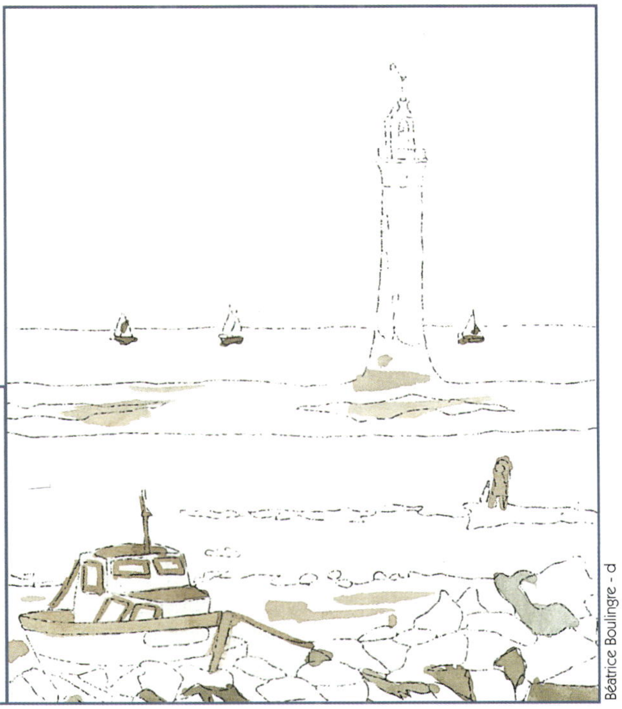

Passez la couleur relativement soutenue, puis accentuez-la
avec la tranche de votre pinceau pour suggérer la pente
des rochers. Profitez également de ce brun pour
ponctuer le sable, par touches.

Étape n° 5

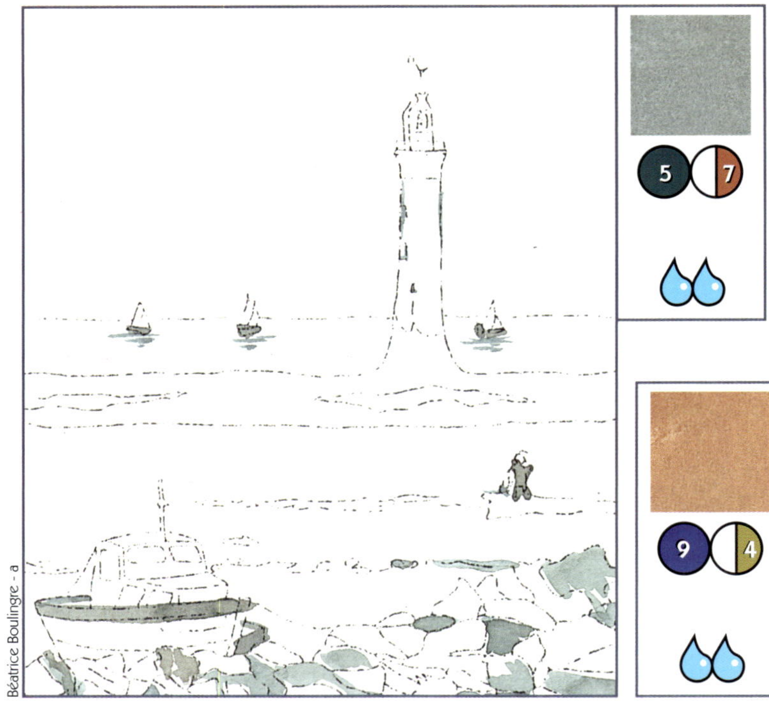

Procédez comme pour l'étape précédente.

Étape n° 6

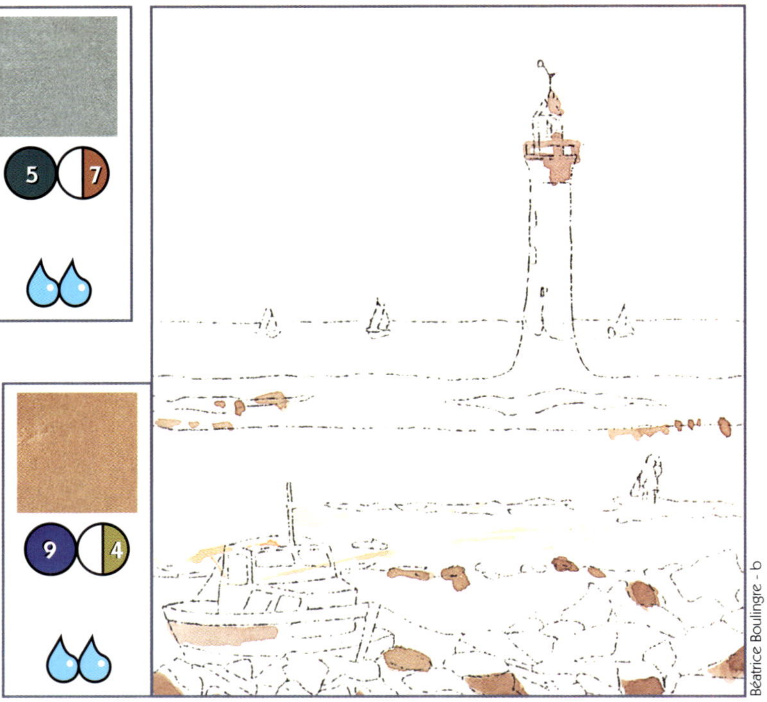

Procédez comme pour l'étape n° 4.

Étape n° 7

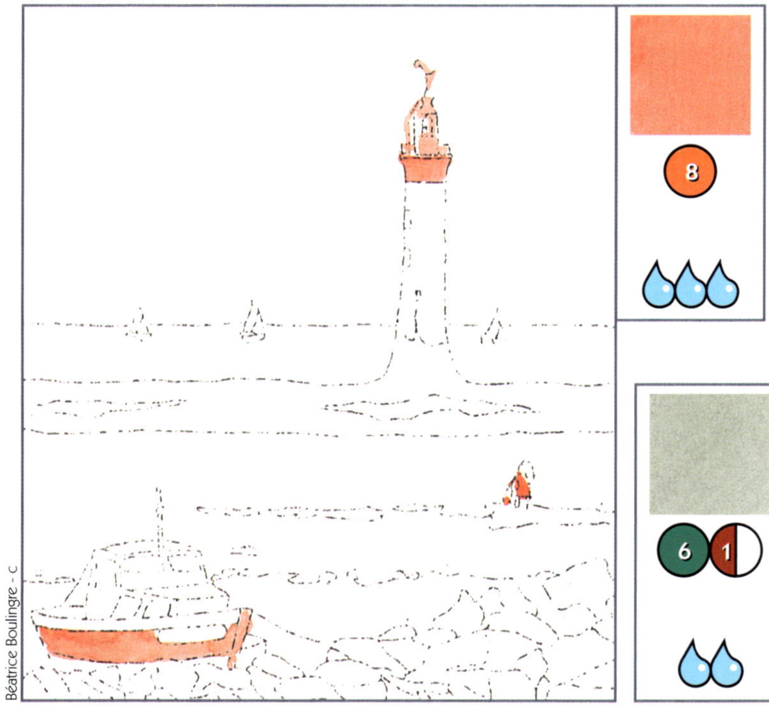

Étape n° 8

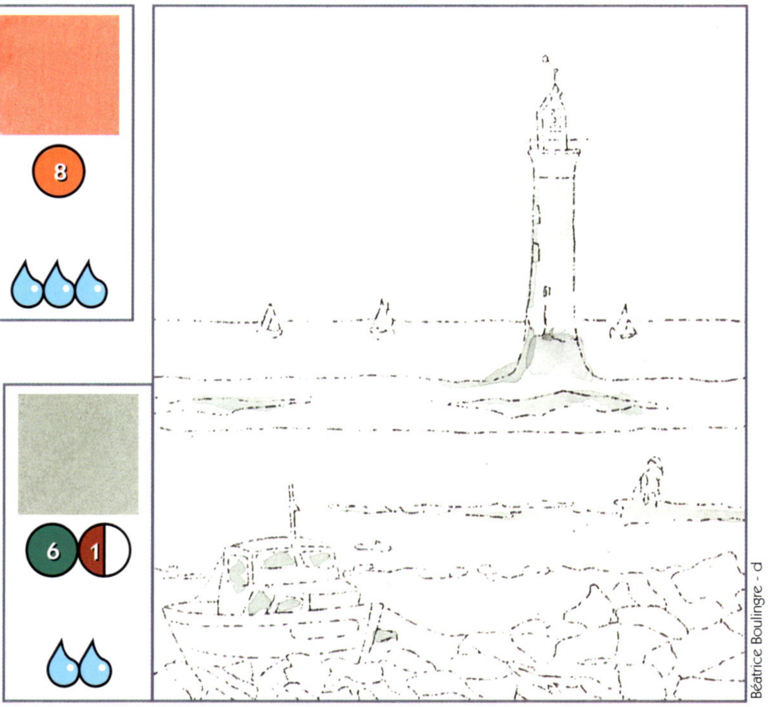

Le lavis gris donne son arrondi au phare. Utilisez-le moins dilué par petites touches aux endroits indiqués.

Étape n° 9

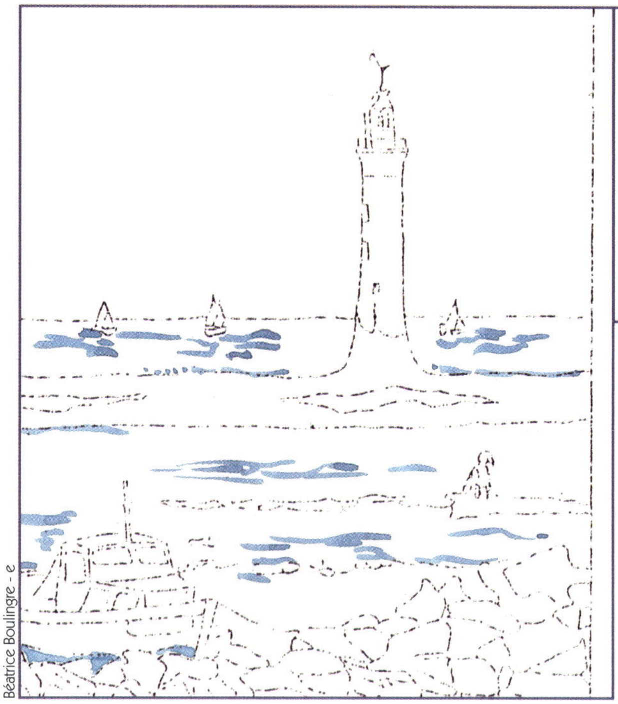

Béatrice Boulingre - e

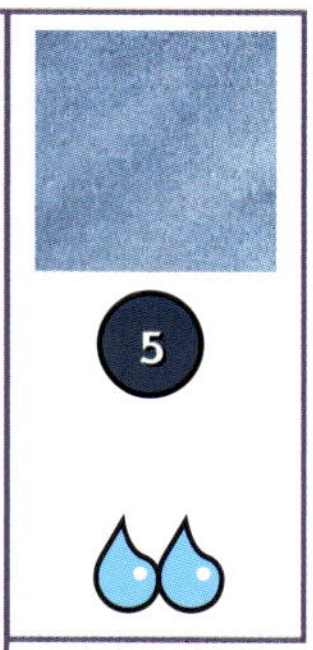

Passez la couleur par vagues plus ou moins larges et plus ou moins serrées pour créer du mouvement sur certaines zones, en particulier celles des bateaux.

Étape n° 10

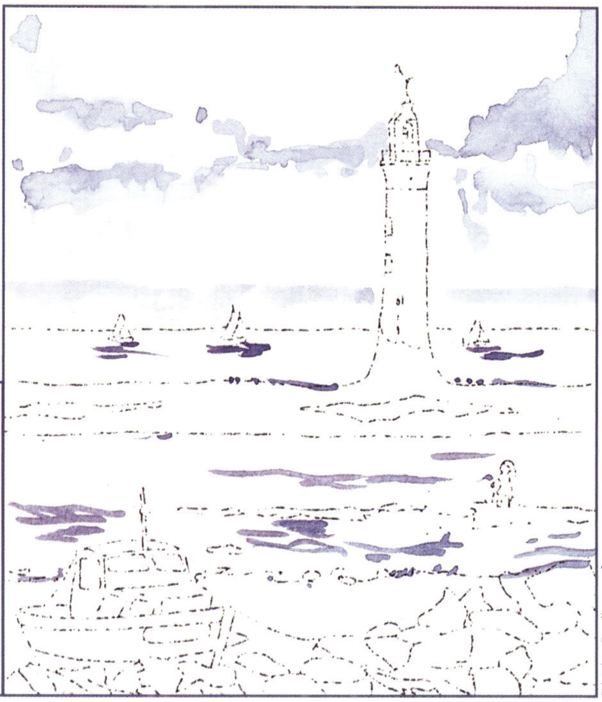

Béatrice Boulingre - f

Quelques touches violettes au pochoir ou à la brosse font vibrer le ciel. Pour la mer, agissez comme pour l'étape n° 9.

Étape n° 11

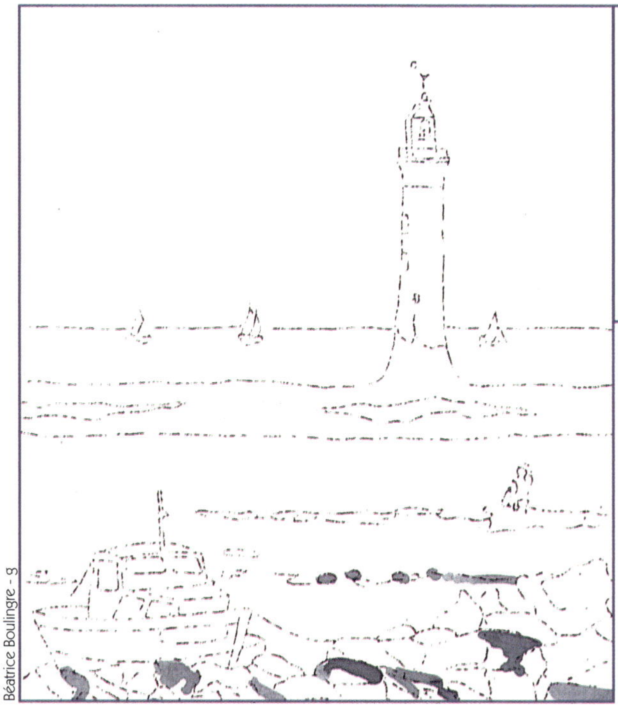

Béatrice Boulingre - g

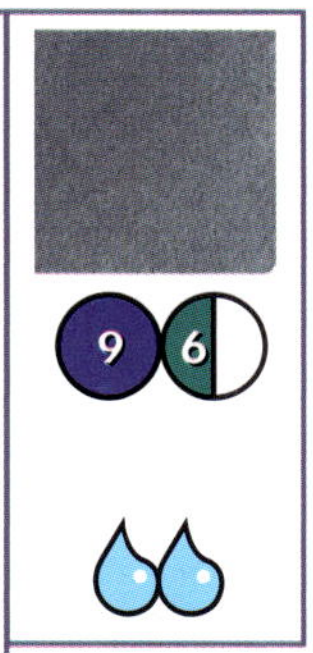

Foncez certains rochers en les ombrant avec ce gris.

Étape n° 12

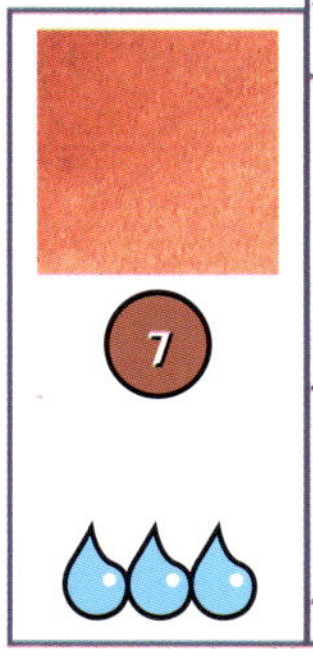

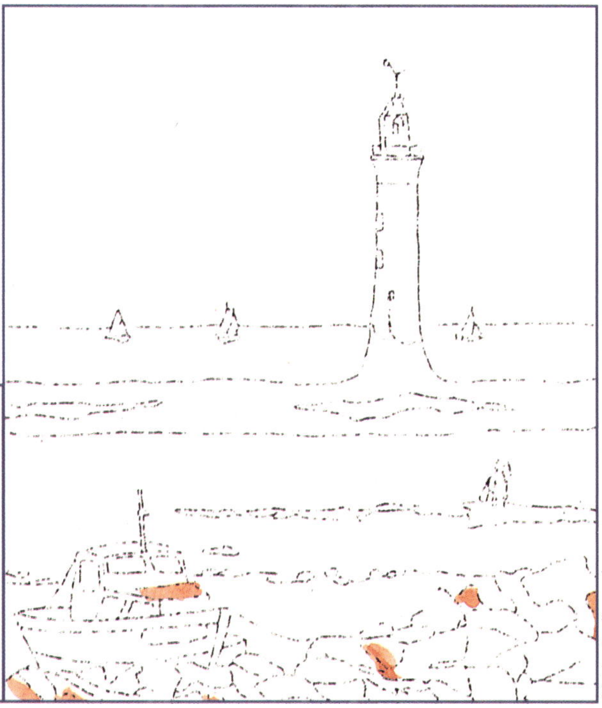

Béatrice Boulingre - h

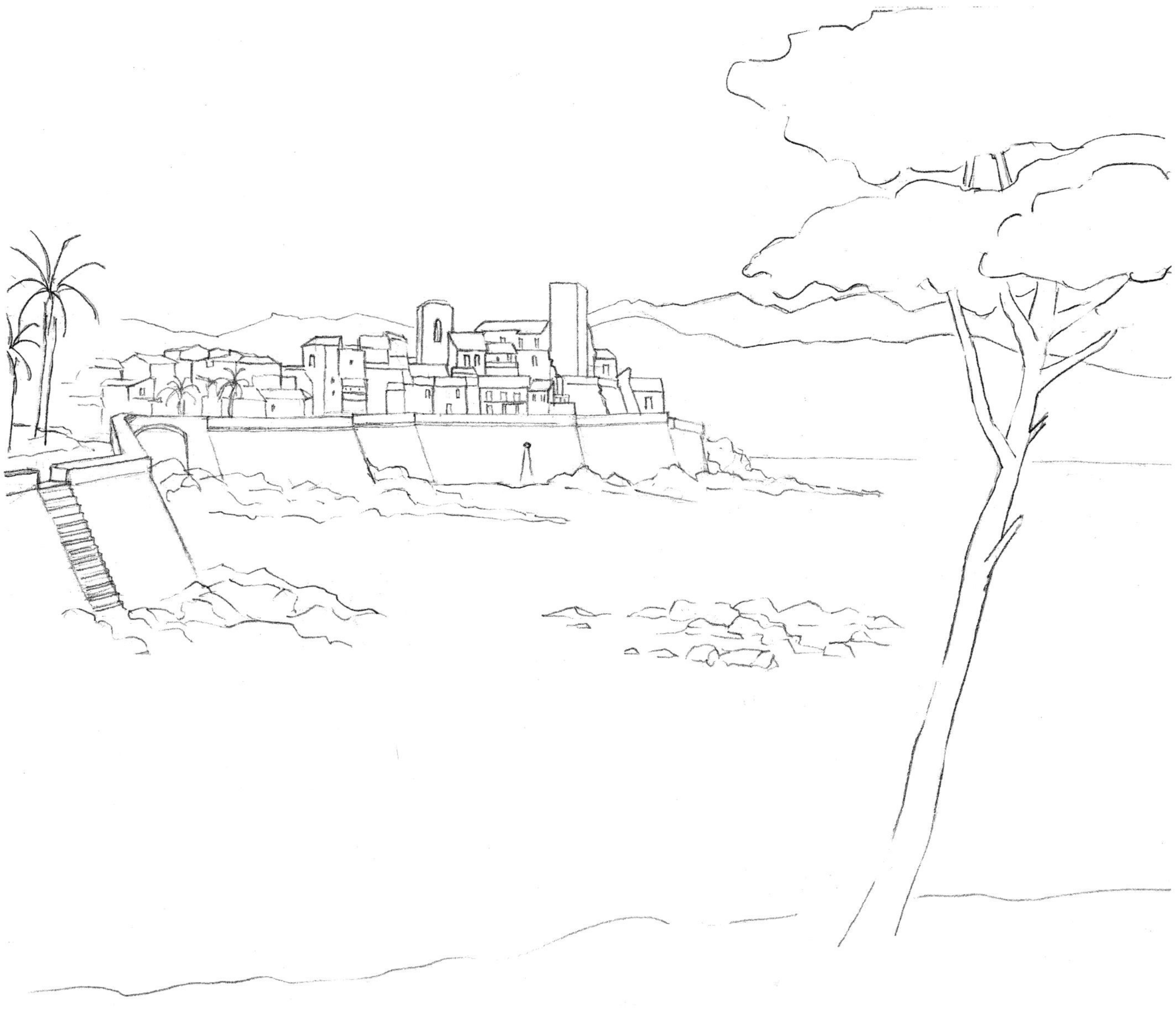

Les remparts d'Antibes

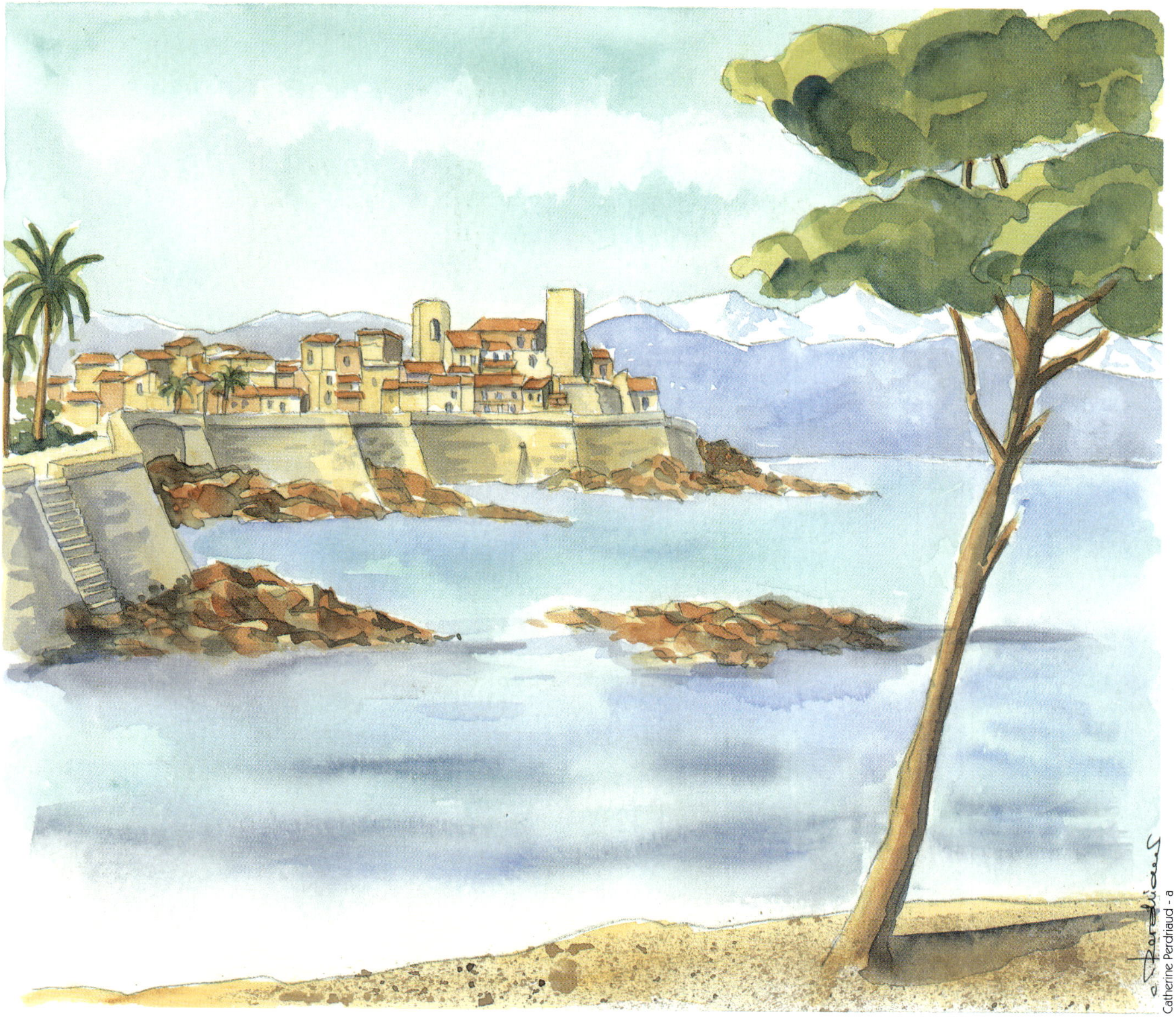

Catherine Perdriaud - a

Les remparts d'Antibes

Pour cette très belle vue de la ville d'Antibes, vous alternerez technique sèche et technique humide et chercherez à obtenir quelques effets intéressants.

Pour réaliser cette aquarelle il vous faudra jouer de la technique sèche et de la technique humide. Vous pouvez vous reporter aux cours d'aquarelle (p. 16 et 17) si vous désirez revoir ces pratiques. Vous devrez également réaliser des projections à l'aide d'une brosse à dents. Si vous désirez approfondir vos connaissances sur cette méthode, vous pouvez consulter l'ouvrage *Plaisir de peindre à l'aquarelle,* publié dans cette collection.

Installez-vous confortablement

- Lavez-vous bien les mains afin de ne pas tacher le papier.
- Rassemblez près de vous le matériel dont vous aurez besoin.

Le ciel

- Vous réaliserez le ciel en une seule étape (étape n° 5).
- Humidifiez la surface au préalable (en premier, avant la mer, que vous traiterez aussi à cette étape).
- Puis tapotez avec un mouchoir en papier pour obtenir un effet légèrement nuageux.

La mer

- Vous réaliserez la mer en trois étapes (étapes n°s 5, 7 et 11).
- Commencez chacune d'elles en humidifiant la surface.
- Procédez par larges touches horizontales, dont le mouvement restera sensible dans le résultat final.

Le village

- Ne vous attachez pas trop aux contours des façades, travaillez plutôt de façon informelle (étape n° 1).
- Certaines façades, que vous choisirez, seront rehaussées d'une pointe de rouge indien léger (étape n° 3).

Le sable

- Pour la dernière étape, préparez un mélange très riche en pigment.
- Trempez-y rapidement un gros pinceau chargé d'eau.
- Puis imbibez une brosse à dents, qui servira à réaliser les quelques projections du premier plan.
- Prenez soin auparavant de masquer les zones avoisinantes à l'aide d'un cache mobile.

Voici les onze couleurs dontvous aurez besoin pour réaliservotre aquarelle.

- 2 Bleu de cobalt
- 3 Jaune indien
- 5 Bleu de Prusse
- 7 Terre de Sienne brûlée
- 9 Violet
- 12 Bleu outremer
- 14 Bleu turquoise
- 15 Ocre jaune
- 17 Orange
- 18 Rouge indien
- 20 Brun Van Dyck

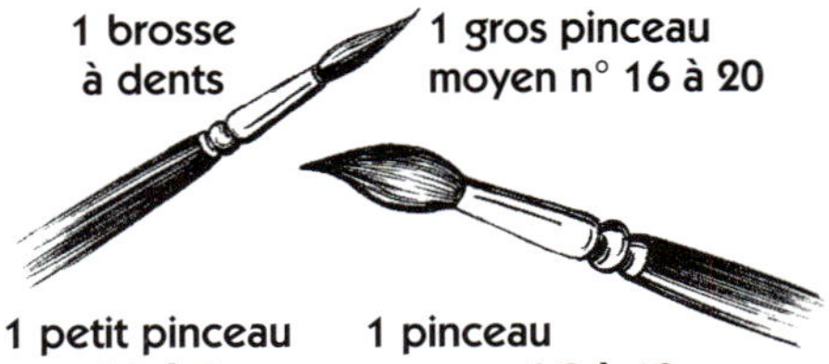

1 brosse à dents

1 gros pinceau moyen n° 16 à 20

1 petit pinceau n° 0 à 2

1 pinceau moyen n° 8 à 10

Étape n° 1

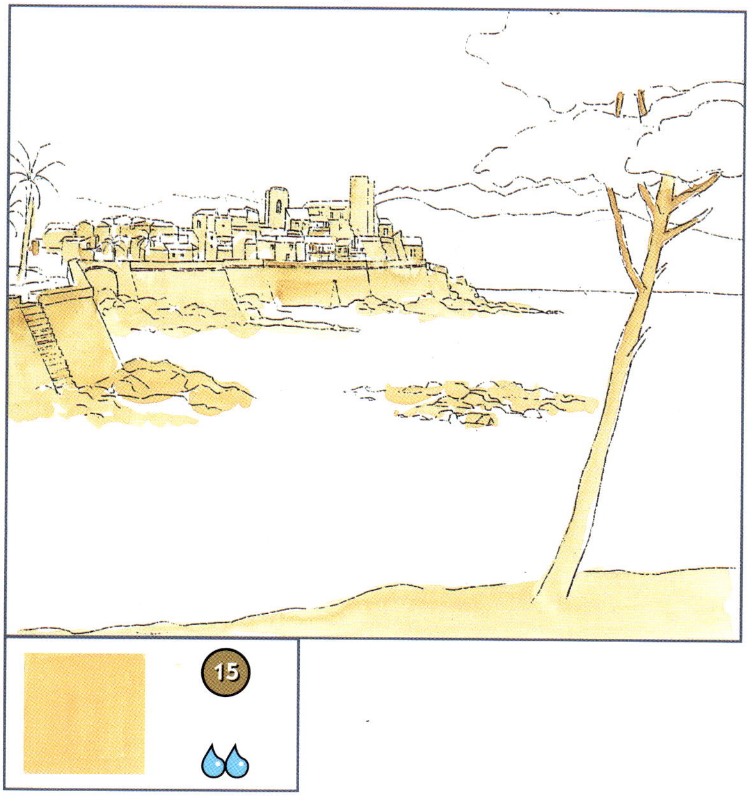

Étape n° 2

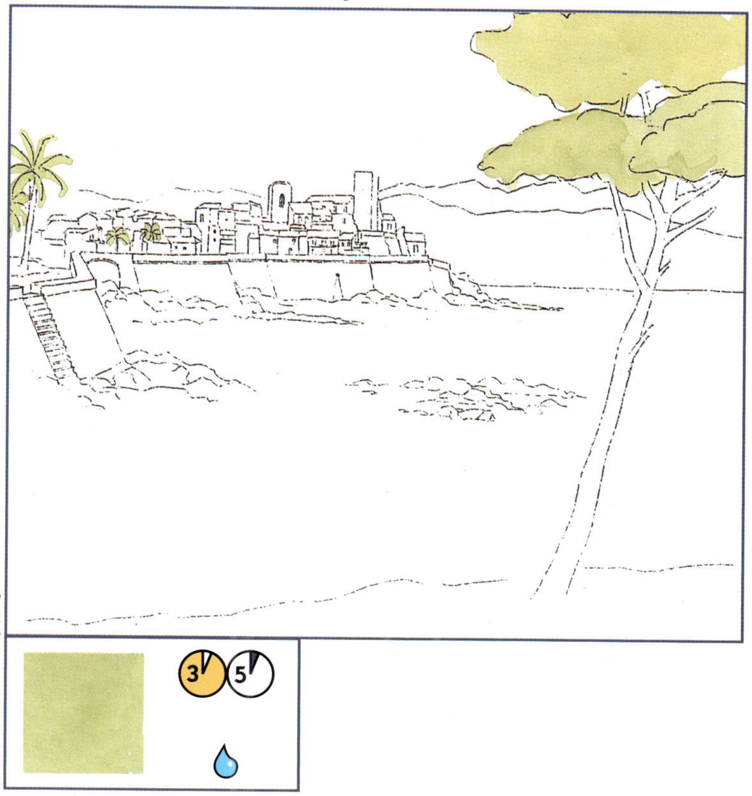

Étape n° 3

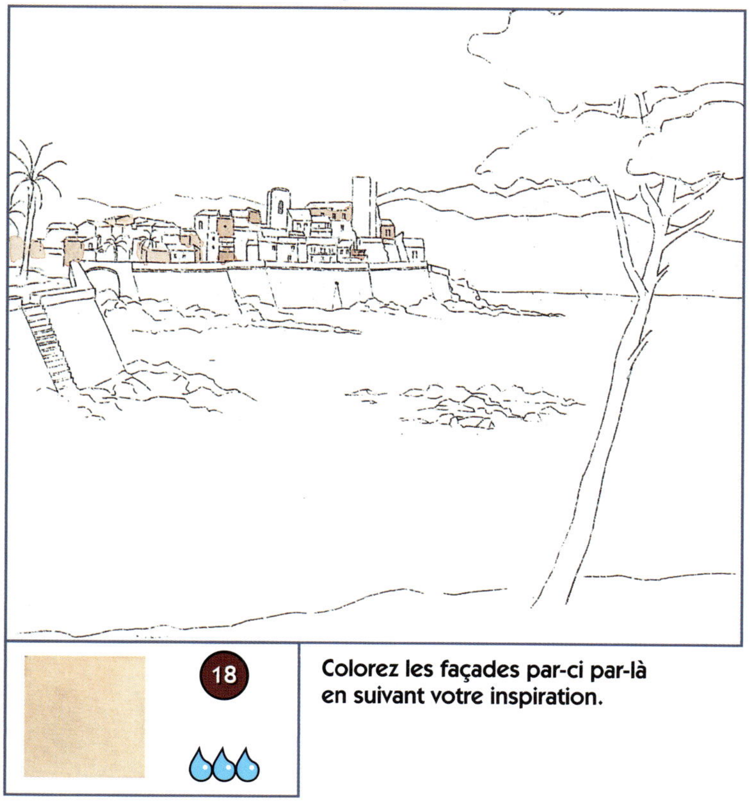

Colorez les façades par-ci par-là en suivant votre inspiration.

Étape n° 4

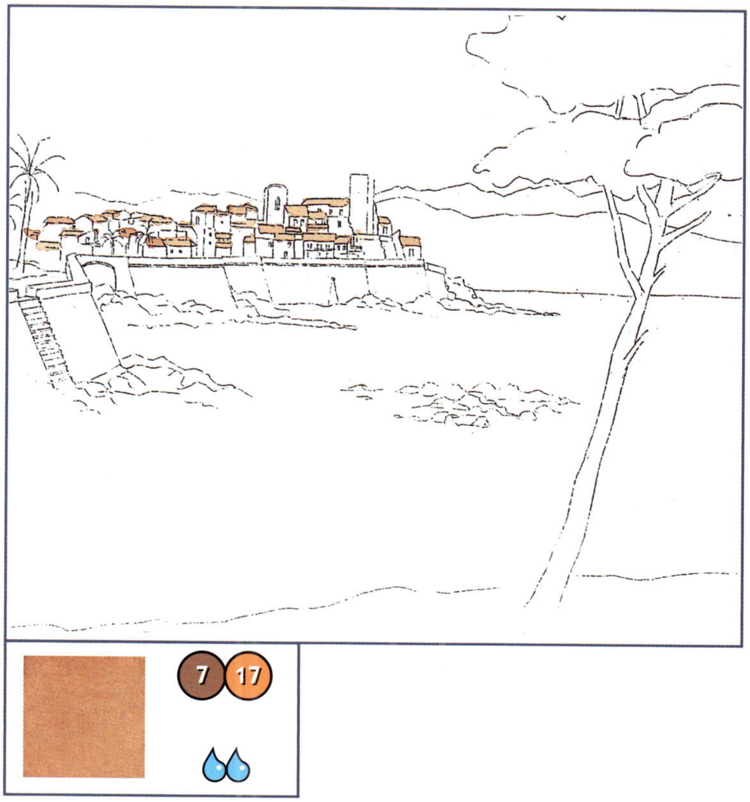

Étape n° 5

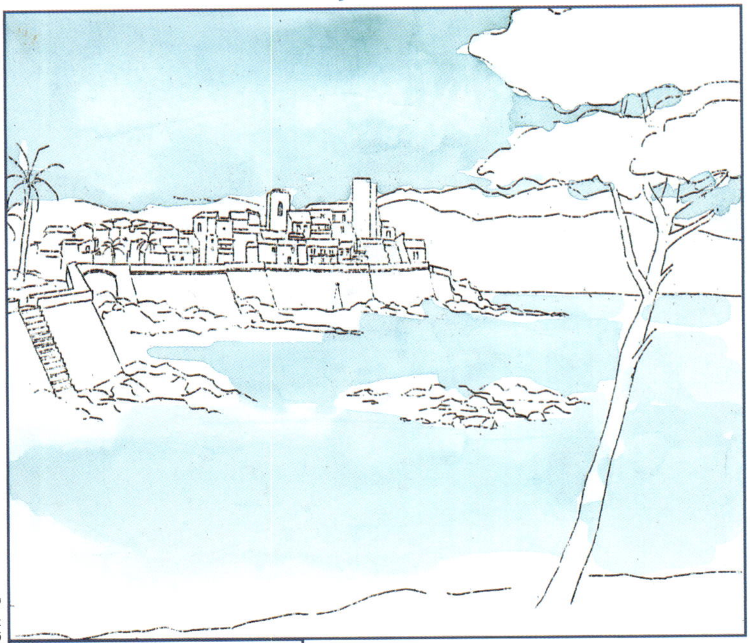

C. P. - a

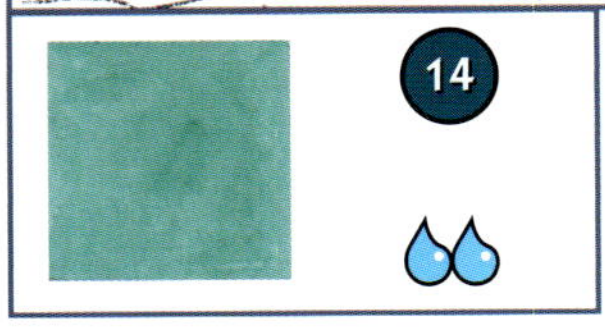

Humidifiez et épongez,
en vous inspirant des conseils p. 130.

Étape n° 6

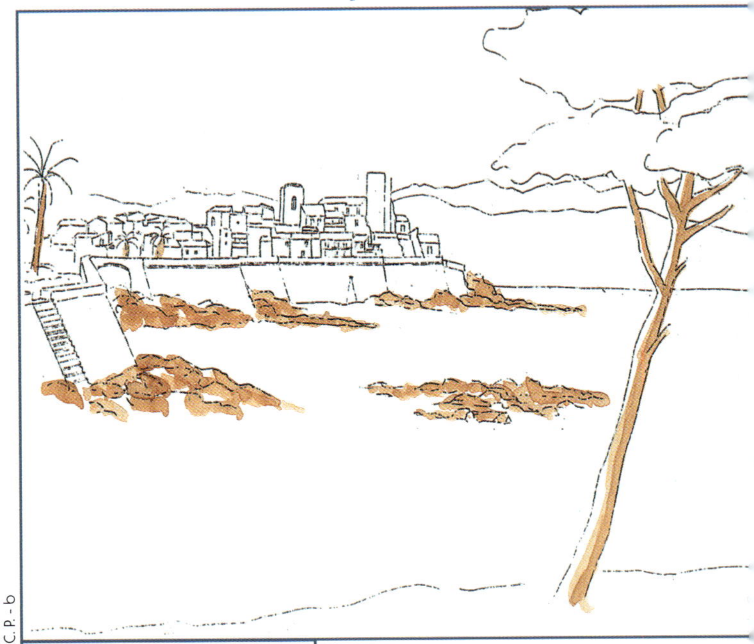

C. P. - b

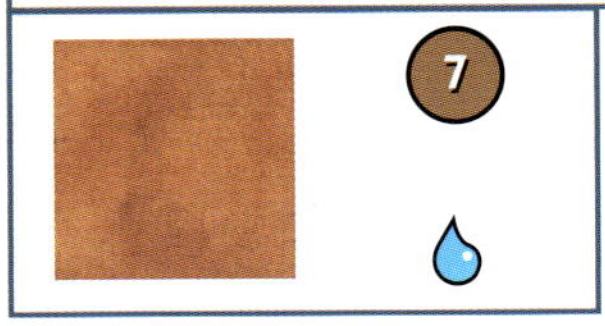

Pour rendre la rondeur du tronc d'arbre et atténuer le contraste, faites glisser un pinceau humide le long de l'axe central, alors que la couleur est encore fraîche.

Étape n° 7

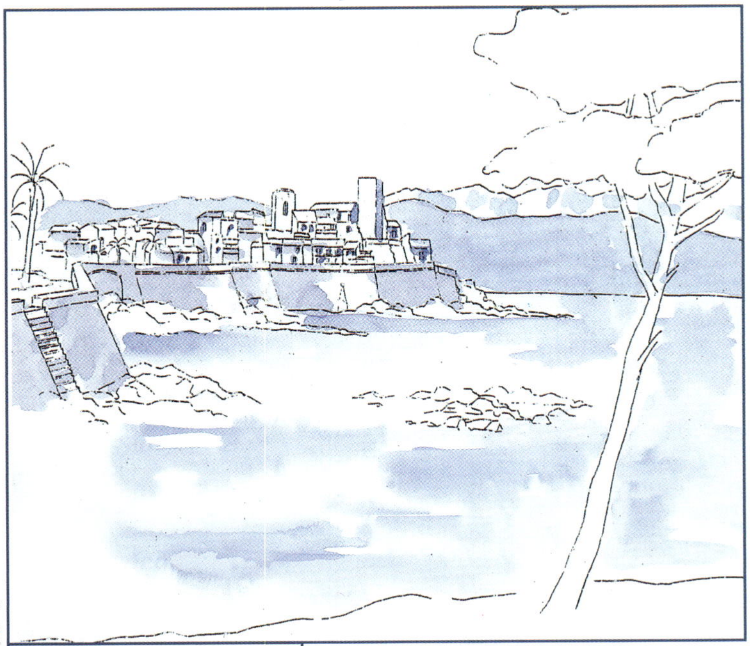

C. P. - c

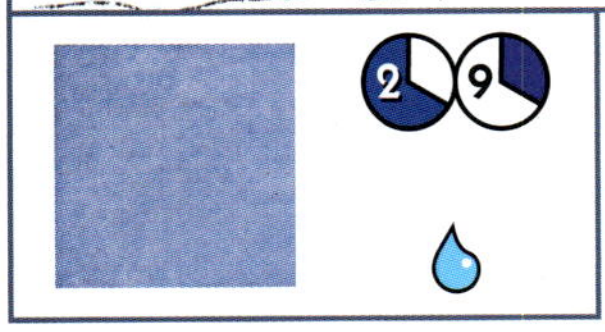

Utilisez un petit pinceau très fin pour les ombres des toits et les fenêtres.

Étape n° 8

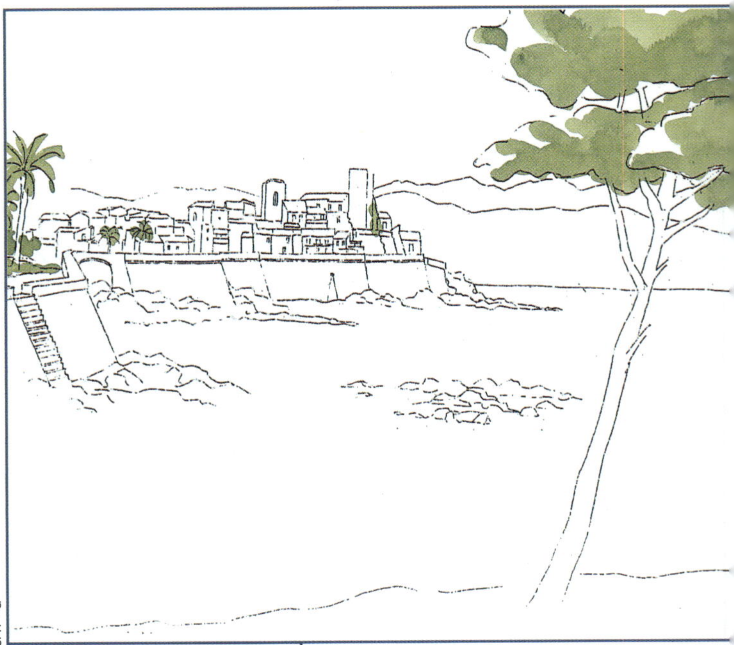

C. P. - d

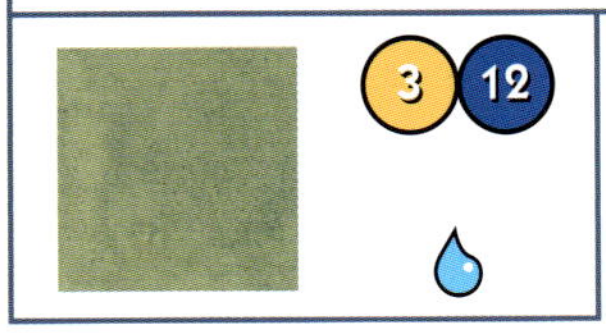

Étape n° 9

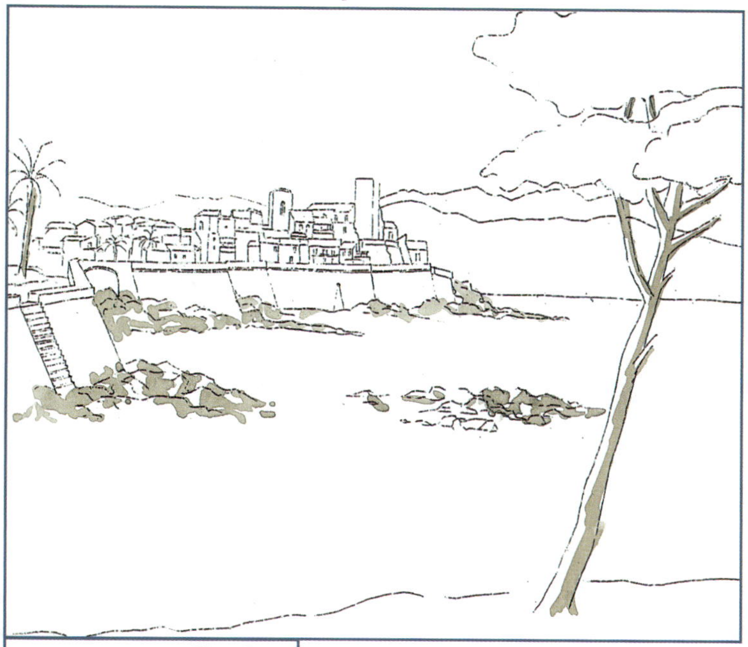

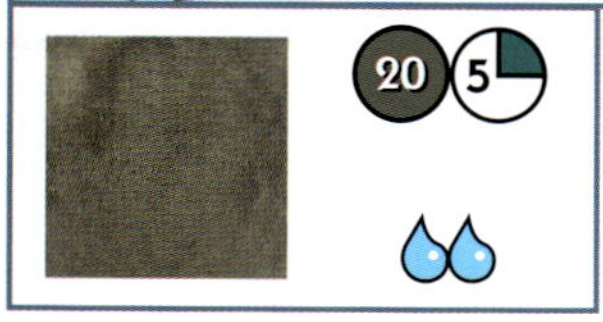

Foncez avec insistance les facettes des rochers les plus à l'ombre.
En certains endroits, au contraire, laissez glisser le pigment en lavis.

Étape n° 10

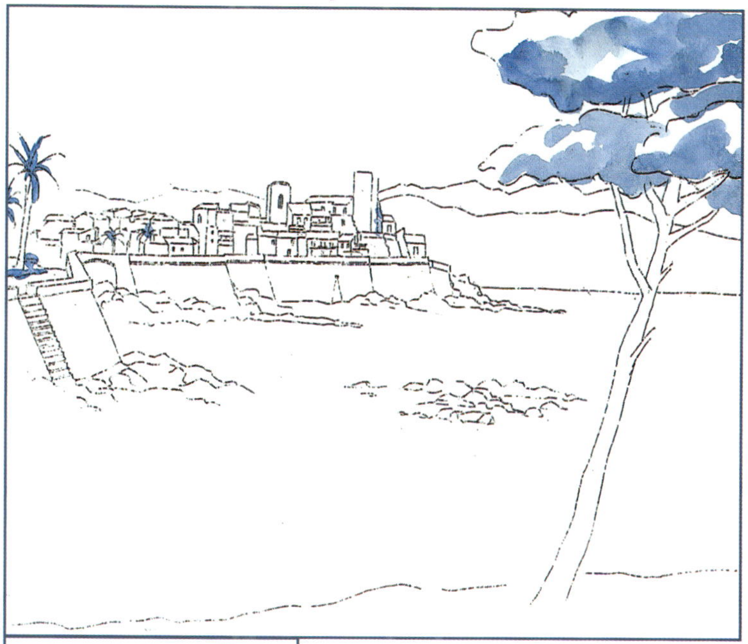

C. P. - f

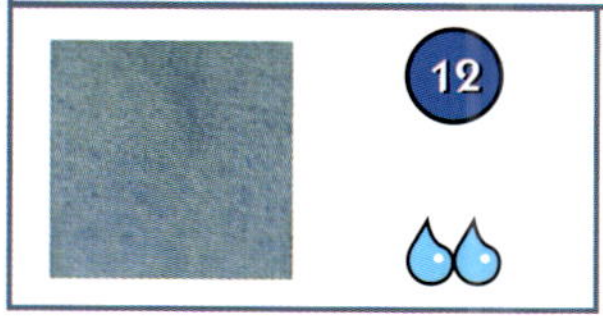

Étape n° 11

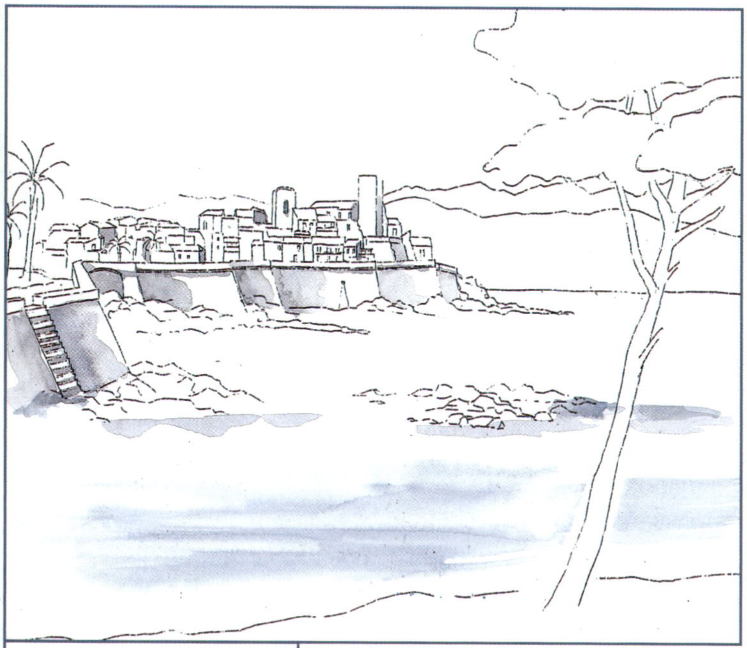

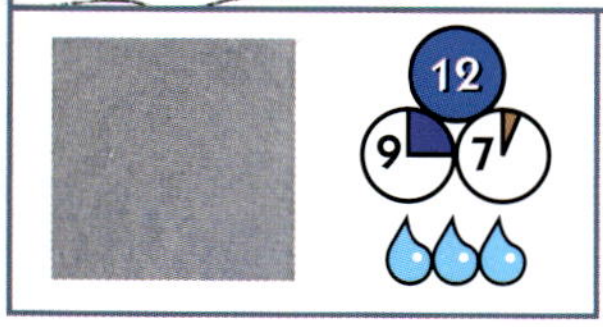

Étape n° 12

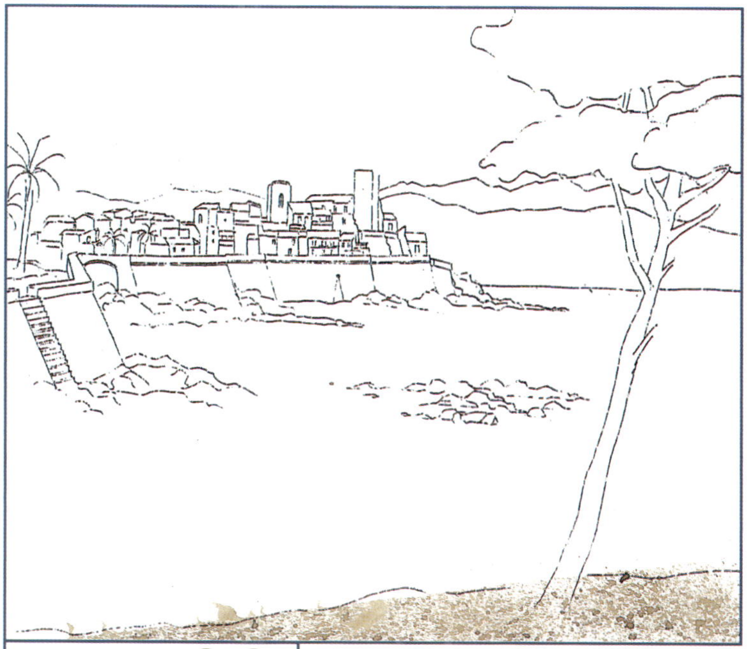

C. P. - h

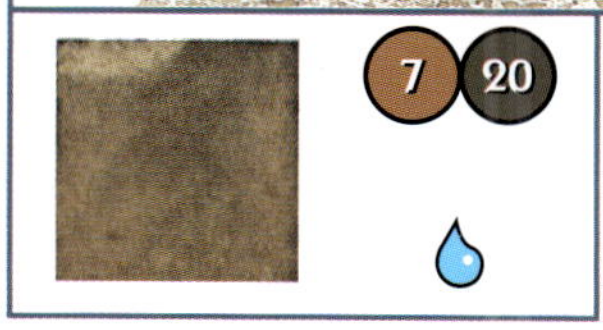

Procédez par projections, en vous inspirant des conseils p. 130.

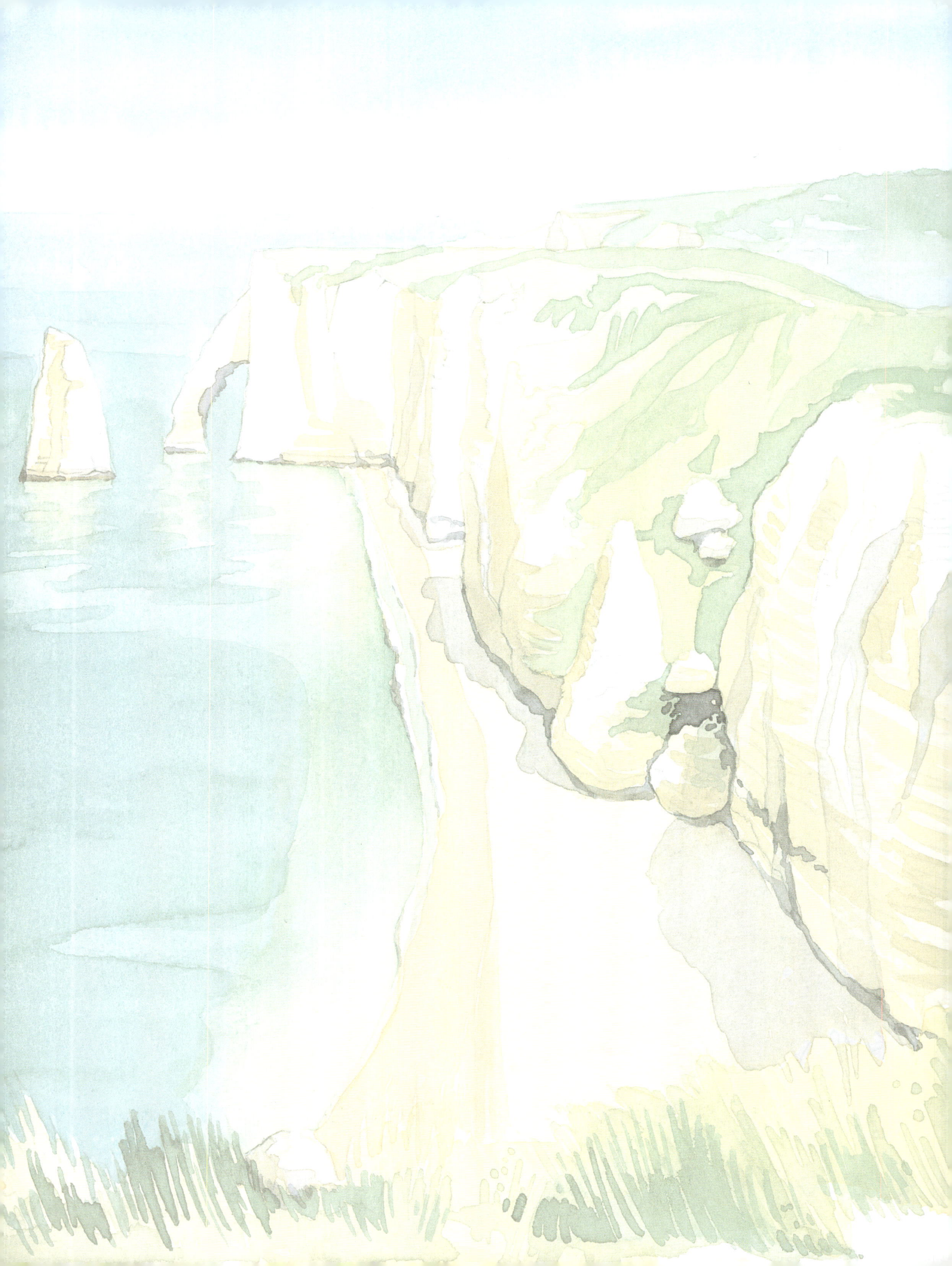

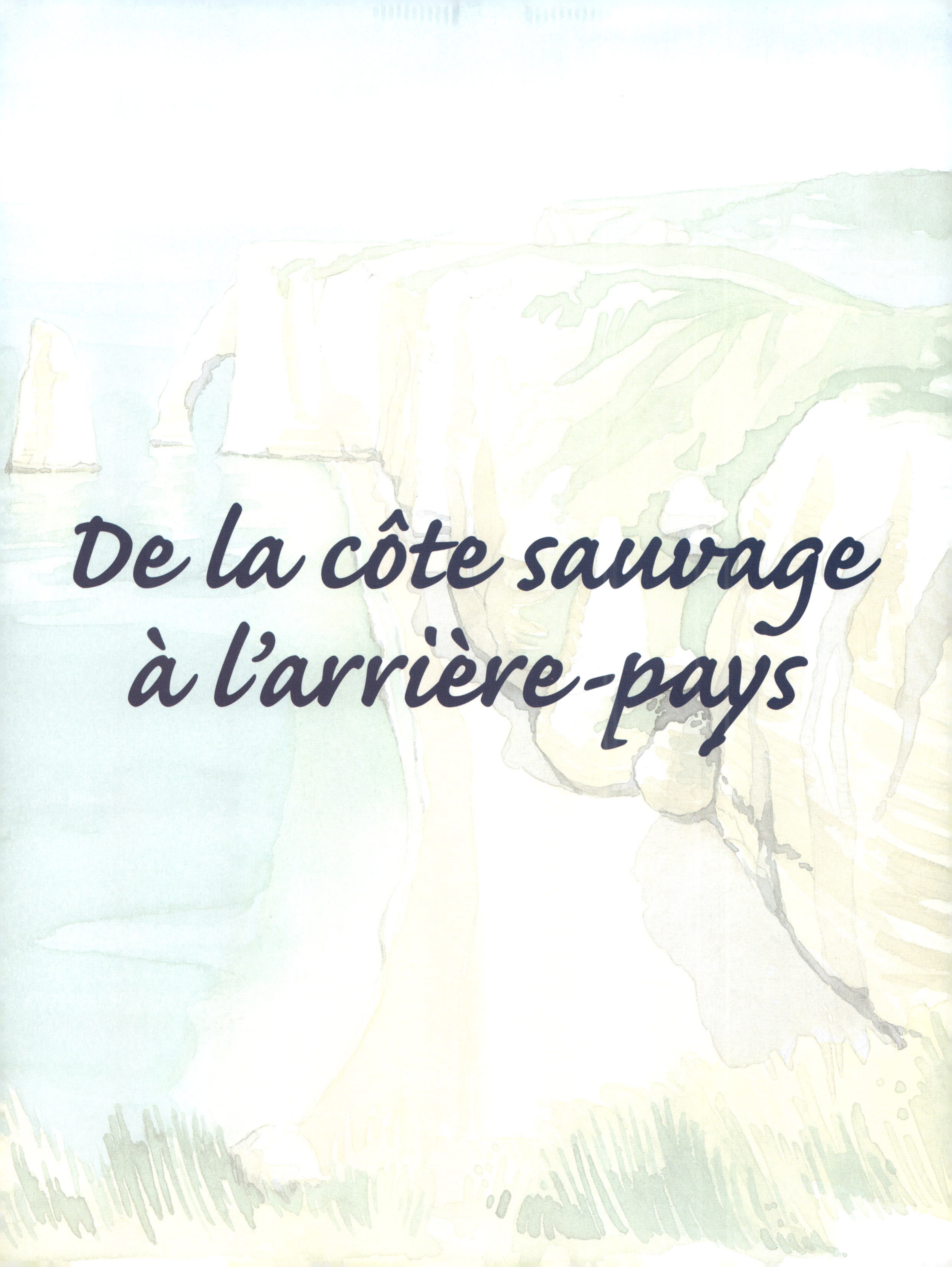

De la côte sauvage à l'arrière-pays

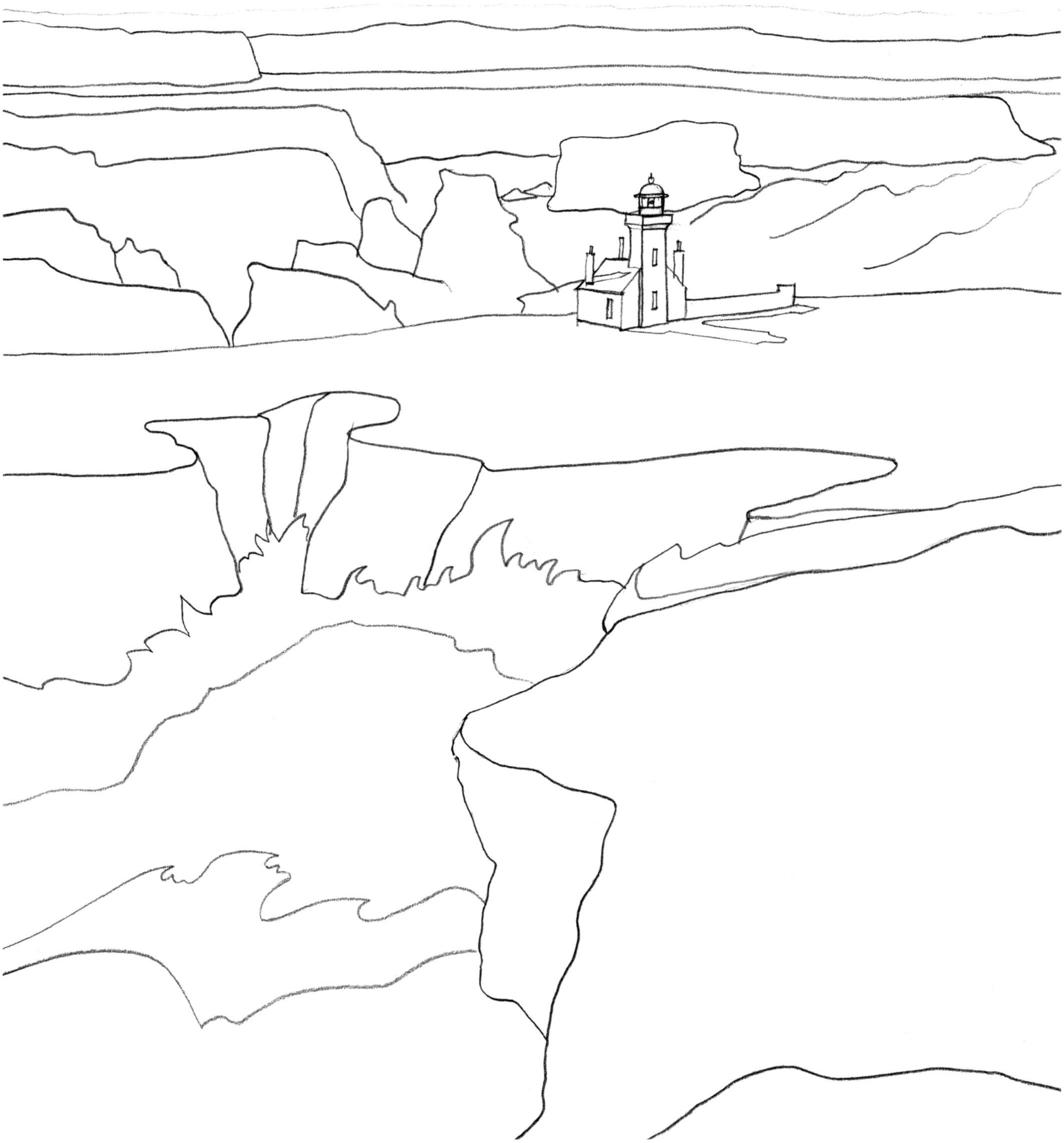

La pointe des Poulains à Belle-Île

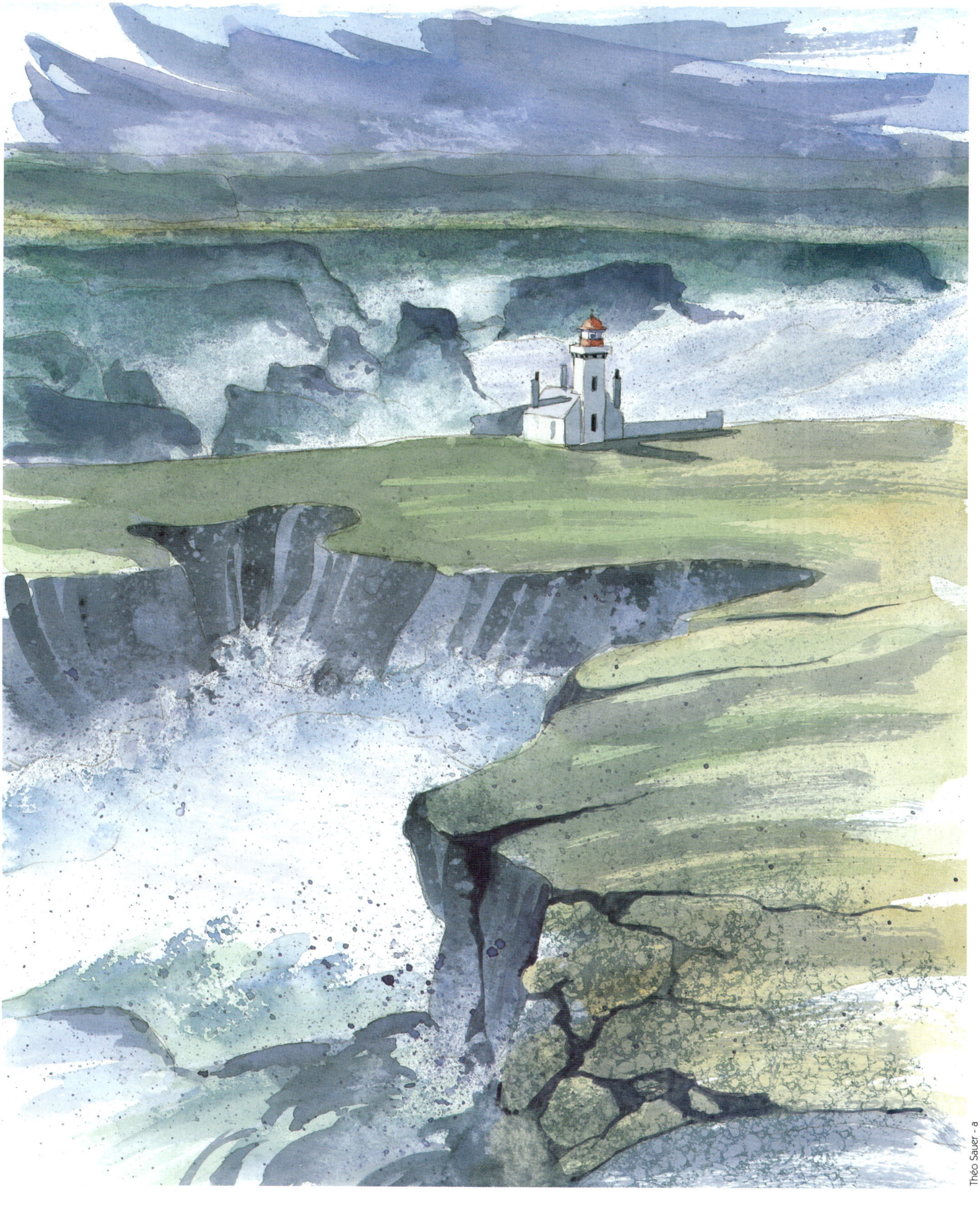

Théo Sauer - a

La pointe des Poulains à Belle-Île

Pour animer cette aquarelle de l'île bretonne par gros temps, vous allez devoir mettre en pratique de nouvelles techniques, tels le travail à l'éponge et les projections. À vos cirés !

Votre matériel

• Au matériel habituel, ajoutez une éponge, une vieille brosse à dents (à défaut, une brosse plate en soie dure), de l'adhésif repositionnable, des mouchoirs en papier et des vieux journaux pour protéger votre environnement.

Sortez vos éponges...

• Si vous utilisez l'éponge pour la première fois, coupez-en un petit bout et faites des essais sur une feuille blanche.

• Si vraiment vous ne vous sentez pas à l'aise avec cette technique, utilisez un petit pinceau pour peindre des pointillés. Le procédé sera plus long. Mais si les pointillés sont appliqués de façon aléatoire, le résultat sera tout aussi crédible.

... et votre brosse à dents !

• Pour suggérer toute cette mouvance de l'air et des embruns qui flottent un peu partout, les fines gouttelettes qu'engendrent les projections sont indispensables.

• N'oubliez surtout pas de protéger les parties non concernées comme le phare et tout le cadre extérieur de votre aquarelle.

• Entraînez-vous avec votre nouvel outil : la brosse à dents. En brossant les poils en arrière avec votre pouce, vous allez projeter des gouttelettes vers l'avant. Plus vous amplifiez ce geste, plus vous envoyez d'éclaboussures. Plus vous chargez votre brosse de mélange coloré, plus vous risquez d'envoyer de grosses gouttes, et même des taches. Ne vous affolez pas si cela se produit car, dans votre main gauche, vous allez tenir l'indispensable essuie-tout, qui permet d'absorber toutes les taches malencontreuses.

Soignez les contrastes

• Dans les sujets où l'on utilise une palette restreinte (ici, une dominante froide : bleu, vert, violet), une touche de couleur complémentaire suffit à rétablir l'équilibre. Le petit phare rouge vibre et réchauffe l'ensemble du tableau. Faites-en l'expérience en l'occultant avec votre pouce.

Voici les huit couleurs dont vous aurez besoin pour réaliser votre aquarelle.

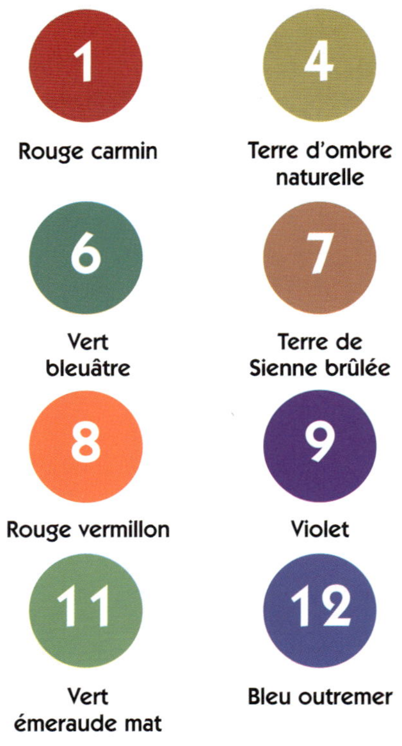

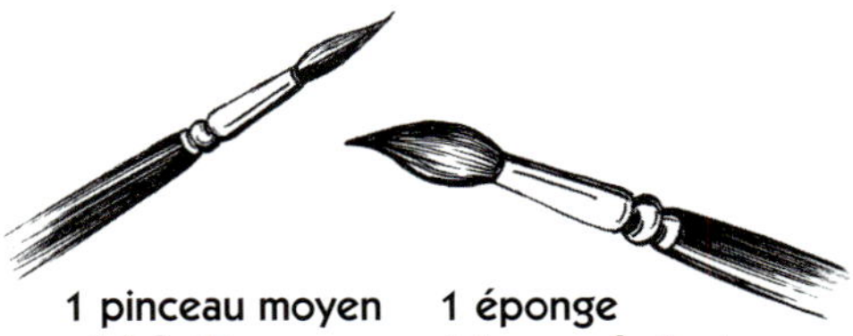

1 pinceau moyen n° 6 à 10

1 éponge
1 brosse à dents

Étape n° 1

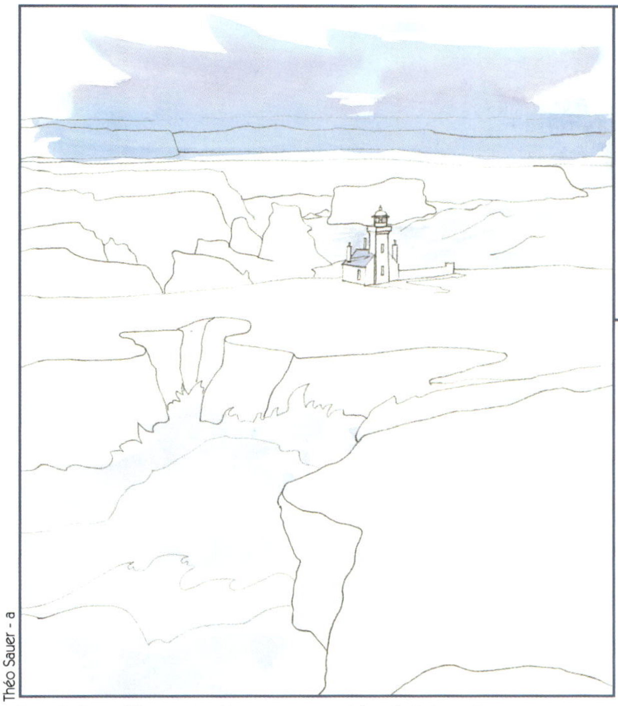

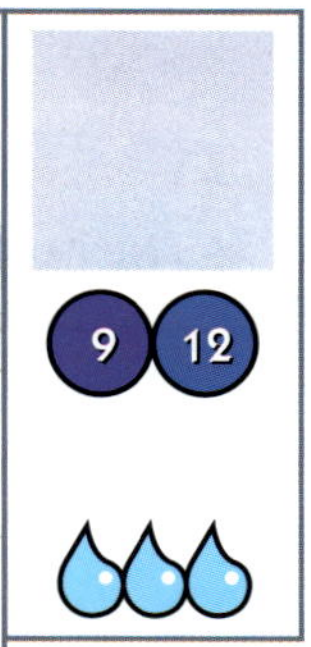

Le ciel oscille entre l'outremer et le violet. « Brossez » la mer avec un pinceau presque sec.

Étape n° 2

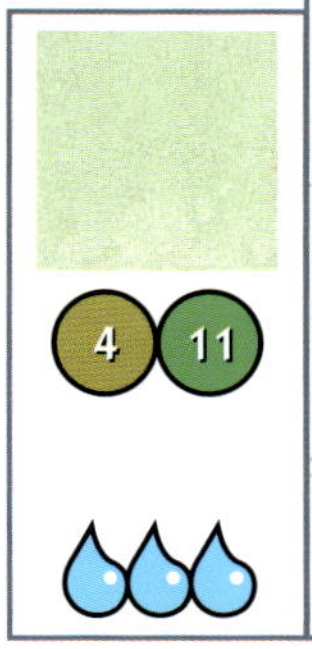

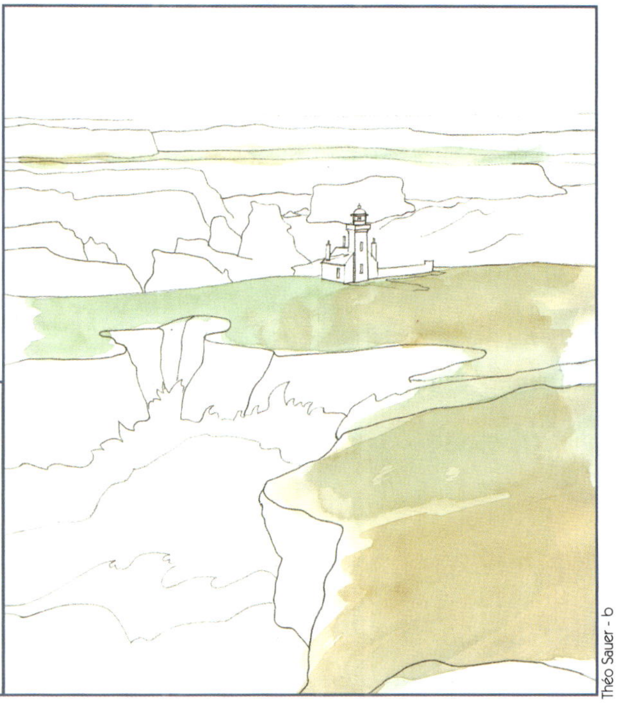

Pour ces surfaces, jonglez entre le vert émeraude mat et la terre d'ombre. Ne faites par un lavis uniforme.

Étape n° 3

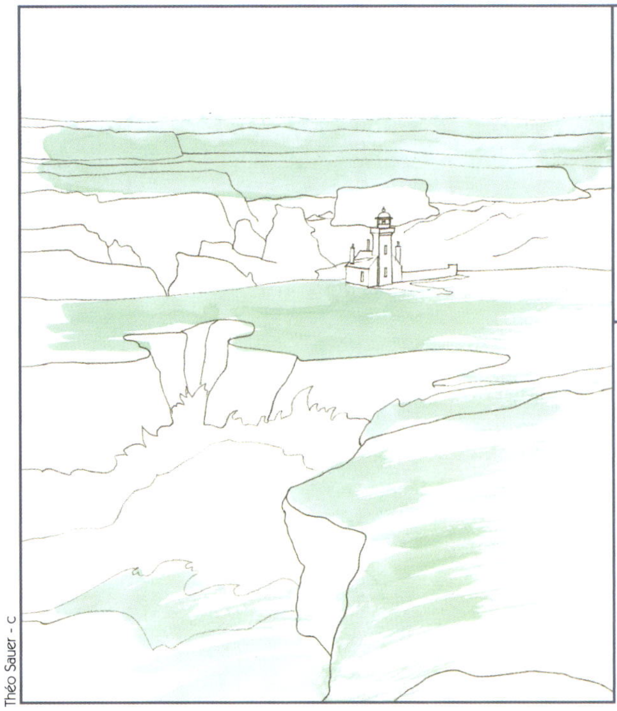

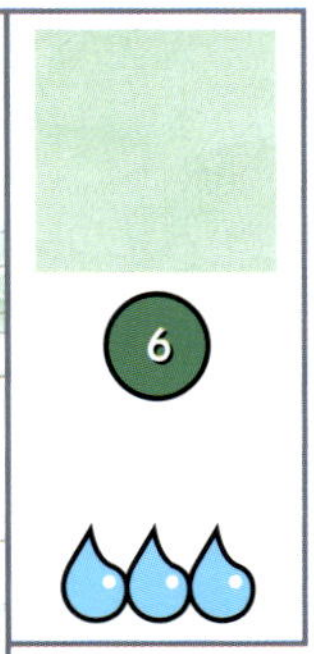

Étape n° 4

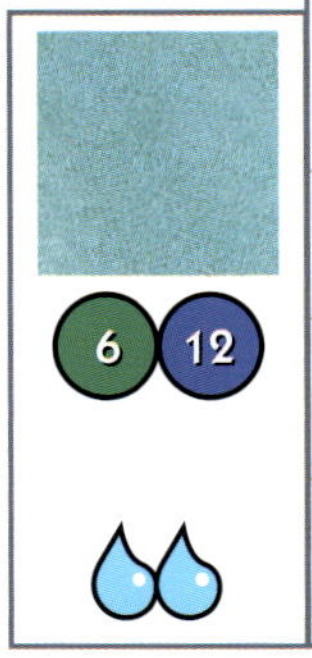

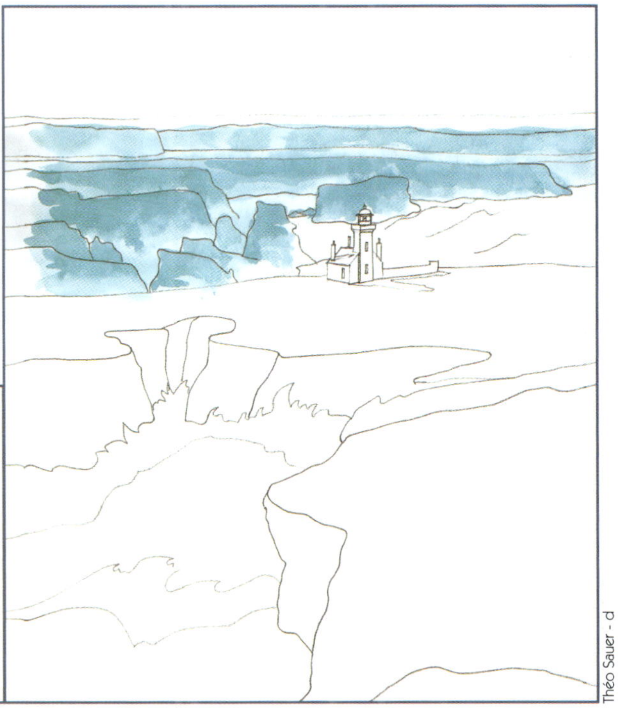

Absorbez la couleur du bas des falaises à l'aide d'un mouchoir en papier pour créer des flous.

Étape n° 5

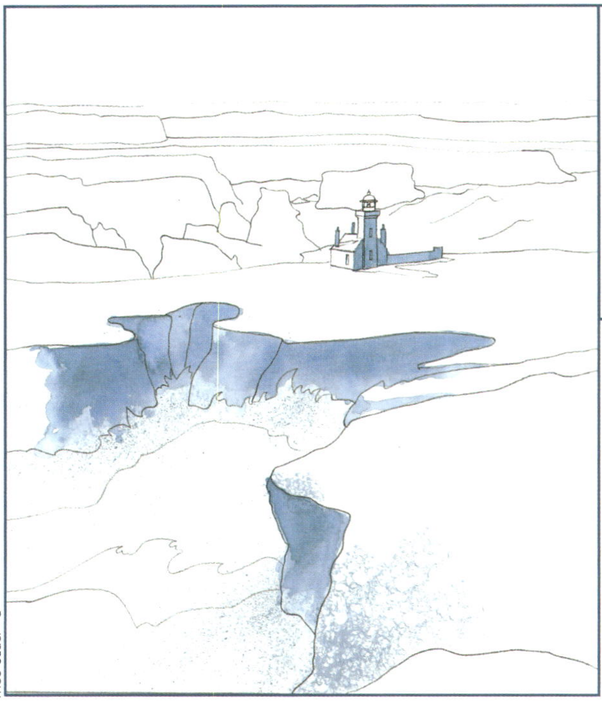

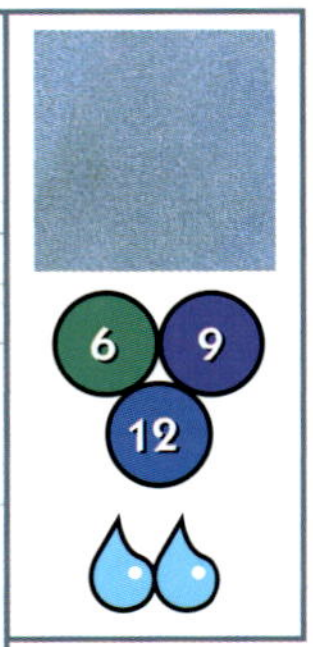

Théo Sauer - a

Préparez une bonne quantité de ce mélange : il vous servira par la suite. Projetez de fines gouttelettes aux endroits concernés. Ajoutez quelques touches d'éponge.

Étape n° 6

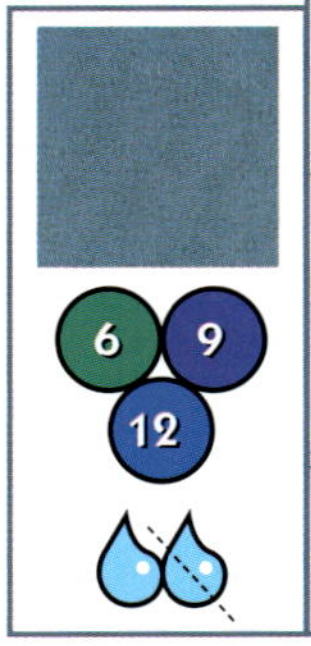

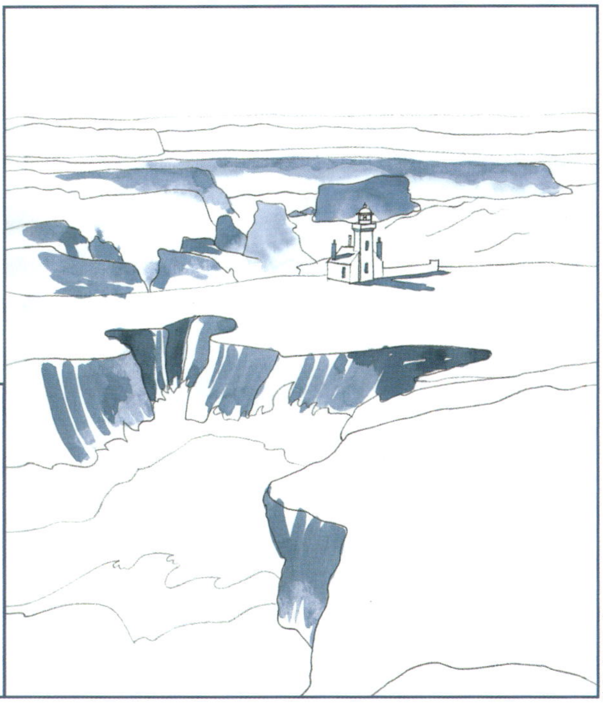

Théo Sauer - b

Modulez la dilution (eau + mélange coloré) par rapport aux zones d'ombres.

Étape n° 7

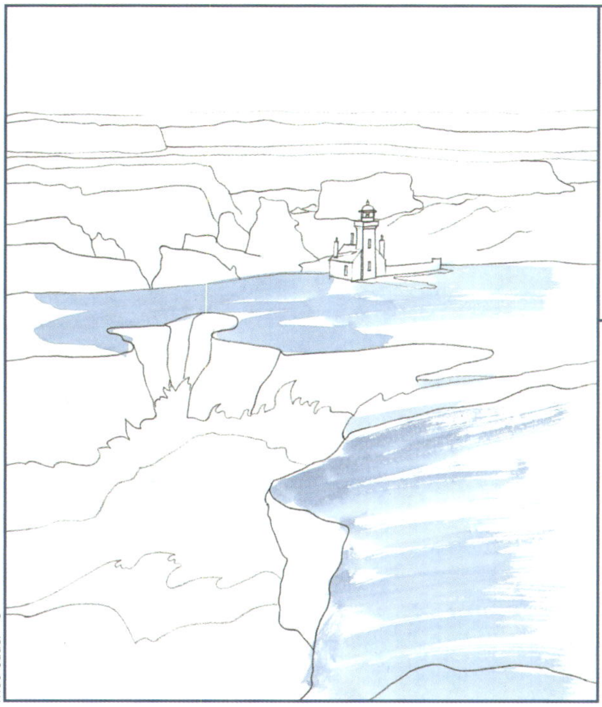

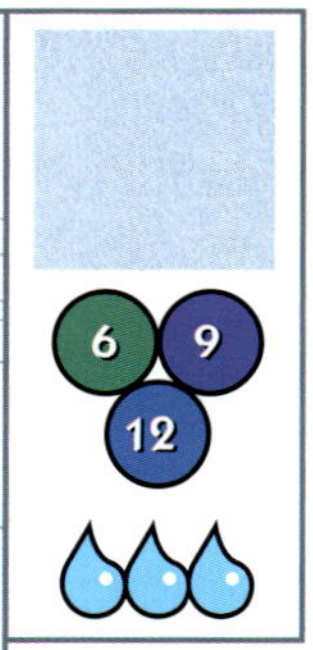

Théo Sauer - c

Étape n° 8

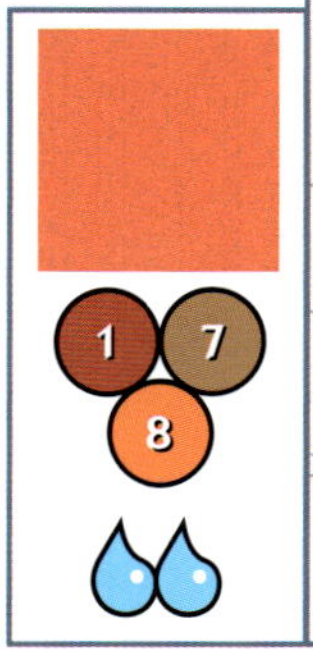

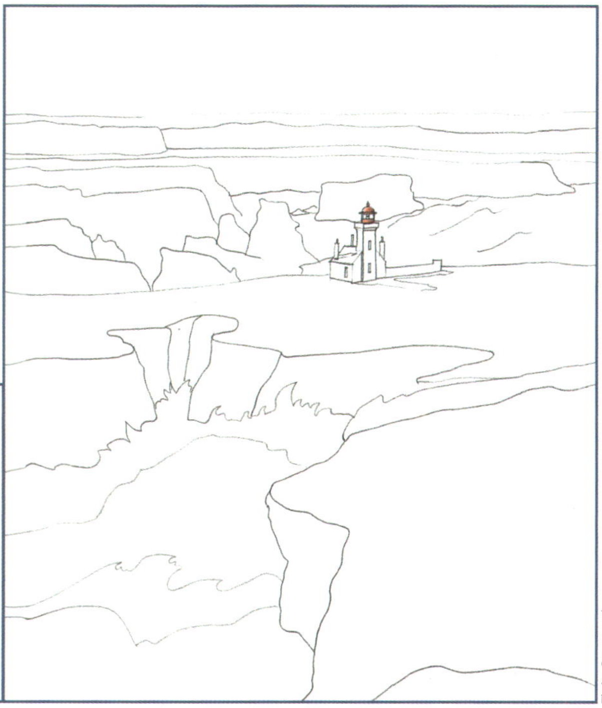

Théo Sauer - d

Le rouge se situe entre le vermillon et le carmin. La partie droite du phare se trouve dans l'ombre. Pour créer cet effet, ajoutez un peu de terre de Sienne.

Étape n° 9

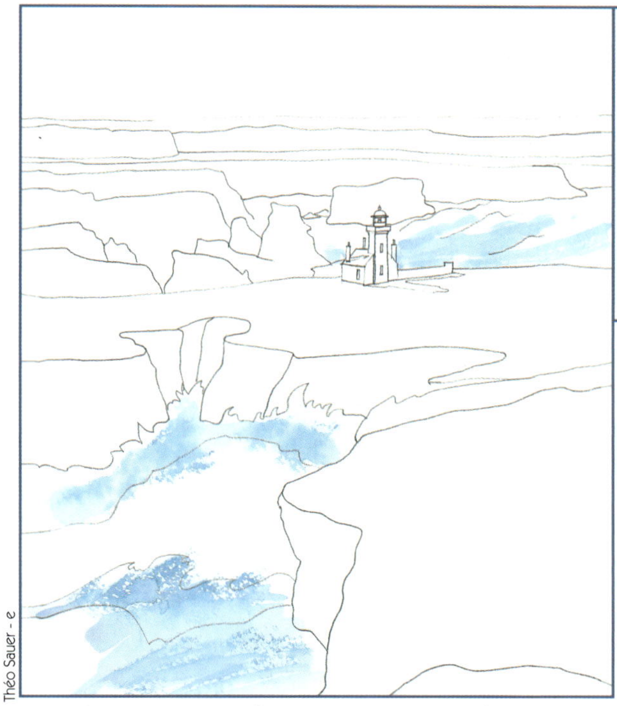

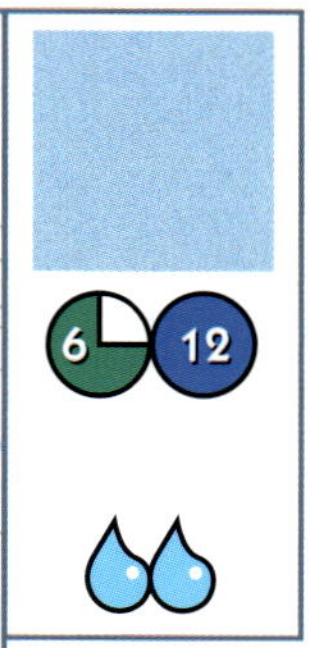

Pour bien rendre les crêtes des vagues, nous vous conseillons d'utiliser l'éponge. Puis, avec un pinceau, distribuez la peinture fraîche.

Étape n° 10

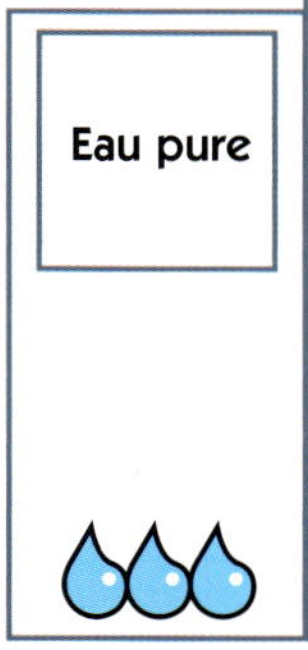

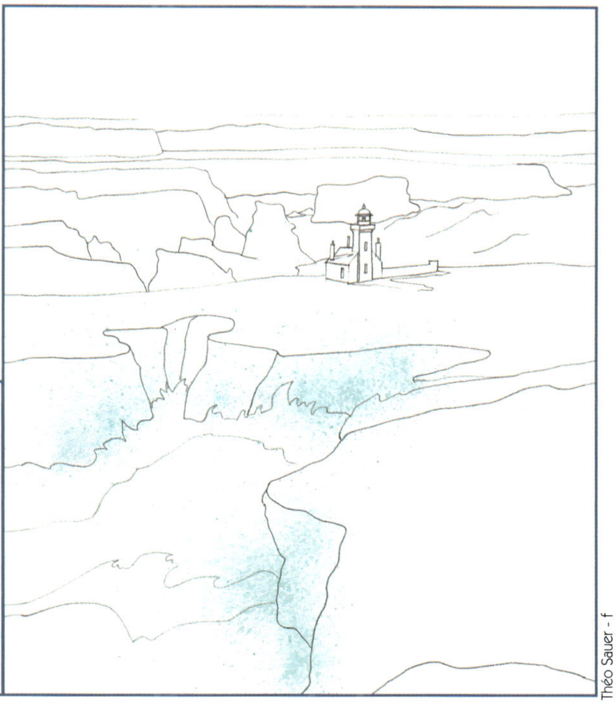

Projetez des gouttes d'eau pure sur les zones à colorer, comme sur le modèle. Laissez un peu agir, puis absorbez-les avec un essuie-tout. Nous avons ici légèrement teinté les gouttelettes pour vous montrer leur emplacement.

Étape n° 11

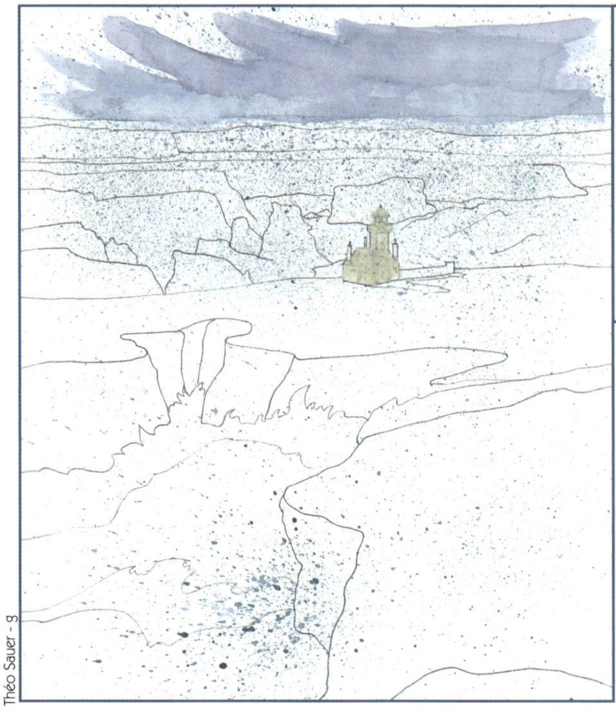

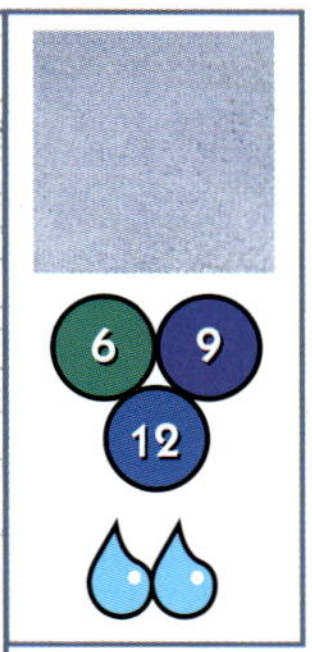

Masquez le phare et « éclaboussez » de grosses gouttes pour l'avant, de fines pour le fond et le ciel. Ce dernier est ensuite balayé avec un pinceau pour suggérer le vent.

Étape n° 12

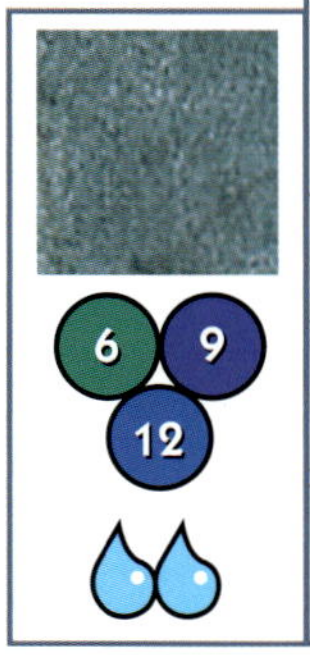

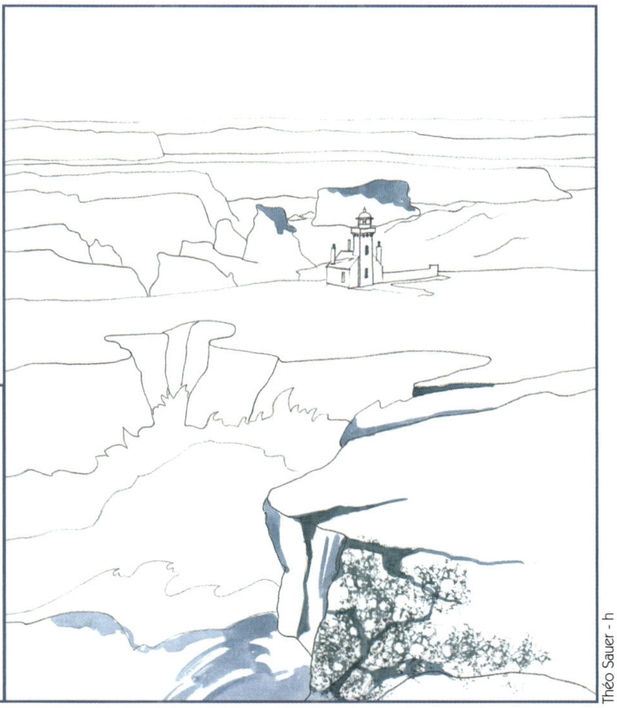

Si vous estimez qu'il est inutile d'ajouter d'autres éléments, restez-en à l'étape précédente.
Sinon, il est possible de rehausser le premier plan avec quelques fissures et de petites finitions.

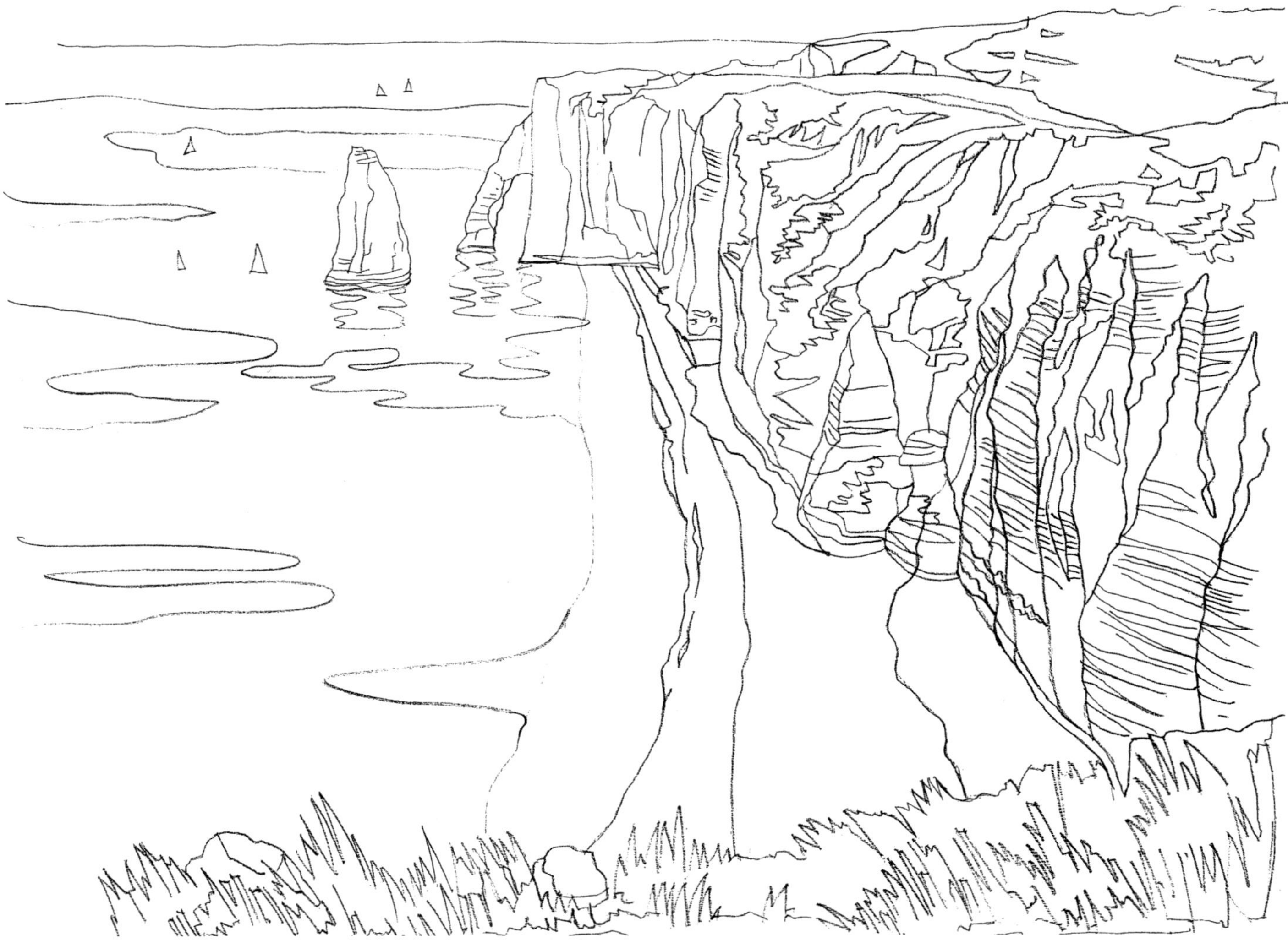

Les falaises d'Étretat

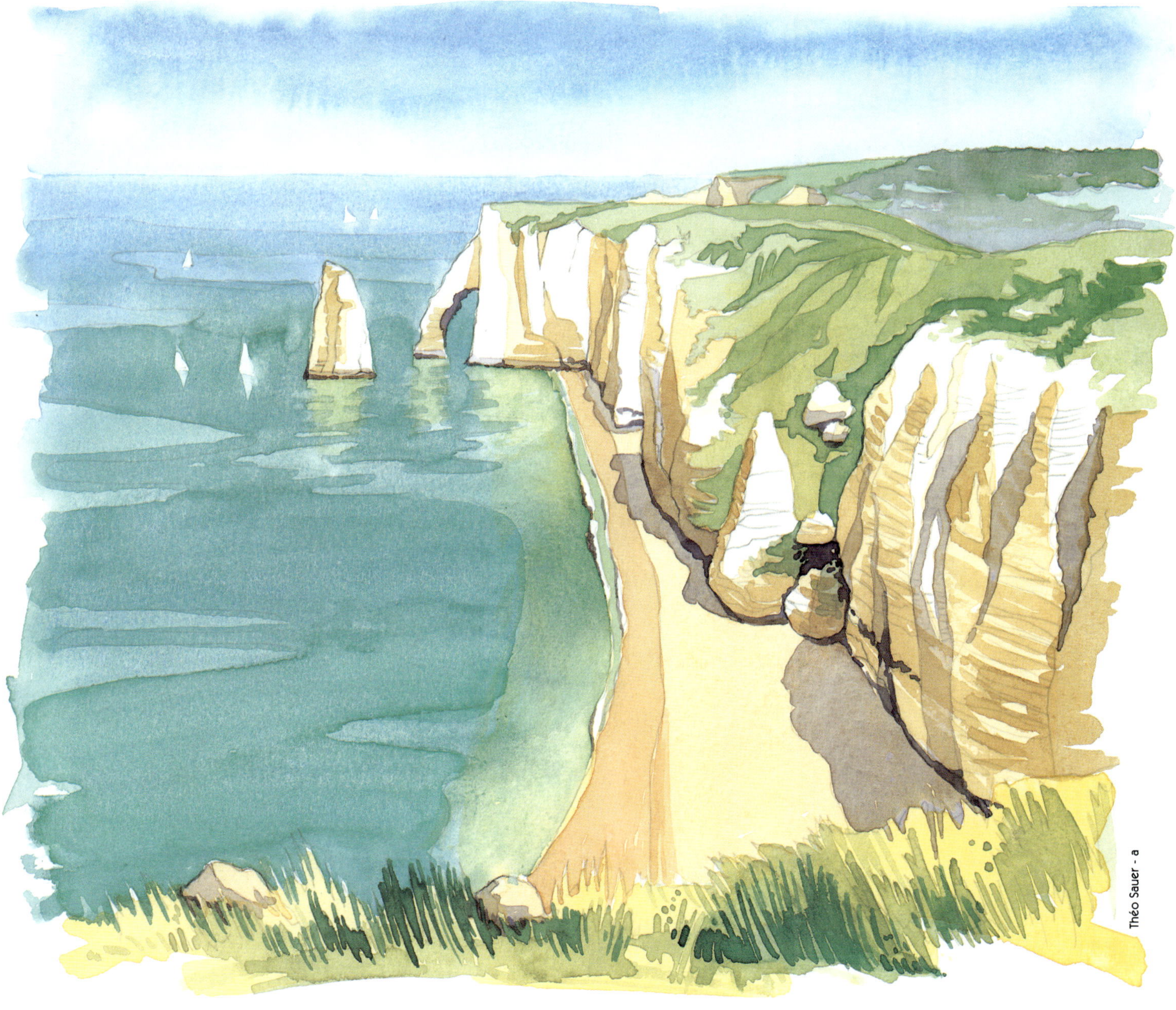

Théo Sauer - a

Les falaises d'Étretat

Cette vue du pays de Caux s'appuie sur un des charmes particuliers de l'aquarelle : l'effet de transparence. Pour cela, il vous faudra jouer avec fluidité sur la superposition des couleurs.

Pour réaliser cette aquarelle il vous faudra utiliser la technique du lavis mixte. Vous pouvez vous reporter aux cours d'aquarelle (p. 20) si vous désirez revoir cette technique.

Installez-vous confortablement

- Lavez-vous bien les mains afin de ne pas tacher le papier.
- Rassemblez près de vous le matériel dont vous aurez besoin : vos six couleurs, vos deux pinceaux, deux verres d'eau propre, un chiffon, un buvard et des feuilles de papier brouillon pour tester vos couleurs.
- Fixez votre papier comme indiqué dans le cours p. 12.

Précautions indispensables

- Avant d'appliquer les couleurs, testez vos mélanges et vos dilutions sur du papier brouillon jusqu'à obtenir la teinte indiquée sur le modèle ou, du moins, celle s'en rapprochant le plus. Il est en effet difficile de proposer des dosages très précis.
- Faites des essais sur une feuille reproduisant l'esquisse de votre aquarelle. Vous pouvez la photocopier, éventuellement en l'agrandissant, afin de disposer de plusieurs brouillons.

Surtout pas de panique !

- La trame prédessinée n'est qu'un fil conducteur : rien de dramatique si vous débordez de certaines zones !
- Si vous avez déposé trop de mélange coloré en un endroit, absorbez le surplus avec un buvard.

Techniques sèche et humide

- Dans cette marine, une superposition de touches colorées donne vie et relief aux herbes et roches en technique sèche, et contraste avec la fluidité, la simplicité du ciel et de la mer en technique humide.
- Pour rendre le mouvement des herbes (étapes nos 9 et 11), suivez le sens du crayonné en procédant par petites touches rapides, sans vous laissez arrêter par les contours.
- Pour le ciel (étape n° 6) et la mer (étapes nos 7 et 8) humidifiez bien le papier avant de passer une première couche de peinture. Intensifiez les passages désirés et absorbez certaines zones pour jouer sur l'effet de transparence.

Voici les six couleurs dont vous aurez besoin pour réaliser votre aquarelle.

1 Rouge carmin

2 Bleu de cobalt

3 Jaune indien

4 Terre d'ombre naturelle

5 Bleu de Prusse

6 Vert bleuâtre

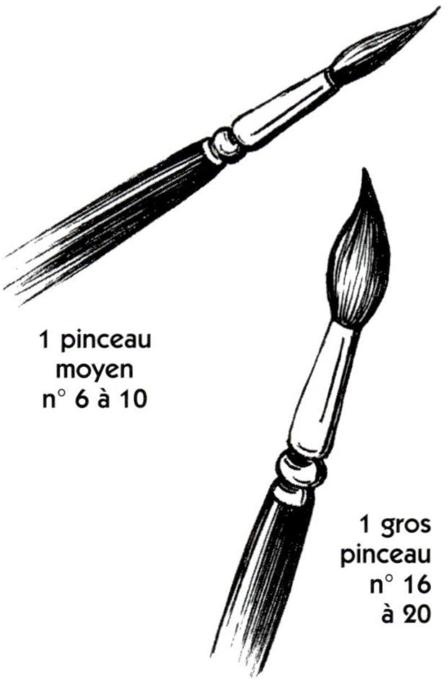

1 pinceau moyen n° 6 à 10

1 gros pinceau n° 16 à 20

Étape n° 1

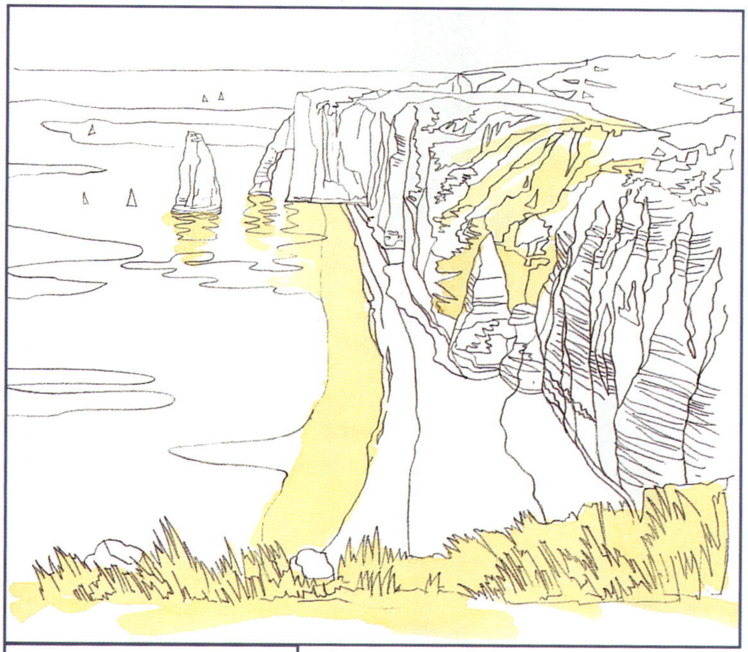

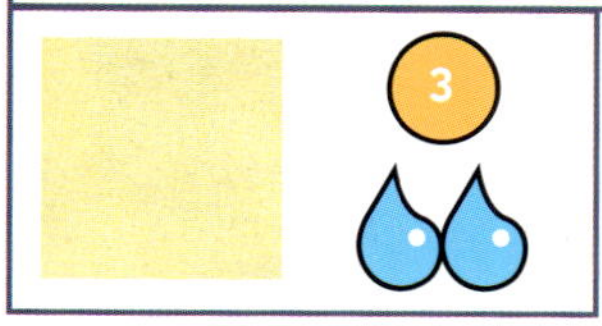

Ce premier lavis jaune donnera une intensité lumineuse aux herbes du premier plan. Il servira également à rendre la transparence de la mer près de la plage.

Étape n° 2

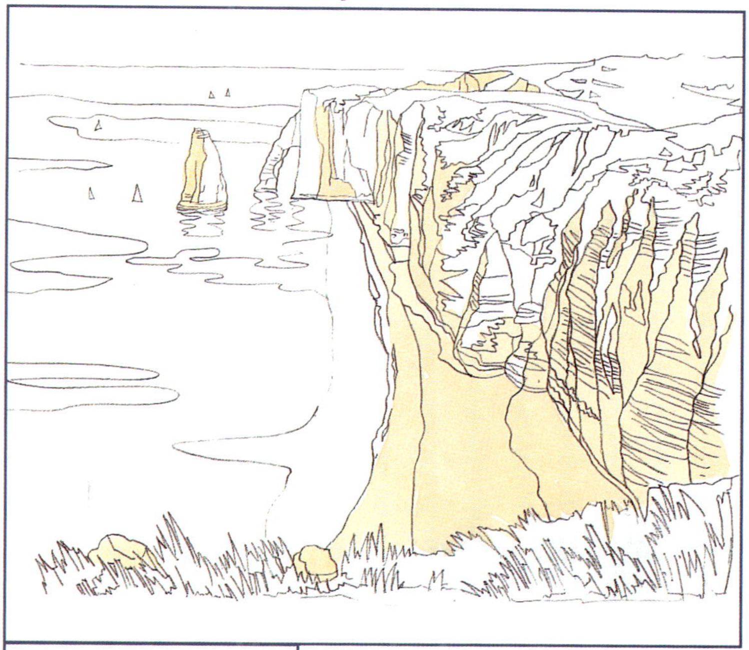

Théo Sauer - b

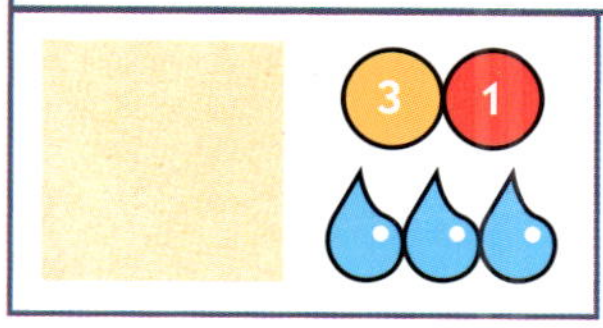

S'il vous reste du mélange précédent, vous pouvez ajouter un peu de rouge pour le rendre plus orangé. À l'aide de votre gros pinceau, étalez rapidement le lavis sur les zones à colorer.

Étape n° 3

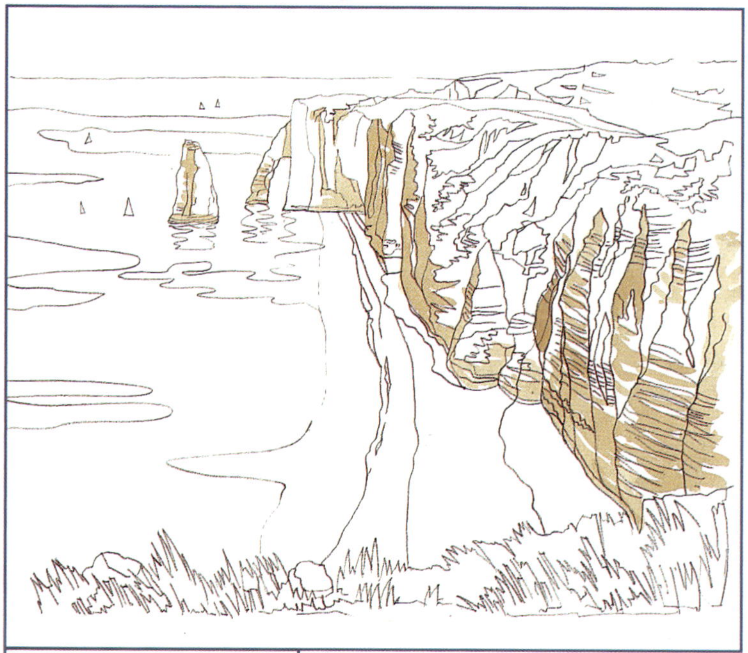

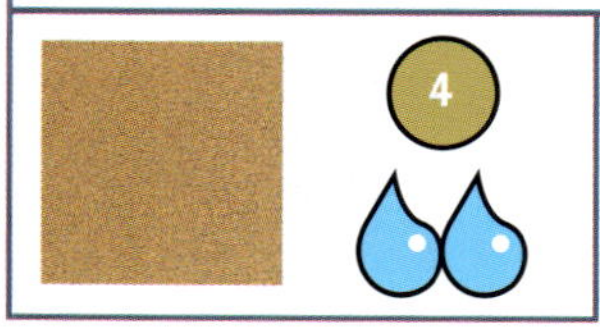

Ce lavis terre d'ombre figure l'ombre propre de la falaise.
En travaillant horizontalement, essayez de suggérer le relief en laissant apparaître de légères striures claires sur la falaise.

Étape n° 4

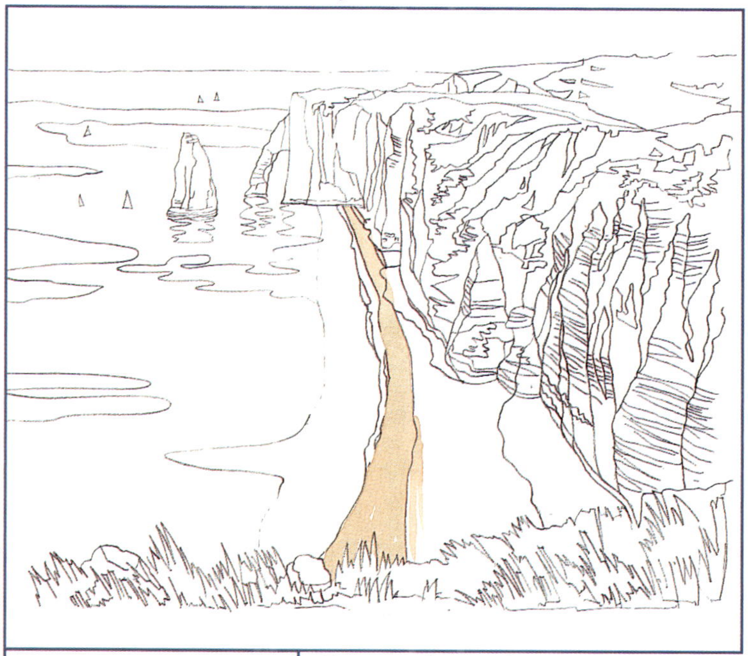

Théo Sauer - d

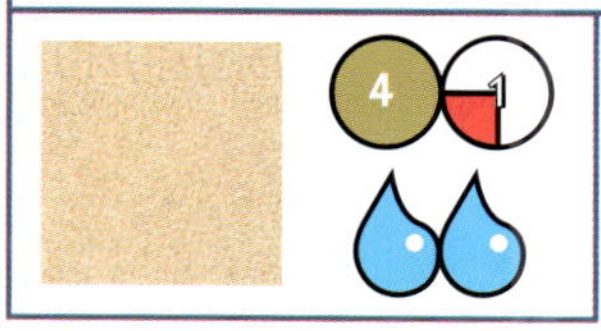

Pour représenter le sable mouillé sur la plage, reprenez le mélange de l'étape n° 3, puis ajoutez une légère pointe de rouge. Faites un essai pour obtenir la teinte souhaitée.

Étape n° 5

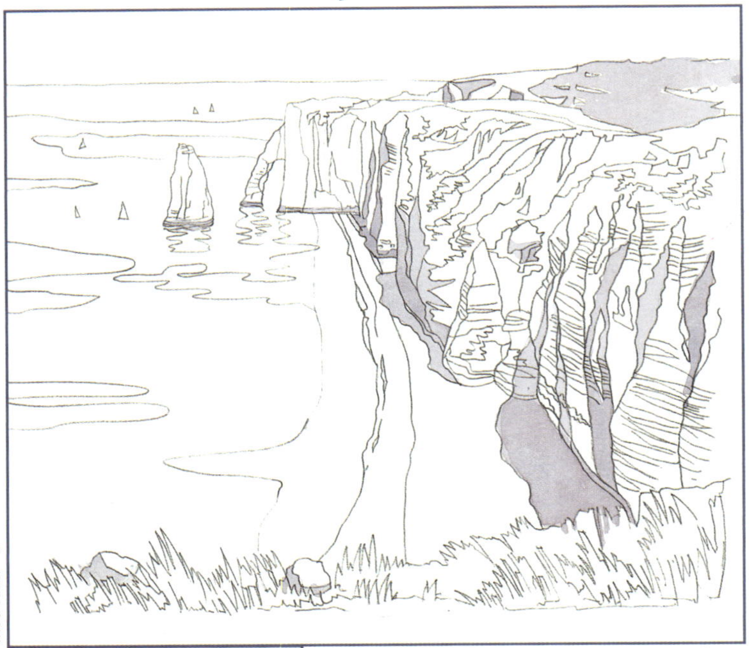

Théo Sauer - a

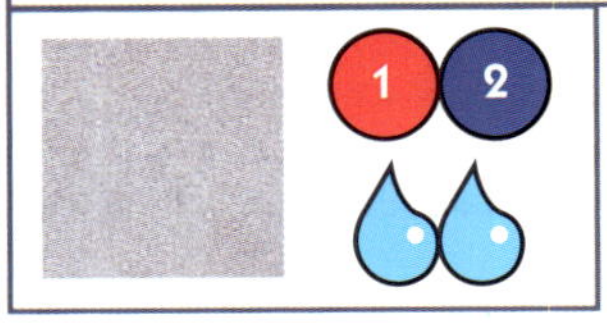

Ce lavis mauve figure l'ombre projetée sur la falaise et sur la plage.

Étape n° 6

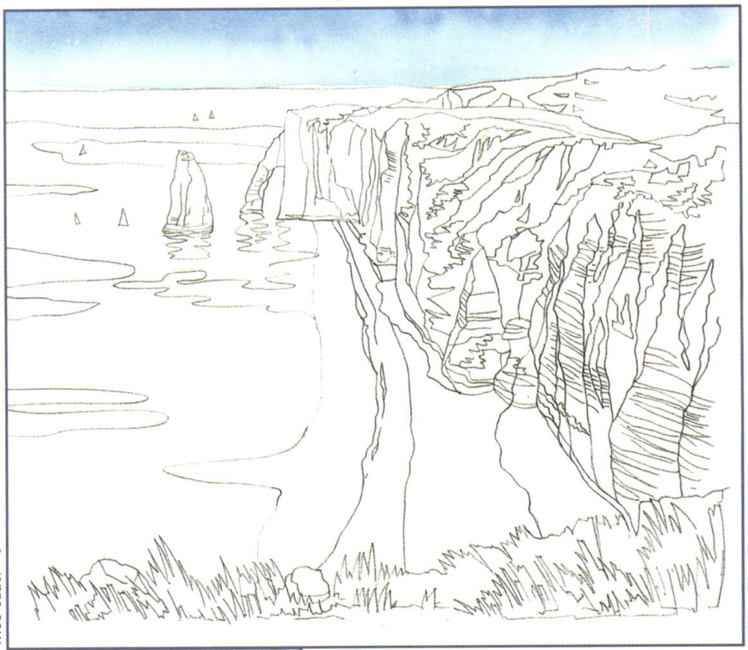

Théo Sauer - b

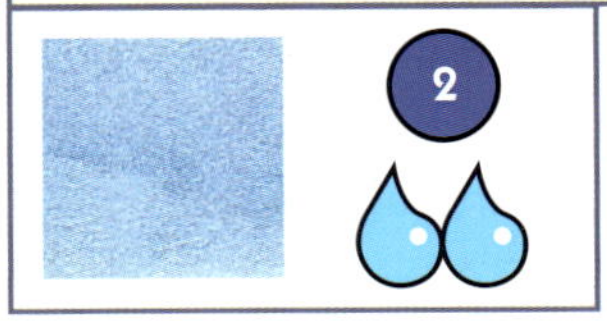

Ce mélange servira également pour l'étape n° 7. Humidifiez le ciel et passez une première couche de ce bleu. Aussitôt, procédez à un deuxième passage vers le haut du ciel. Reportez-vous aux conseils p. 144.

Étape n° 7

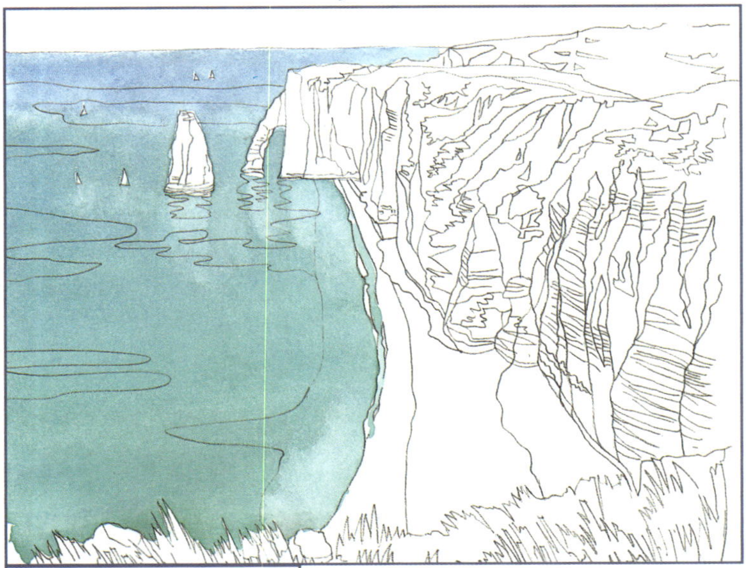

Théo Sauer - c

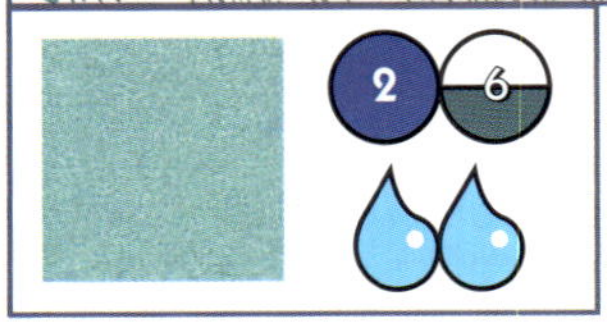

Mouillez la zone de mer à l'eau propre avec le gros pinceau, en contournant les voiles, la porte et l'aiguillon.
Posez quelques gouttes du mélange bleu de cobalt sous la ligne d'horizon. Ajoutez du vert bleuâtre ; progressez vers le bas en l'intensifiant. Tamponnez au papier absorbant humide les zones sous la falaise, la porte et l'aiguillon. Passez un trait d'eau propre sur la ligne d'horizon ; laissez agir, absorbez.

Étape n° 8

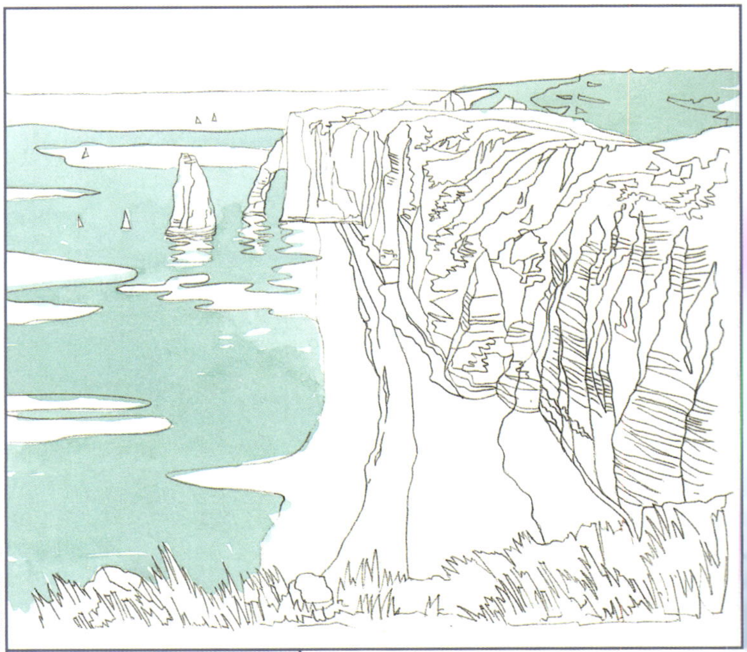

Théo Sauer - d

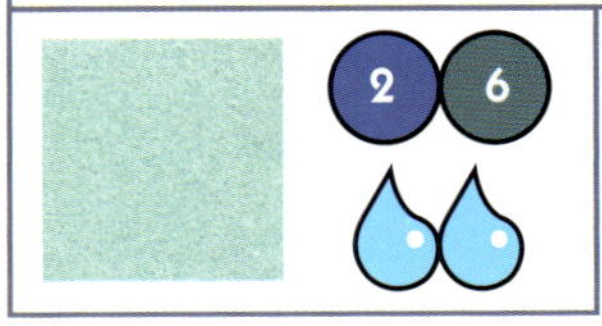

Ce deuxième passage du mélange bleu-vert accentuera la transparence de la mer et l'impression de calme qui s'en dégage.

Étape n° 9

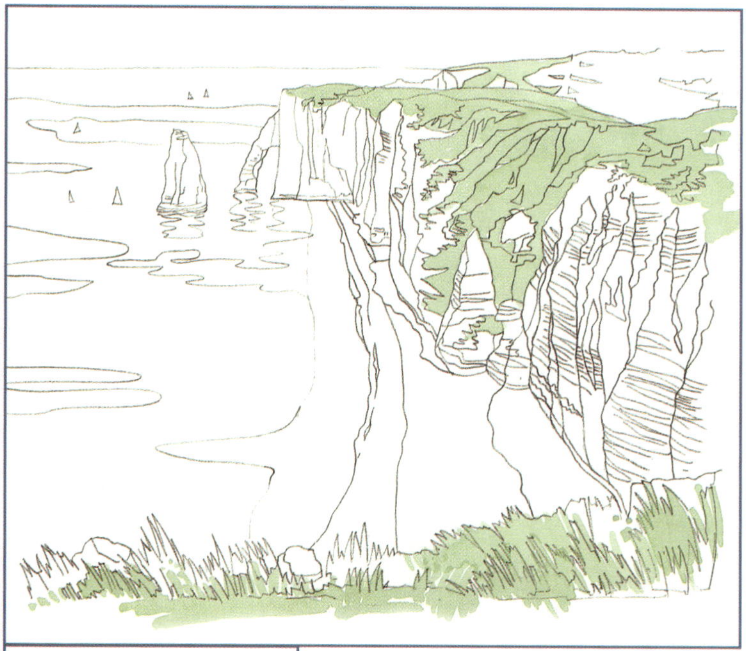

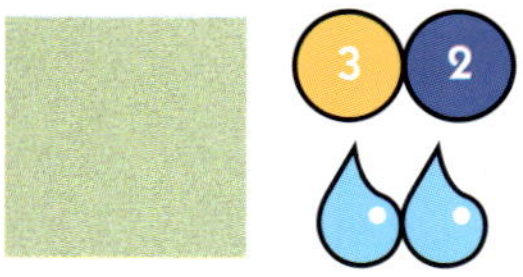

Au premier plan, le crayonné vous donne le sens des herbes.
Avec la pointe de votre pinceau fin, essayez de juxtaposer de légers traits.
Reportez-vous aux conseils p. 144.

Étape n° 10

Théo Sauer - f

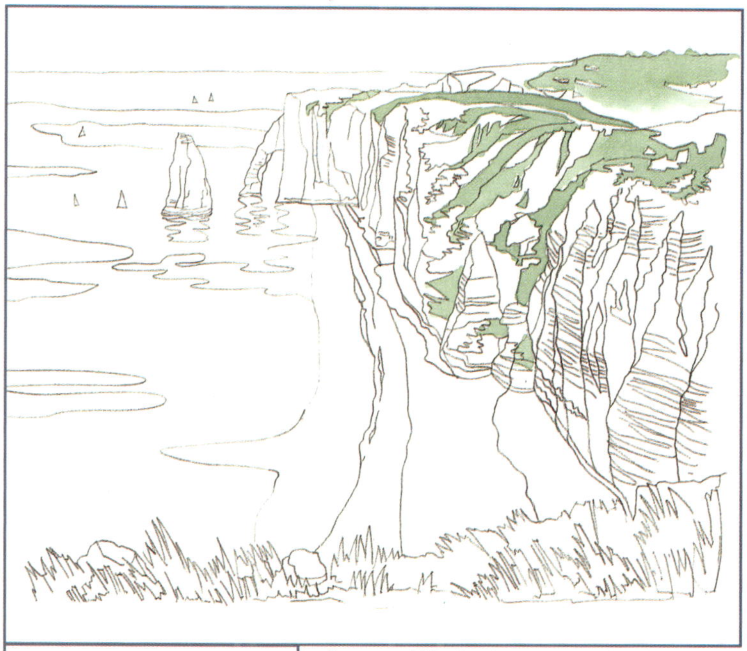

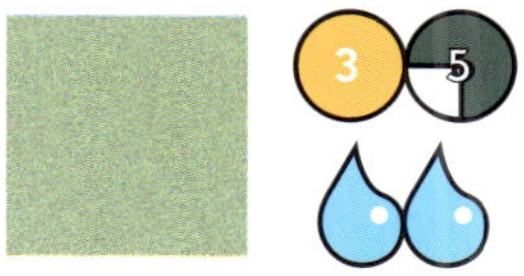

Ce vert délimite les zones d'ombre du haut des falaises. À l'arrière-plan, dégradez la couleur vers le bas, en ajoutant de l'eau au fur et à mesure.

Étape n° 11

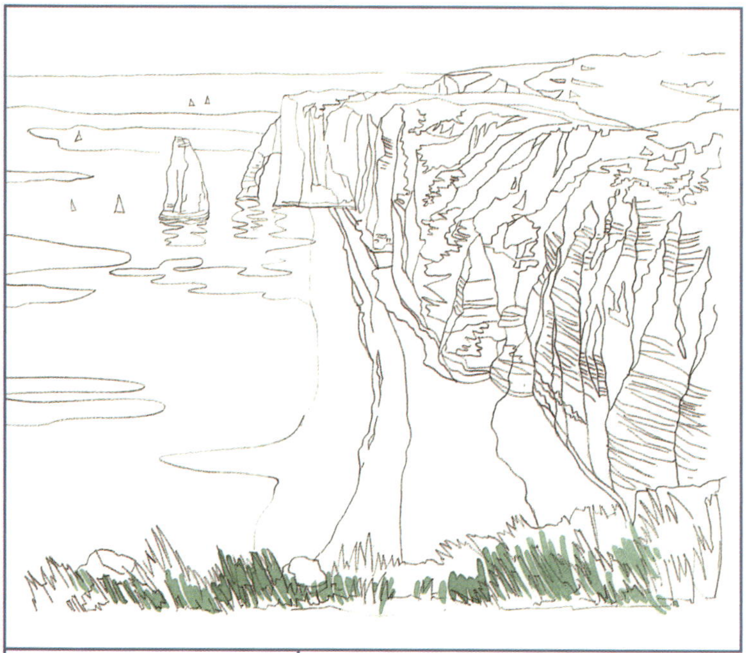

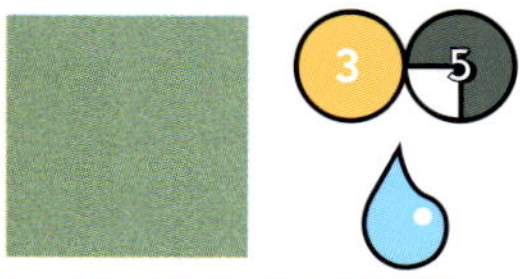

Suivez les conseils de l'étape 9.

Étape n° 12

Théo Sauer - h

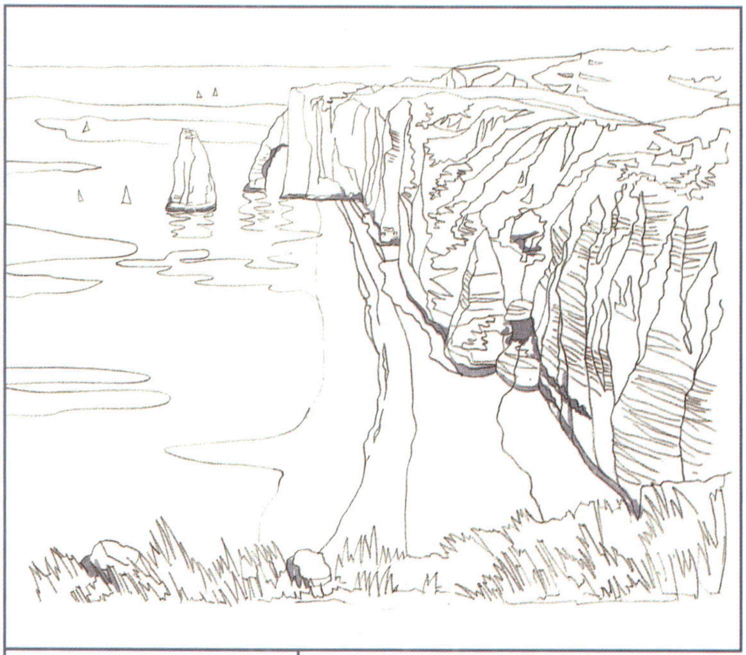

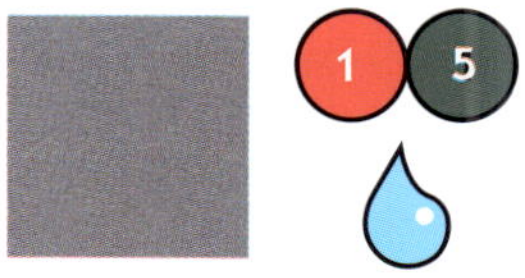

Posez quelques petites touches sombres pour renforcer les zones d'ombre.

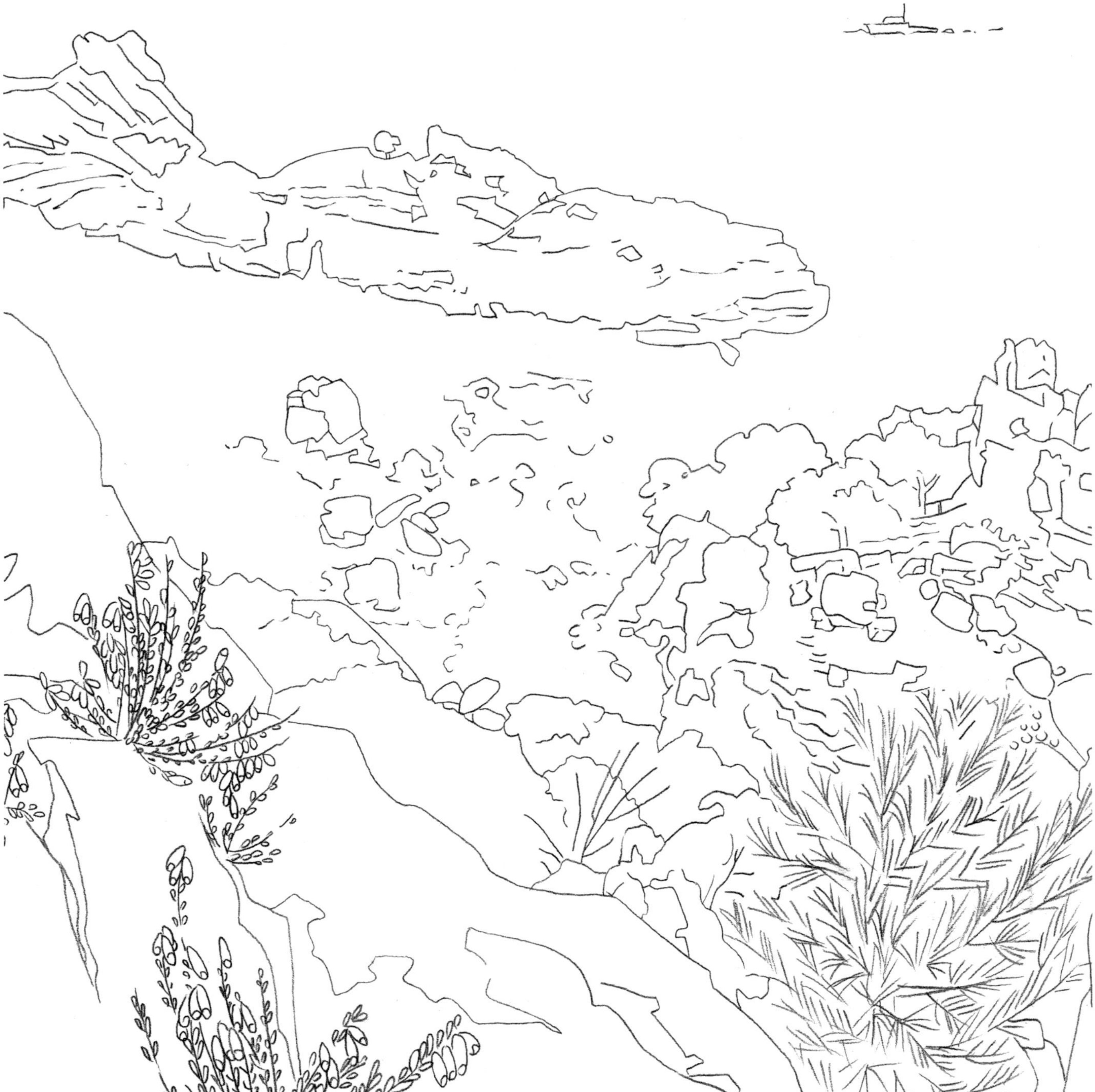

Plongée dans une calanque à Cassis

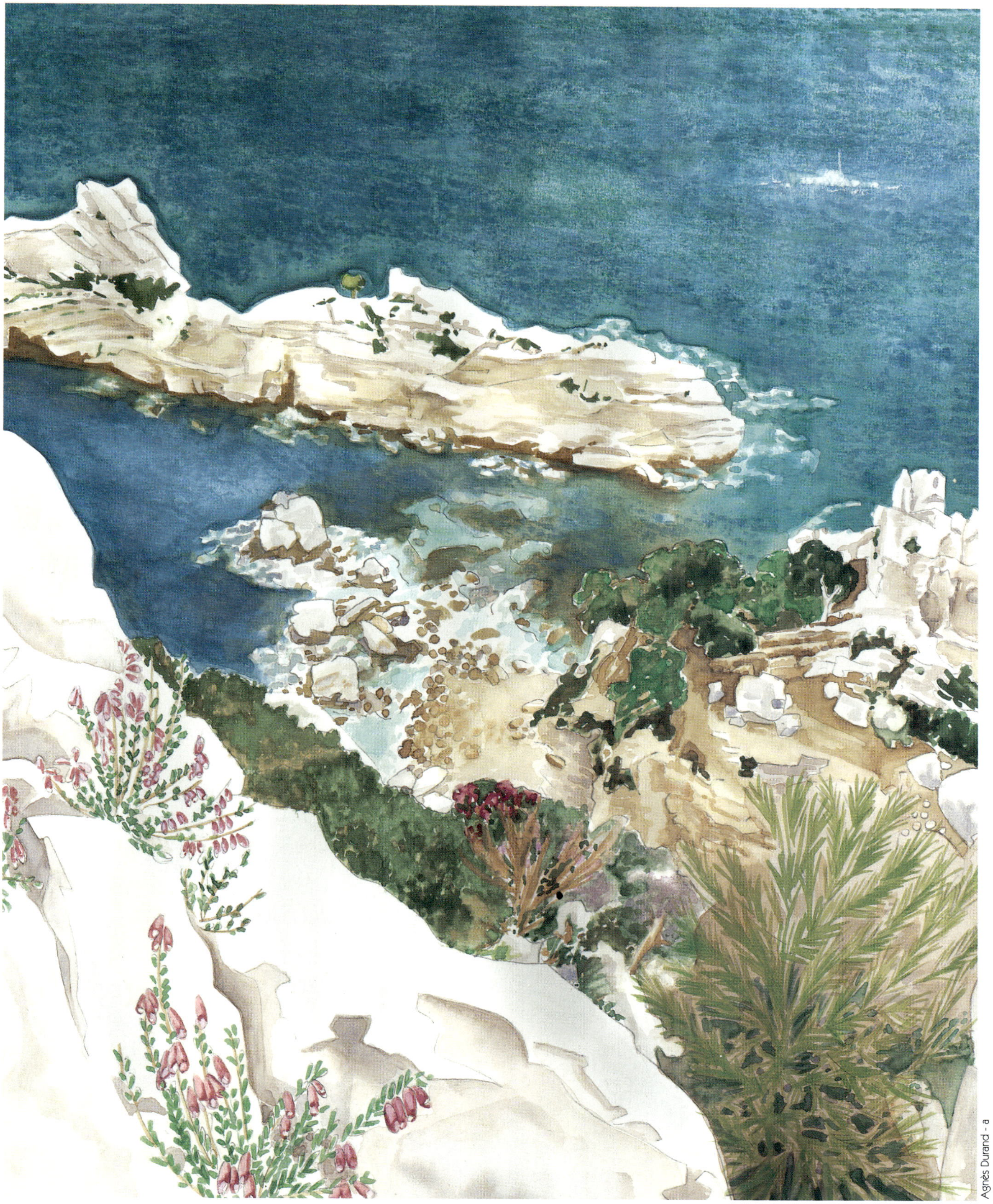
Agnès Durand - a

Plongée dans une calanque à Cassis

Sous la lumière du soleil méditerranéen, la transparence de la mer prolonge la blancheur des rochers rehaussée par les ombres et les touches colorées de la nature. Maniez le pinceau avec finesse.

Installez-vous confortablement

• Lavez-vous bien les mains afin de ne pas tacher le papier.
• Rassemblez près de vous le matériel dont vous aurez besoin : vos huit couleurs d'aquarelle, vos deux pinceaux, deux verres d'eau propre, un chiffon, un buvard et des feuilles de papier brouillon pour tester vos couleurs.
• Fixez votre papier comme indiqué dans le cours d'aquarelle p. 12.

Précautions indispensables

• Faites un essai sur une feuille reproduisant l'esquisse de votre aquarelle. Vous pouvez la photocopier éventuellement en l'agrandissant, afin de disposer de plusieurs brouillons.
• Ne laissez pas deux couleurs voisines se toucher si vous ne voulez pas qu'elles se mélangent et fusent entre elles.
• Avant d'appliquer les couleurs, testez vos mélanges et vos dilutions sur du papier brouillon jusqu'à obtenir la teinte indiquée sur le modèle ou, du moins, celle s'en rapprochant le plus. Il est en effet difficile de proposer des dosages très précis.

Surtout pas de panique !

• La trame prédessinée n'est qu'un fil conducteur : rien de dramatique si vous débordez de certaines zones.
• Si vous avez déposé trop de mélange coloré en un endroit, absorbez le surplus avec un buvard.

Astuce en plus

• Si vous devez utiliser souvent un pinceau fin pour des zones très détaillées, exercez-vous auparavant sur une feuille annexe en prenant soin de tenir le pinceau près de la virole, de façon à travailler avec la pointe des poils. Plus vous vous entraînerez, plus vous maîtriserez votre geste et éviterez de faire trembler votre pinceau !

Matériel supplémentaire

• Munissez-vous d'un exacto ou d'un cutter pour faire apparaître le petit bateau au loin dans la brume.
• Confectionnez-vous un tampon d'éponge jaune (5 x 1,5 cm, environ) en utilisant la tranche externe pour réaliser des lignes dans la largeur à l'horizontale.

Voici les neuf couleurs dont vous aurez besoin pour réaliser votre aquarelle.

1 Rouge carmin
2 Bleu de cobalt
3 Jaune indien
4 Terre d'ombre naturelle
5 Bleu de Prusse
6 Vert bleuâtre
7 Terre de Sienne brûlée
9 Violet
12 Bleu outremer

1 pinceau fin rond faisant la pointe n° 2 à 5

1 pinceau rond moyen n° 6 à 10 ou pinceau à lavis

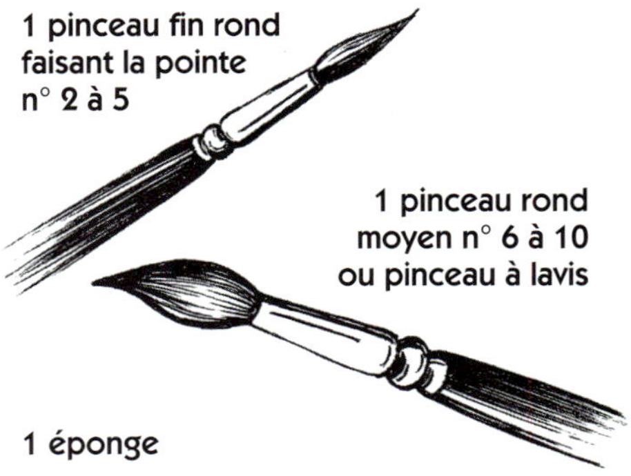

1 éponge

Étape n° 1

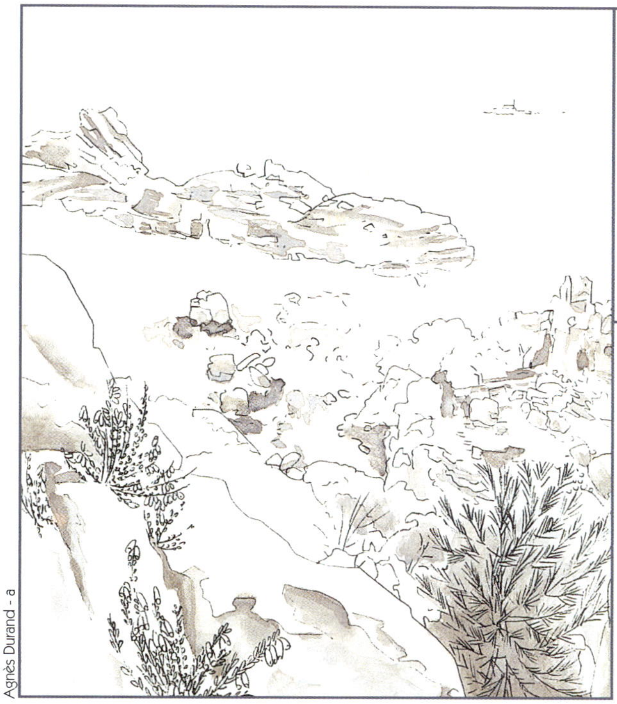

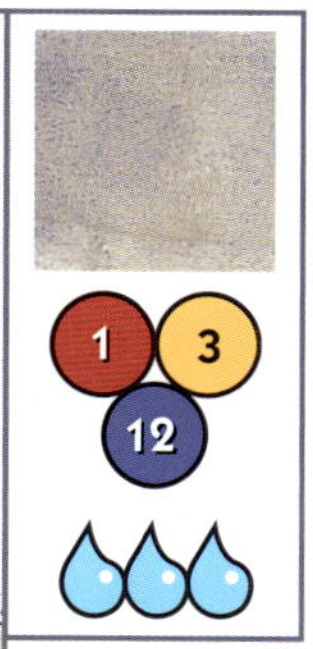

Ce mélange correspond aux ombres des rochers principalement. Passez-le du plus foncé au plus clair (passage d'eau presque pure pour l'effet de dégradé).

Étape n° 2

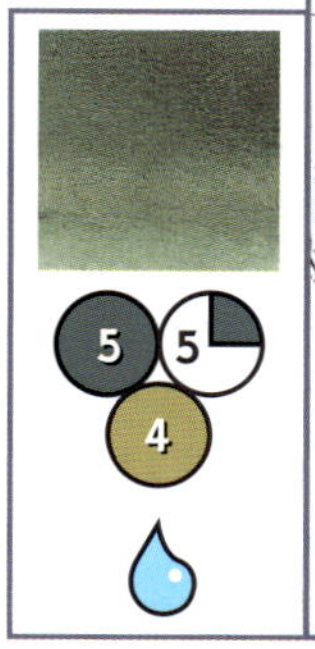

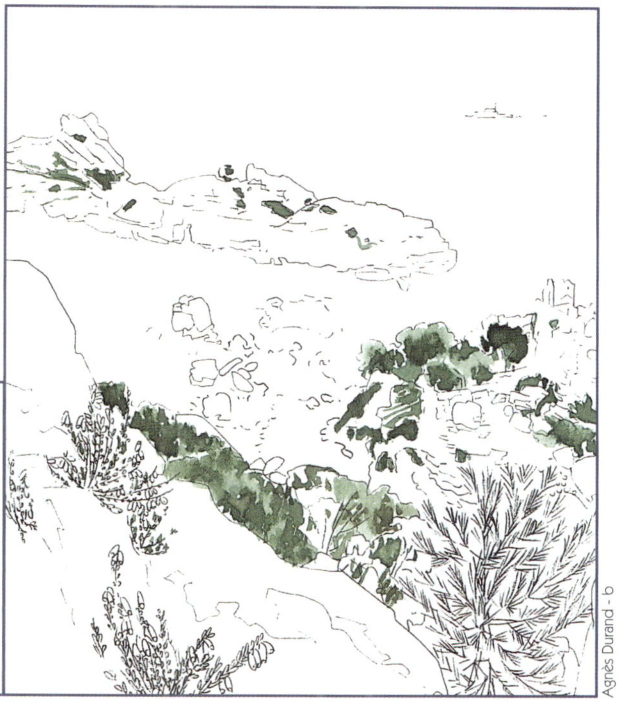

Jouez avec cette couleur, plus ou moins diluée, pour créer les nuances des arbustes du premier plan. En revenant une fois avec de l'eau pure par petites touches dans les zones non peintes, vous obtiendrez le vert le plus clair.

Étape n° 3

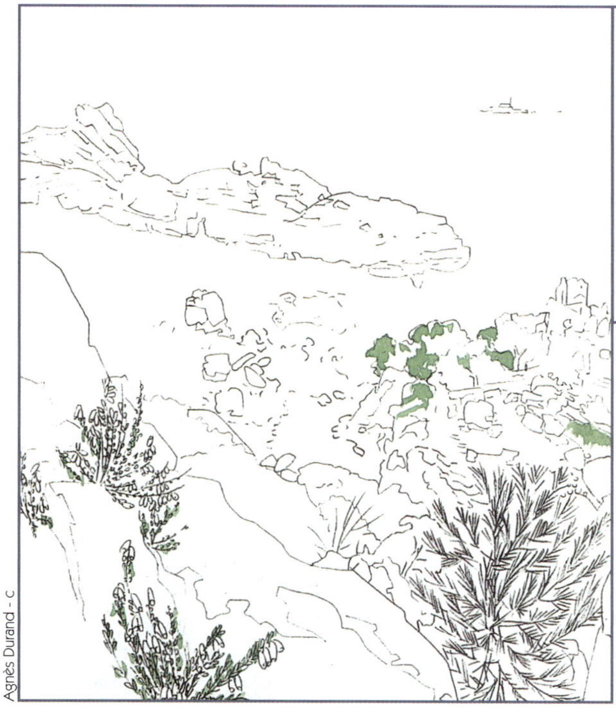

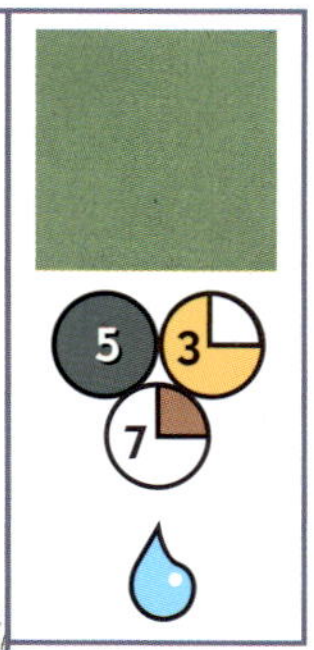

Précisez votre bosquet d'arbres avec ce nouveau mélange.

Étape n° 4

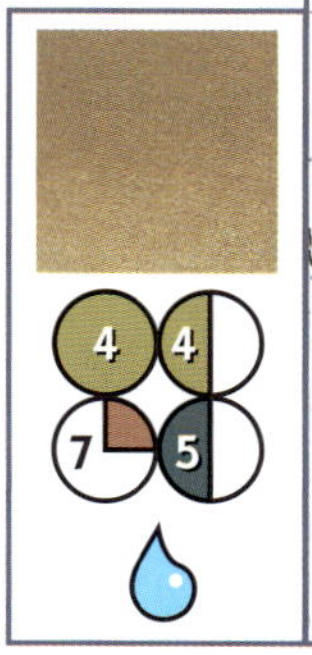

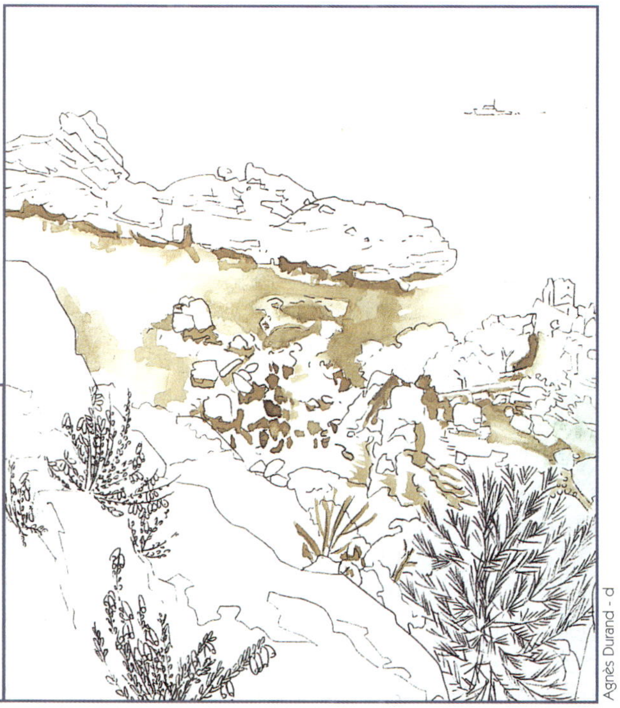

Nuancez bien cette étape, pour créer les accidents de terrain, pierres et ombres des rochers et la transparence du fond marin. Laissez des petits blancs au pied de la calanque en arrière-plan.

Étape n° 5

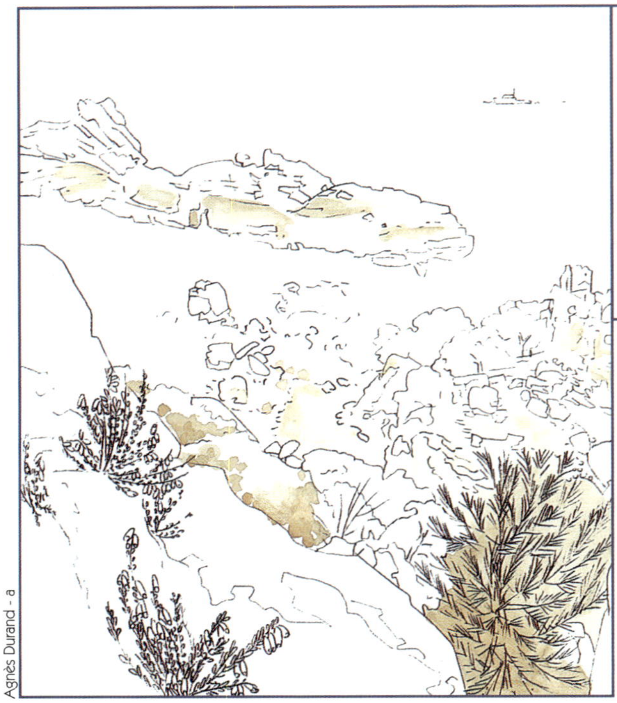

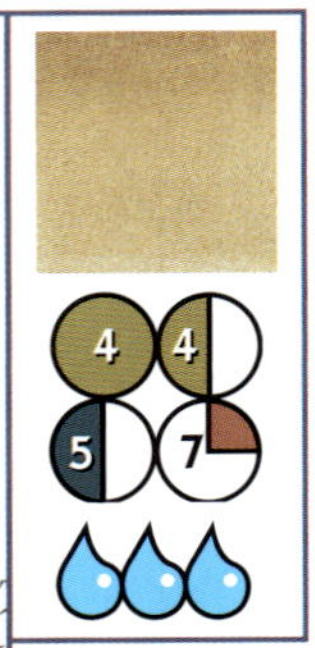

Précisez de nouveau le buisson du premier plan avec le mélange très dilué. Affirmez l'ombre du pin à droite, puis passez un jus coloré pour faire le lien entre les bruns, ou superposez-le au gris de la première étape.

Étape n° 6

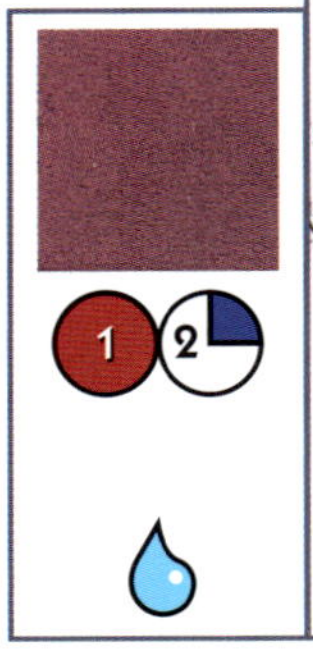

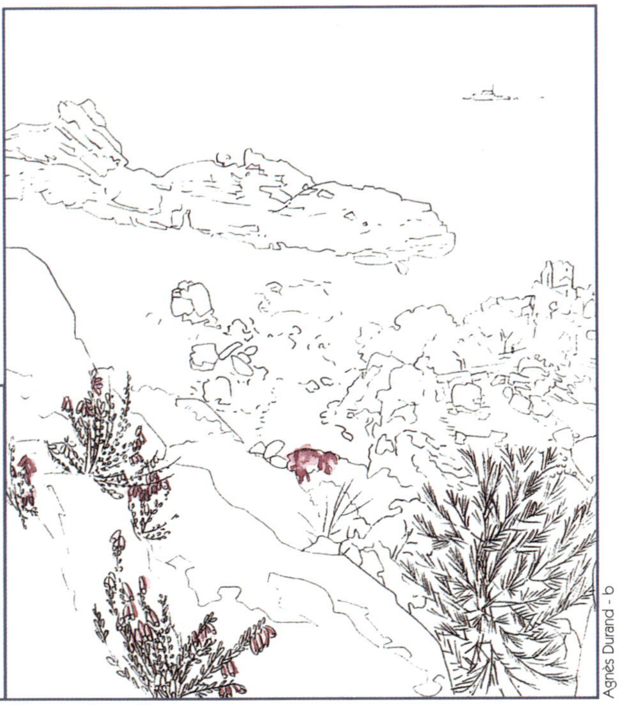

Nuancez les fleurs de bruyère.

Étape n° 7

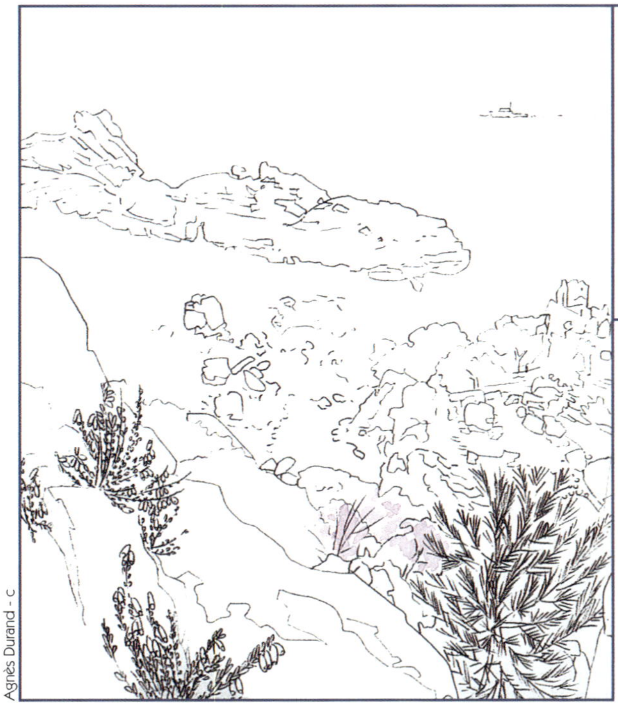

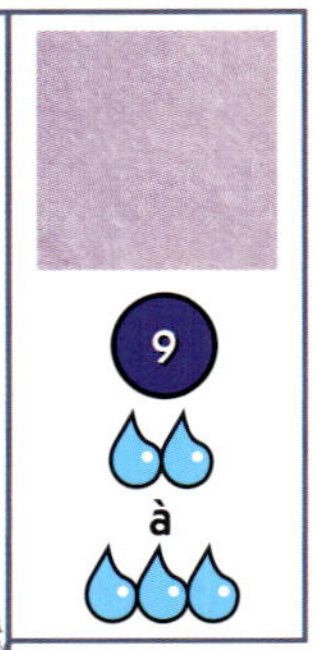

Ce passage est associé à l'étape n° 1, pour un effet plus flou, créant une valeur plus pastel pour une autre variété de bruyère.

Étape n° 8

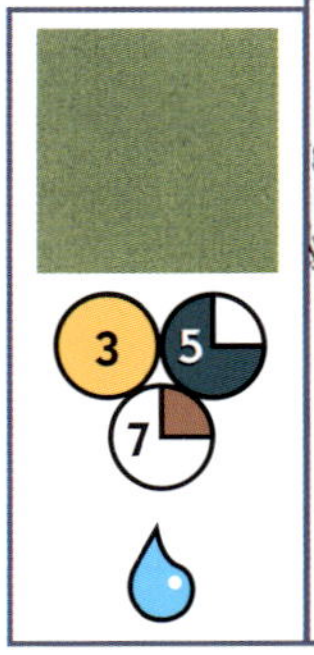

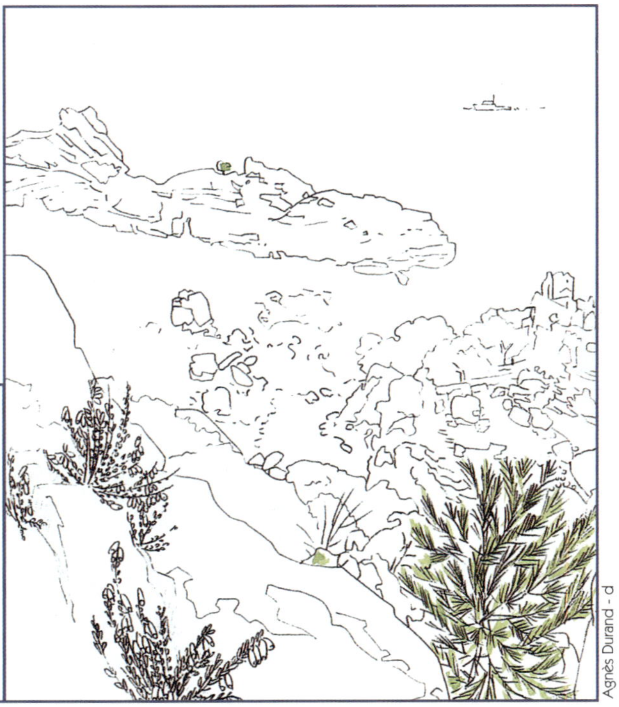

Avec un pinceau fin, réaliser les feuilles en aiguilles de ce pin maritime, par un mouvement vif et précis. Revenez pour lui donner plus de relief sur certaines parties.

Étape n° 9

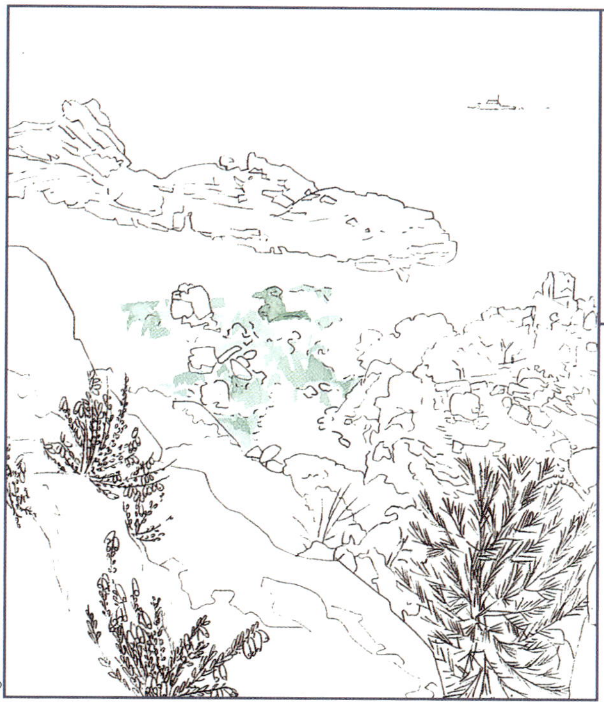

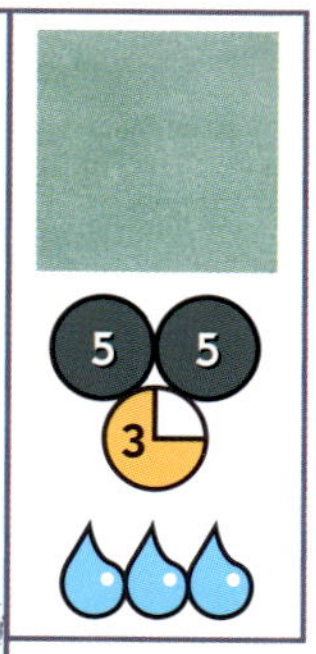

Cette couleur permet de rendre la transparence de l'eau. Jouez sur quelques touches légères pour faire vivre remous et vaguelettes.

Étape n° 10

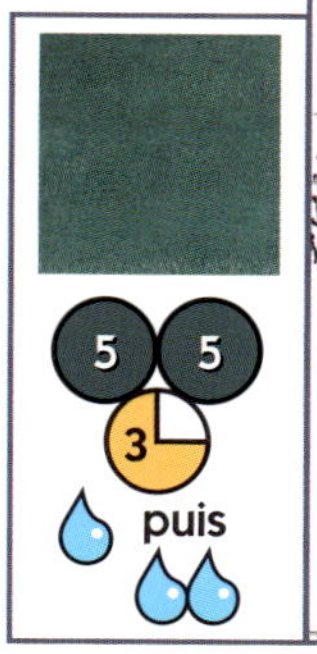

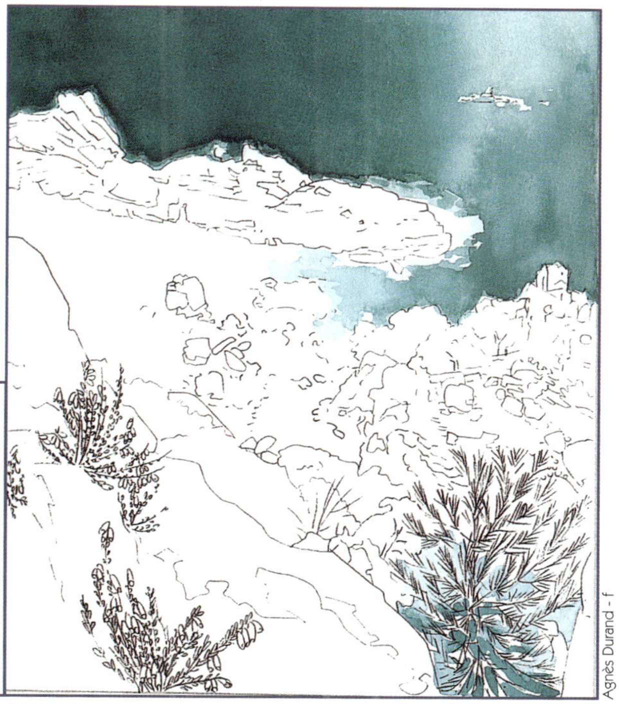

Mouillez légèrement la surface haute jusqu'à l'entrée des calanques, puis passez ce mélange de bas en haut, plus dilué dans la zone du bateau, en préservant quelques blancs dans la zone des ressacs. Intensifiez ensuite l'ombre du pin.

Étape n° 11

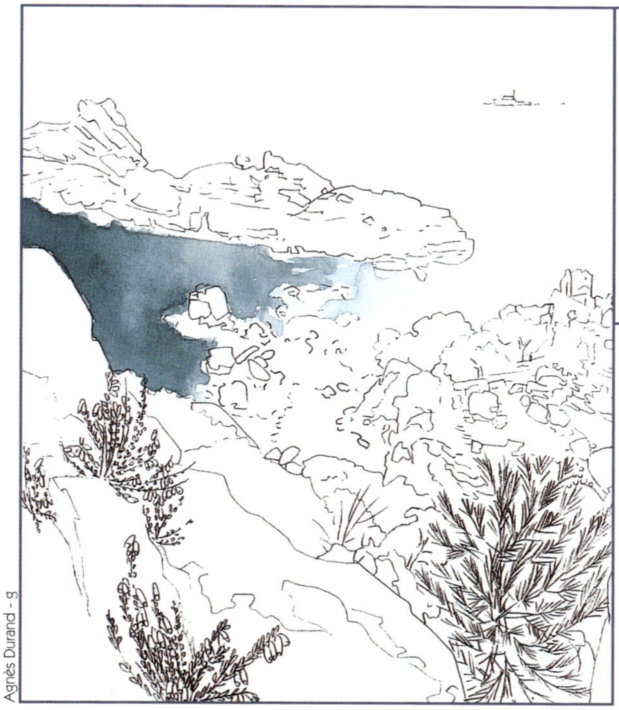

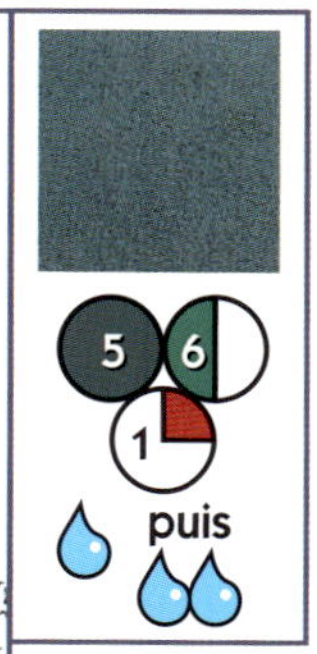

De même, passez ce mélange dans l'angle du triangle, en le dégradant. Passez un peu d'eau sur les zones de ressacs si les contrastes sont trop forts. Il vous restera à gratter légèrement le papier, si votre bateau a disparu.

Étape n° 12

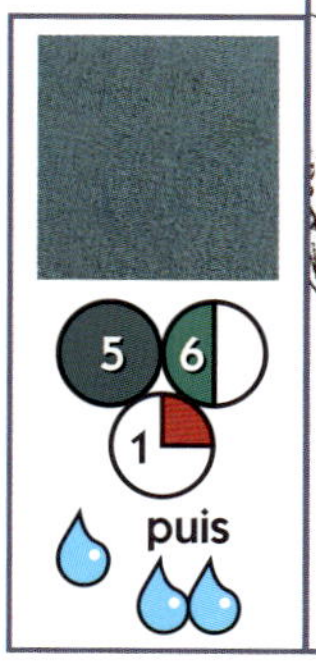

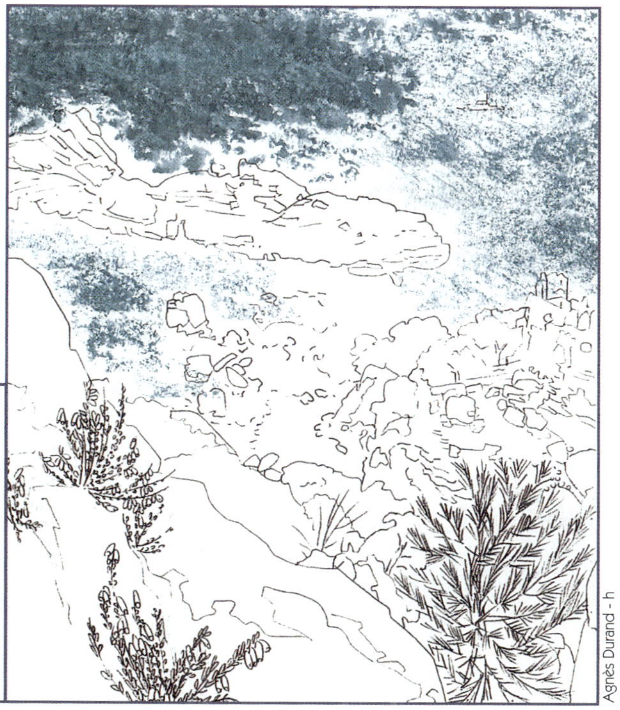

Pour donner vie à la surface de l'eau, servez-vous de votre petit tampon d'éponge fabriqué selon les conseils p. 150. Utilisez la tranche externe pour obtenir des lignes à l'horizontale.

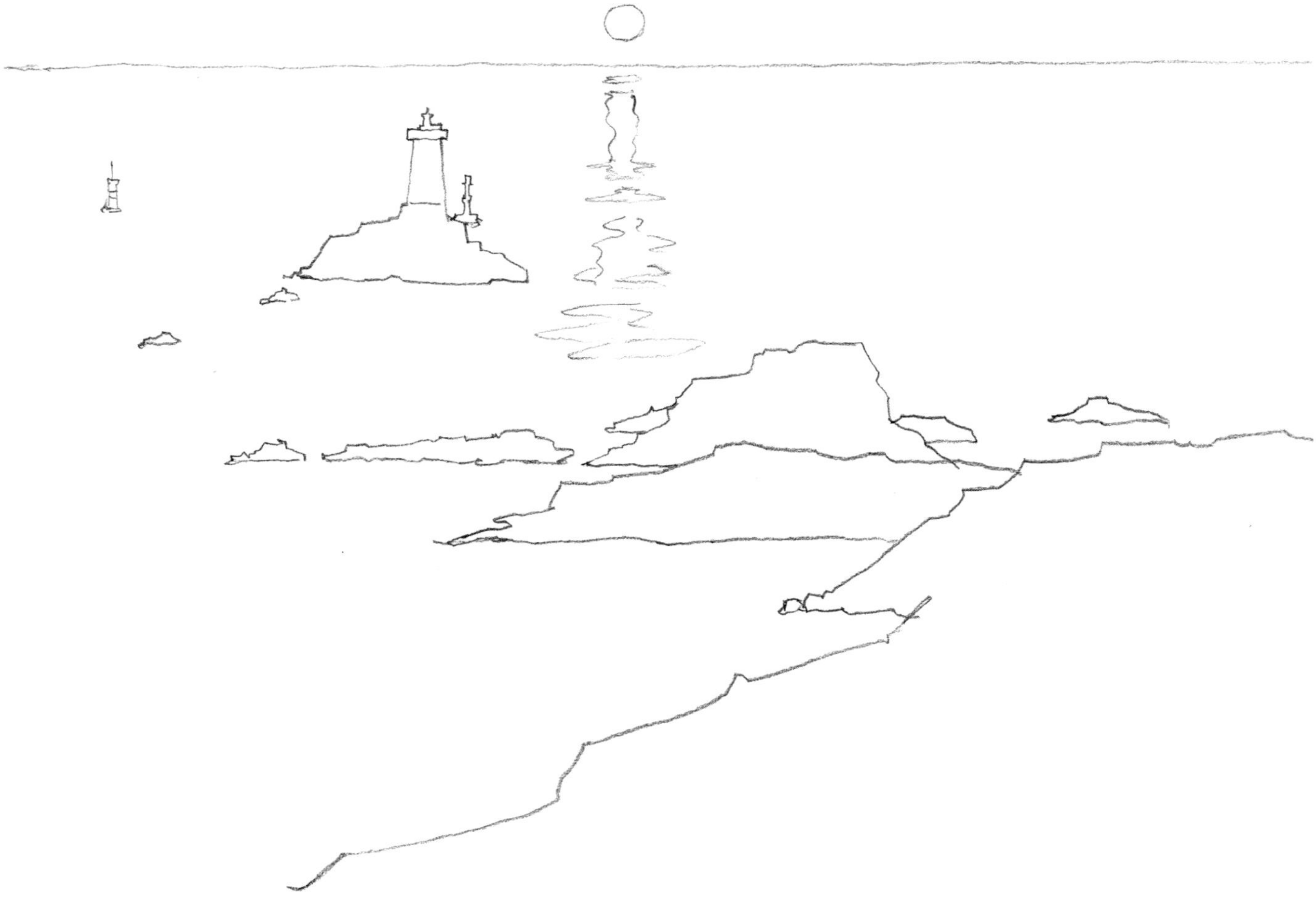

Coucher de soleil sur la pointe du Raz

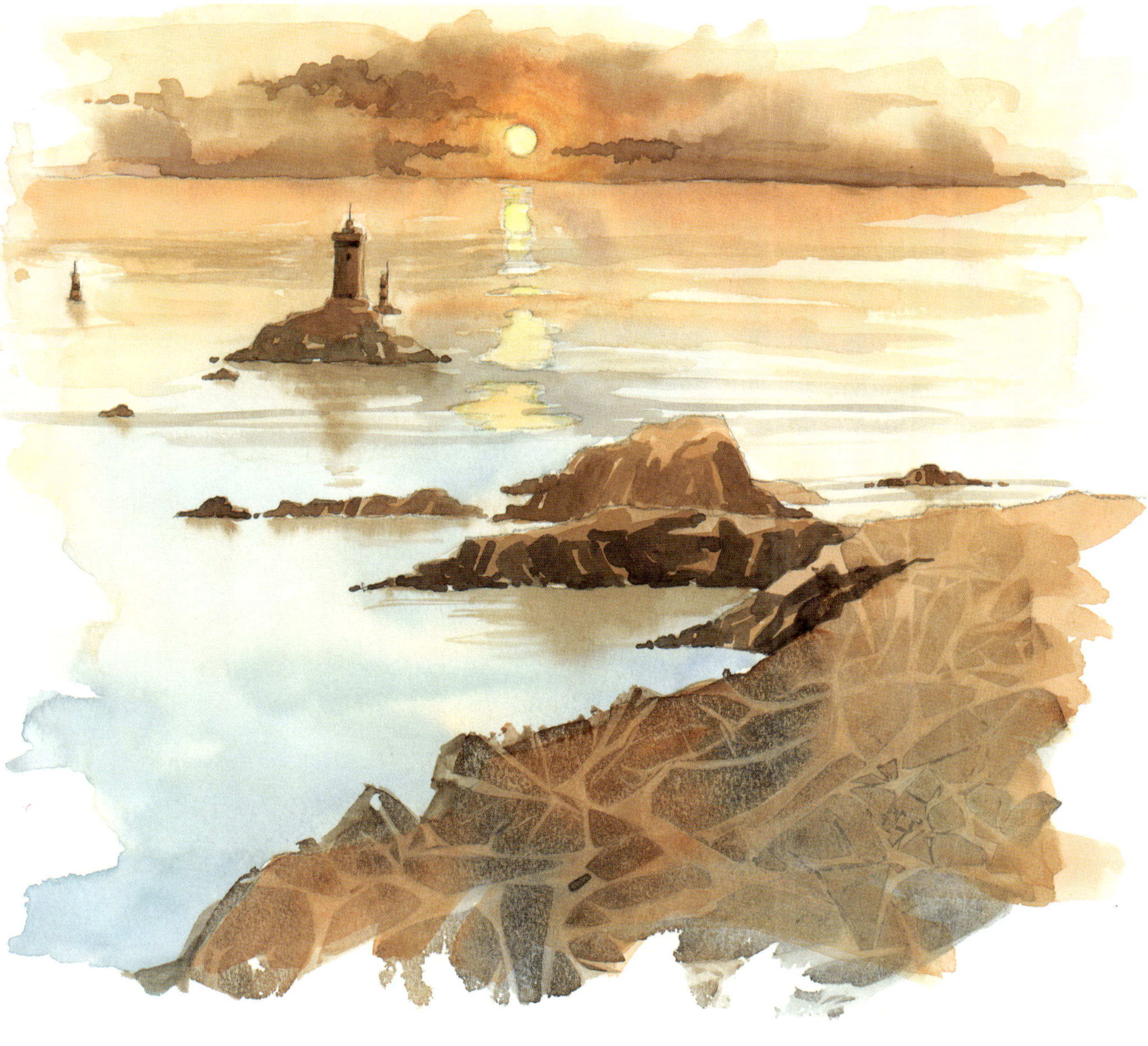

Théo Sauer - a

La pointe du Raz

C'est le rendez-vous incontournable des amoureux de la Bretagne. Nous avons choisi de représenter l'heure du coucher de soleil. Mais vous pouvez changer l'ambiance, selon votre créativité.

Avant de commencer

• Préparez tout votre matériel habituel : les pinceaux, deux gobelets d'eau, les couleurs, du papier absorbant.

• Préparez également un petit bout de film plastique alimentaire pour suggérer les rochers du premier plan à l'étape n° 10.

• Tendez votre feuille prédessinée sur une planchette en bois, afin d'éviter les boursouflures du papier quand vous travaillez sur surface humide.

Tout en finesse

• Réalisez cette aquarelle par une succession de lavis transparents. En utilisant une palette limitée, vous irez dans le sens de l'harmonie. D'ailleurs, dans un coucher de soleil, toutes les valeurs fortes disparaissent et seuls les contrastes sont exagérés. En effet, quand on est ébloui par le soleil, on ne distingue que le profil obscur des éléments aux alentours.

• En technique humide (étapes n°s 2, 3, 6 et 11), laissez fuser les couleurs.

Que de rochers !

• Pour donner de la consistance à cette matière minérale, il faut impérativement structurer et organiser les « coups » de pinceau.

• Réalisez des petites touches aux angles vifs, des formes précises et nettes avec un petit pinceau rond ou, mieux encore, avec un petit pinceau plat.

• Travaillez en technique sèche.

• Pour les rochers du premier plan, avant de poser le film plastique (étape n° 10), protégez la limite supérieure de la surface avec du papier adhésif repositionnable afin d'éviter tout débordement de couleur dans la mer.

Personnalisez votre œuvre

• Ce modèle est un point de départ. N'hésitez pas à personnaliser votre travail en insistant d'avantage sur un ton qui vous plaît particulièrement et qui transformera, selon vos souhaits, l'ambiance colorée de votre aquarelle.

• En fonction de l'harmonie colorée, plus ou moins chaude ou plus ou moins contrastée, vous pouvez modifier la luminosité que répand le soleil et suggérer un autre moment de la journée, voire une autre saison. Suivez votre inspiration...

Voici les huit couleurs dont vous aurez besoin pour réaliser votre aquarelle.

- 7 Terre de Sienne brûlée
- 9 Violet
- 10 Jaune citron
- 12 Bleu outremer
- 17 Orange
- 18 Rouge indien
- 20 Brun Van Dyck
- 23 Jaune

1 petit pinceau n° 1

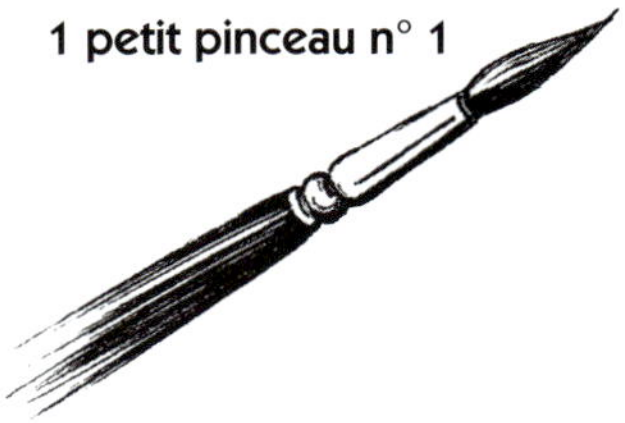

1 gros pinceau n° 16

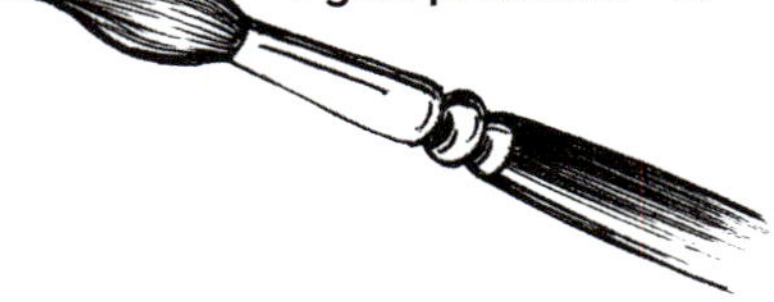

Étape n° 1

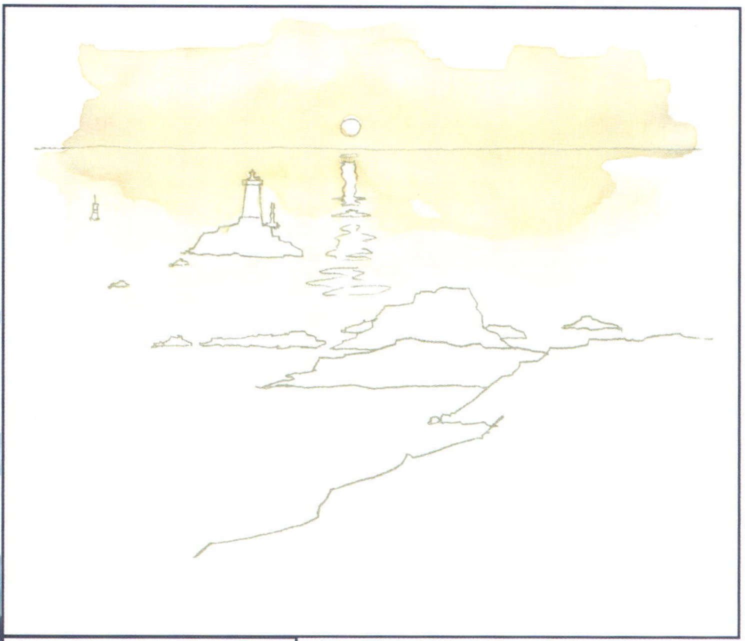

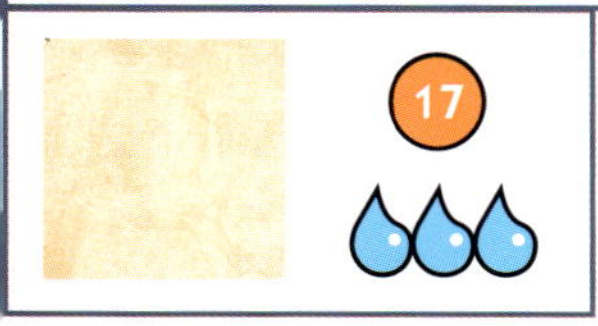

T. S. - b

Étape n° 2

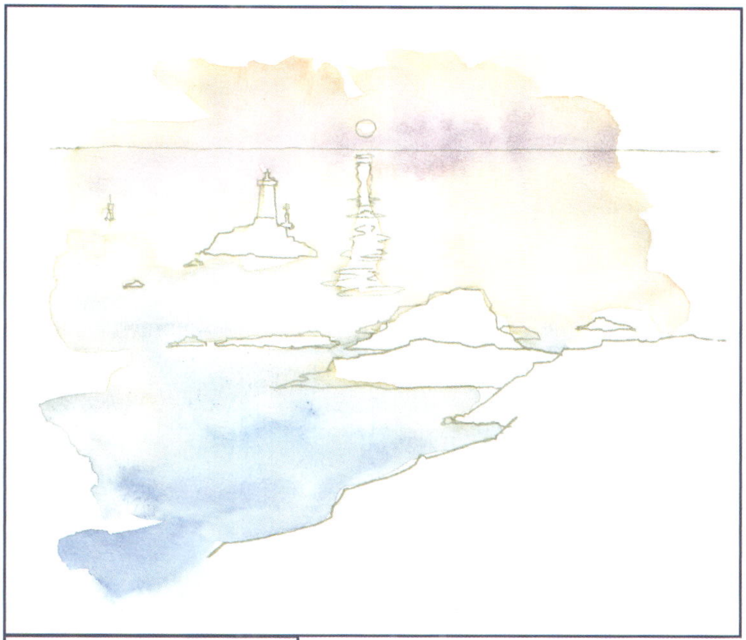

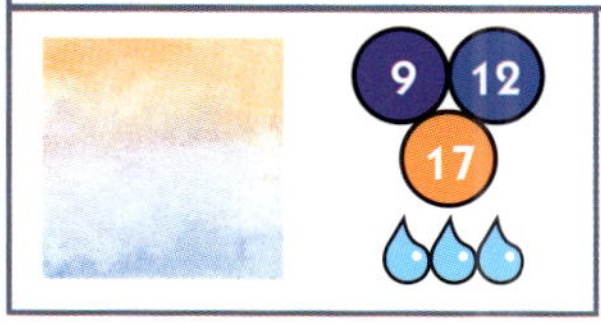

Après avoir mouillé votre surface, réalisez un dégradé de l'orange vers le bleu de cobalt en passant par le violet (sur la ligne d'horizon).

Étape n° 3

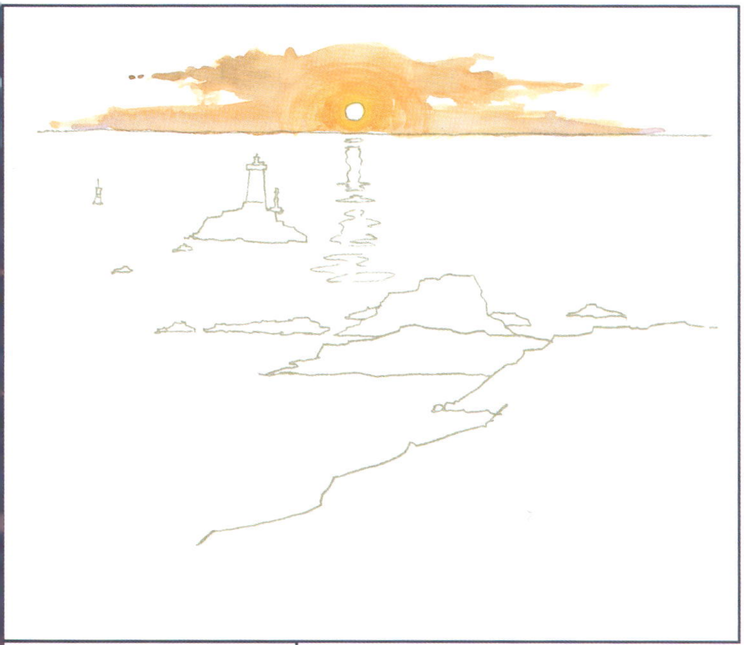

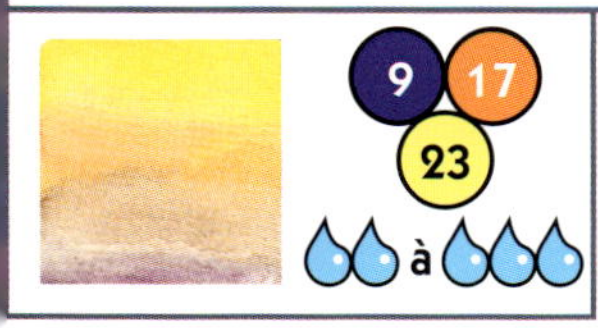

Sur le ciel semi-humide, posez vos teintes en dégradés, d'une manière symétrique, en partant du centre (soleil) vers les extrémités, qui « s'effilochent ».

T. S. - d

Étape n° 4

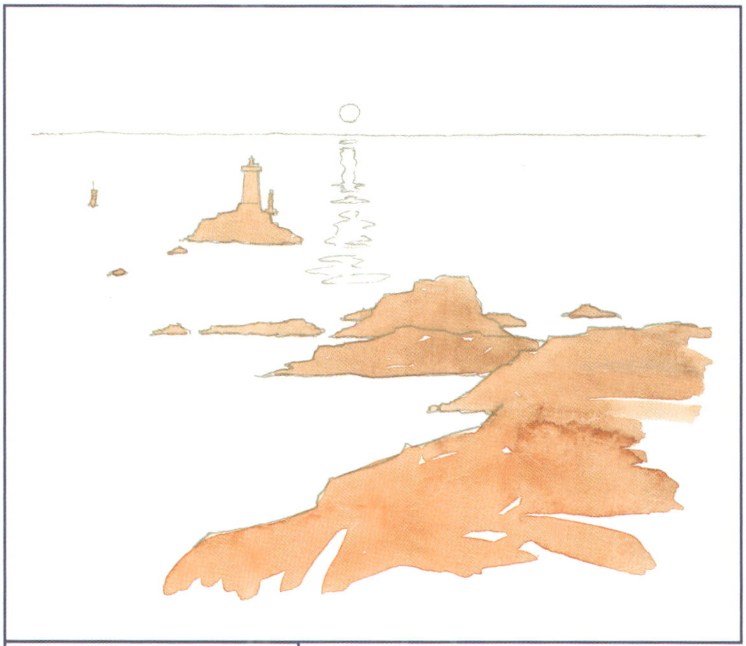

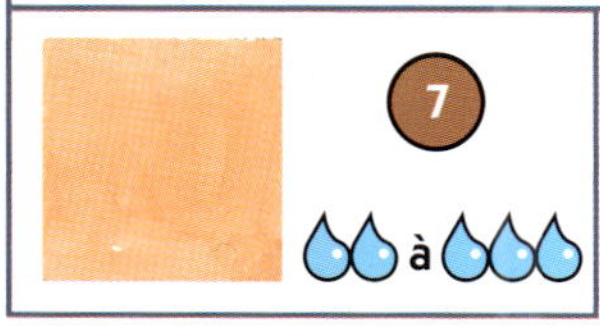

Étape n° 5

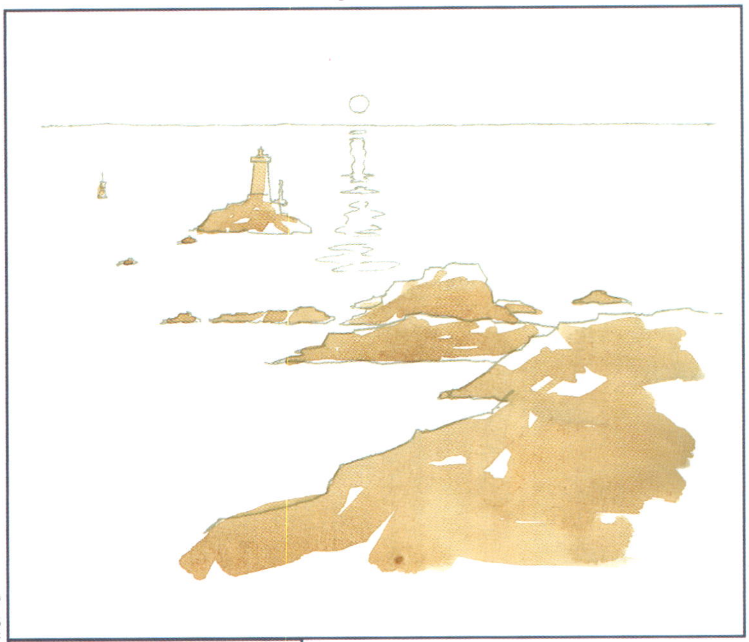

T.S. - a

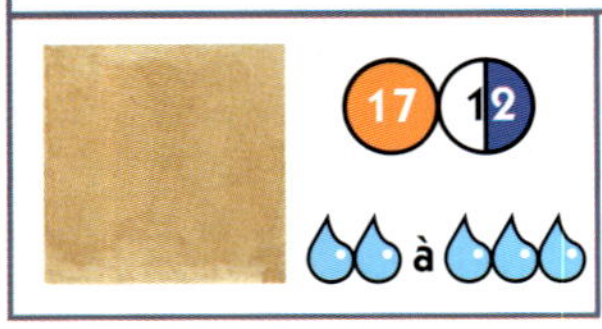

Ce second passage donne de la lumière aux rochers.

Étape n° 6

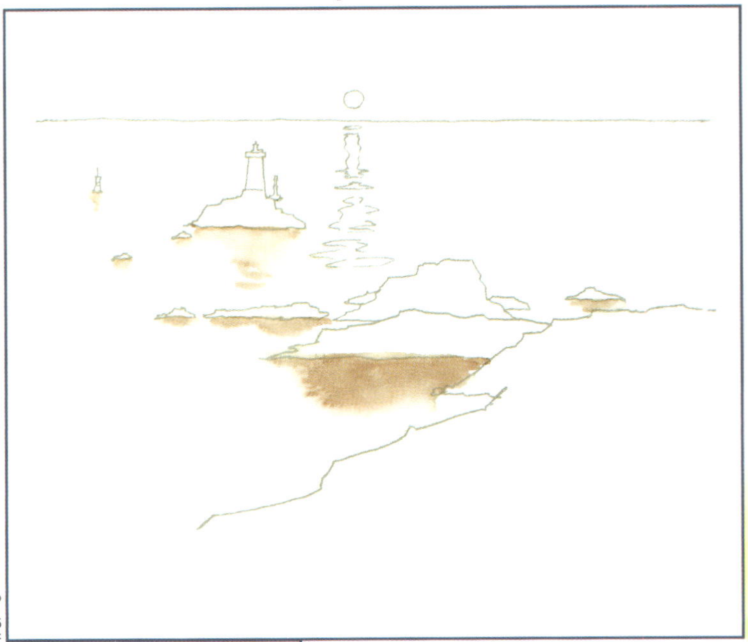

T.S. - b

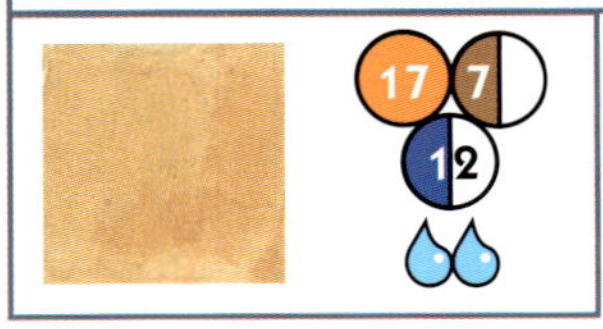

Mouillez les petites zones de reflets, puis appliquez la teinte, qui se dispersera.

Étape n° 7

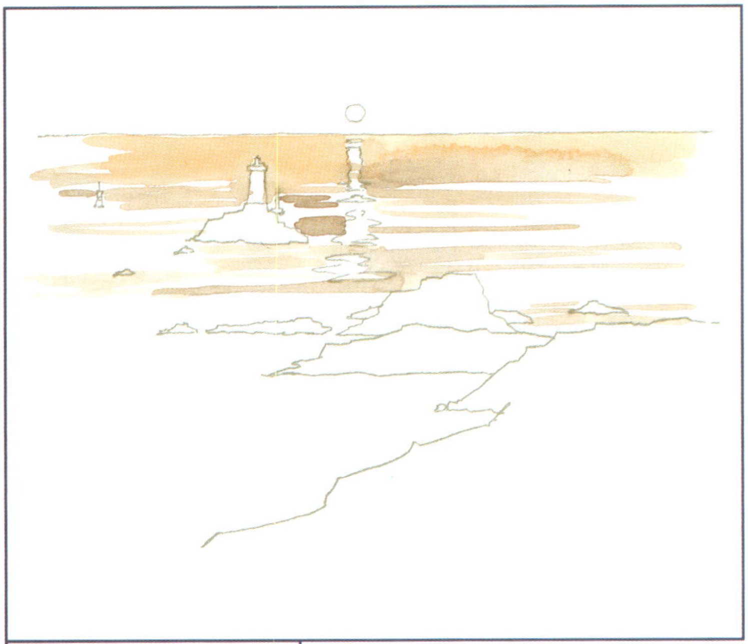

T.S. - c

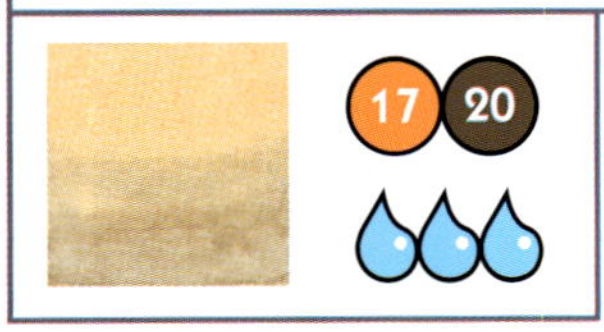

Dégradez l'orange vers le brun Van Dyck.

Étape n° 8

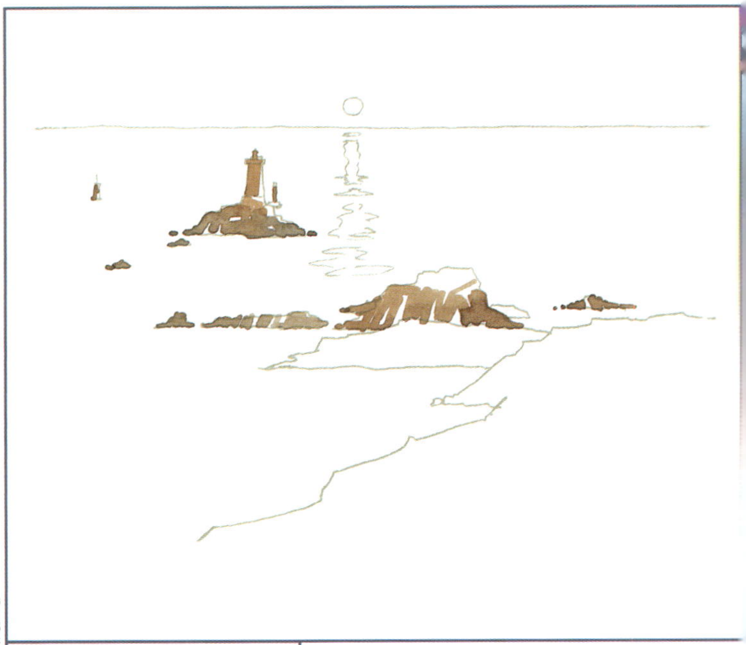

T.S. - d

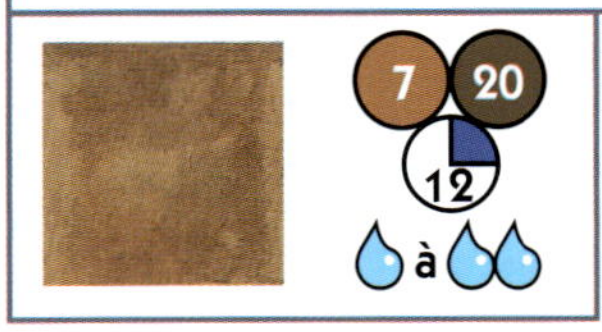

Structurez les rochers.

Étape n° 9

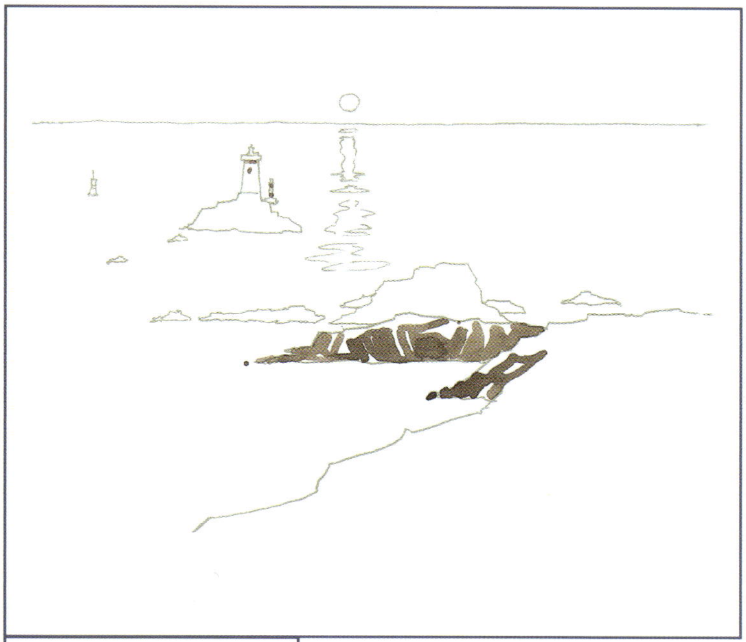

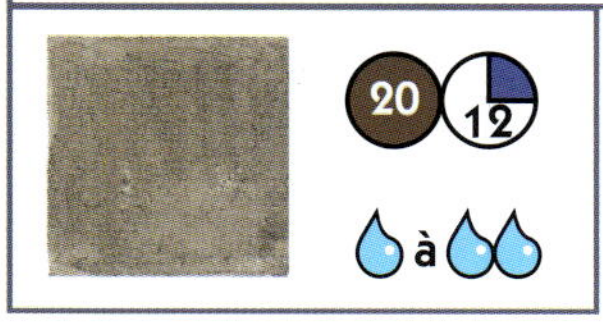

T. S. - f

Étape n° 10

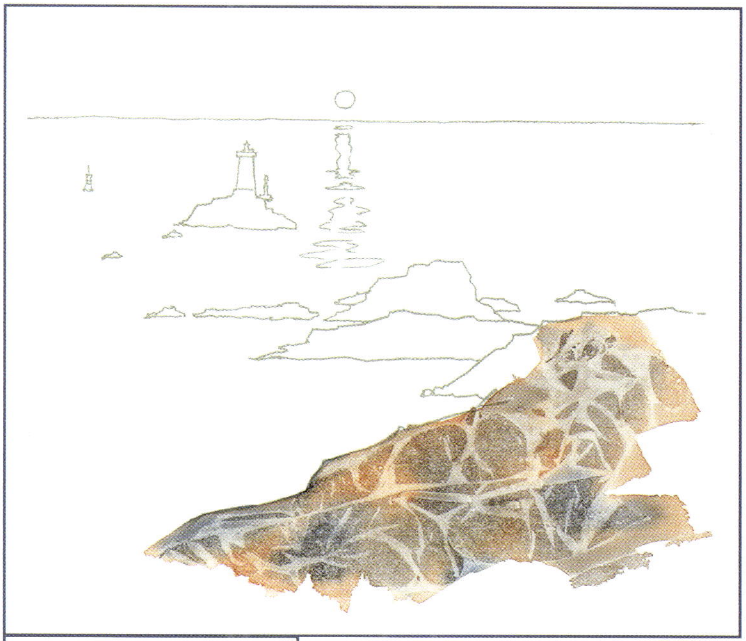

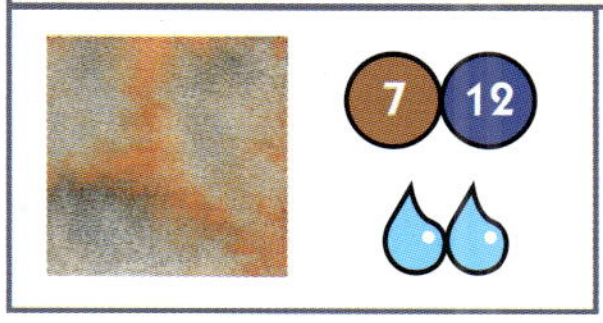

Avant de poser le film plastique sur le jus, pour suggérer les rochers, protégez la limite supérieure de la surface avec du papier adhésif repositionnable pour éviter les débordements de couleur sur la mer.

Étape n° 11

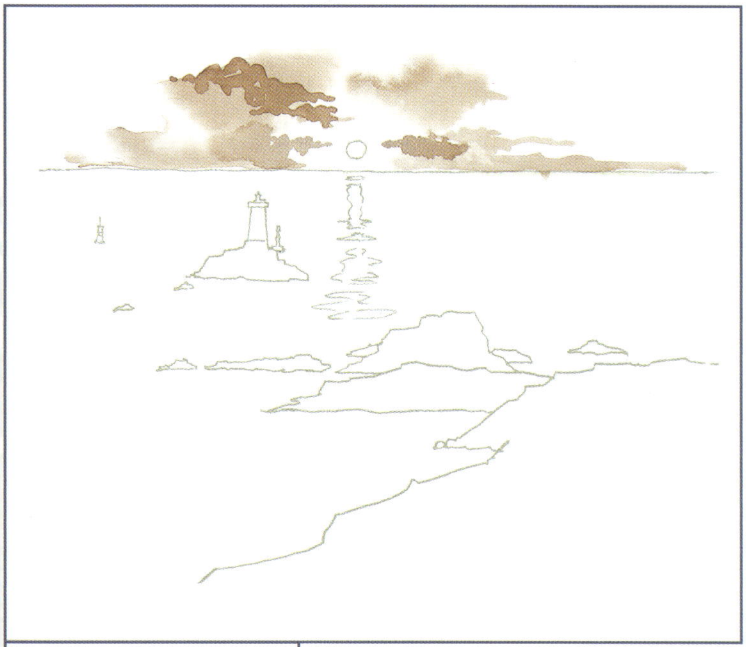

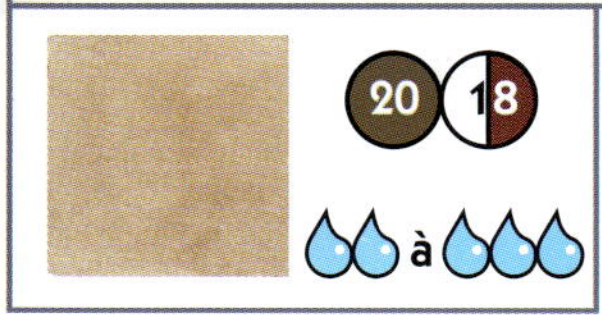

Mouillez la surface et posez quelques touches de mélange. Laissez fuser. Dans un deuxième temps, quand la surface est moins humide, dessinez quelques nuages.

T. S. - h

Étape n° 12

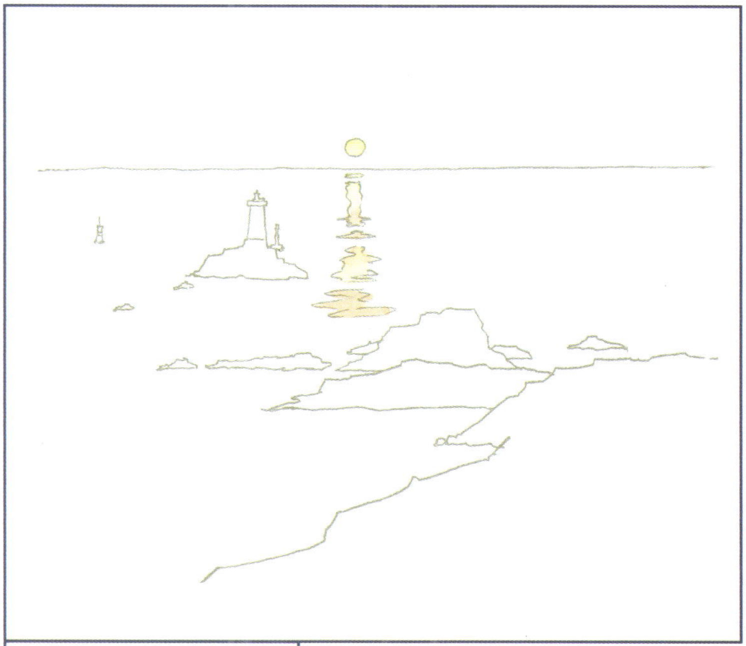

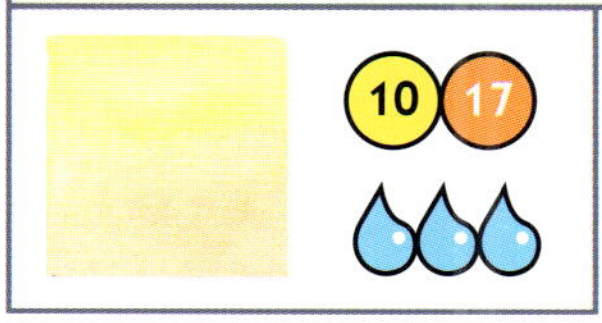

Utilisez des teintes très diluées.

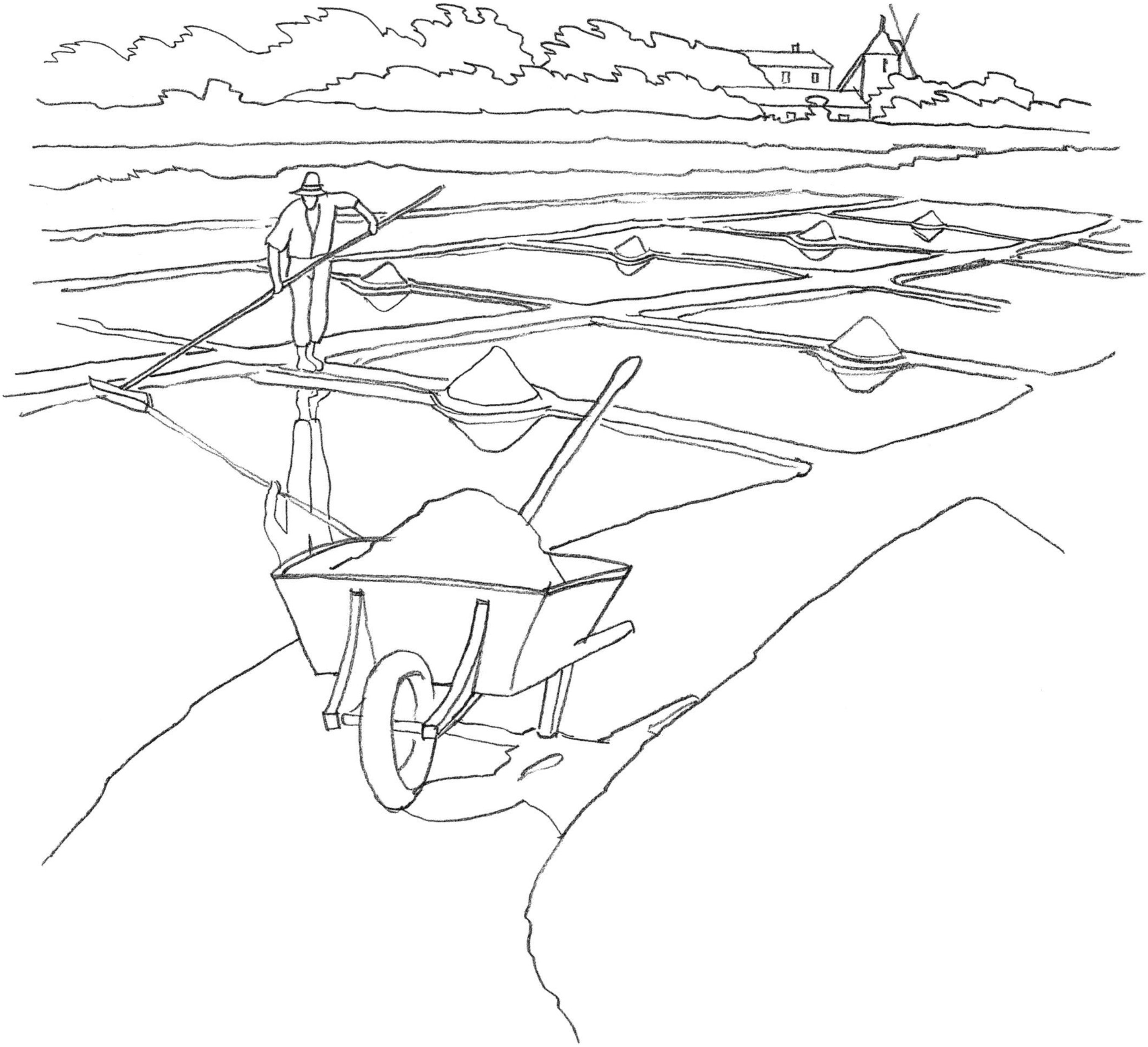

Les marais salants de Noirmoutier

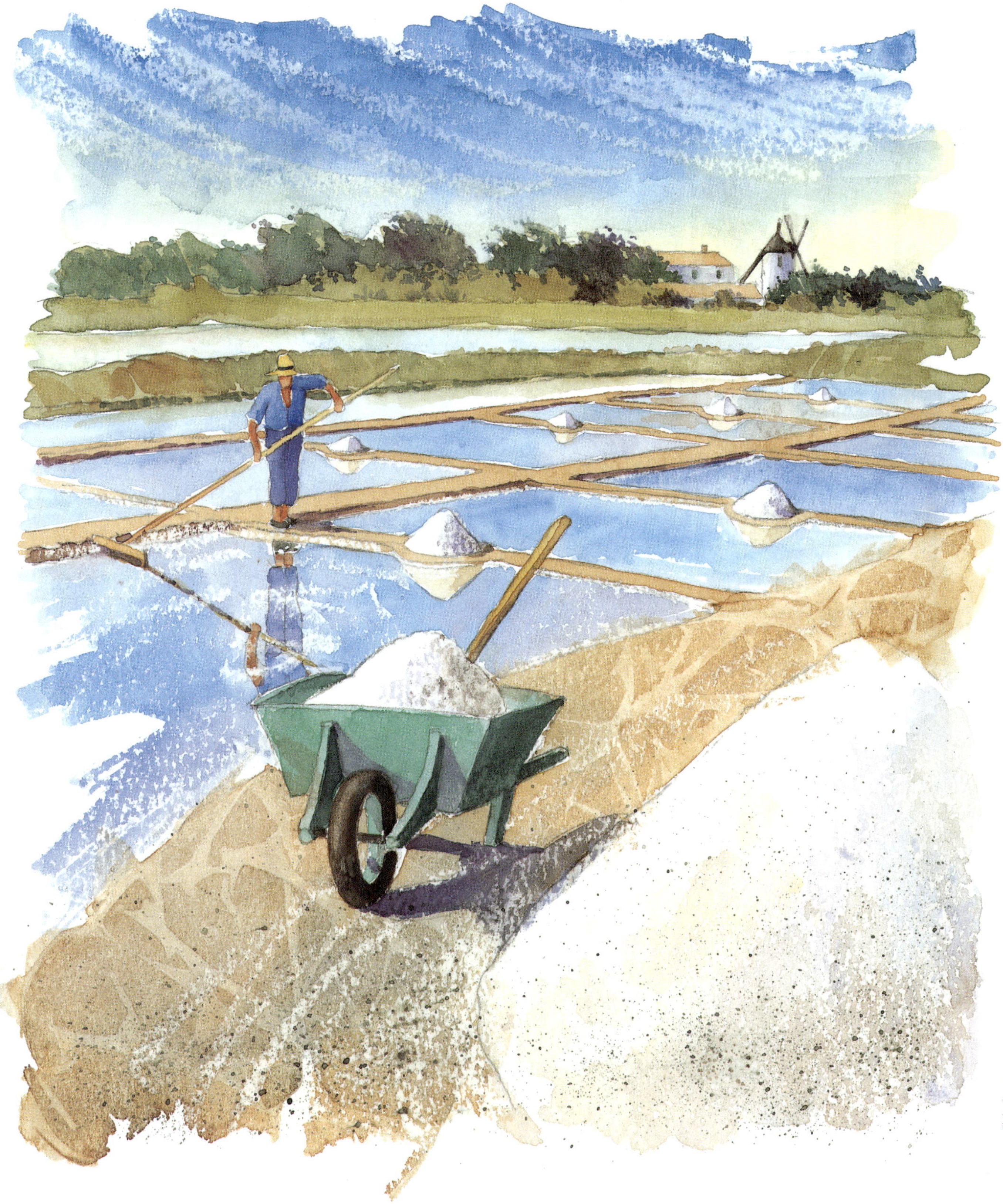

Théo Sauer - a

Les marais salants de Noirmoutier

Cette vue des marais salants de l'île de Noirmoutier va vous permettre d'utiliser trois techniques : les réserves à la cire, les empreintes et les lavis polychromes.

Préparez votre matériel

• Deux pinceaux, deux gobelets d'eau propre et les couleurs nécessaires.

• Ajoutez un morceau de cire et du papier absorbant. Utilisez le pinceau n° 16 pour les grandes surfaces et le pinceau n° 6 pour les petites zones et les détails.

Les réserves à la cire

• Avant de poser vos lavis, masquez de petites zones avec la cire (étape n° 1). Taillez en pointe un morceau de bougie pour réserver les détails puis frottez-le en surface pour accrocher les grains en relief de la feuille.

• L'effet granuleux est lié à la nature du papier. Reproduisez votre crayonné sur un papier à grain assez fort.

Les empreintes

• Dans l'étape n° 7, vous allez utiliser la technique de l'empreinte pour représenter une bordure en argile desséchée par l'action du vent et du soleil. Il suffit de déposer un film plastique alimentaire sur le lavis humide pour donner un aspect craquelé au sol.

• Ensuite, vous allez appuyer sur certains endroits pour qu'ils adhèrent à la feuille.

• Regardez l'aspect des bulles qui se forment : ce sont elles qui déterminent les zones claires dans votre rendu.

• Laissez sécher 30 minutes puis retirez délicatement la pellicule plastique.

Les lavis polychromes

• Pour vous permettre de vous exprimer plus librement dans des lavis polychromes (couleurs qui se mélangent directement sur la feuille), les pastilles de couleur vous indiquent les teintes employées. Il vous reste à définir dans quelles proportions utiliser chacune d'elles, selon votre inspiration et votre sensibilité. Les dilutions sont notées à titre indicatif.

• Prenez exemple sur les lavis polychromes du modèle, puis faites des essais de teintes sur une feuille à part. Les couleurs citées vous aident à obtenir tous les mélanges nécessaires.

• Soyez très mesuré lorsque vous appliquez les touches de couleurs. N'hésitez pas à vous reporter au cours d'aquarelle page 26.

Voici les neuf couleurs dont vous aurez besoin pour réaliser votre aquarelle.

- 2 Bleu de cobalt
- 3 Jaune indien
- 4 Terre d'ombre naturelle
- 5 Bleu de Prusse
- 6 Vert bleuâtre
- 7 Terre de Sienne brûlée
- 9 Violet
- 11 Vert émeraude mat
- 12 Bleu outremer

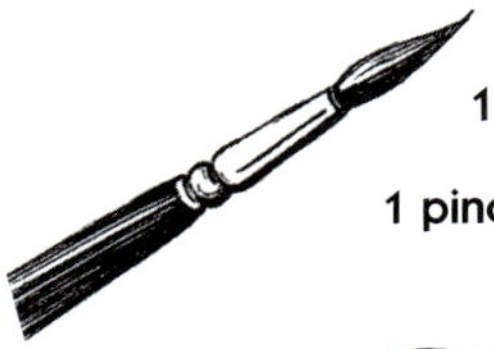

1 bougie

1 pinceau n° 6

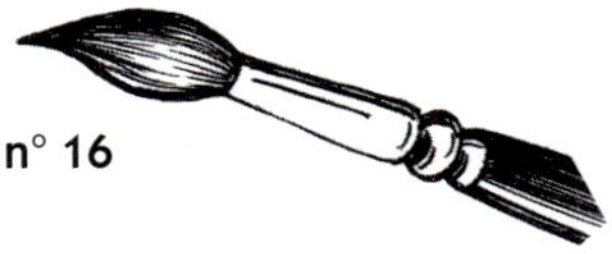

1 pinceau n° 16

Étape n° 1

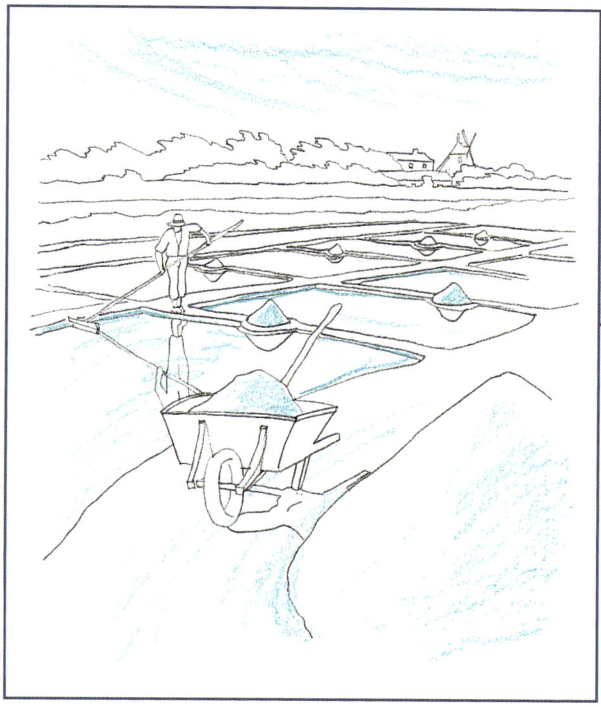

Cire

T.S. - a

Sur les zones désignées en bleu, passez de la cire, comme indiqué dans les conseils p. 162.

Étape n° 2

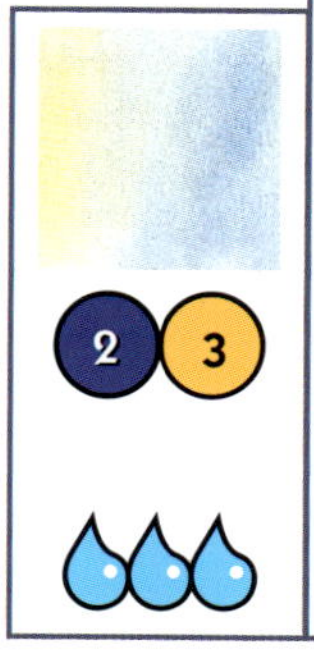

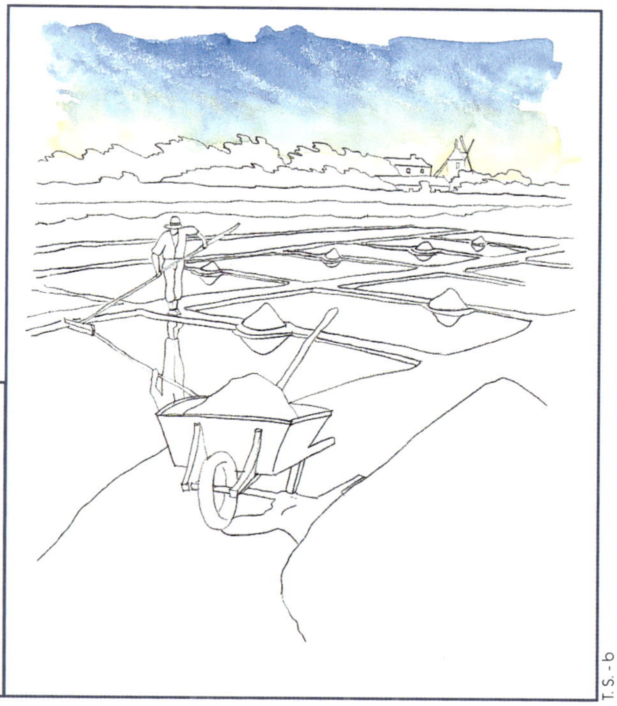

T.S. - b

Humidifiez votre feuille et appliquez le bleu de cobalt dans le haut du ciel et le jaune indien dans le bas.

Étape n° 3

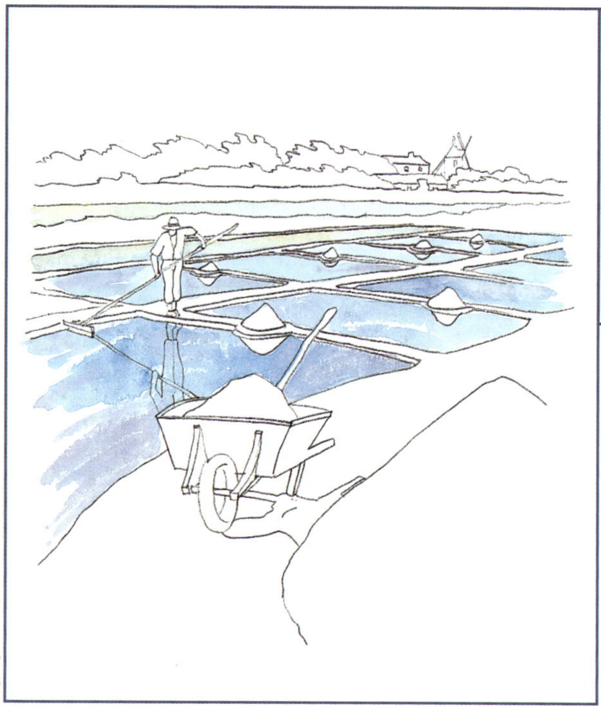

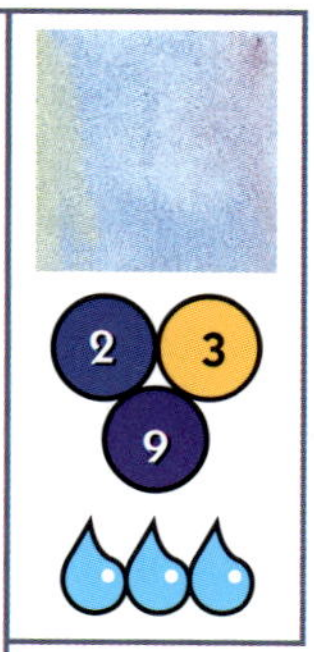

T.S. - c

Quelques petites touches de jaune indien sont ajoutées au bleu de cobalt pour représenter les plans d'eau du fond. Au premier plan, le bleu (additionné de violet) est plus intense.

Étape n° 4

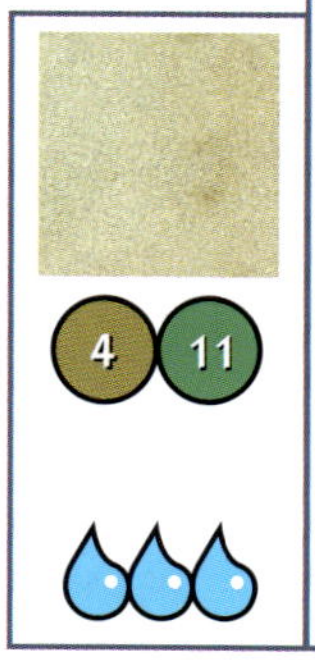

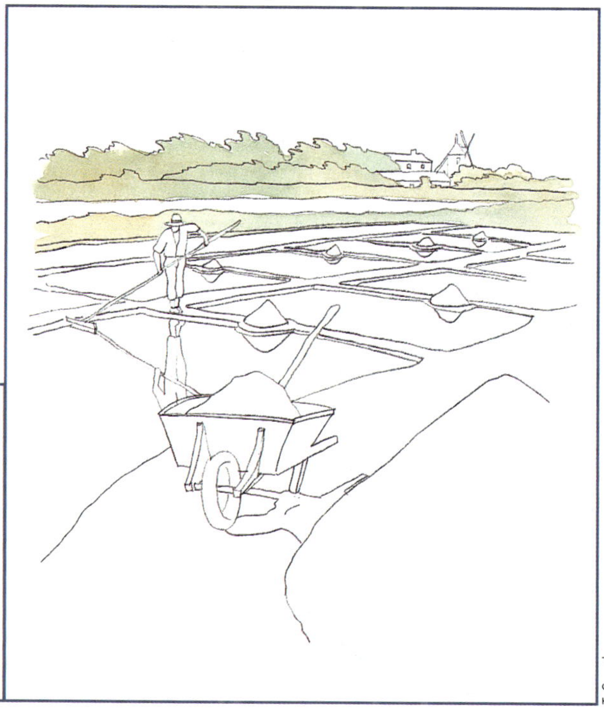

T.S. - d

Posez un premier lavis vert.

Étape n° 5

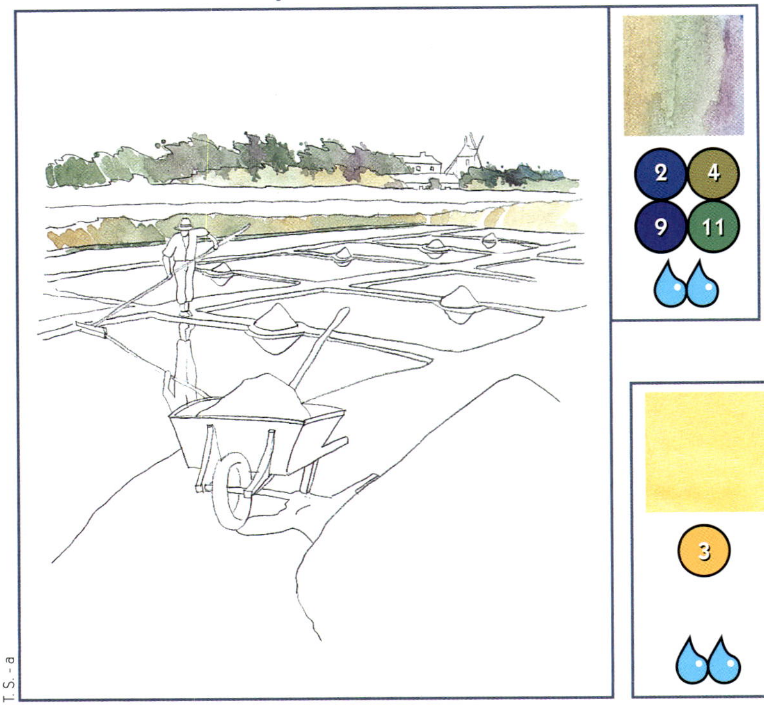

Étape n° 6

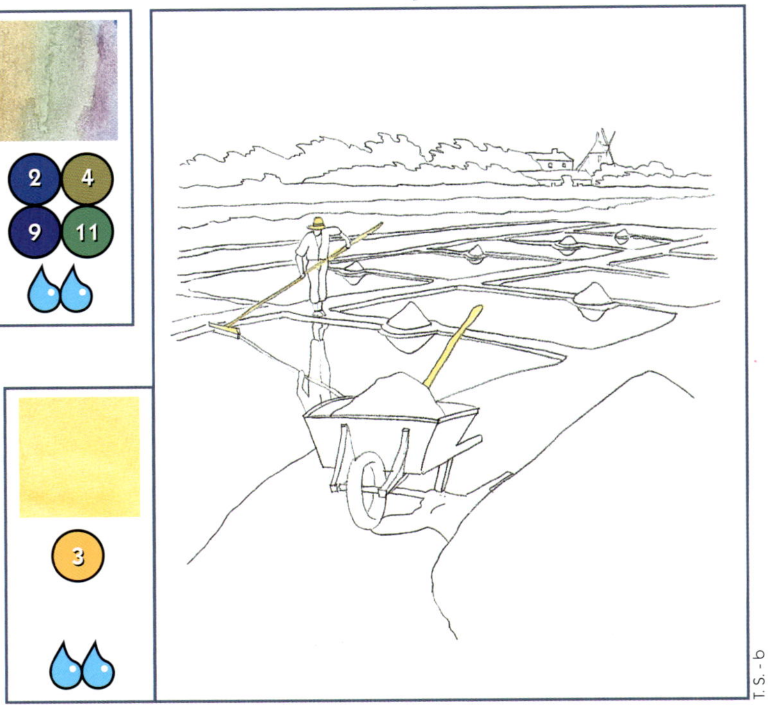

Nuancez vos verts et posez de petites touches avec un petit pinceau. Les arbres à l'horizon sont peints en dernier avec un vert plus soutenu.

Étape n° 7

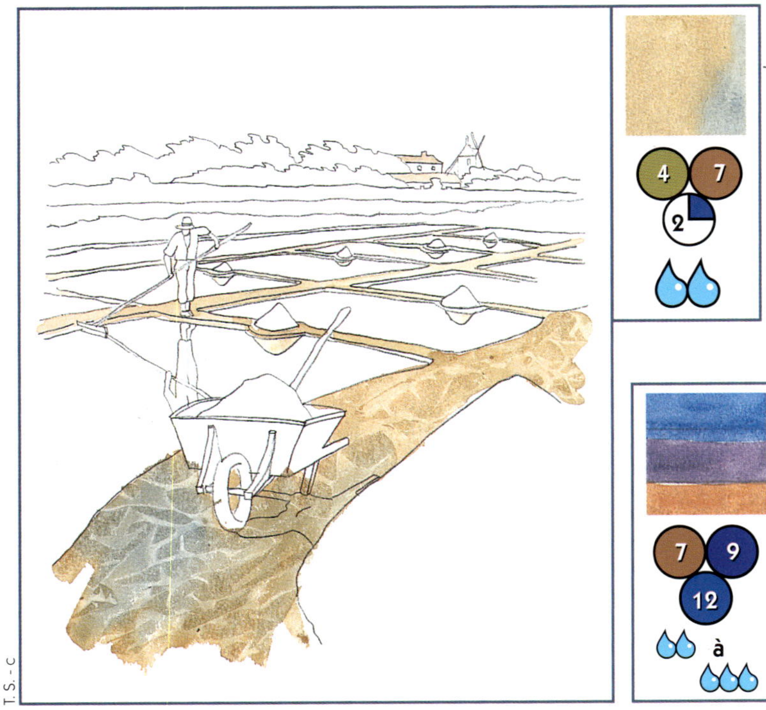

Étape n° 8

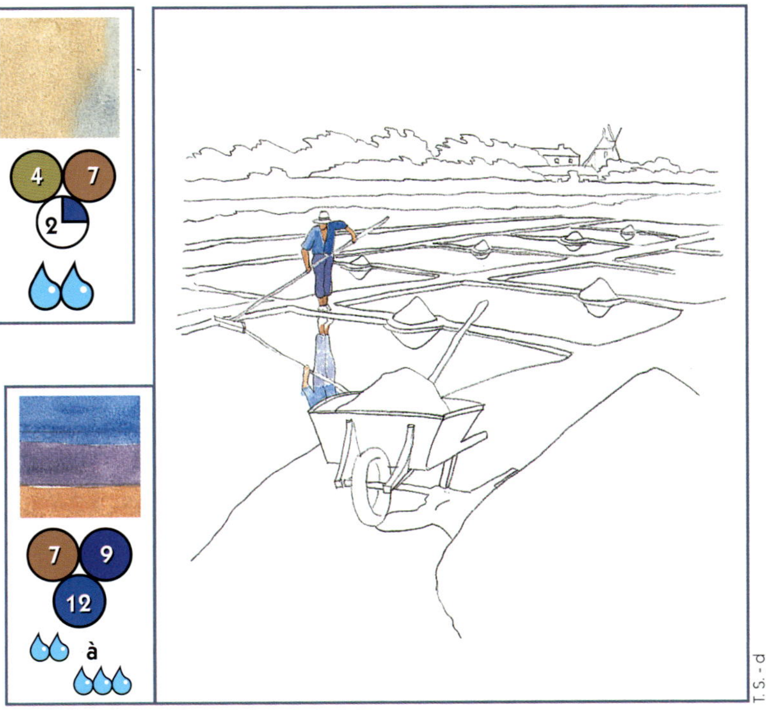

Passez votre lavis sable. Ajoutez quelques touches de bleu de cobalt vers le bas de la feuille. Puis utilisez au premier plan le film plastique, comme indiqué dans les conseils p. 162.

Le bleu outremer, pour la chemise, est additionné au violet pour le pantalon. La terre de Sienne donne le teint de la peau. Les lavis sont plus clairs dans le reflet.

Étape n° 9

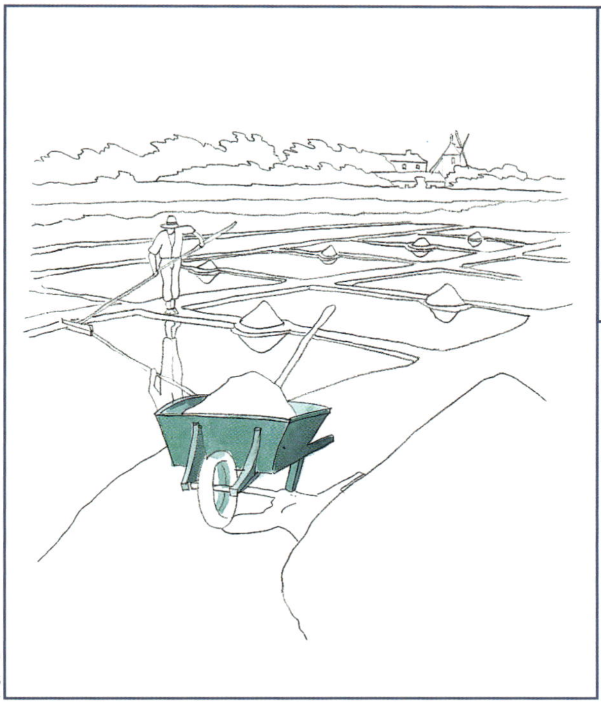

T.S. - e

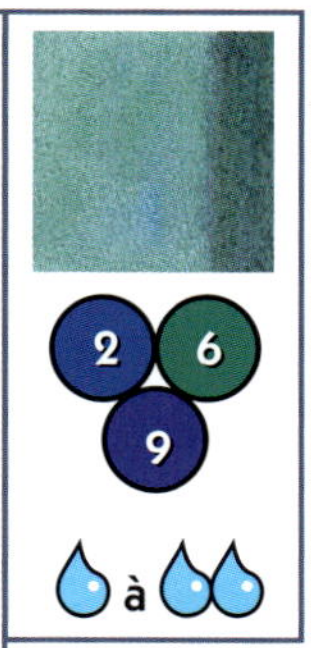

Procédez en trois étapes du clair au foncé. Posez un premier jus sur toute la brouette, puis un deuxième sur les parties mi-ombrées. Terminez par les plans dans l'ombre.

Étape n° 10

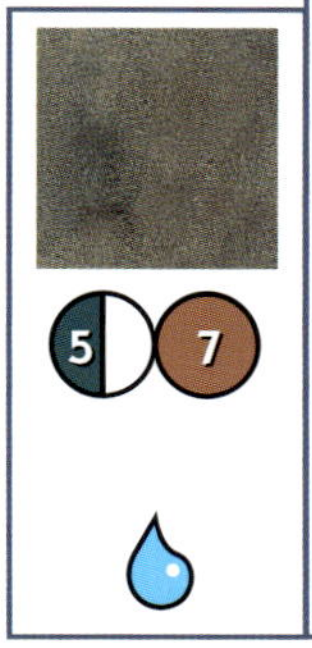

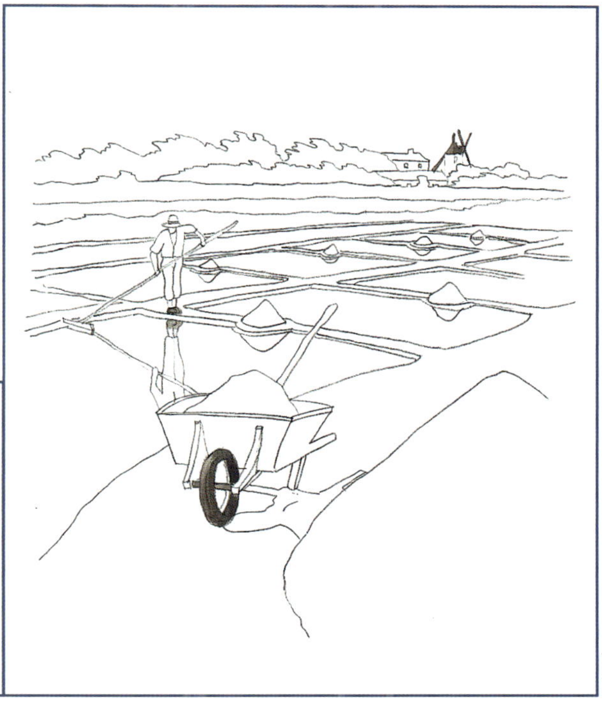

T.S. - f

Modelez la roue de la brouette en nuançant plus ou moins le mélange.

Étape n° 11

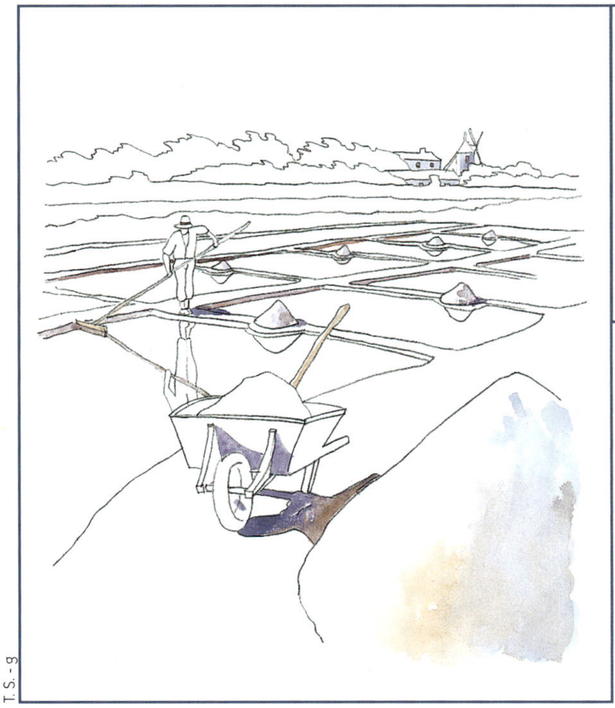

T.S. - g

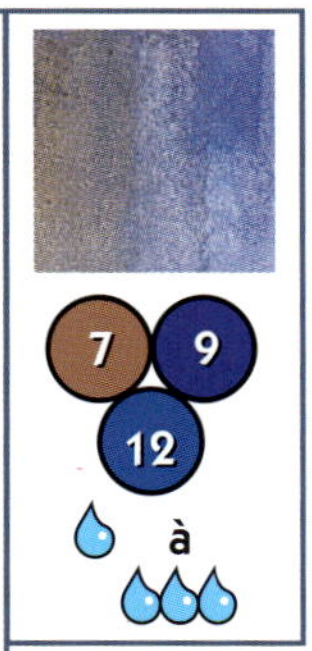

Diluez vos mélanges en fonction des besoins.

Étape n° 12

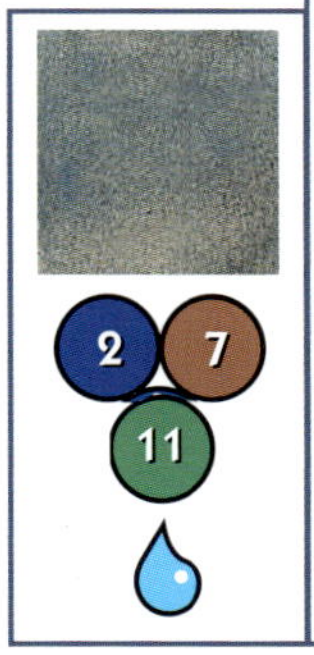

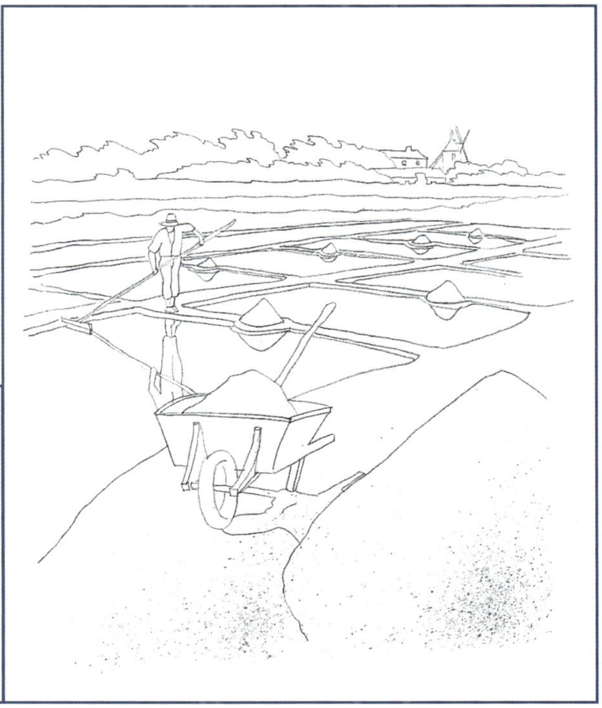

T.S. - h

Terminez par quelques projections au sol et sur le tas de sel au premier plan.

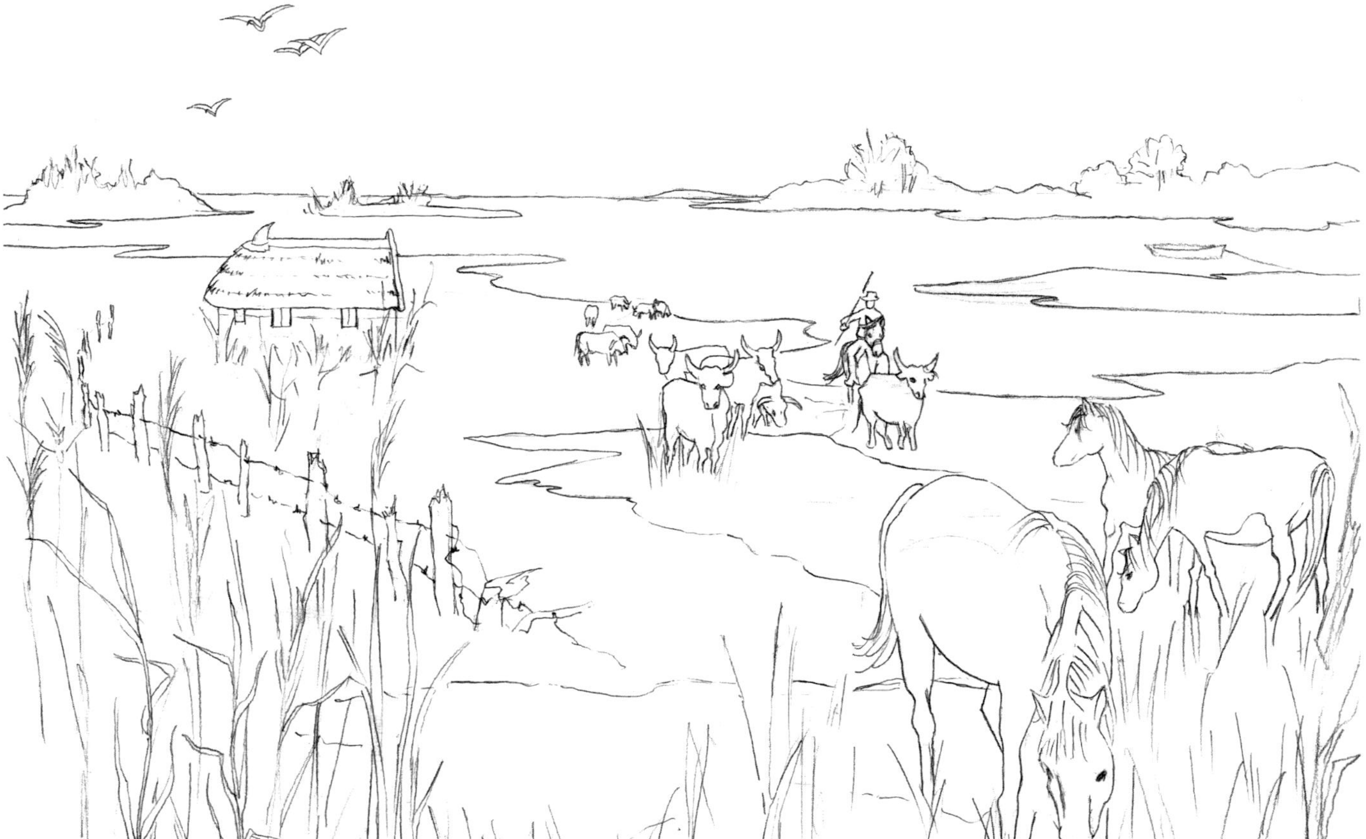

Chevaux et taureaux en Camargue

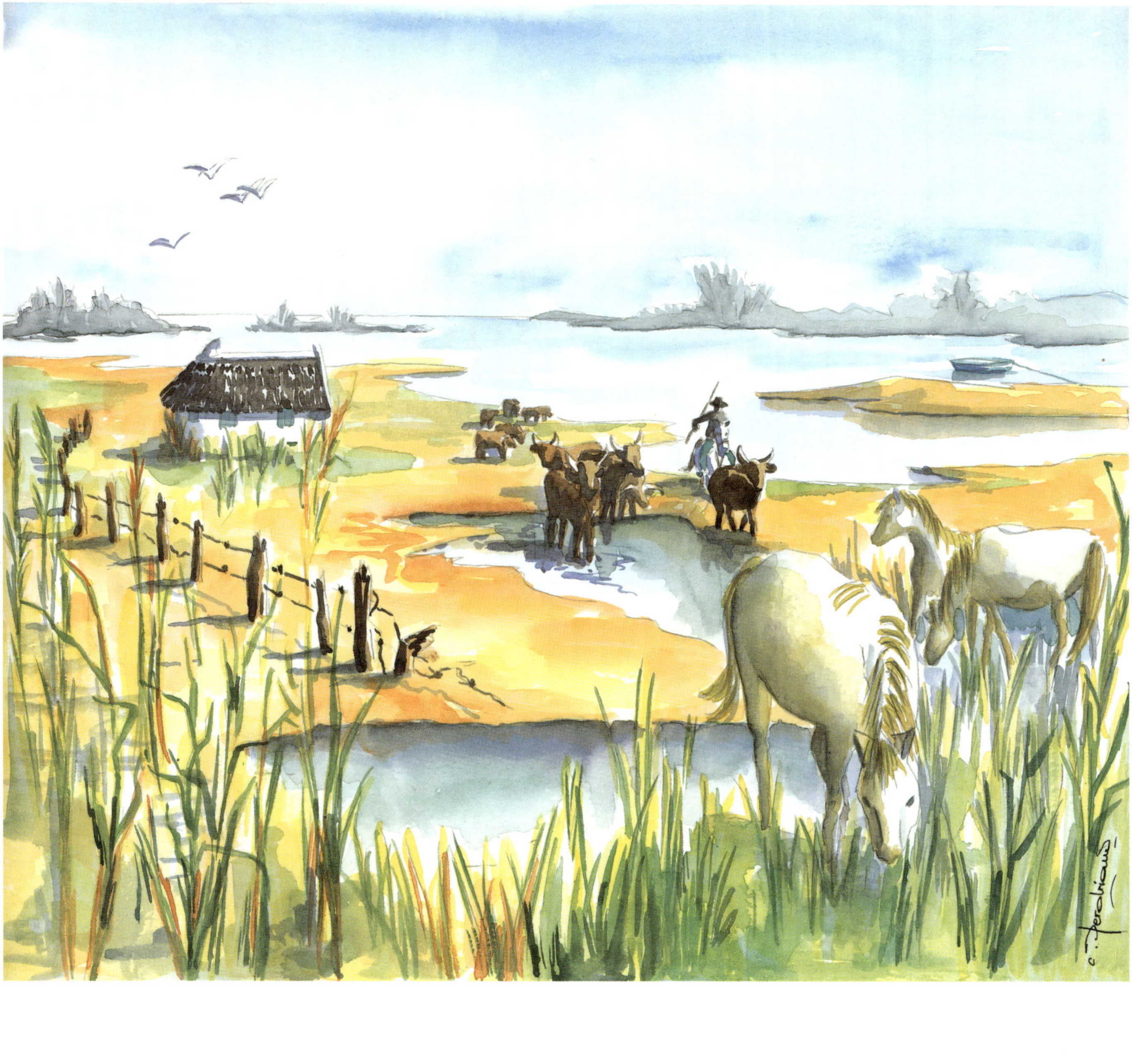

Catherine Perdriaud - a

Chevaux et taureaux en Camargue

**Voici une aquarelle toute en finesse,
à aborder d'une main légère et souple.
Avant de vous mettre au travail, vérifiez
que tout votre matériel se trouve à portée de main !**

L'eau et le ciel

• On pourrait qualifier le paysage camarguais de « liquide ». L'abondance de l'eau au sol apporte au ciel une grande transparence. On a parfois l'impression que les deux se fondent. Pour rendre cet effet, vous allez travailler ces deux éléments de la même façon : en humidifiant d'abord les surfaces à traiter.
• Cependant, pour les nappes d'eau sur le sol, vous utiliserez un mélange moins dilué.
• Passez vos lavis avec légèreté. Dans le ciel, laissez quelques petites zones de blanc, qui évoqueront les nuages (étape n° 3).
• Le sol, parce qu'il est en avant-plan, est forcément plus soutenu.

Les herbes

• Lorsque vous aborderez la végétation du premier plan (étapes nos 4, 5 et 7), ne vous arrêtez pas aux contours.
• L'important est de donner une impression de légèreté, de fluidité.
• Les roseaux et les herbes sont soumis au vent, et vous les rendrez mieux en travaillant par petites touches verticales, souples et rapides.

La cabane

• Le toit de la cabane est en chaume, matière rude, qu'il est intéressant de faire ressortir dans la fluidité du paysage. Pour y parvenir, il vous faut suivre les traits de crayon, qui suivent eux-mêmes la direction de la pose du chaume, c'est-à-dire par bandes horizontales superposées (étape n° 10).
• Le même mélange sombre vous servira à donner du relief aux taureaux et à souligner les piquets qui traversent presque toute la composition sur la gauche.

Les chevaux

Pour réaliser cette aquarelle il vous faudra utiliser la technique du lavis sur papier humide. Vous pouvez vous reporter aux cours d'aquarelle (p. 17) si vous désirez revoir cette technique.
• Les parties ombrées de la robe des chevaux au premier plan sont très nuancées et contrastent avec la blancheur étincelante des parties au soleil.
• Les étapes nos 2, 6, 10 et 11 leur donneront successivement des reflets « terre », gris bleuâtres (foncés et clairs) et bleu.

Voici les dix couleurs dont vous aurez besoin pour réaliser votre aquarelle.

- 2 Bleu de cobalt
- 3 Jaune indien
- 4 Terre d'ombre naturelle
- 5 Bleu de Prusse
- 6 Vert bleuâtre
- 7 Terre de Sienne brûlée
- 9 Violet
- 10 Jaune citron
- 11 Vert émeraude mat
- 12 Bleu outremer

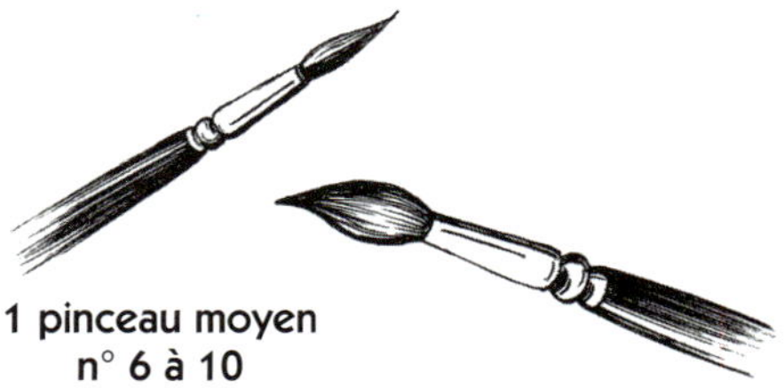

1 pinceau moyen n° 6 à 10

1 gros pinceau n° 16 à 20

Étape n° 1

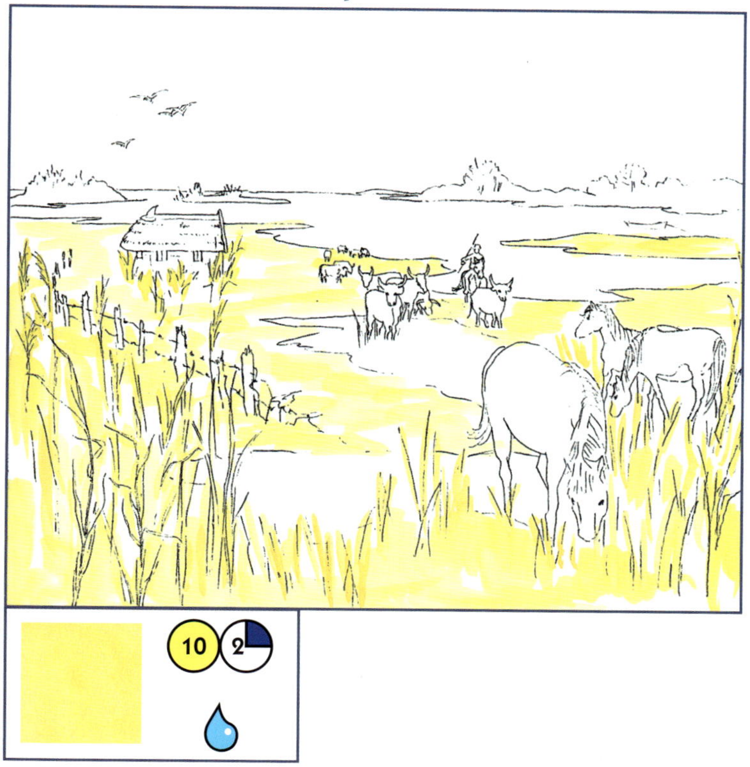

Étape n° 2

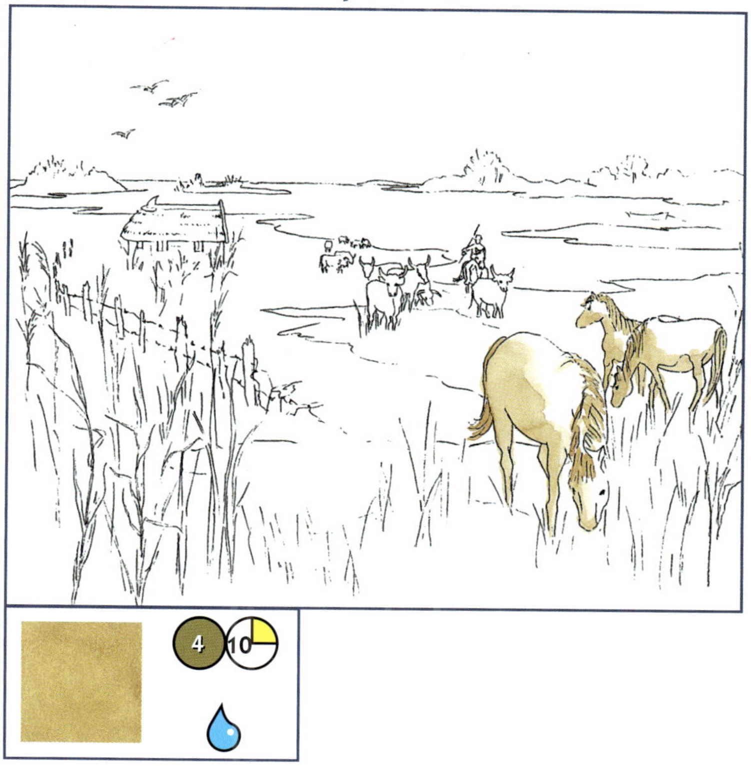

Étape n° 3

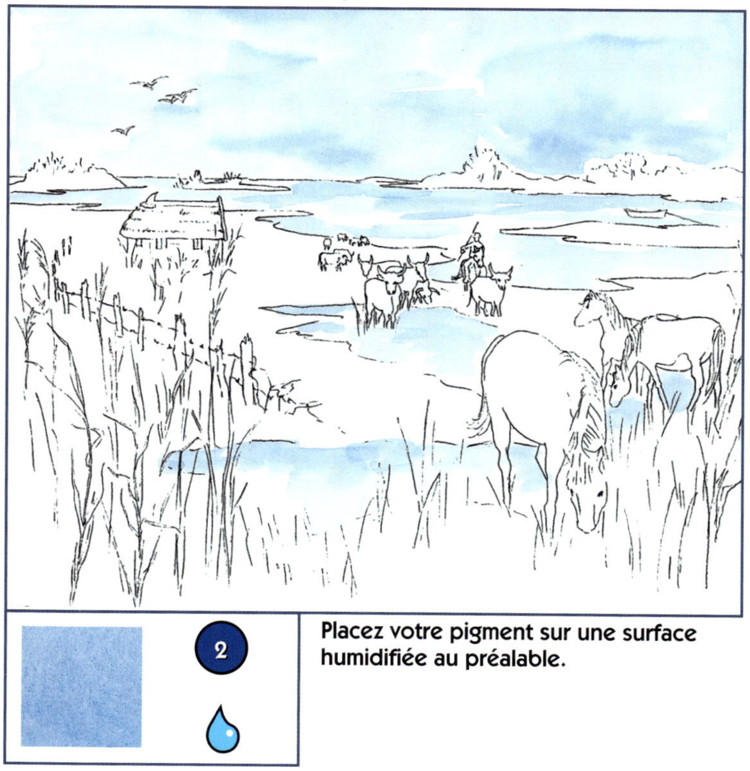

Placez votre pigment sur une surface humidifiée au préalable.

Étape n° 4

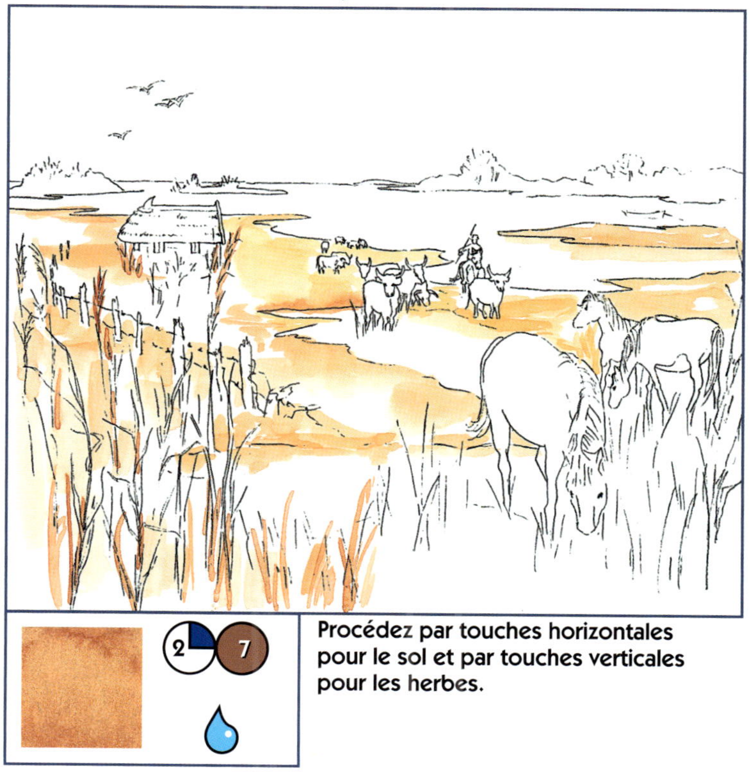

Procédez par touches horizontales pour le sol et par touches verticales pour les herbes.

Étape n° 5

C. P. - a

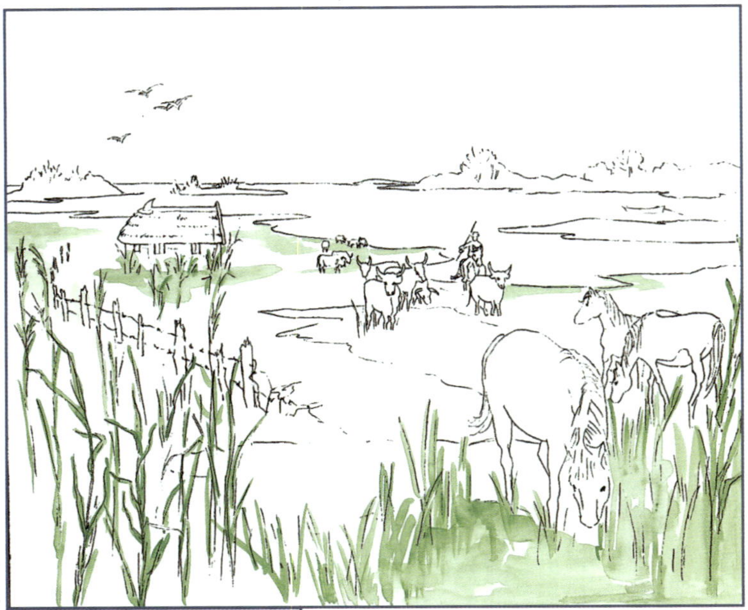

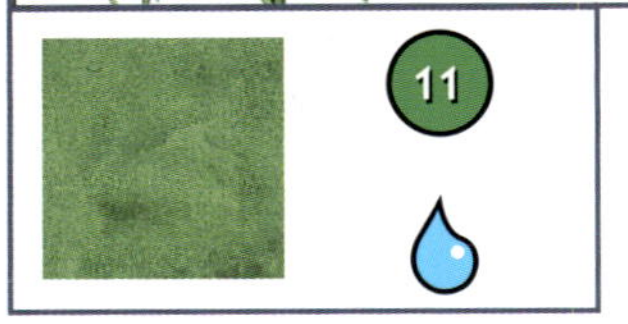

Les herbes du premier plan sont d'un vert plus soutenu.

Étape n° 6

C. P. - b

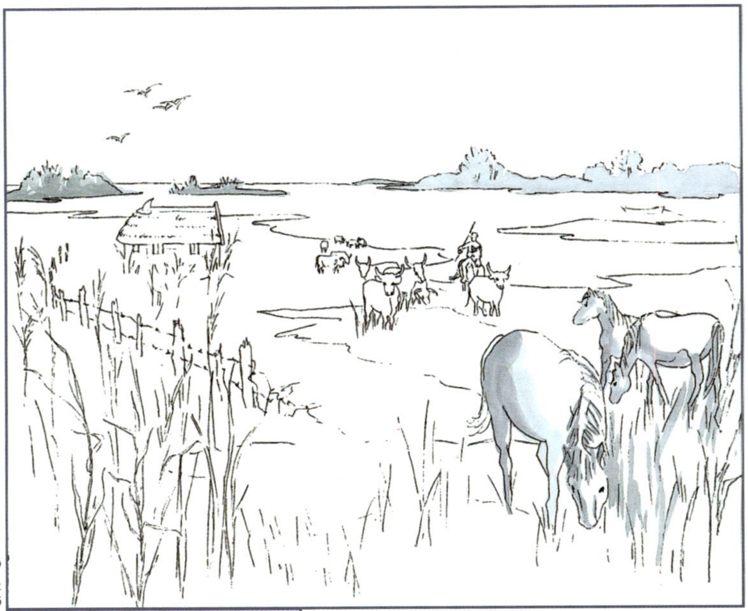

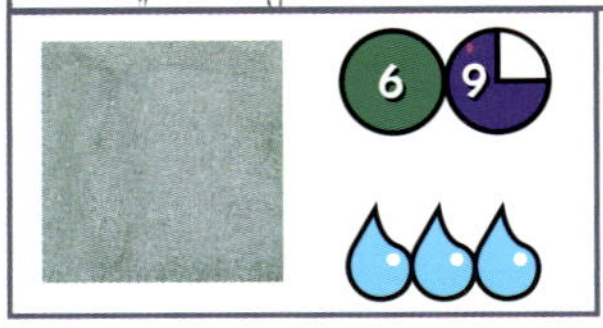

Nuancez en plusieurs passages le cheval du premier plan.

Étape n° 7

C. P. - c

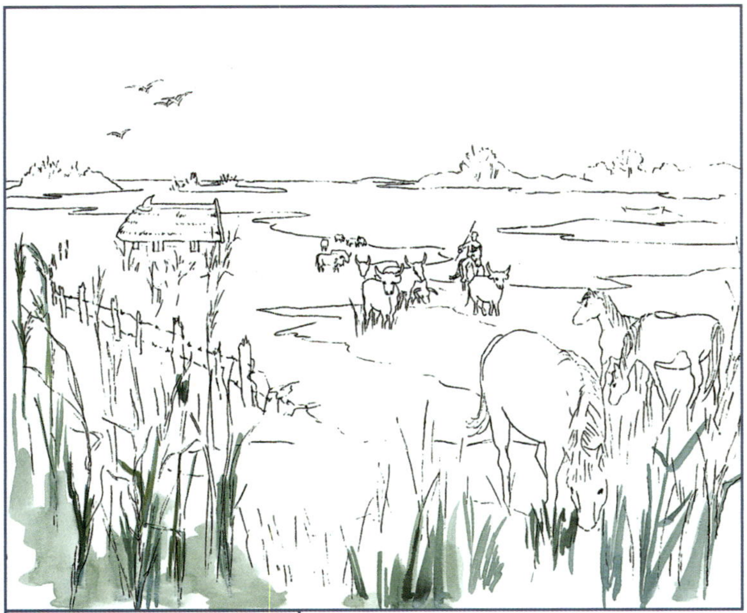

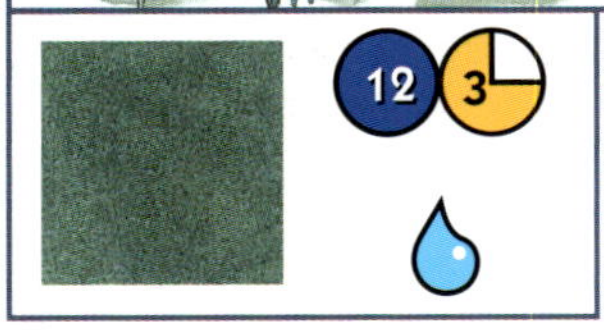

Procédez par touches verticales rapides, avec la pointe du pinceau.

Étape n° 8

C. P. - d

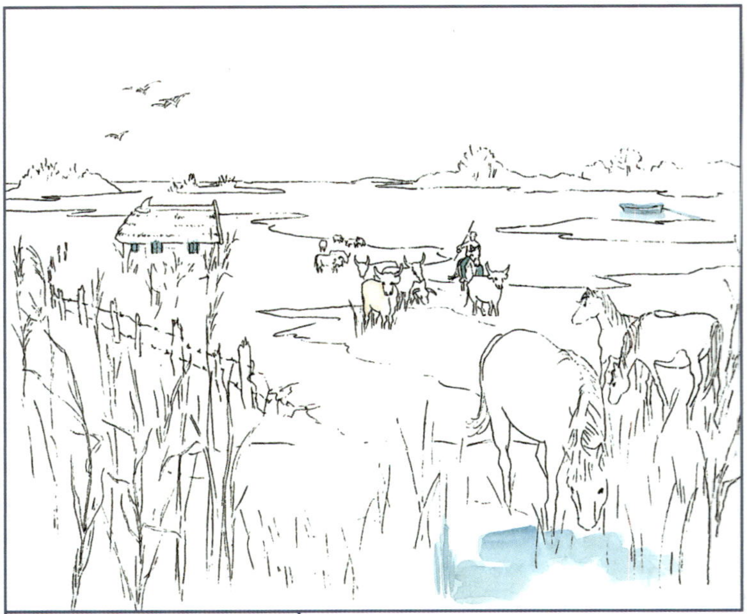

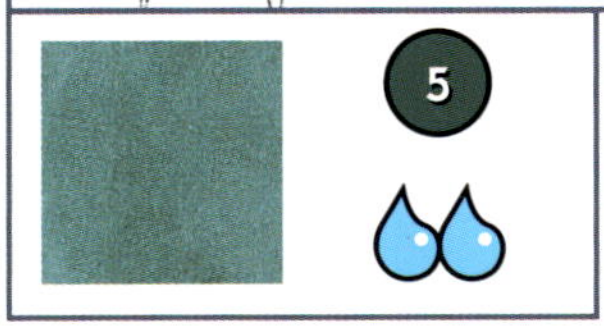

Étape n° 9

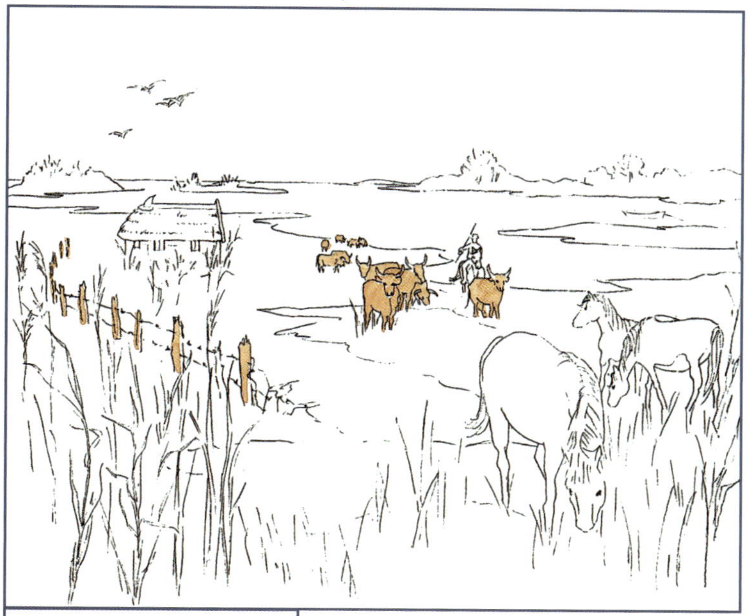

C. P. - e

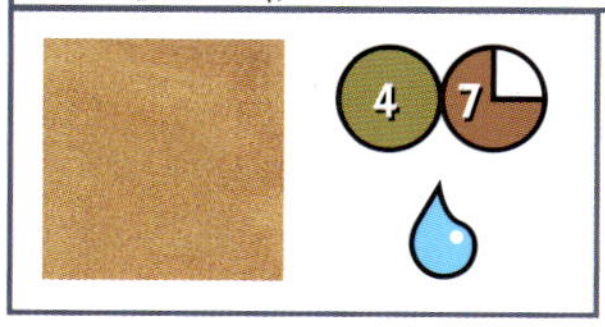

Étape n° 10

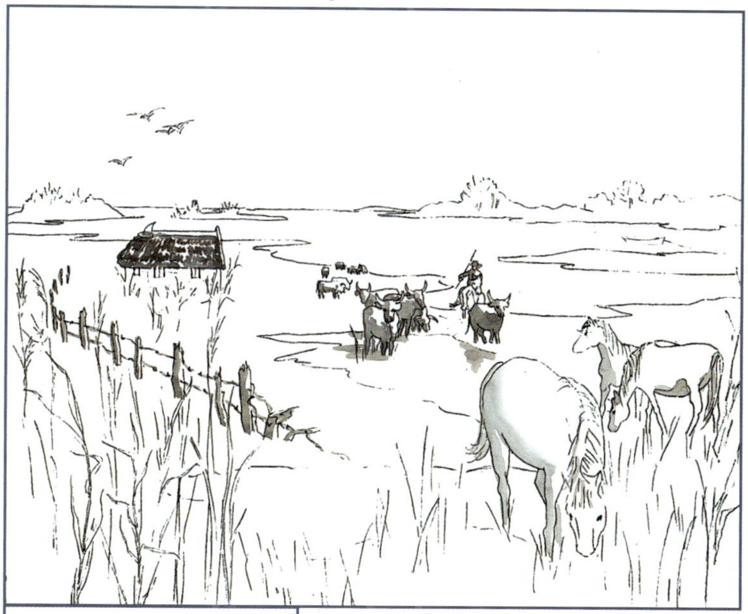

C. P. - f

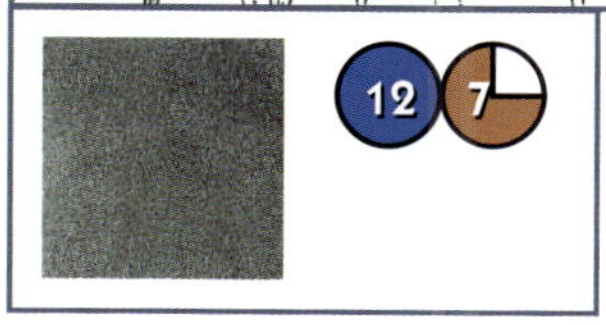

Pour peindre le toit de chaume, reportez-vous aux conseils P. 168.

Étape n° 11

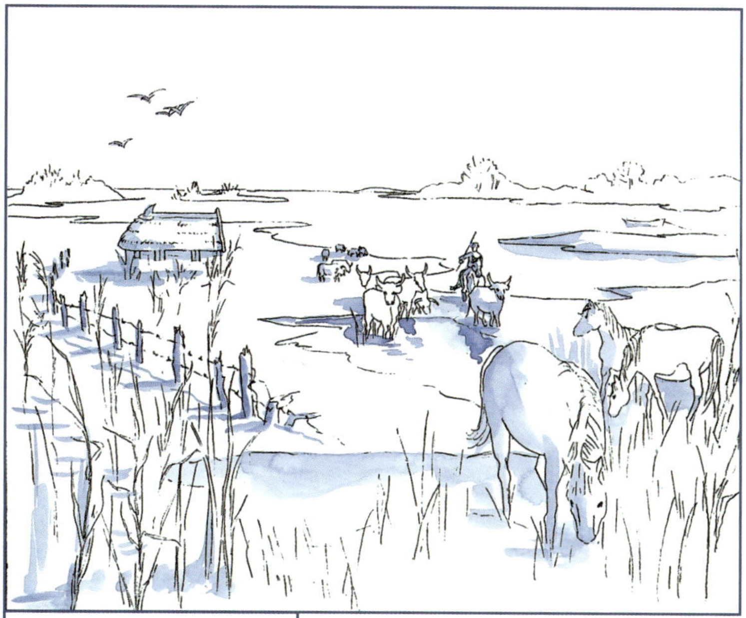

C. P. - g

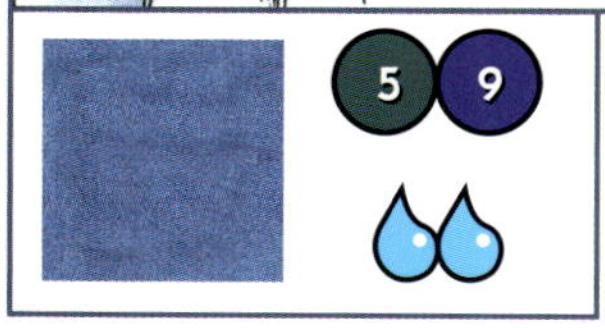

Étape n° 12

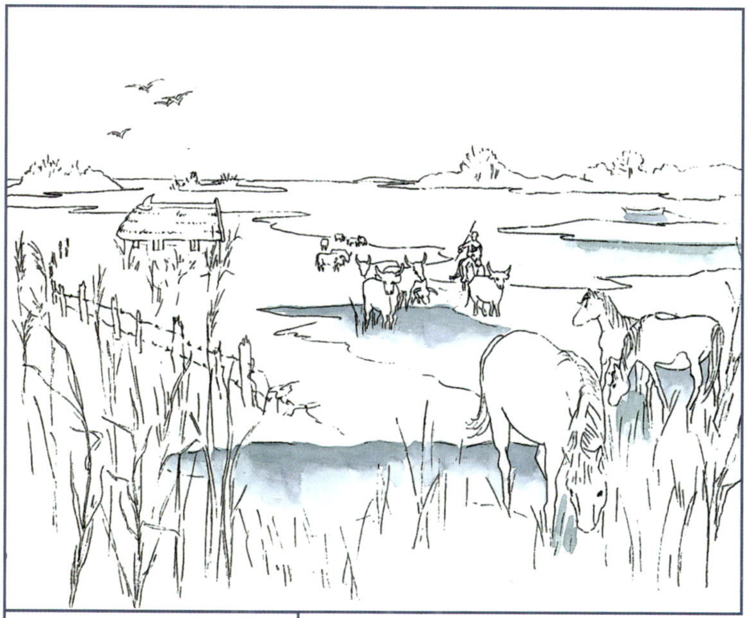

C. P. - h

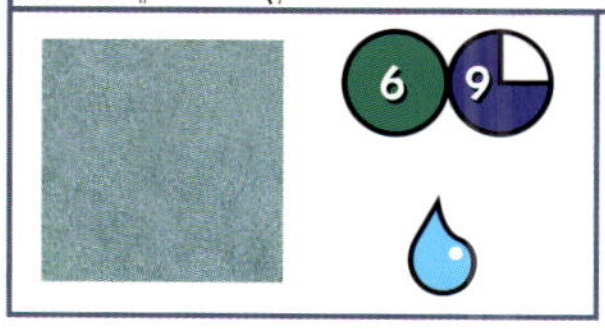

Diluez très légèrement ce mélange, mais passez-le sur une surface humidifiée.

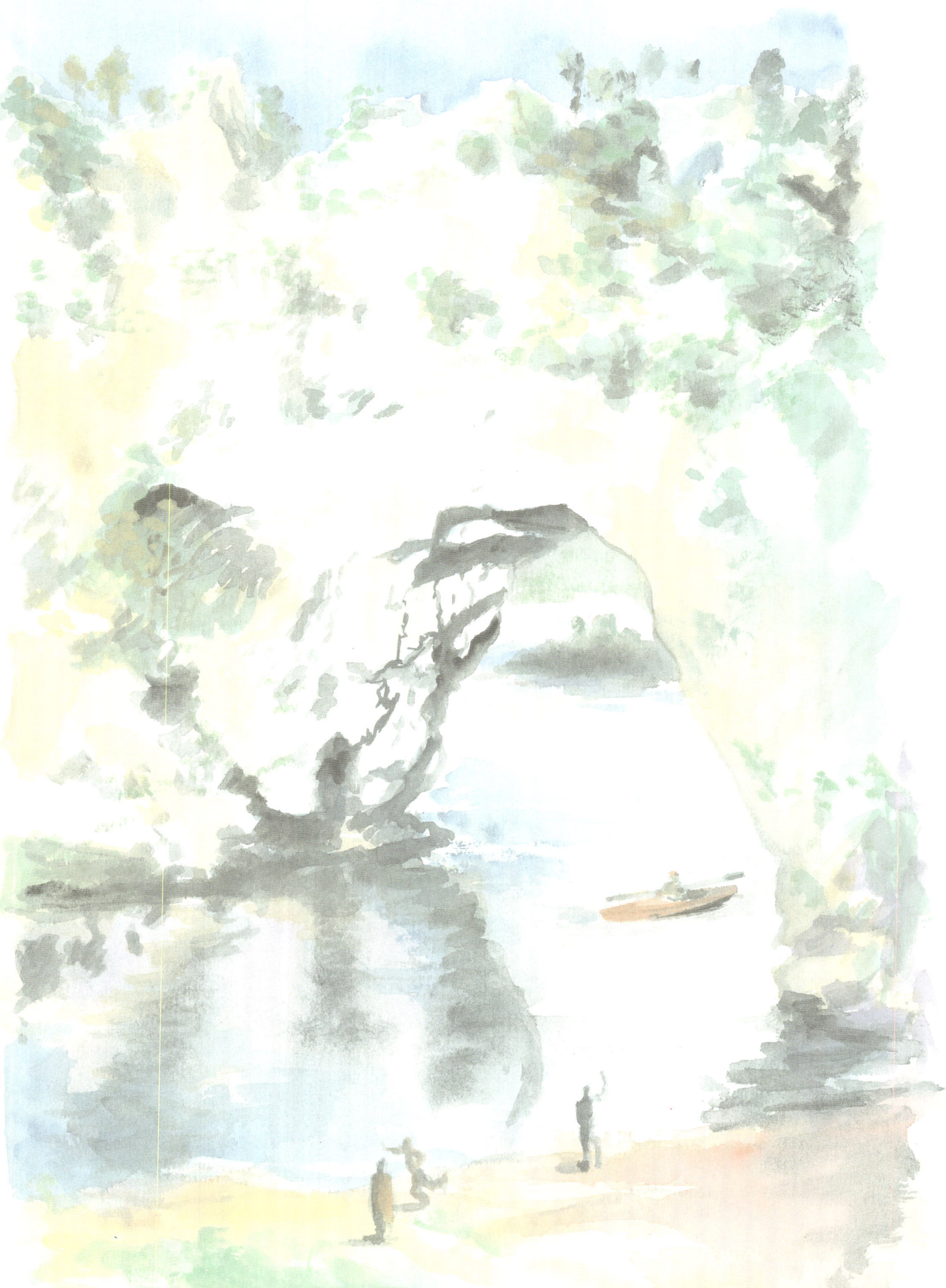

Au fil de la rivière

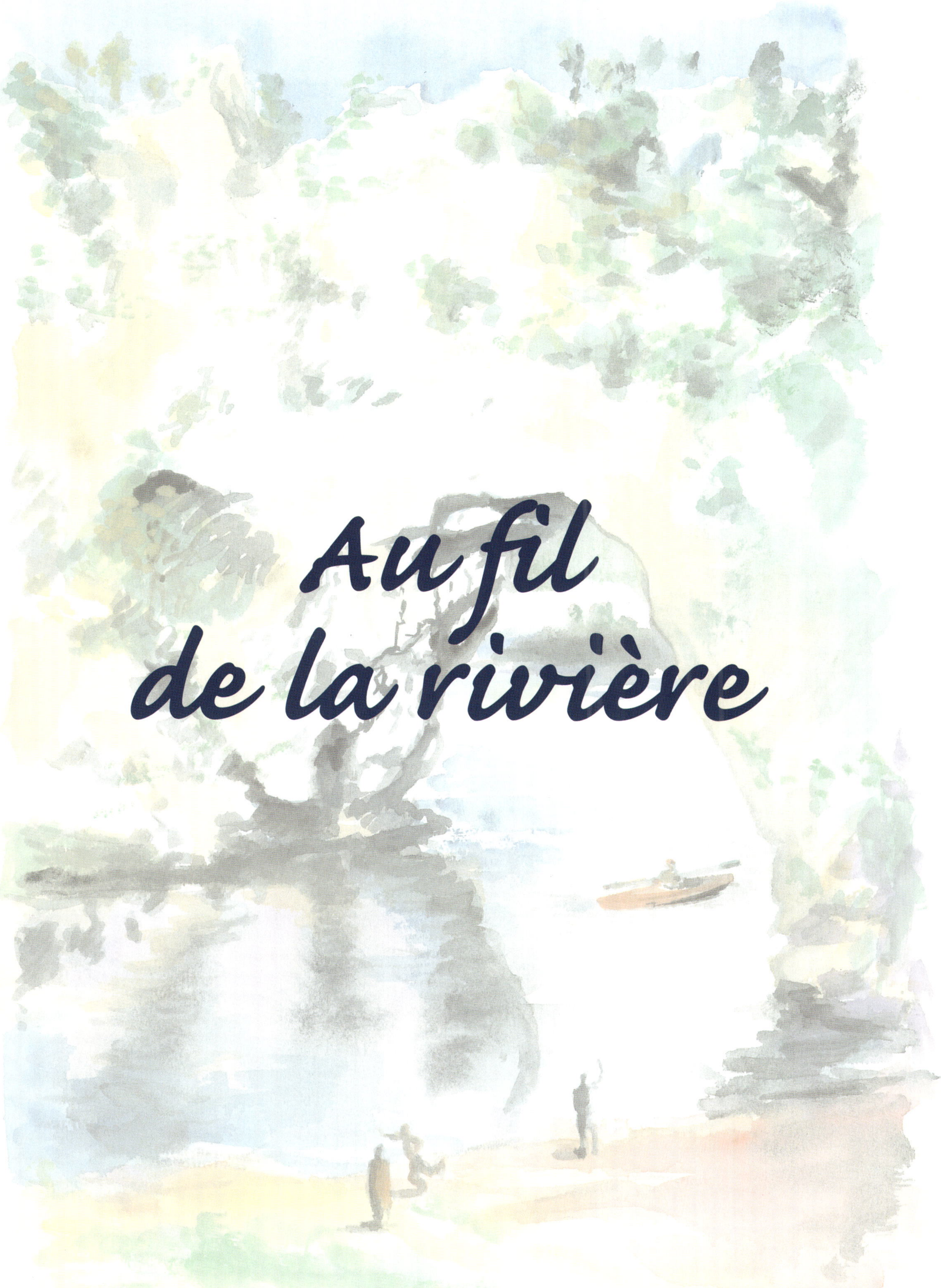

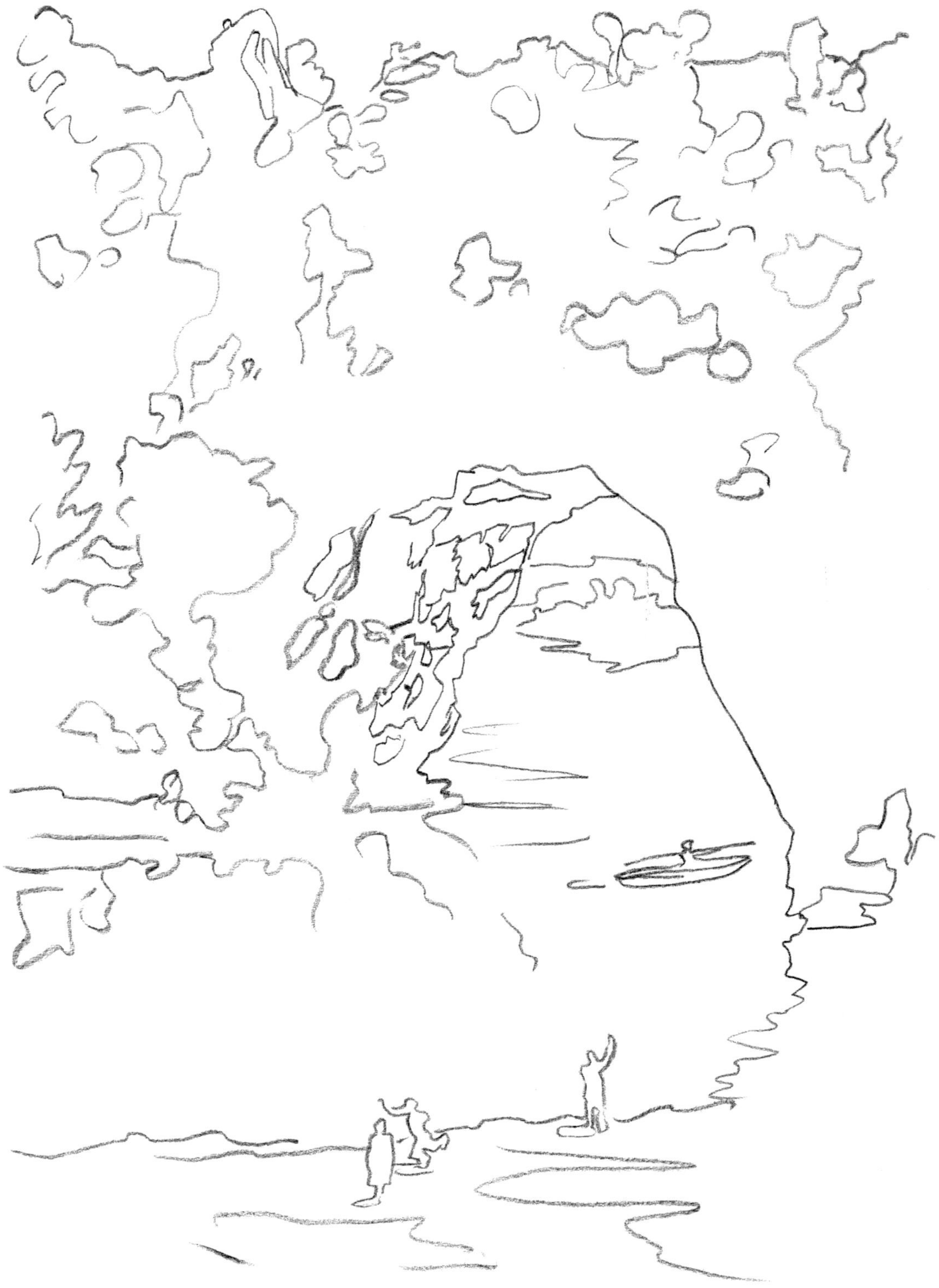

Le pont d'Arc

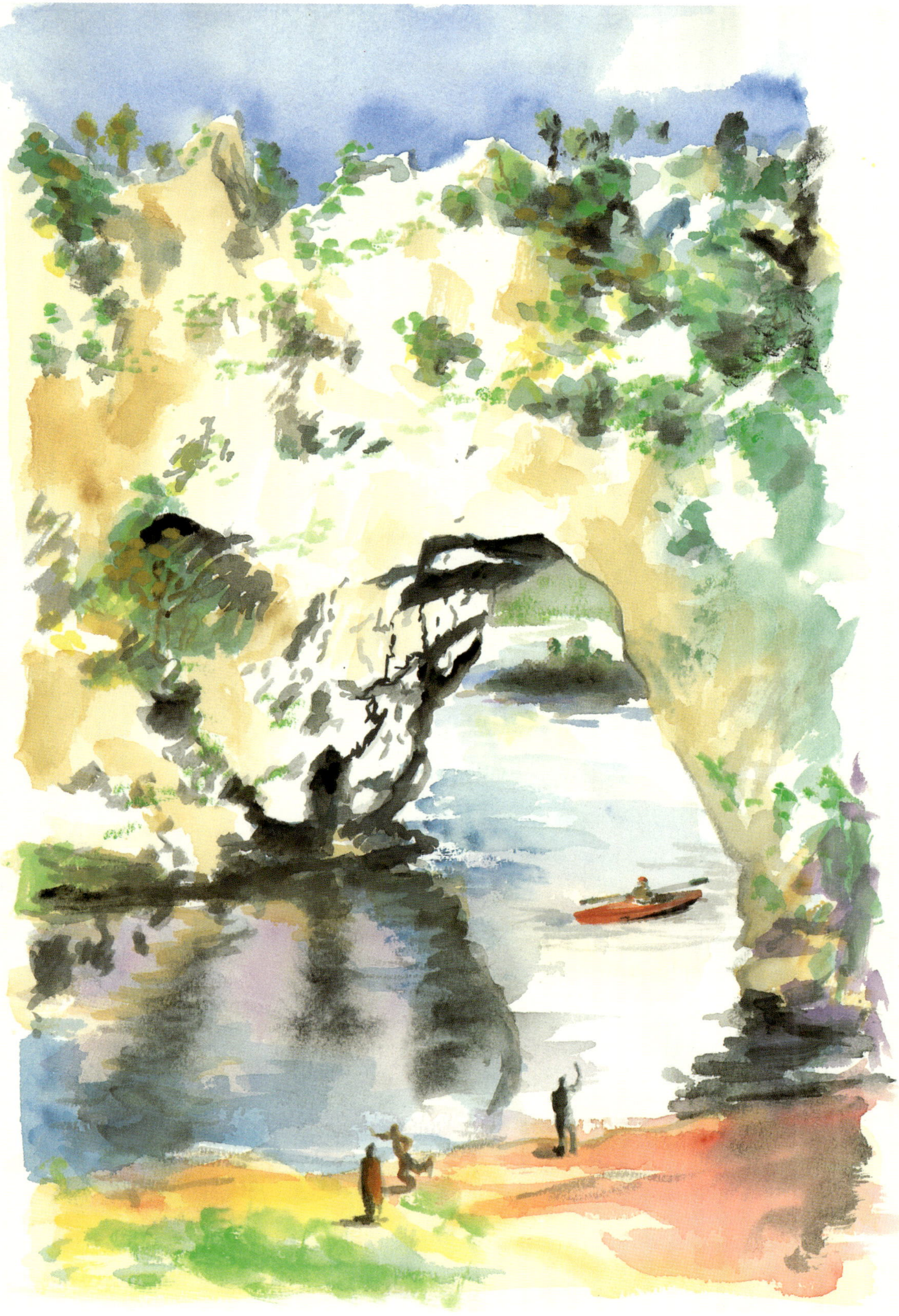

Bénédicte Peyrat - a

Le pont d'Arc

Les gorges de l'Ardèche nécessitent un coup de pinceau particulier. C'est par petites touches et par superpositions de teintes pures que l'on rendra la clarté et la rudesse de ce paysage minéral.

Réalisme et sujet abstrait

• Pour cette aquarelle représentant le pont d'Arc enjambant l'Ardèche vu d'aval, on a choisi un traitement du sujet très réaliste et détaillé. Car quoi de plus trompeur pour nos sens que cette rivière s'écoulant sous une petite falaise ?

• Seuls les personnages donnent son échelle véritable à ce site grandiose, et c'est uniquement la justesse des rapports lumineux qui donne la cohérence du paysage et le rend parfaitement perceptible.

Mélanges par superpositions

• On utilise ici uniquement des couleurs pures : les mélanges se font par superpositions, au cours de passages successifs. Par conséquent, c'est à vous de nuancer vos lavis, pour les faire plus ou moins se chevaucher ou se fondre.

Petites touches et réserves

• Nous vous recommandons de jouer sur les effets de l'application du lavis sur papier sec et sur papier humide. Vous pouvez vous reporter aux cours d'aquarelle (p. 16 et 17) si vous désirez revoir ces techniques.

• Nous vous conseillons d'utiliser un petit pinceau fin et long, de travailler à sec la totalité des parties rocheuses et de petite végétation, et de préserver beaucoup d'espaces blancs. Cela rendra mieux l'aspect minéral de l'environnement.

• À l'inverse, mouillez votre papier pour les zones des reflets dans la rivière.

Personnalisez votre œuvre

• Ce modèle est un point de départ. Lorsque vous en serez à la dernière étape, il vous sera encore tout à fait possible de personnaliser votre travail en insistant davantage sur un ton qui vous plaît particulièrement et qui transformera, selon vos souhaits, l'ambiance colorée de votre aquarelle.

• Vous pouvez, enfin, choisir d'autres couleurs pour les habits des personnages et le kayak.

1 pinceau fin
n° 2 à 4

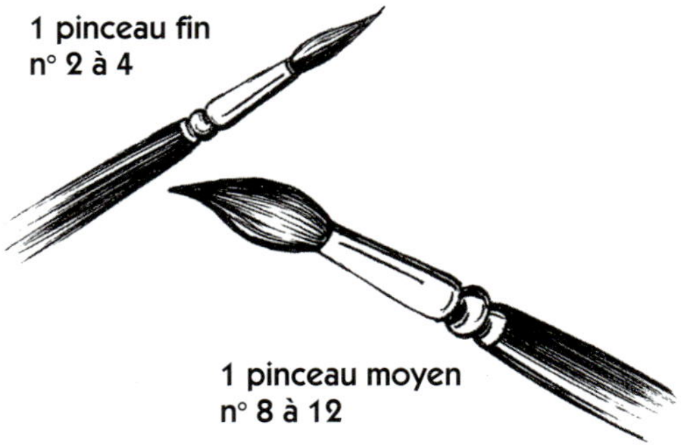

1 pinceau moyen
n° 8 à 12

Voici les douze couleurs dont vous aurez besoin pour réaliser votre aquarelle.

- 1 Rouge carmin
- 3 Jaune indien
- 5 Bleu de Prusse
- 6 Vert bleuâtre
- 9 Violet
- 12 Bleu outremer
- 15 Ocre jaune
- 16 Gris de Payne
- 19 Vert jaunâtre
- 21 Cendre verte
- 22 Rouge permanent
- 23 Jaune

Étape n° 1

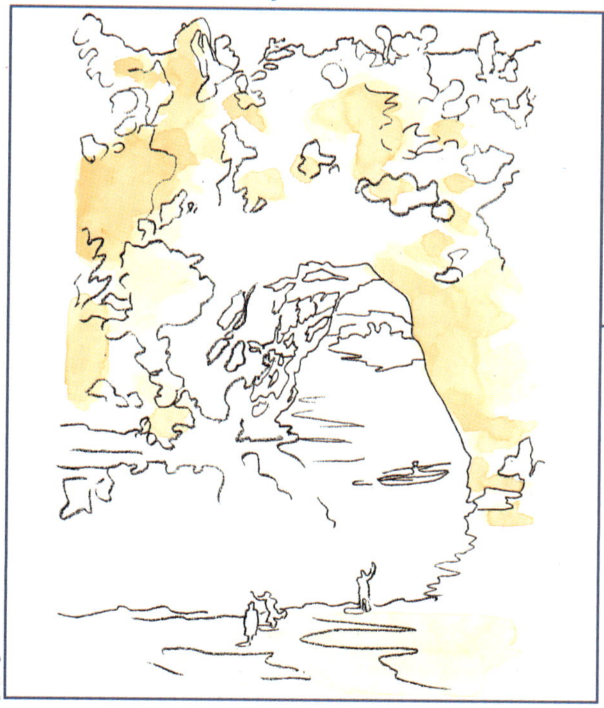

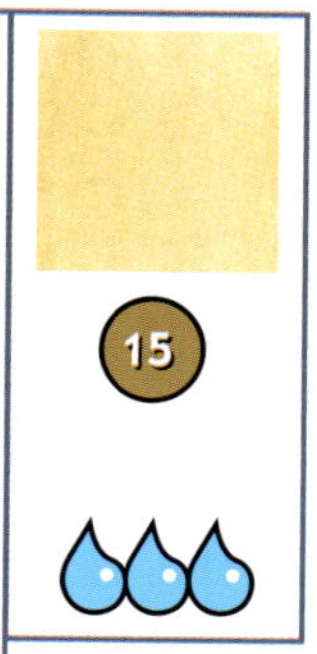

Commencez par des petites touches posées avec le plat d'un pinceau fin. Partez d'un ton très dilué, puis ajoutez un peu plus d'ocre à votre lavis.

Étape n° 2

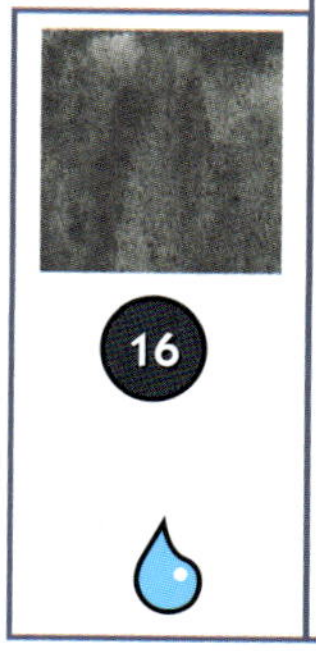

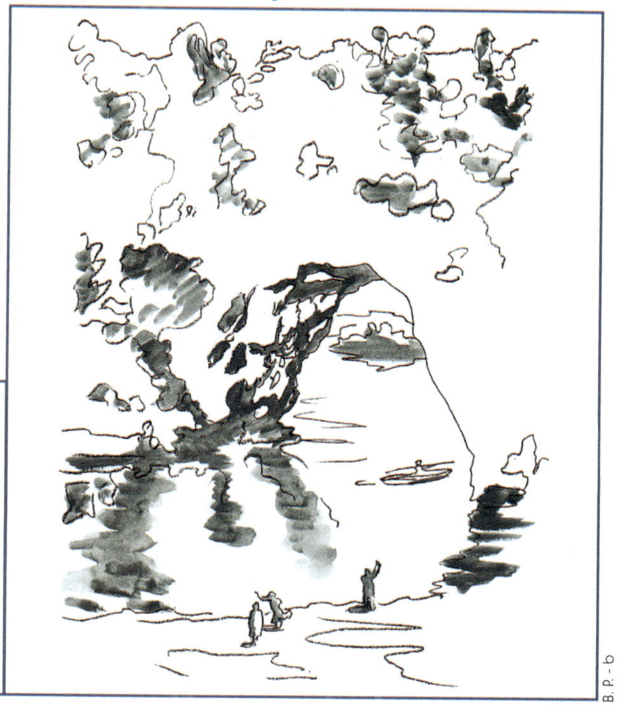

Appliquez-vous, avec la pointe du pinceau, à traduire les fins détails des ombres propres de la roche. Diluez un peu votre couleur pour les parties sombres de la végétation.

Étape n° 3

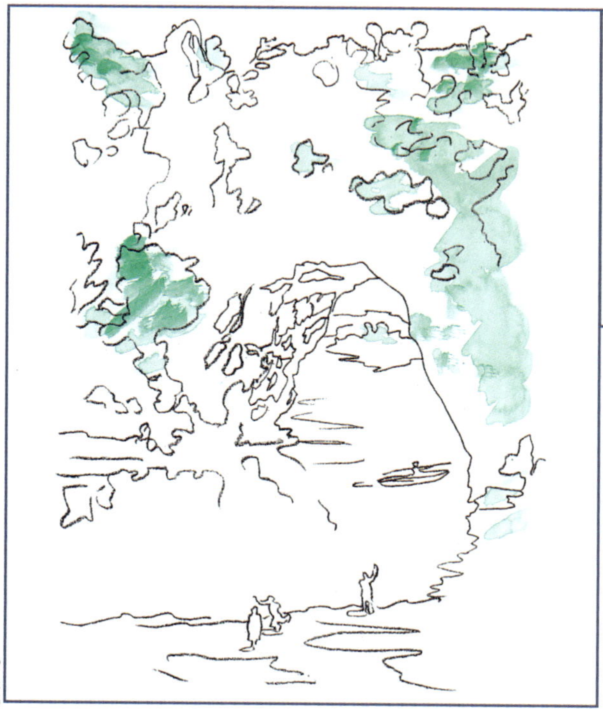

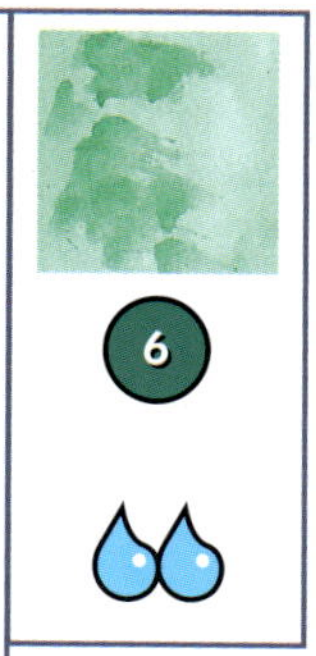

Posez la couleur moyennement diluée, puis par petites touches avec un pinceau quasiment sec.

Étape n° 4

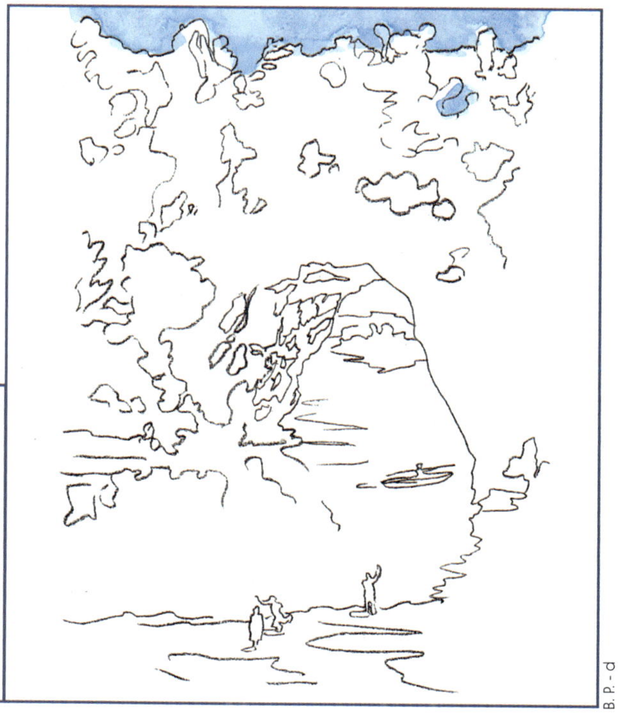

À ce stade de la réalisation, le bleu du ciel met la falaise en relief, à l'avant-plan.

Étape n° 5

Étape n° 6

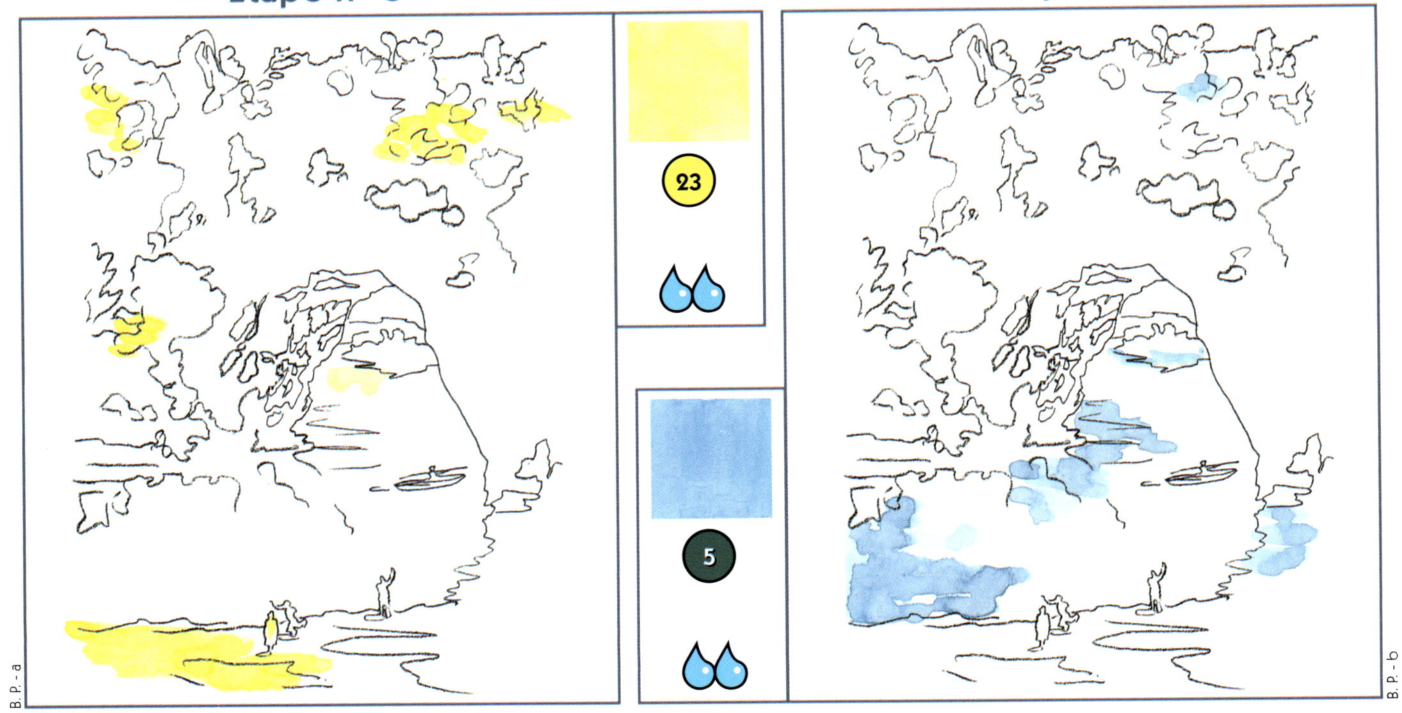

Étape n° 7

Étape n° 8

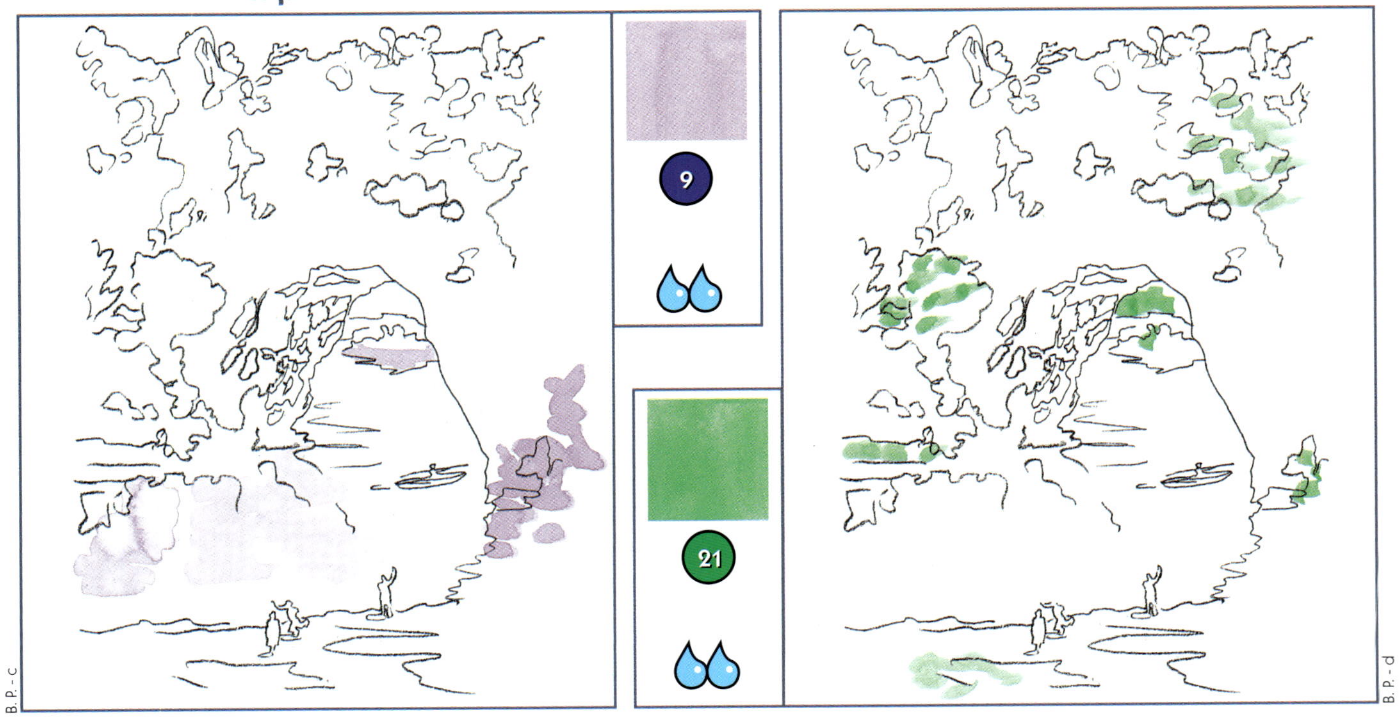

Mouillez la zone située dans la rivière avant de poser la couleur.

Variez les tons de vert en chargeant plus ou moins votre pinceau en eau.

Étape n° 9

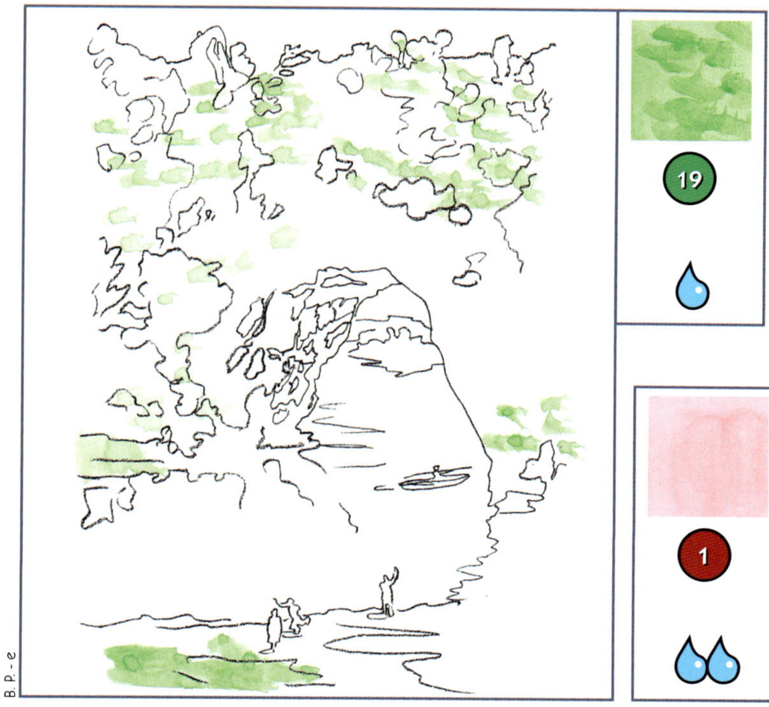

Travaillez avec un pinceau presque sec.

Étape n° 10

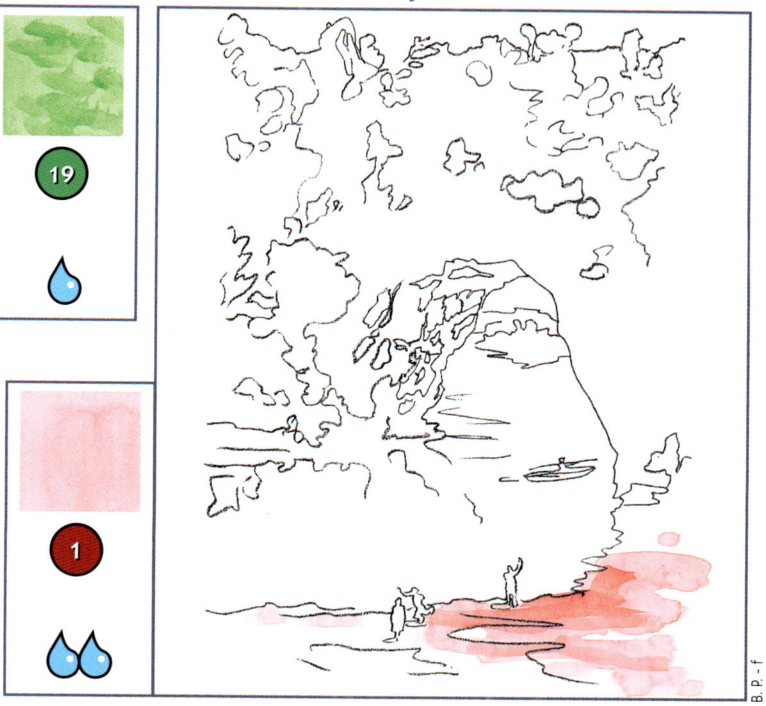

N'hésitez pas à poser un ton très vif afin de bien installer le premier plan.

Étape n° 11

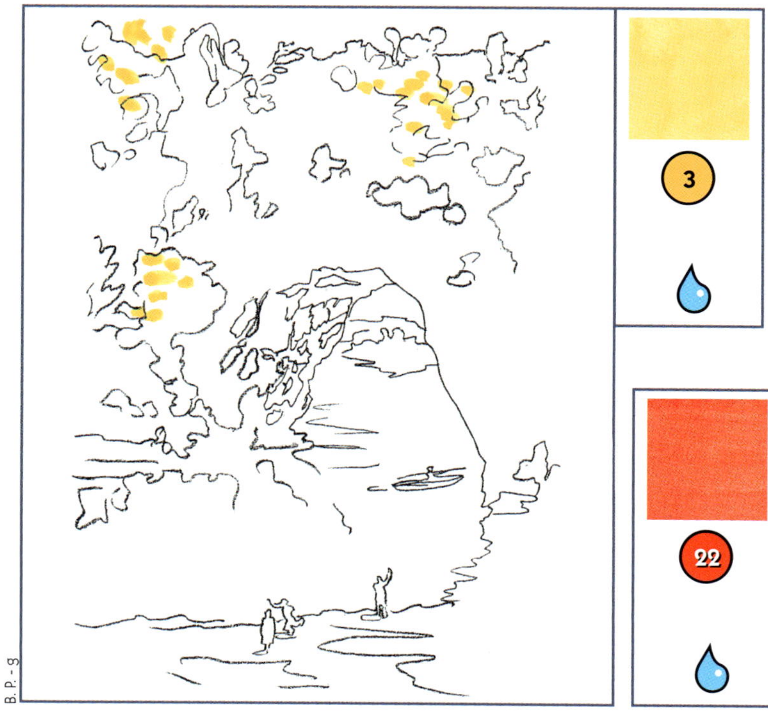

Étape n° 12

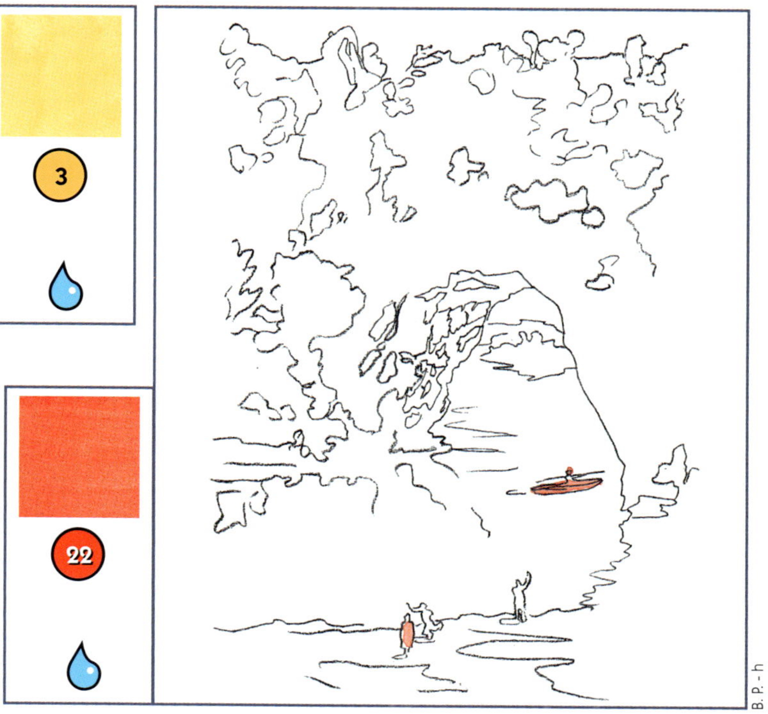

Apportez un contrepoint coloré en posant le rouge.

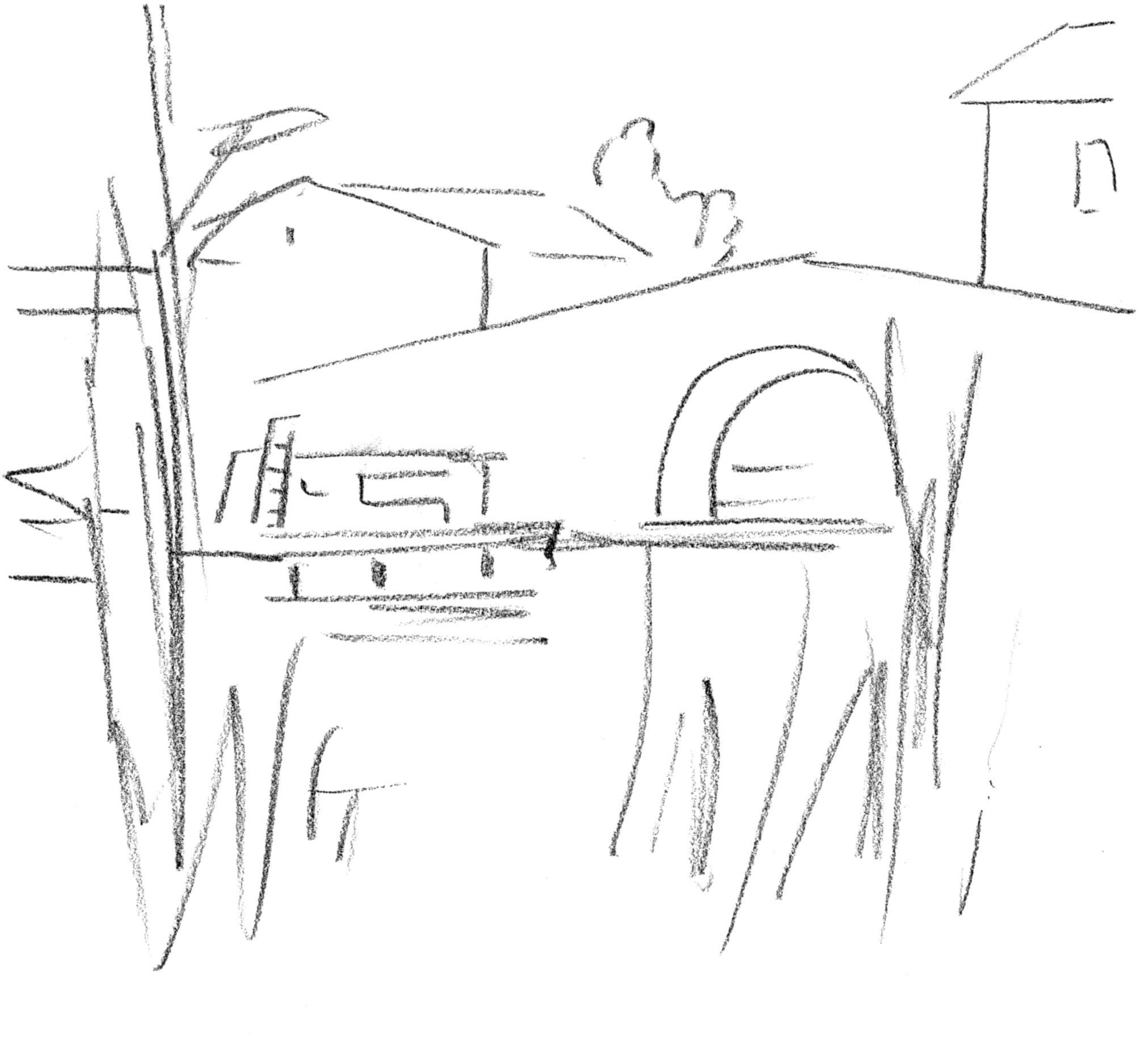

Promenade sur le canal du Midi

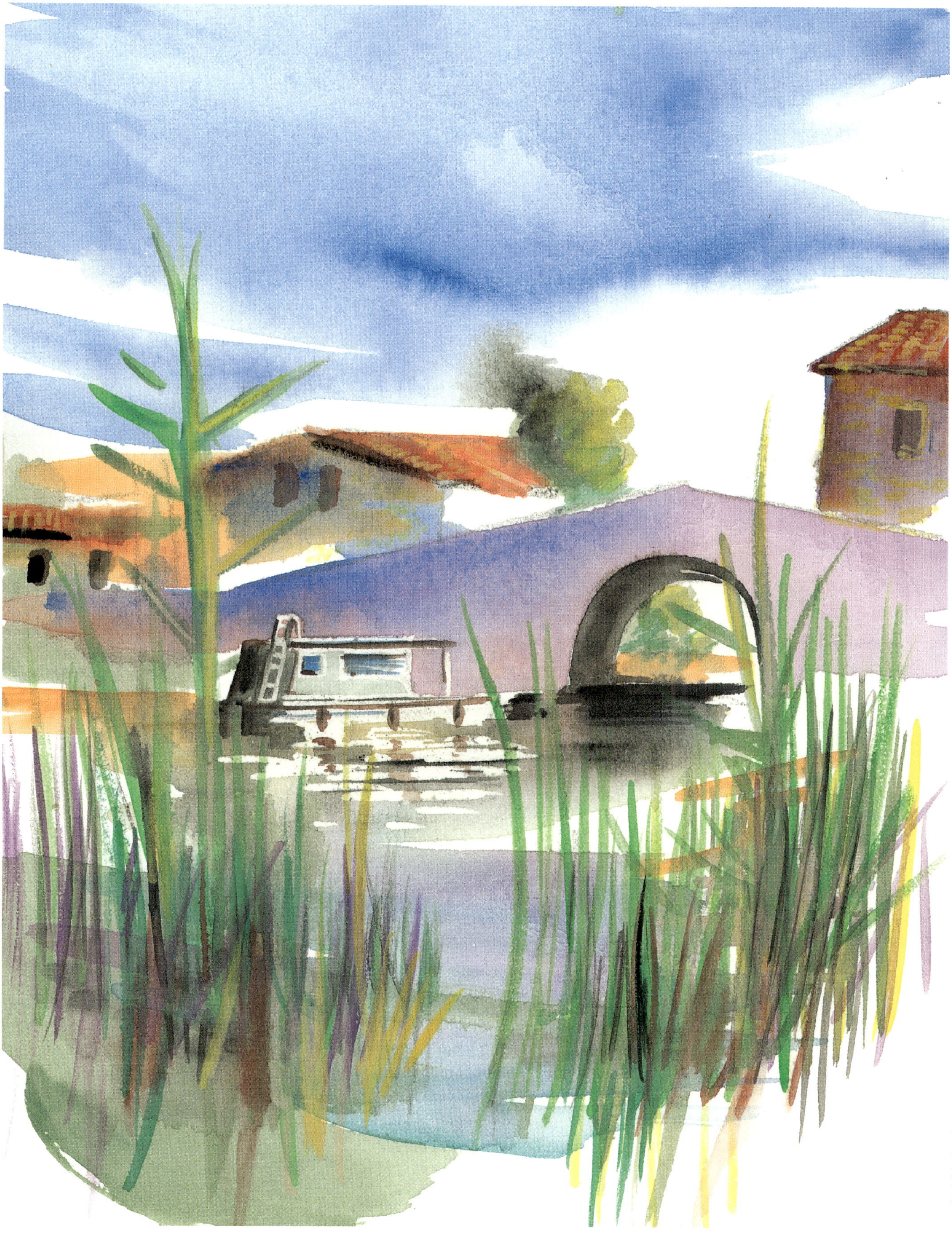

Bénédicte Peyrat - a

Promenade sur le canal du Midi

Le canal du Midi traverse de nombreux paysages… tous marqués par l'eau, évidemment ! Une aubaine pour l'aquarelliste.

Pour réaliser cette aquarelle il vous faudra utiliser la gomme liquide. Si vous désirez approfondir vos connaissances sur cette technique, vous pouvez vous reporter à l'ouvrage *Plaisir de peindre à l'aquarelle*, publié dans cette collection.

Travail sur papier humide

• Pour cette aquarelle représentant un détour du canal du Midi, nous avons choisi un traitement assez libre du sujet en travaillant par larges touches de couleur.
• Nous avons également cherché à utiliser les ressources du travail sur papier humide. Vous pouvez vous reporter aux cours d'aquarelle (p. 17) si vous désirez revoir cette technique.

Le ciel

• L'étape n° 1 va vous permettre d'expérimenter en douceur le travail sur papier humide.
• Commencez par mouiller le papier au centre du ciel.
• Déposez ensuite de la couleur très liquide.
• Ajoutez de la couleur plus concentrée à certains endroits et, à l'inverse, épongez avec du papier absorbant afin de dégager des zones plus claires.

Les réserves

• Nous vous conseillons d'utiliser de la gomme à masquer, ou drawing-gum, afin de réserver les fins détails du bateau. Cela vous permettra d'être plus libre pour peindre toutes les zones voisines.
• Déposez également un peu de gomme liquide pour créer des reflets sur l'eau.
• Laissez bien sécher la gomme avant de commencer à peindre.
• Pour vous aider nous avons coloré en rouge, sur le dessin ci-dessous, les zones à masquer avant de commencer votre peinture.

Surtout pas de panique !

• La trame prédessinée n'est qu'un fil conducteur : rien de dramatique si vous débordez de certaines zones.
• Si vous avez déposé trop de mélange coloré à un endroit, absorbez le surplus avec un papier absorbant ou une éponge.

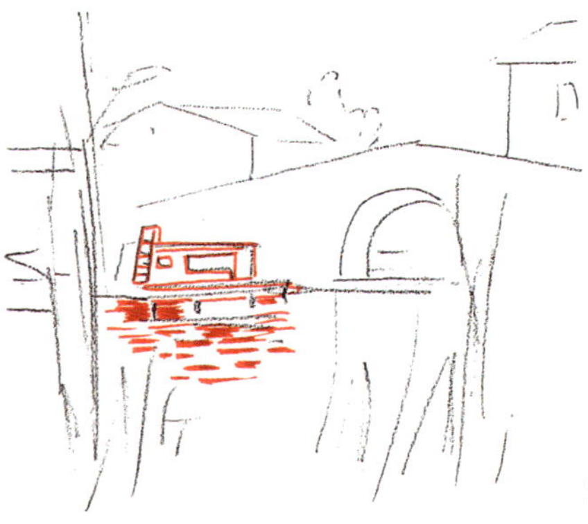
J.B. - a

Zones à masquer avant de commencer les étapes.

Voici les douze couleurs dont vous aurez besoin pour réaliser votre aquarelle.

6 Vert bleuâtre
8 Rouge vermillon
9 Violet
11 Vert émeraude mat
12 Bleu outremer
14 Bleu turquoise
15 Ocre jaune
17 Orange
19 Vert jaunâtre
20 Brun Van Dyck
23 Jaune
24 Noir de bougie

1 pinceau fin et long

1 gros pinceau rond

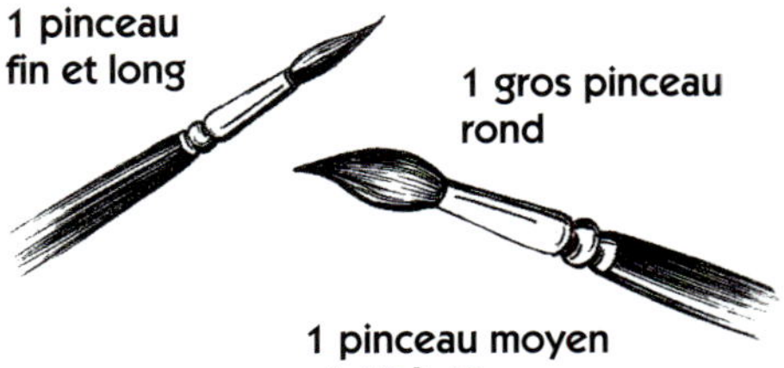

1 pinceau moyen n° 10 à 12

Étape n° 1

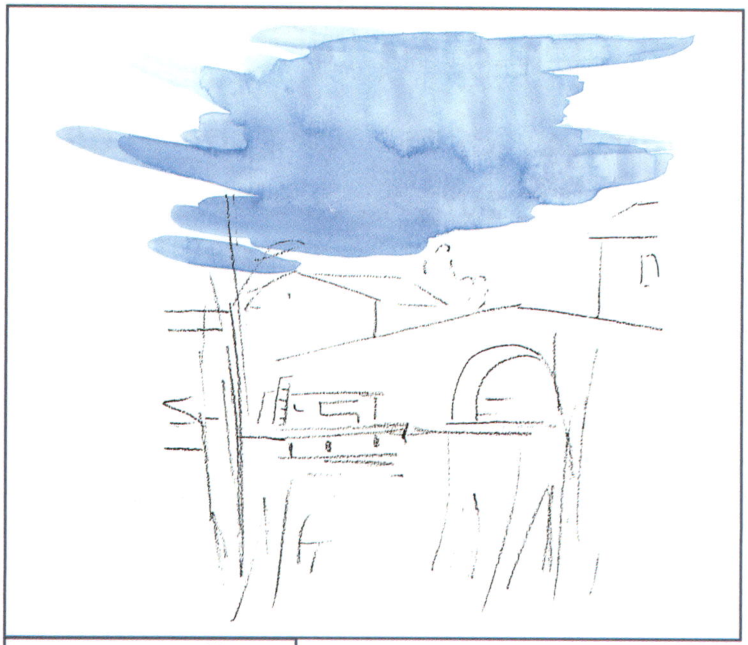

B. P. - a

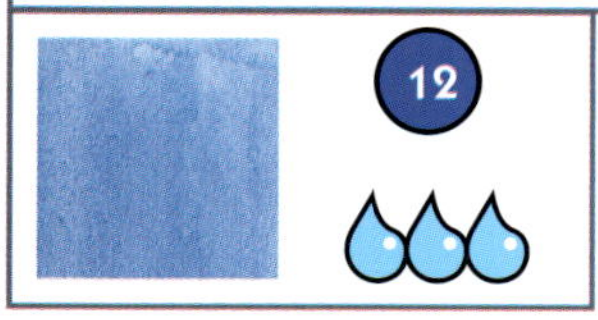

Reportez-vous aux conseils p. 182.

Étape n° 2

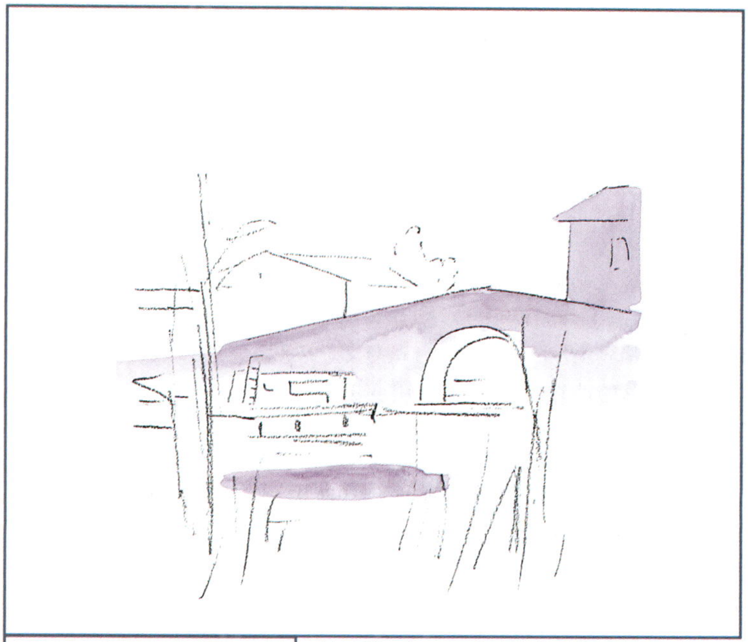

B. P. - b

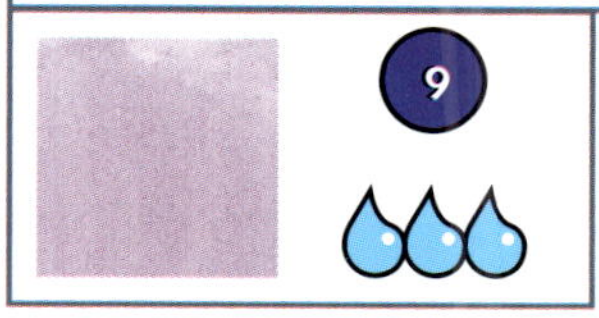

Mouillez les surfaces à peindre afin que la couleur se diffuse régulièrement.

Étape n° 3

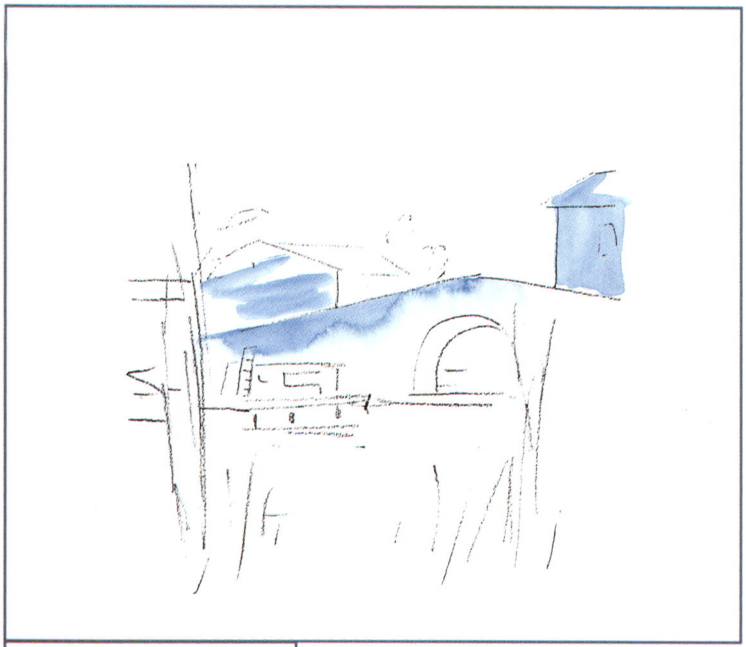

B. P. - C

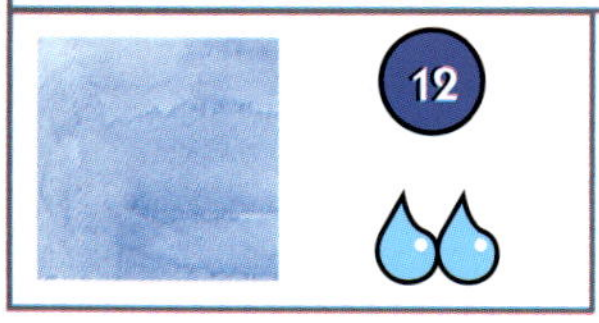

Avant que le violet ne soit sec, déposez une touche de bleu au sommet du pont et laissez la couleur se diffuser.

Étape n° 4

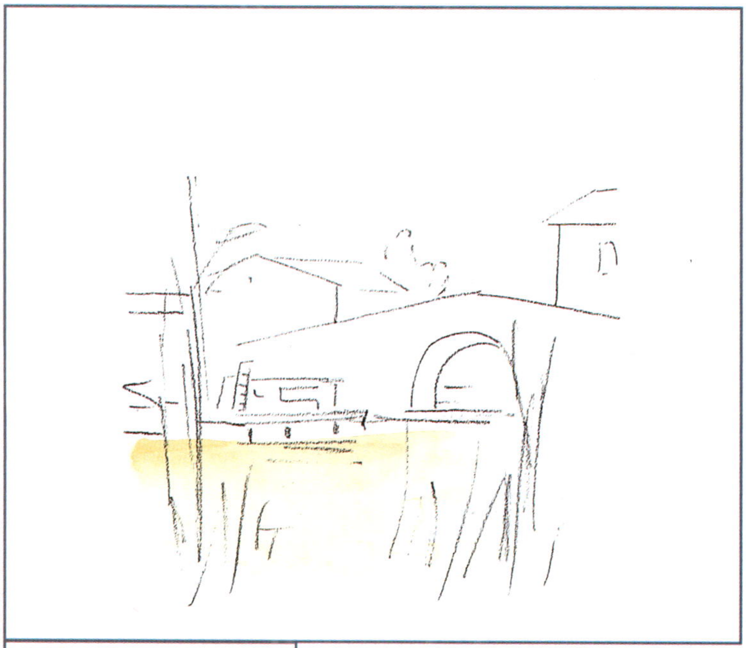

B. P. - d

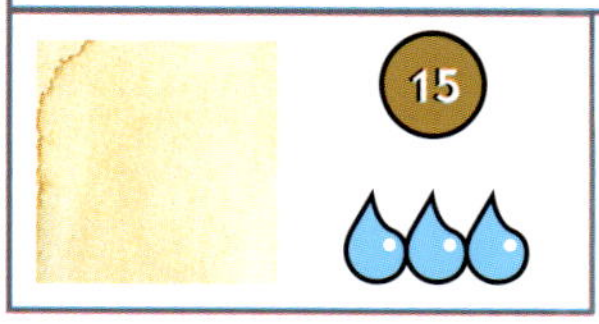

Étape n° 5

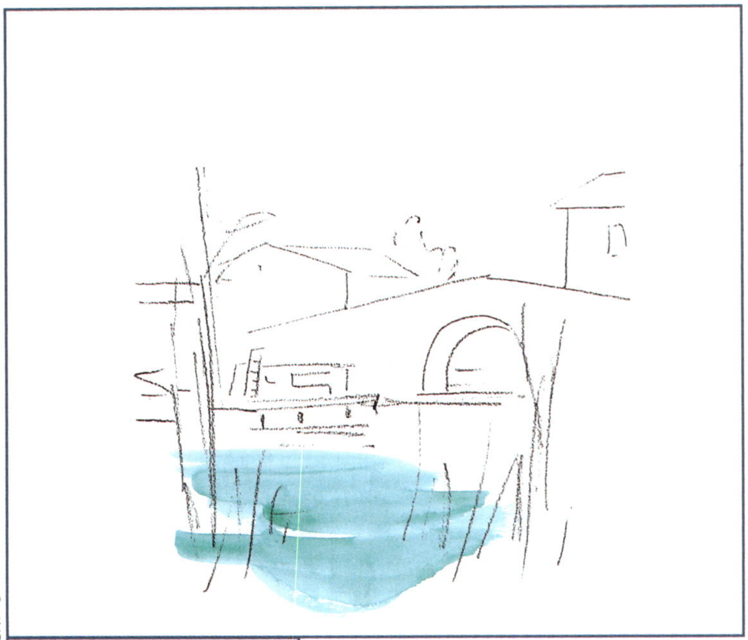

B. P. - a

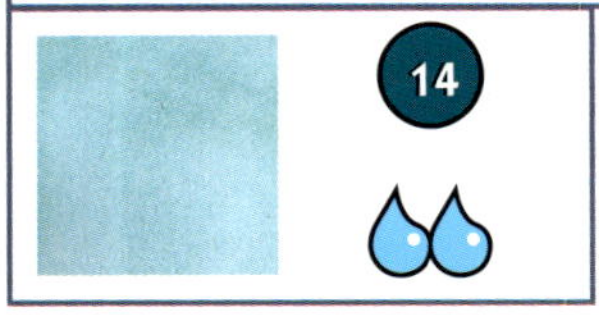

Appliquez la couleur de façon plus concentrée vers le bas.

Étape n° 6

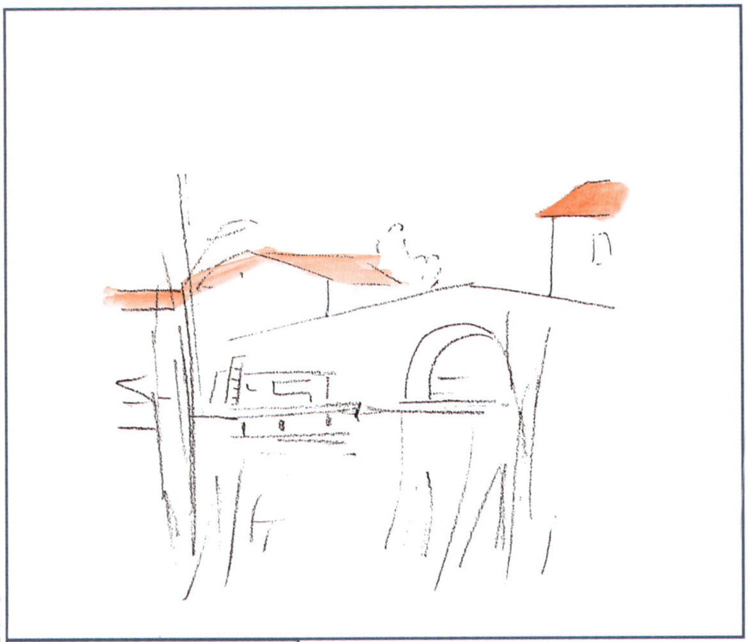

B. P. - b

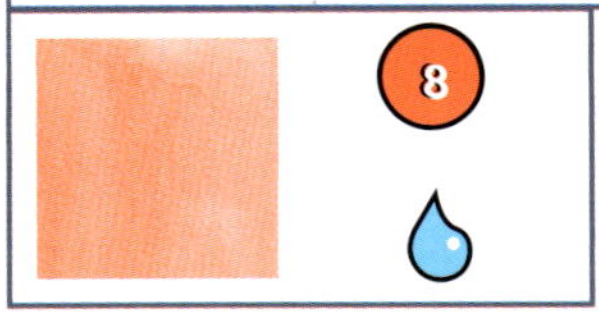

Étape n° 7

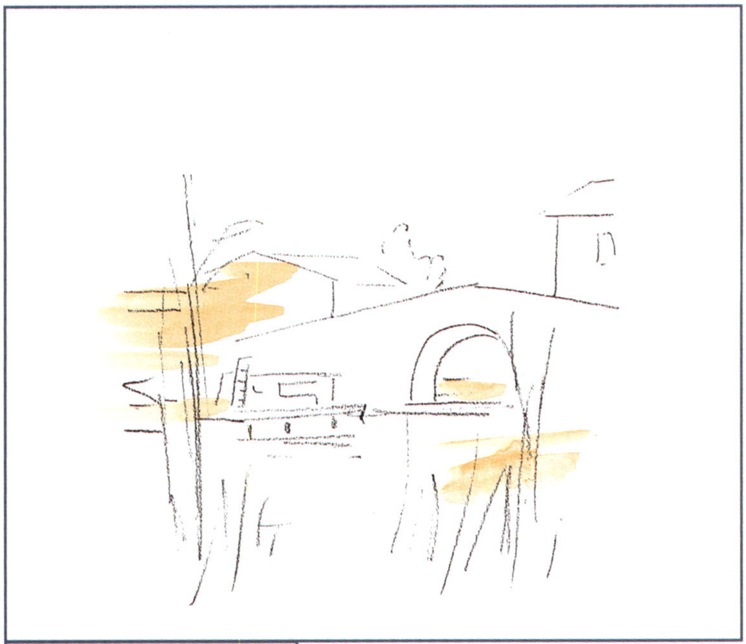

B. P. - c

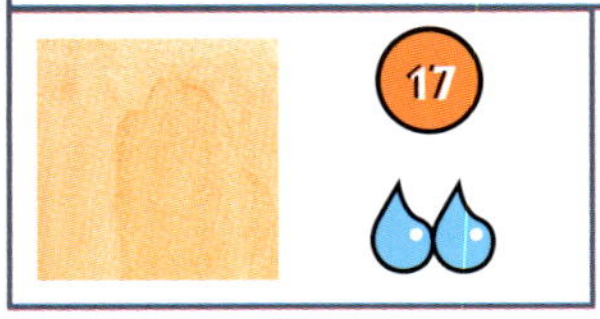

Ne vous attardez pas sur les contours précis d'une surface : l'orange est destiné à « réchauffer » l'ambiance colorée de l'aquarelle.

Étape n° 8

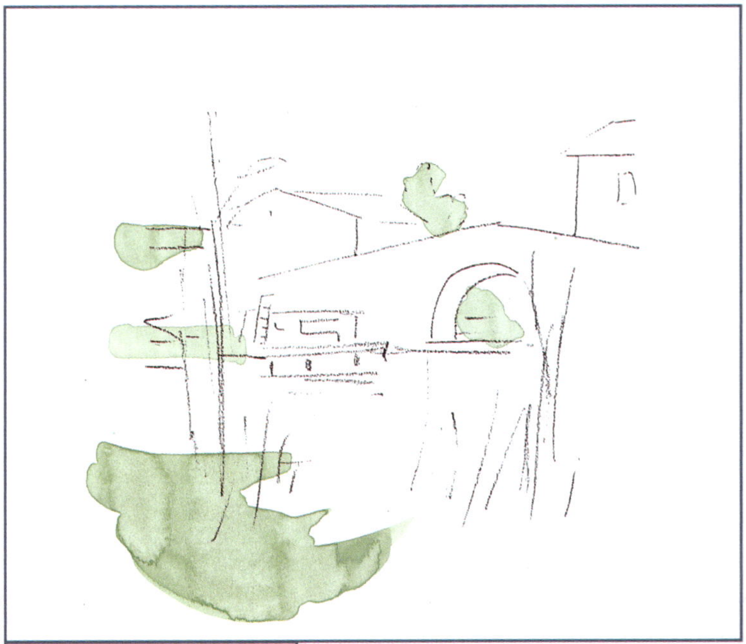

B. P. - d

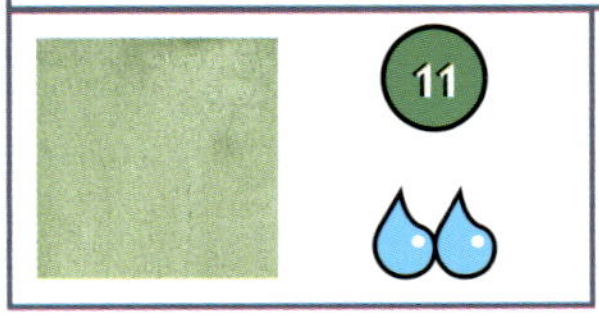

Utilisez un gros pinceau rond.

Étape n° 9

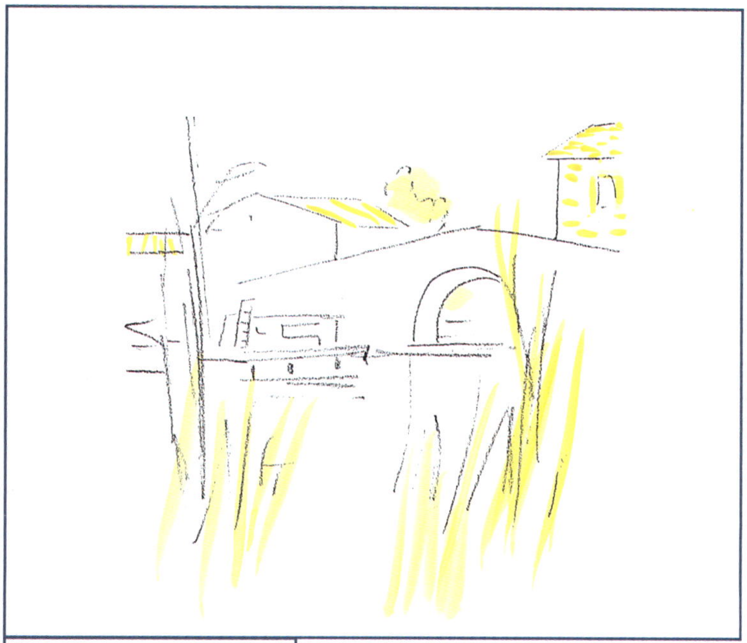

23

Revenez à plusieurs reprises sur les tuiles des maisons lorsque la couleur a séché.

Étape n° 10

B. P. - f

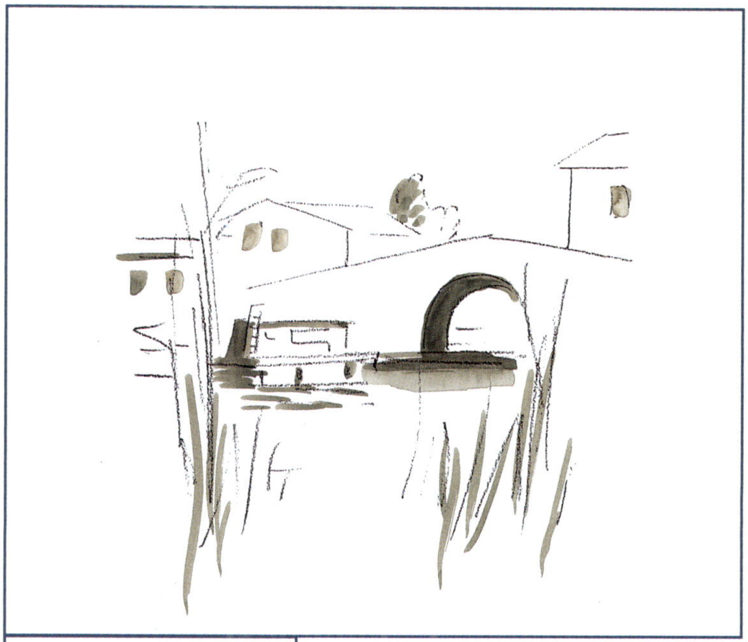

20 24

Attendez que les autres couleurs soient bien sèches avant de procéder à cette étape.

Étape n° 11

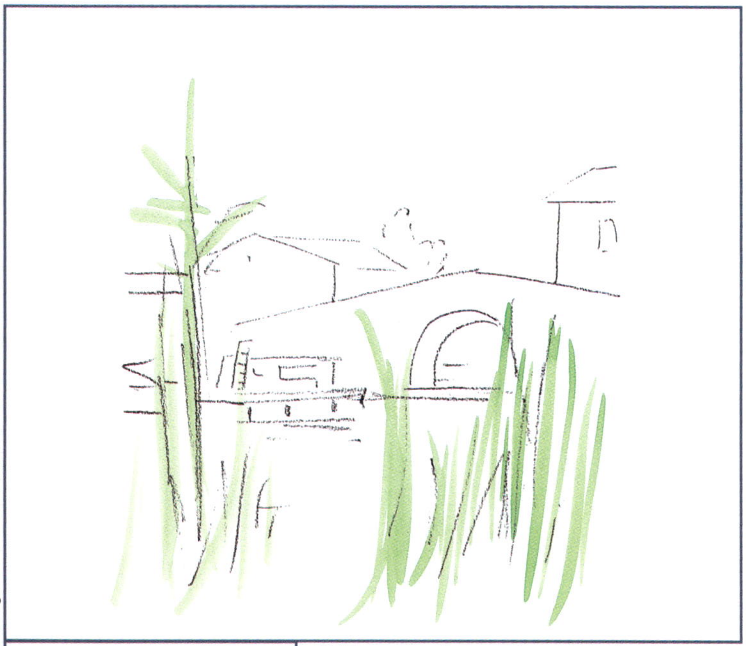

19

Utilisez un pinceau long et très fin.

Étape n° 12

B. P. - h

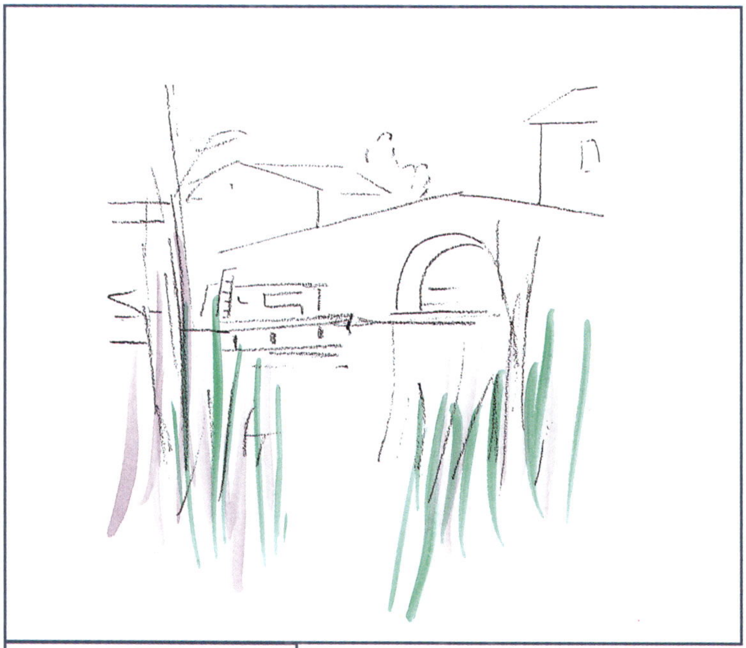

6 9

Diluez peu la couleur afin de la rendre la plus opaque et couvrante possible.

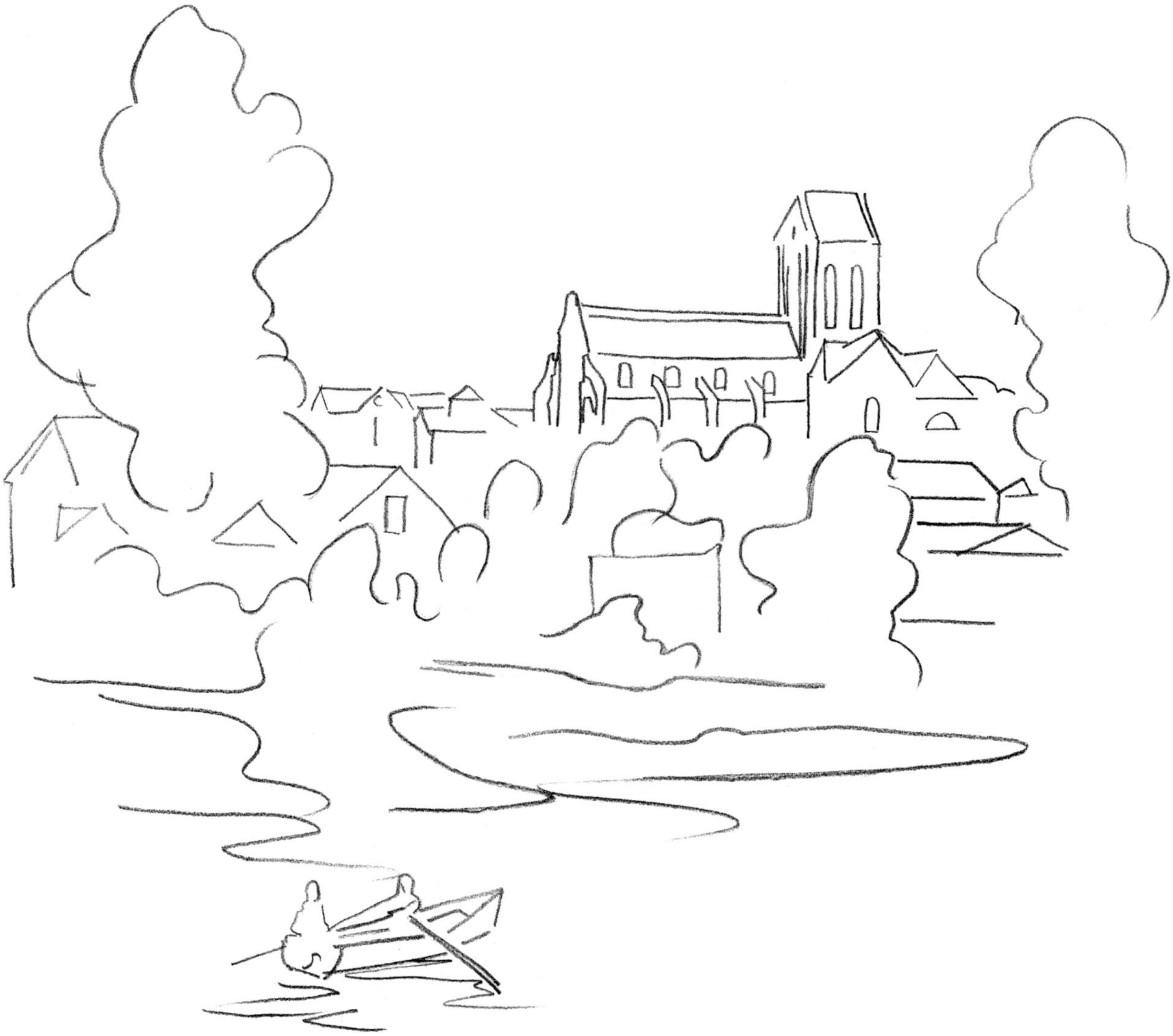

Auvers par la rivière

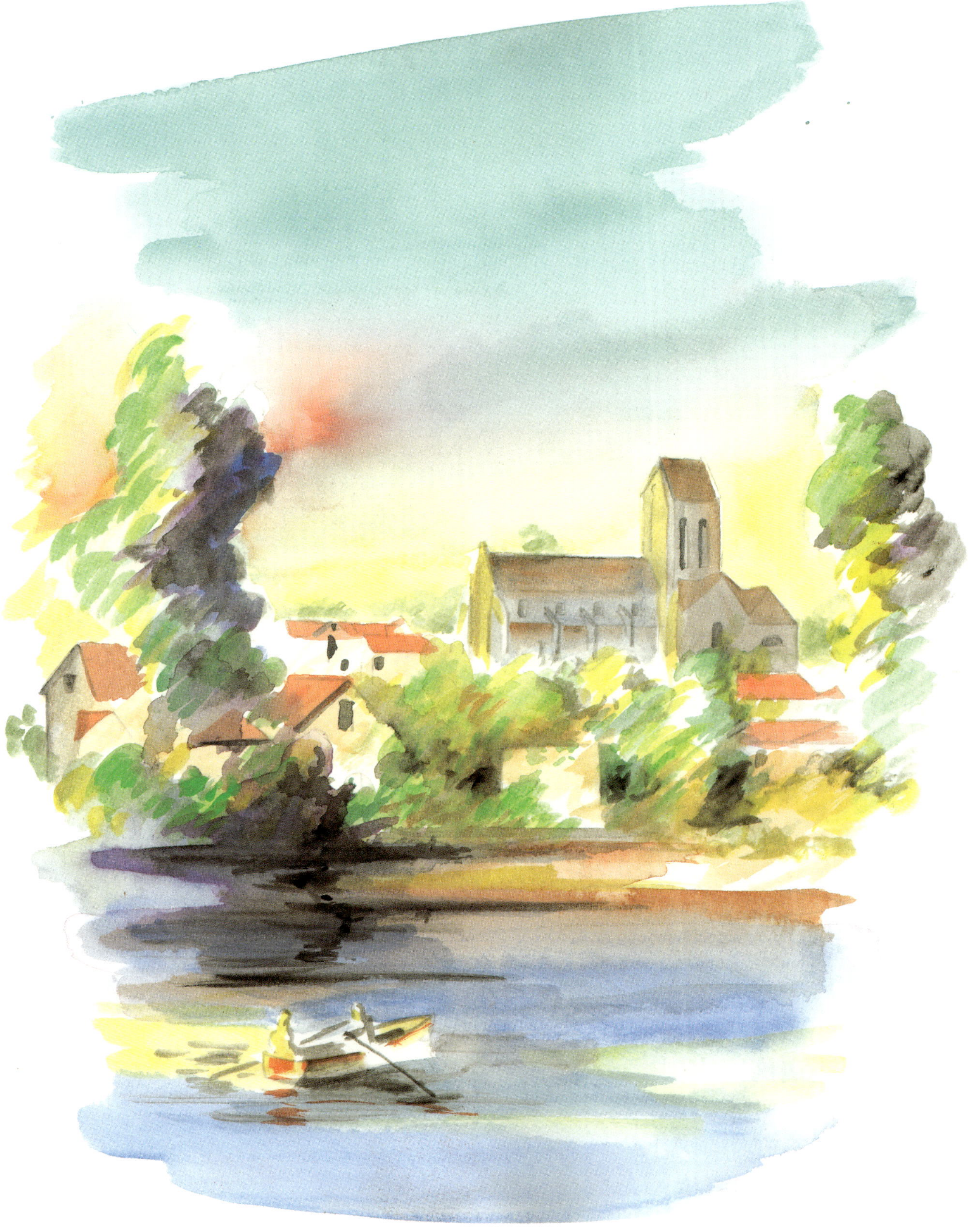

Bénédicte Peyrat - a

Auvers par la rivière

Pour cette aquarelle représentant une vue du célèbre village d'Auvers-sur-Oise, on a choisi un traitement assez libre d'un sujet peint par Vincent Van Gogh sous un angle différent.

Pour réaliser cette aquarelle il vous faudra jouer de la technique sèche et de la technique humide. Vous pouvez vous reporter aux cours d'aquarelle (p. 16 et 17) si vous désirez revoir ces pratiques.

L'alternance des traitements

- On a choisi de travailler par larges plages de couleur, ainsi que par petites hachures.
- Ces différents traitements correspondent à une alternance de travail sur papier humide et sur papier sec.

Les contrastes colorés

- Il s'agit ici de jouer sur deux sortes de contrastes. Le contraste des couleurs complémentaires : vert/rouge, jaune/violet et bleu/ocre-orangé. Et le contraste de valeurs, en forçant les ombres projetées des arbres pour créer une atmosphère de soir lumineux.

Les subtilités de gris

- La couleur indéfinissable de la magnifique pierre du Vexin a été rendue sur l'église par un gris obtenu par mélange. Il est fait de bleu de cobalt et de terre de Sienne brûlée.
- Pour les toits, on a plus insisté avec la terre de Sienne, tandis que, pour les murs, on a laissé le bleu plus apparent : le résultat est mystérieux, ni chaud ni froid.

Testez vos effets

- Afin de mieux maîtriser la dispersion des couleurs du ciel dans les deux premières étapes, entraînez-vous sur une feuille.
- Profitez-en également pour tester différents types de papier aquarelle.
- Si vous désirez accélérer le séchage de certaines zones, vous pouvez utiliser un sèche-cheveux.

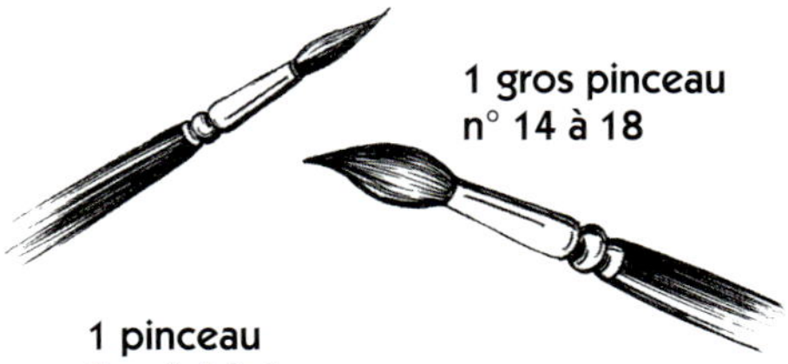

1 gros pinceau n° 14 à 18

1 pinceau fin n° 4 à 6

Voici les treize couleurs dont vous aurez besoin pour réaliser votre aquarelle.

1 Rouge carmin

2 Bleu de cobalt

6 Vert bleuâtre

7 Terre de Sienne brûlée

9 Violet

11 Vert émeraude mat

12 Bleu outremer

14 Bleu truquoise

15 Ocre jaune

16 Gris de Payne

19 Vert jaunâtre

22 Rouge permanent

23 Jaune

Étape n° 1

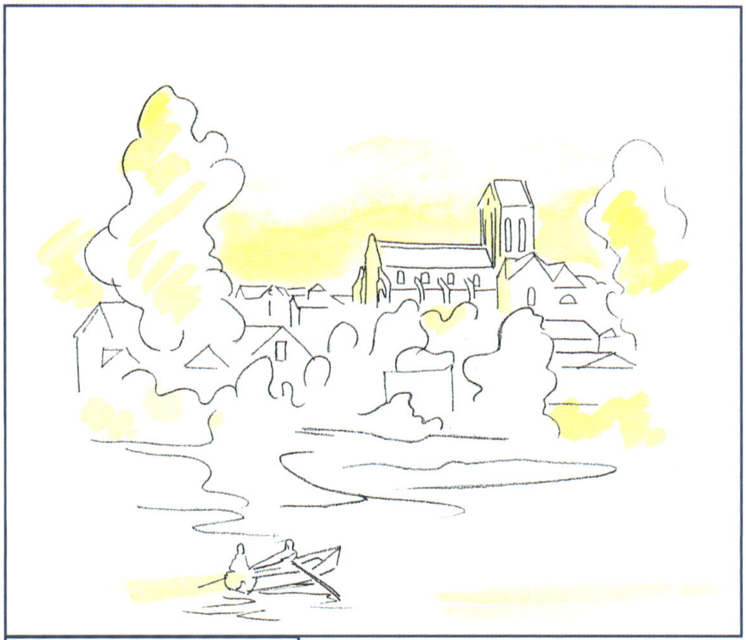

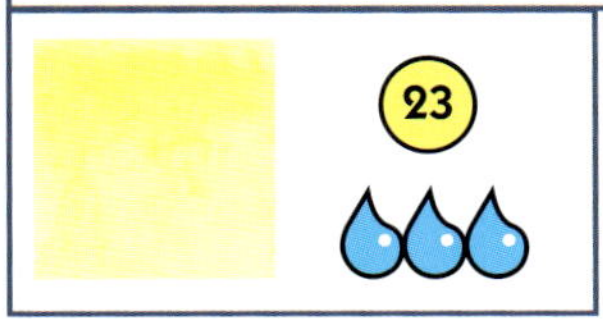

Mouillez le papier au bas du ciel en épargnant les contours de l'église. Déposez un jus très liquide. Ajoutez de la couleur plus concentrée à certains endroits.

Étape n° 2

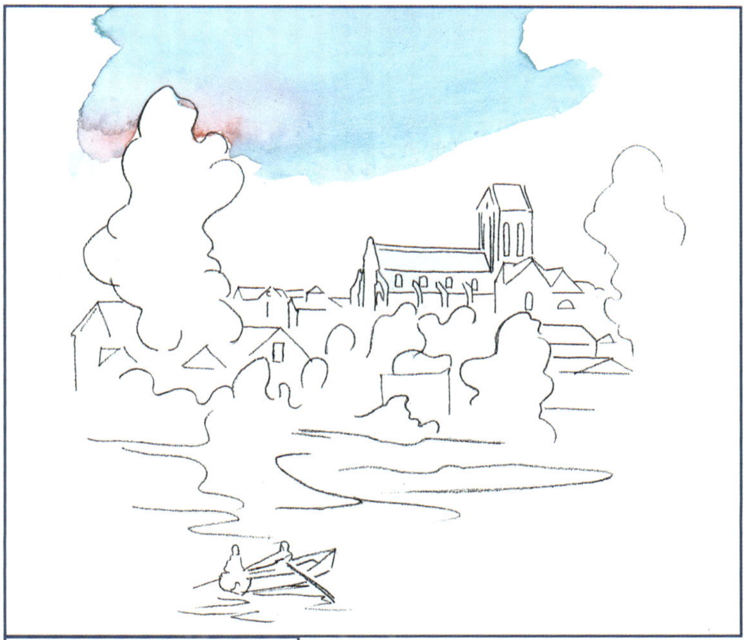

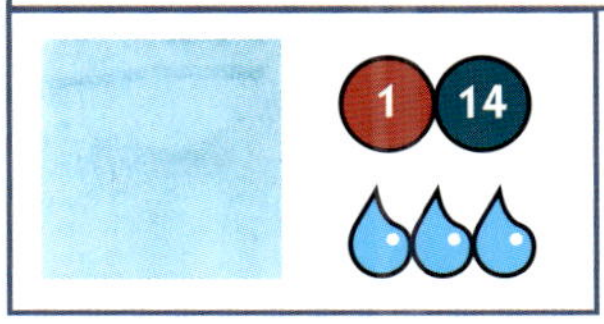

Mouillez le haut du ciel et appliquez généreusement le bleu turquoise. Puis déposez une goutte de carmin qui doit se diffuser subtilement dans le bleu et le jaune.

Étape n° 3

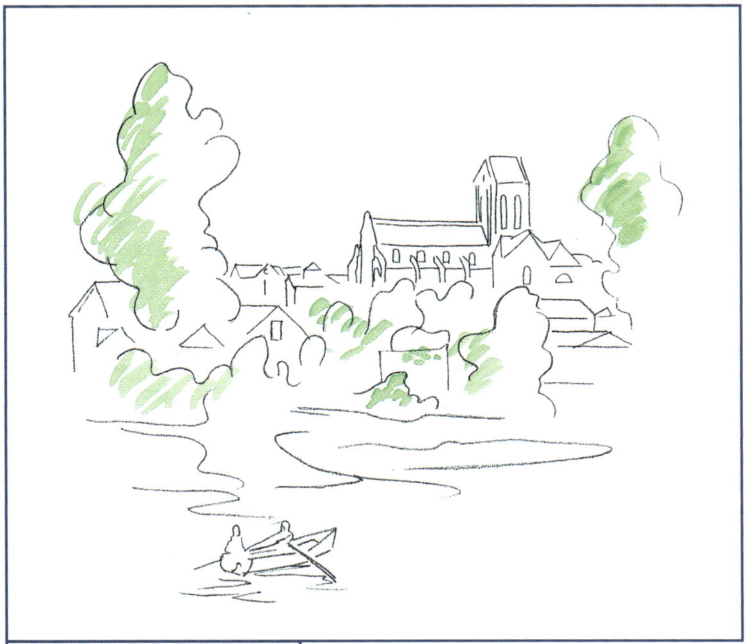

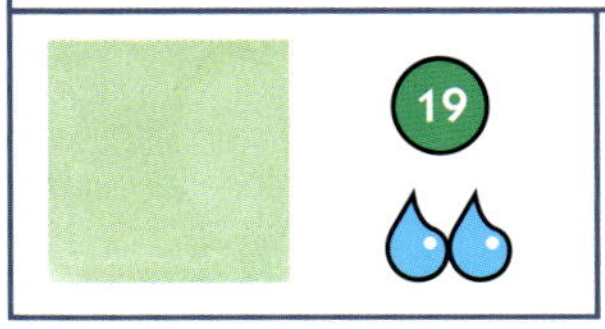

Utilisez le pinceau fin.

Étape n° 4

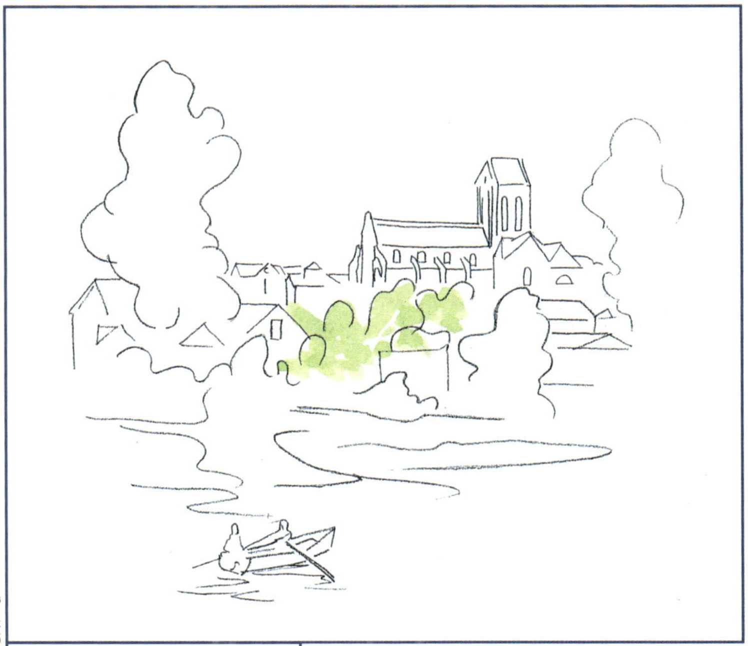

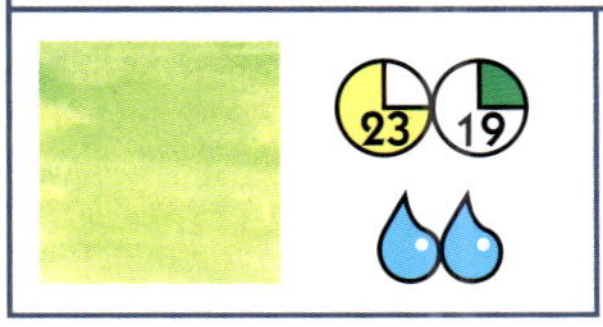

Étape n° 5

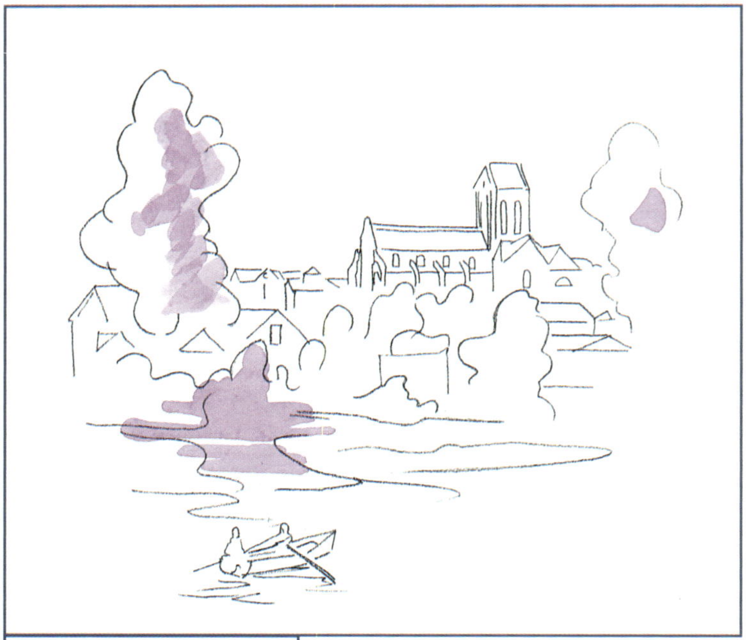

B. P. - a

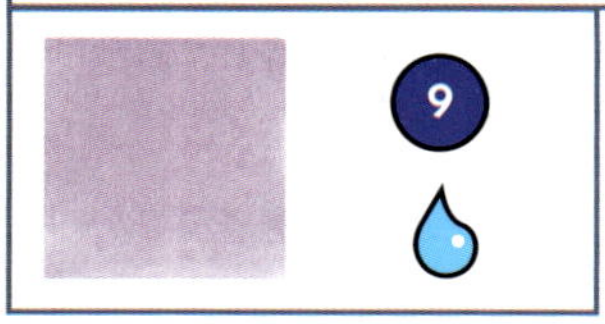

Étape n° 6

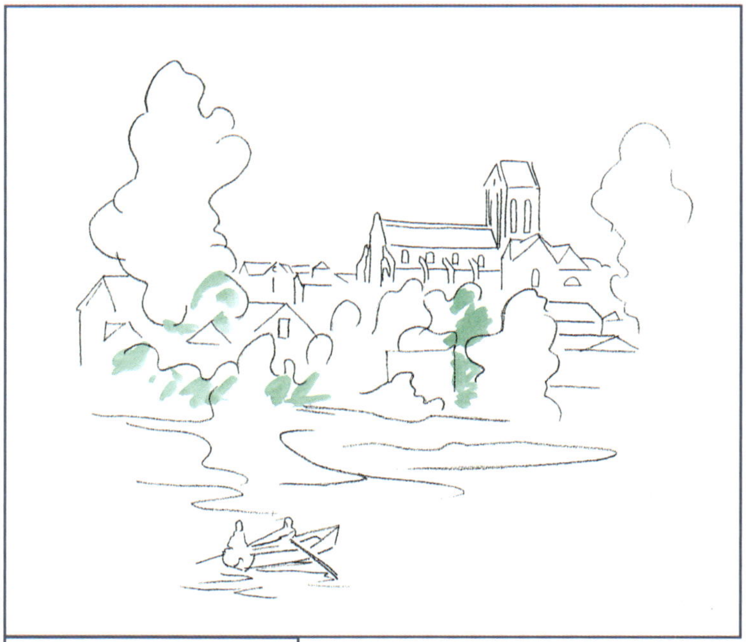

B. P. - b

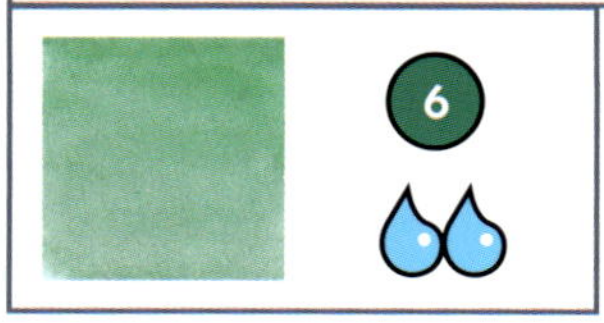

Étape n° 7

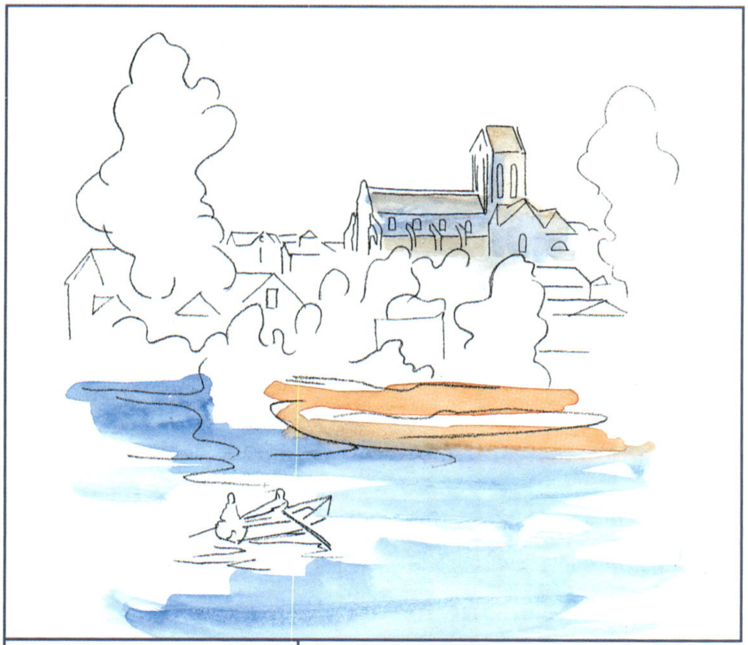

B. P. - c

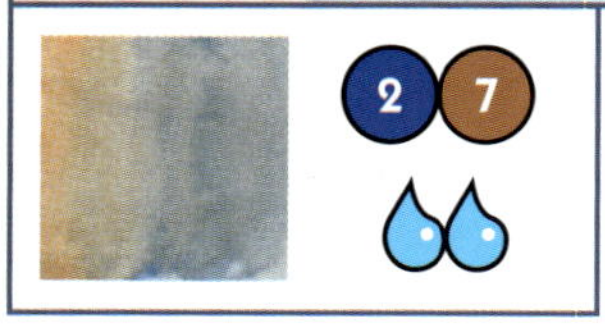

Veillez à ce que le ciel soit sec avant de travailler l'église, en laissant se fondre le bleu de cobalt et la terre de Sienne.

Étape n° 8

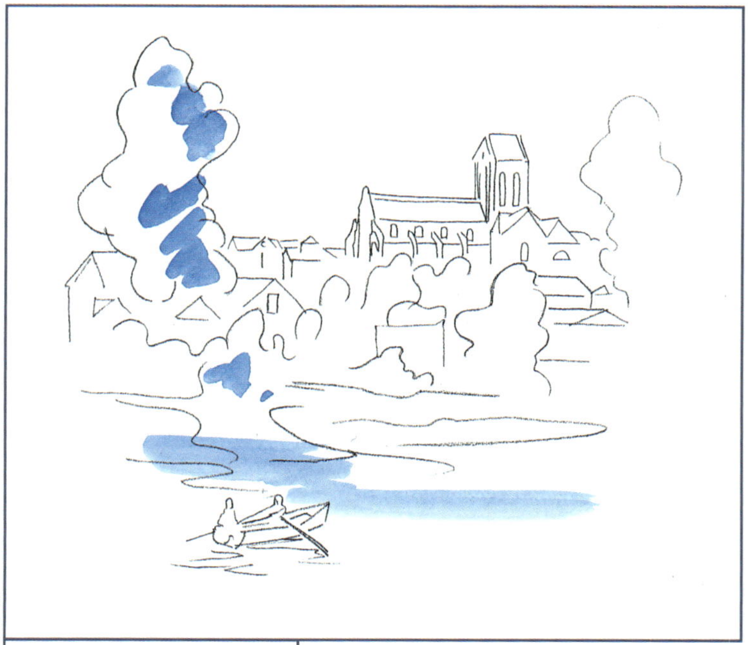

B. P. - d

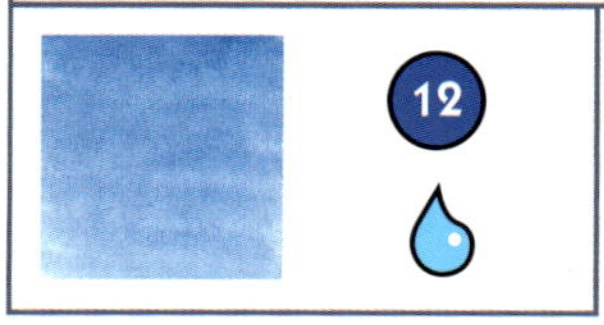

Travaillez pendant que le bleu que vous avez posé à l'étape précédente est encore humide.

Étape n° 9

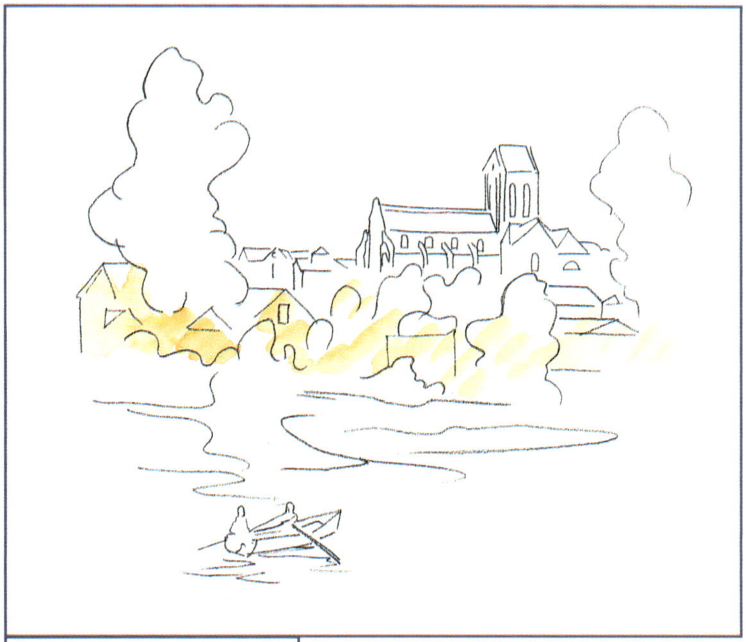

B.P.-e

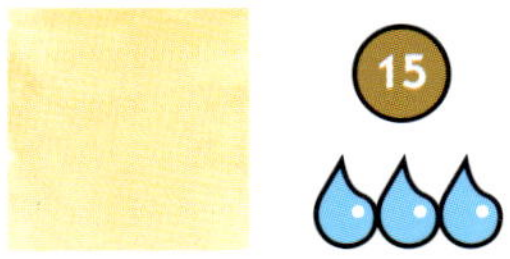

Soyez libre : posez la couleur sans vous soucier des contours.

Étape n° 10

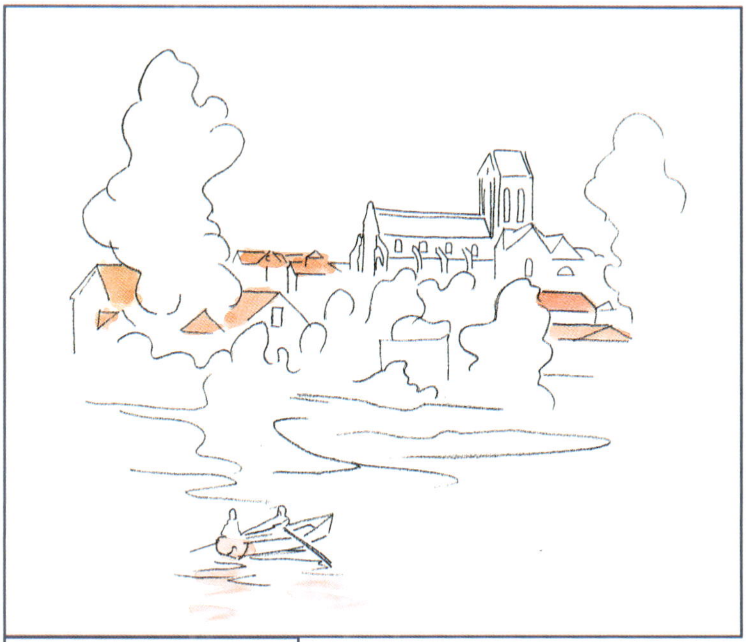

B.P.-f

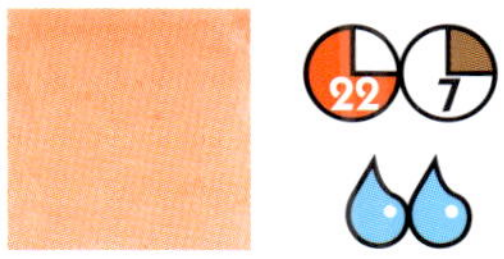

Efforcez-vous de donner une nuance particulière à chaque toit.

Étape n° 11

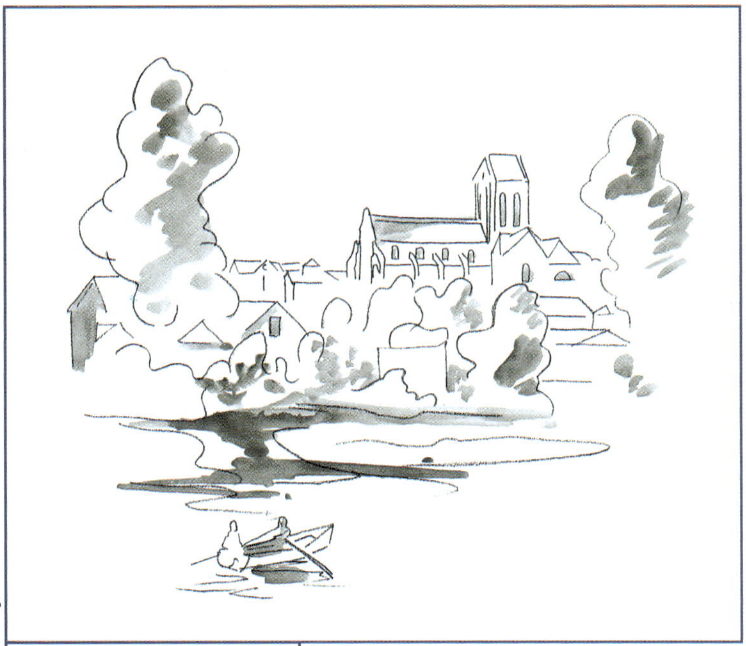

B.P.-g

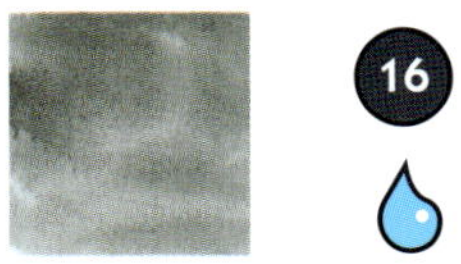

Faites légèrement varier la concentration de votre couleur. Au besoin, repassez plusieurs fois sur les zones que vous souhaitez les plus sombres.

Étape n° 12

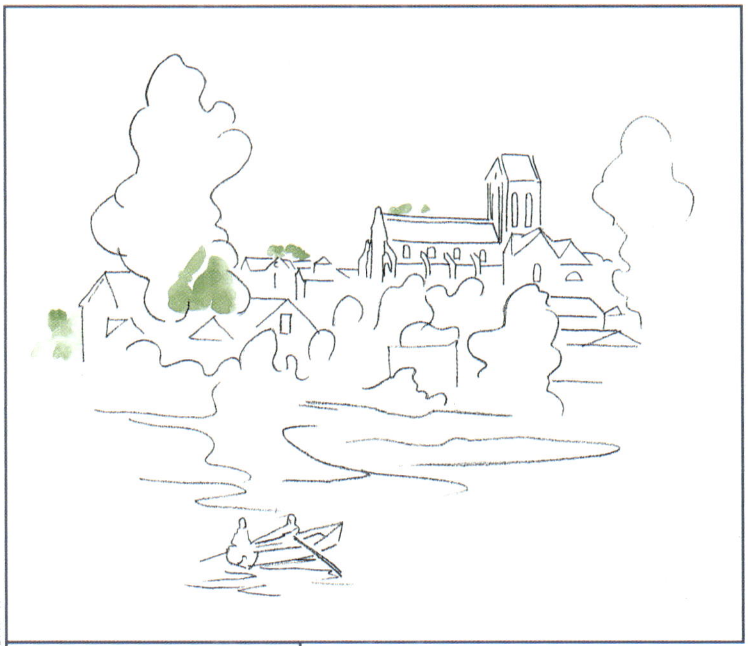

B.P.-h

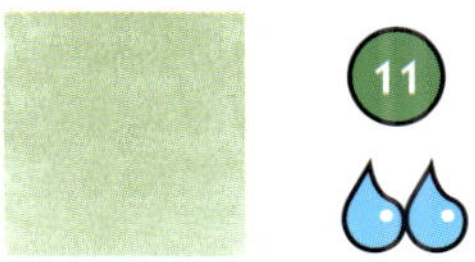

Attendez que le ciel soit bien sec pour ajouter les quelques notes de vert au-dessus de l'église.